Herder
상징 사전

미술, 고고학, 신화, 문학
그리고 종교에서 온 상징들

1,000개의 상징 표제와 450개 이상의 도표·해설들

이 책은 **예술, 고고학, 신화, 문학 그리고 종교 등등에서 온 상징들을 다루고 있다.** 사전의 형식으로 나열된 1,000여 개의 항목들로 그 표제어가 비록 제한적이지만, 그 안에서 비교적 폭넓게, 그리고 전문적이고 필수적인 내용을 다루고 있다.

이 상징 사전의 유용성을 말하자면, 우리의 정신생활의 다양한 방면·분야에서 이해의 폭을 넓히는 데 도움을 준다는 것이다. 이런 이해 과정을 의미의 **확충** Semantic amplification이라고 볼수 있다. 우리의 언어는 記標(기표, 시니피앙)와 記意(기의, 시니피에)로 구분된다고 스위스의 언어학자, 소쉬르P.Saussure는 말하고 있다. 기의는 언어의 정신적 내용을 담고 있는 측면이다. 그런데 이 언어의 의미는 인간의 정신세계와 같이, 표층적 의미와 심층적 의미를 포괄하고 있다. 이 심층적 의미를 깨닫기 위해서는 지칭어의 상징성에 주목해야 하겠다. 융C.G.Jung과 프로이드S.Preud는 정신분석에서 상징의 의미에 대해 주목하며 중요하게 다루고 있다.

융C.G.Jung은 상징을 정의하기를 '비교적 알려지지 않은 사실에 대한 가장 가능한 것으로 선택된 표현'*이라고 하였다. 상징은 최선의 방법으로 아직 알려지지 않은 의미를 표현하고자 하지만 그래도 설명하지 못한 의미가 남아 있는 것이 상징이라고 하였다. 그러므로 상징이 산출된 보다 심층적인 무의식의 내용에 대한 이해가 필요하다. 이 문제는 심층심리학에서 중요하게 논하는 주제일 것이다.

---

*   C.G.Jung, The Archetype and the Collective Unconscious, C.W. 9. Par.6.

그런데, 융C.G.Jung이 말하는 상징은 프로이드S.Preud의 의미와는 다르게 무의식의 내용들을 간접적으로 우리의 의식에 전해주는 매개물이라 했다. 또한, 상징은 집단 무의식의 내용인 원형原型/Archtype들을 보여주는 것이므로 개인 차원을 넘어서며, 따라서 의식적인 언어로 이해하거나 정의하는 것은 불가능하다. 해서 상징적 의미라 할 때 미지의 어떤 의미를 전제한다는 것이다. 집단 무의식이라는 것은 개인과 역사를 초월하는 보편정신이므로, 융C.G.Jung에게 있어서 상징은 보편정신을 의식에 통합시켜 주는 수단이며, 나아가 인류의 정신 내용을 알게 해주는 통로라고 말한다.

이런 상징의 심층적 의미들은, 개인의 영역을 넘어서는 오랜 시간에 걸쳐 축적된 지식이므로, 이런 상징적 의미를 설명해주는 자료를 참조한다면, 그만큼 우리의 의식내용은 더 확충될 수 있을 것이다. 이런 확충은 그 자체로 인간 정신을 치유하며, 고도의 자유로움으로 우리를 안내한다고 볼 수 있다.

이런 상징의 유용성을 참조할 때, 이 책은 독자들에게 정신세계의 확장을 통한, 효과적인 치유와 해방을 안겨주리라고 생각한다.

- 옮긴이 김 인 규

모든 언어는 의미를 위한 전달체이자 중재자로서 기능한다. 마찬가지로, 상징의 언어도 '지시(하는 행위)'와 '지시 대상' 사이의 긴장 속에서 살아간다. 하지만 언어적 단위들, 예를 들어, '단어'는 각각의 경우에 의미하는, 대상들에 배정되어 있는 반면, 상징은 지시하는 자와 지시된 것을 가능한 한 긴밀하게 결합한다. 때로는 ― 특히 신화적·마술적 세계관에서는 ― 이 결합(상징과 그 지시 대상의 결합)이 너무 강해서, 거의 동일시되는 수준에 이르기도 한다. 그 결과, 우리가 지금은 단지 상징으로만 경험하는 수많은 의미들이 원래는 실재$_{Reality}$에 대한 직접적인 진술로 이해되었다. 태양은 신적인 시각의 상징이 아니었고, 신 그 자체였다; 뱀은 악마의 상이 아니었고, 악마 그 자체였다; 붉은색은 단지 생명의 상징일뿐만이 아니라 생명 에너지 그 자체였다. 신화적이거나 마술적인 관념과 상징적 생각 사이의 경계는 결과적으로 좀처럼 뚜렷하게 그을 수 없다.

의미를 전달하는 매개체로서 상징이 갖는 또 하나의 특징은 그 두드러진 다의성(Polyvalence)이다. 이 다의성은 종종 지나칠 정도로 커져서, 결국 명시적으로 서로 정반대인 의미들까지 하나의 이미지 안에 함께 담기게 된다. 말이나 글로 된 언어학적 기호의 모호성은, 종종 추가적인 기호를 덧붙이거나 문법 규칙을 적용함으로써 해결하거나 줄일 수 있다. 그러나 상징의 다의성은 때때로 일관된 서술로 번역해낼 때 매우 불완전하거나 희미하게밖에 옮길 수 없는 경우가 있다. 상징적 이미지가 지닌 풍요로움은 궁극적으로는 번역 불가능한 채로 남아, 오직 내적 성찰을 위해 남겨진다.

상징을 가진 용어에 접근하려는 사람들은 누구나, 이 두 가지 어려움과 직면하게 된다. 이외에도, 이 책의 편집자들은 여러 문화에서 나온 상징들에 대한 정보를 아주 제한된 지면 안에 담아야 하는 과업을 떠맡았기 때문에, 무엇을 **선택**$_{Selection}$ 할 것인가 하는 문제에 특히나 어려움을 겪게 되었다. 가능한 한 서유럽인의 의식에 여전히 친숙하거나 가까운 상징들을 우선적으로 포함하였다. 이런 점에서, "**상징**$_{Symbol}$" 의 개념은 아주 넓게 취급되었다; 그러나 지면의 이유 때문에, 비유$_{Allegories}$와 기호$_{Signs}$에 대해 토론할 수는 없었다. 무엇보다도 고려된 것은 "**오래된**$_{Old}$" 상징적 관념들이었으며, 그중에는 수천 년 동안 여러 민족 속에서 살아온 것들, 또는 지금도 여전히 살아 있는 것들이 있었다(이런 이유로, 대체로 자료는 **고대**$_{Ancient}$ 중국이나 **고대** 이집트와 같은 시대라고 언급하지는 않지만, 중국, 이집트라고는 말하고 있다). 게다가 때때로 상징 같으며, 상상적인 표현들이 포함되었는데, 그것들은, 담화적 표현이나 속담으로서 우리의 의식에 살아있는 것들이다; 또한, 종종 상징적 사고에 빚지고 있는 여러 미신적 추측들(미신적 사유)도 포함되었다. 게다가 (예를 들어 우주 창조설적, 혹은 연금술적인) 세계에 대한 상상적 해석들은, 비교적 넓은 분야를 차지하고 있다. 다른 한편으로는, 신화적 형태들, 예를 들어 신들과 영웅들의 형태들은, 포함하지 않았다. 예외가 된 것들은, 다양한 괴물들이나 고대의 반인-반수 잡종들(예를 들면, 센타우르스$_{Centaurs}$, 키메라$_{Chimerae}$, 세 자매 복수 여신들$_{Furies}$)이다. 이런 것들은, 현대의 언어적 사용에서 종종 상징과 유사한 그림/이미지의 역할을 한다. 몇 가지 예외(예를 들면 계절들)를 제외하고, 성모 마리아, 법률, 성적 취향, 그리고 죽음에 관련된 상징들과 같은 상징들의 집단은 포함되지 않았다.

그 이유는 다루어야 할 자료가 너무 방대하여, 사용할 수 있는 지면을 초과해 버렸기 때문이다. 상징들에 관한 정신분석학적 해석들이 특별히 언급되었는데, 그것은 심층-심리학적 사고들에 관한 언급이 아주 명확할 때뿐이었다. 물론, 모든 상징적 의미가 정신분석학적인 관련성을 가지고 있다는 것은 근본적으로 맞다.

이 책에 실린 예시들을 통해 독자는 인간의 상징적 사고가 지닌 다양한 유형들의 개요概要를 살펴볼 수 있을 것이며, 동시에 더 깊은 탐구로 나아가도록 자극을 받게 될 것이다. 이 책이 상징을 선개념적으로 부정확한 것으로 너무 쉽게 치부해 버리곤 하는 우리에게, 대중매체로부터 쏟아지는 이미지의 홍수를 단순히 소비하는 데 그치지 않고, 성장 과정 속에서 위축되어 온 우리의 이미지적 사고의 잔재를 다시 활성화하는 데 도움이 되기를 바란다. 왜냐하면, 상징이 추상적 단어만큼 정밀할 수는 없더라도, 언제나 우리로 하여금 실재Reality의 거대한 복잡성을 숙고하도록 이끌기 때문이다.

– 지은이 Boris Matthews, Ph.D

‖ 일러두기

- 본문의 주석은 독자의 이해를 돕기 위한 '역자주'이다.

··◆ 차례 ◆··

Abracadabra 아브라카다브라/수리수리修理修理 마수리[001]. 이 것은 후기의 그리스 저작물에 나타났던 마법적 단어이다. 또한, 아마도 Abraxas와 관련 있었을 것이다. 이것은 주로 질병을 물리치기 위한, **부적문Amulet Inscription**으로 사용되었다.

Abracadabra: 통상 역삼각형 도식으로 기록된다.

Abraham 아브라함. 그는 성서상의 족장이며, 인류의 새로운 종족을 위한 상징적 형태로서 종종 간주되었다. 그는 완성된 약속(부요함, 자손)으로 축복받은 사람이며, 하느님에 의해서 선택된 사람을 대표한다. 또한, 그는 무조건적이며 복종적인 신앙과 그리고 자신을 희생하는데 조금도 의심 없이 준비된 사람을 상징한다. 그의 아들 이삭Isaac이라는 "희생제물"은 그리스도 수난의 상징적 선구자로 해석되어 왔다. **아브라함의 품Abaraham's Bosom**이라는 묘사는 하느님 안에서의 충직한 사람들의 안전을 상징한다. 신약성서 안에서 천국의 특권을 가진 사람으로 보이는, 아브라함은, 그의 무릎 위에 놓인 천으로 선민들을 감싸는 것으로서 묘사된다. 라자로 Lazarus는 가끔 아브라함의 무릎에 놓여있는 것으로 나타난다(우화를 참조하여).

Abraham: 아브라함의 품. 12세기의 세밀화.

Abraham's Bosom 아브라함의 품. Abraham을 보라.

Abraxas 아브락사스. 이것은 그리스 그노시스파(靈知主義) Gnosis에서 제1계급의 신의 이름을 뜻하는 마법적 단어이다. 이 단어는 아마도 하느님의 히브리식 이름의 머리글자들을 따서 만들어진 것일 것이다. 그 이름의 7글자는 365라는 수적 가치를 가진다 (a=1, b=2, r=100, x=60, s=200). 헬레니즘적 마법에 쓰이는 파피루스 문서에서, 그 단어는 마법적 기호와 상징의 전체성으로 나타난다(아마도 7개의 숫자에 관하여). 또한, 고대 그리고 중세의 **부적석Amulet Stone**에서도 이런 맥락으로 나타나는데 보통, 사람의 몸통에 닭의 머리 사람의 팔, 뱀으로 된 다리를 가진 모습으로 나타난다.

Abraxas: 아브락사스 카메오(장신구).

001　이것은 한국적 주문적 등가 표현으로 번역하려는 감각으로서, 그 의미는; 修理: 고친다, 풀어낸다. 마수리: 주술, 마술, '마' = 무속적 영역. 즉, "수리수리 마수리" = "풀려라 풀려라, 변화의 주문이여!"라는 의미로 대체할 수 있겠다.

Abyss 심연. 이것은 형식과 모양을 갖추지 못한 상태의 상징이거나, 혹은 일반의식의 관점에서는 묘사할 수 없는 상태를 상징한다. 그러므로 심연은, 어둠 속에 있는, 세계의 기원과 종말을 의미한다; 유아기의 부확정성이며, 죽음 속에서의 개인의 소멸이다; 또한, *신비적 결합Unio Mystica*을 통해 절대자와 합일함을 나타낸다. - 융Jung은 무의식의 힘과 관련하여 이 심연이라는 상Image를 본다. 그리고 사랑하지만, 두려워하는 어머니의 원형Archtype(**Archtype을 보라**)과 관련하여 이 심연이라는 상을 본다.

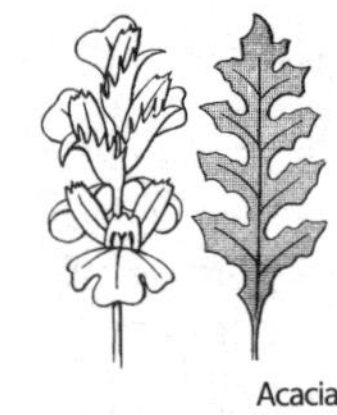

Acacia

Acacia 아카시아. 이것은 빈번하게 Locust Tree 또는 미모사Mimosa[002]와 동일시되는 나무이다. 아카시아나무의 목재는 아주 내구력이 강하다; 이런 이유로 이것은 항상성과 불변성을 상징한다. 프리메이슨Freemason에서는 이것이 순결, 불멸, 축성聖別의 상징이다.

Acanthus: (위-꽃과 잎사귀, 아래-기둥) 머리 장식에 새겨진 아칸서스 잎 문양.

Acanthus 아칸서스 식물. 이것은 따뜻한 기후에서 발견되는 엉겅퀴 같은 식물이다. 지중해 지역에 자생하는, 두 종류의 아칸서스 잎사귀는 꼬불꼬불하고 톱니 모양을 하고 있으며, 이 잎사귀는 특히 코린트식 기둥머리Corinthian Capitals에 사용되는 잎사귀 모양 장식의 양식Pattern을 제공하였다; 이것은 또한 꽃줄 장식Festoon으로도 사용되었다. 이 아칸서스의 상징적 의미는, 아마도 그 가시에서 비롯된 것이며, 이는 어떤 어려운 과제가 완전히 성취되었음을 나타낸다.

Acedia 나태. *나태Sloth*의 여성적 화신이며, 7가지 죽음의 죄들[003]중의 하나이며, 이것은 바보 같은 당나귀와 같다. 또한, 자신의 머리를 모래 속에 파묻고 있는 **타조Ostrich**는 나태의 상징이다.

Adam 아담. 성서의 창조 이야기에서, 그는 첫 인간을 상징한다 (즉, 원초적 인간성). 예술에서 그는 이브Eve 없이 거의 묘사되지

---

002 미모사(잎을 건드리면 이내 오므림 아래로 늘어지는, 대단히 민감한 식물).
003 가톨릭교회 교리의 7죄종罪宗.

않는다(Adam과 Eve를 보라). 전설에 따르면 아담은 골고타("해골의 장소") 위에 묻혔으며, 그리고 십자가 밑에 있는 아담의 두개골을 보여주면서, 종종 십자가 처형 장면에서 그가 묘사된다. (또한, 가끔 이브가 만들어진, 갈비뼈, 또는 전체 해골과 함께 아담이 그려지기도 한다); 이런 묘사는 새로운 아담으로서의 그리스도와 관련 있다. - 연금술에서 아담은 빈번하게 **최초의 물질*Prima Materia*로** 표현된다. - 융Jung의 관점에서, 아담은, 모든 정신적 에너지의 원래적 총체성인, "우주적 인간Cosmic Human"을 상징한다. 꿈에서, 아담은 때때로 늙은 현인의 모습으로 나타난다.

Adam and Eve 아담과 이브. 창조에 관한 성서 이야기에 의하면, 그들은 최초의(즉, 전형적인) 인간 부부를 구현한다. 그들에 관한 가장 빈번한 표현은 낙원에서의 **뱀*Serpent*에** 의한 유혹이며, 종종 낙원으로부터의 추방과 굴욕의 첫 등장과 관련 있다. 아담과 이브는 또한 그리스의 십자가의 어느 한 편에 서 있는 것으로 표현된다. 따라서 그리스도를 따름으로써, 모든 인간 존재들이 장차 구원을 찾게 될 것임을 상징한다. 드물지 않게, 아담과 이브와 함께, 다른 상징적 요소들이 나타난다. 이브의 발치에 있는 한 마리 **어린 양 Lamb**은, 그녀의 후손들 중의 하나인 그리스도를 시사한다; 양과 곡식단, 여러 도구는 낙원에서 추방된 뒤에 해야만 했던 노동을 나타낸다.

Adam and Eve: Eve가 Adam에게 사과를 건네준다. 13세기의 랭스 대성당.

Aegis 이지스/방패/보호물. 이것은, 헤파이스토스 신Hephaestus[004] 제우스 신의 방패이다; 중앙에는, 고르곤Gorgon[005]의 머리가 새겨져 있다(Gorgon을 보라). 호메루스 이후의 이야기들에서, 어원적 해석 오류에 근거하여, 그 방패 **염소(Goat)** 아말태야Amalthea[006]의 가죽으로 덮여 있다고 생각되었다. 제우스 신Zeus은, 다른 신들 중에서, 아테나 여신Athena[007]에게 그 방패를 빌려주었다. 그 방패는 신들의

004　[그리스 신화] 불, 대장장이 일, 수공예를 담당하는 고대 그리스 신.

005　[그리스 신화] 고대 그리스 신화에 나오는 괴물. 머리카락이 뱀이고, 얼굴을 본 사람은 공포로 인해 죽어서 돌이 되었다고 하는 세 자매의 이름, 그중 막냇동생은 Medusa라고 불리는데, Perseus에 의해서 살해된다.

006　갓 태어난 Zeus를 양젖으로 양육한 님프nymph.

007　[그리스 신화](무력에 의해 사람이나 군대를 지키는)軍神, 수호신 .

보호를 나타내는 표시이며, 이런 이유로, "다른 사람의 보호아래 서다 to stand under someone's aegis"라는 표현이 생겼다. 폭풍과 폭풍 구름의 상징으로서 이지스Aegis[008]에 관한 해석은, 논쟁의 소지가 있다.

Agate 마노瑪瑙[009]. 고대 이래로, 이것은 고가의 보석이었고, 치유와 최음제의 특성을 가지고 있으며, 나쁜 날씨, 뱀에게 물림, 사악한 시선/악마의 눈에 대항하는 보호의 원천이라고 간주되었다.

Agave 용설란 屬의 식물. Aloe를 보라.

Age 시대/세대. 인류 초기 역사에서 긴 기간을 포괄하는 시간적 범주인, 이것은 그 범주가 포괄하는 시대를 상징적으로 특징짓는 상징적 이미지Image들의 연속으로, 종종 이해된다. (보통) 넷 혹은 다섯의 연속적인 시대들의 관념, 특히 원래의 황금期the Golden Age에 대한 관념은, 많은 문화권 안에서 발견된다(예를 들어, 고대에서). 그리고 이런 관념은 헤시오도스Hesiod[010] 이후에도 입증되어왔다. 황금기Golden Age에 관한 고대 그리스 기록에서, 인간은, 걱정에서 자유로웠으며, 고통과 노동과 법 없이, 장수했다. 은 시대 the Silver Age[011] 사람들은 신을 믿지 않았으며, 제우스Zeus에 의해서 파괴되었다. 이어지는 청동기 시대Bronze Age[012]에서, 인간들은 서로를 죽였으며, 죽은 후에는 더 이상 살아있지 않았다. 영웅의 시대Heroic Age에, 트로이Troy와 테베Thebes에서는 전쟁들이 일어났으며, 인간의 미덕이 새롭게 번성하는 시대를 가져왔지만, 그러나 곧 철기Iron Age로 이어졌다. 이 철기는 고대 작가들의 시

대에까지 지속되었으며, 완전한 쇠퇴와 파멸을 가져오는 것으로 여겨졌다.

Agrimony 짚신나물. 이것은 장미 科의 일반적인 허브이며, 직립의 노란 꽃송이를 가진다. 이것은 고대의 의학적 그리고 마법적 식물이었다. 성금요일[013]에 철을 함유하지 않은**(Iron을 보라)** 도구로 파내면, Agrimony가 여성의 호의와 사랑을 얻게 한다고 간주된다. 때때로 중세의 벽화 위에, 이것이 구세주의 상징으로서 성모 마리아 곁에 그림 그려진다.

Agrimony

Air 공기. 흙Earth, 물Water, 그리고 불Fire과 함께, 이것은 많은 민족의 우주생성 사상에서 4원소 중의 하나이다. 불같이, 이것은 움직일 수 있고, 활동적이고, 남성적으로 여겨지며, 물과 흙 같은 원소들의 수동적이고 여성적인 것과는 대조적이다. 공기는 숨Breath**(sky를 보라)**, 바람과 밀접한 상징적 관련이 있다. 이것은 지상적인 것과 영적인 영역 사이의 미묘한 물질적 영역으로 여겨지며, 그리고 때때로 이것은 보이지 않지만, 그 힘을 체감할 수 있는 영(Spirit)으로서 받아들여지고 있다. - 점성술에서, **Air**는 **조디악**Zodiac[014]의 세 개의 별자리 즉, **쌍둥이자리**Gemini, **천칭자리** Libra, and **물병자리**Aquarius와 연결되어 있다. 연금술에서, Air는 종종 △ 기호로 표시된다.

Alchemy 연금술. 아마도 이집트에서 기원했을 것이며, 중세에서부터 17세기 후반까지 실행되었을, 이것은 화학적 실체에 대한 이론적이며 실험적인 접근법이었다. 연금술은 상징적 사고에서의 정점이었으며, 초기 자연과학적, 종교적, 심리학적인 관념들이 강하

013　Good Friday는 그리스도교 용어로 '성금요일(聖金曜日)'을 뜻한다.; 예수 그리스도가 십자가에 못 박혀 죽은 날을 기념하는 날; 부활절(Easter Sunday) 직전 금요일; 그리스도교 전통에서 매우 중요한 애도와 경건의 날.

014　Zodiac; 주된 행성과 달. 태양이 지나는 폭 16도의 천구상의 상상적인 구대; 그 중심선이 황도이며 태양의 궤도이다. 예로부터 이 구대를 12개로 등분하고 거기에 하나씩 성좌를 배치하여 이것을 12궁(the signs of the zodiac)이라 불렀다. Aries백양궁, Taurus금우궁, Gemini쌍자궁, Cancer거해궁, Leo사자궁, Virgo처녀궁, Libra천칭궁, Scorpio천갈궁, Sagittarius인마궁, Capricorn마갈궁, Aquarius보병궁, Pisces쌍어궁.

게 상호 침투했음을 보여준다; 게다가 이것은 그 시대의 천문학과 의학에 밀접한 관련이 있었다. 연금술사들은, 물질의 고귀화, 소우주와 대우주의 신비적 결합, 영혼의 정화를 목표로 삼았다. - 연금술사들은, 그리스 자연철학의 4가지 원소(Air, Earth, Fire, and Water)를 알고 있었을 뿐만 아니라, 또한 소금Salt, 유황 Sulfur 그리고 수은Mercury(Mercurius를 보라)이라는 "철학적 원소들Philosophical Elements"도 알고 있었다. **또한 Metals를 보라.**

Alcohol 알코올. *화주Firewater*라고도 불리는 이것은 **불**Fire과 **물**Water이라는 반대적 원소들의 결합을 상징한다. 이런 이유로 이 것은 생명 에너지의 상징이기도 하다.

Almond 아몬드. 단단한 껍질 속에 있는 단맛의 과일로서, 이것 은 본질적인 것, 영적인 것, 그리고 겉모습 뒤에 숨겨진 것을 상징한 다. 또한, 이것은 그리스도(왜냐하면, 그의 인간적 본성이 그의 신 적인 본성을 감추고 있기 때문이다)와 그의 육화를 표현한다. 고대 에는, 견과류 같은 아몬드는 임신(그것의 알맹이가 보호받고 있기 때문에)과 생식력을 상징한다. 이런 이유로, 아몬드는 결혼식에서 뿌려졌다. 먹을 수 있는 알맹이를 껍질에서 먼저 벗겨야 했기 때문 에, 이것은 또한 인내의 상징이었다. - 그리스인들에게, 아몬드로부 터 추출한 기름은 남근적 의미를 가졌으며, Zeus 신의 씨앗을 상징 하였다.

Almond Tree 아몬드나무. 지중해 지역에서 1월에 꽃을 피우기 때문에, 이것은 각성(이것이 일찍 "깨어나기" 때문이다)과 부활의 상징이었다.

Aloe 알로에. 성서에서 언급되는 알로에는, 키가 큰 나무이며, 이 나무의 목질부로부터 아주 귀하며, 쓴맛이 나고, 향기로운 기름이 추출된다. 이것은 종종 **몰약**Myrrh과 함께 혼합하여 사용되는 경 우가 많았다. 알로에와 그 기름은 회개와 금욕을 나타낸다. 이것은 그리스도의 매장과 관련하여 언급되기 때문에, 이것은 또한 그리스도의 죽음과도 상징적으로 연관된다. - 빈번하게 아주 큰 **용설란** *Agave*은 (또한, *Century Plant* 또는 *Century Aloe*라고도 불리는) 한 개의 줄기를 내어 많은 꽃을 피운 뒤 죽는다. 중세시대에 이것은 성모 마리아의 처녀성 상징이었다.

Alpha 알파. 그리스 알파벳의 첫 글자이며, *Arch(시작)*라는 단어의 첫 글자이다. 성서에서, 그리고 그리스도교 예술과 문학에서, 알파는 태고의 기원을 상징한다. **Alpha, Omega**를 보라.

Alpha and Omega 알파와 오메가. 그리스 알파벳의 첫 글자와 마지막 글자이다. 이것들이 모든 다른 글자들을 "포괄하기" 때문에, 이것들은 모두를 아우르는 것, 전체성의 상징일뿐만 아니라, 하느님의 상징이며, 특히 처음이며 마지막으로서의 그리스도(빈번하게 그리스도 합일 문자와 관련하여)의 상징이기도 하다. 떼이야르드 샤르댕Teilhard de Chardin[015]은 그의 진화이론의 실례로서 이 두 개의 문자들을 사용했다. **Alpha, Omega**를 보라.

Alpha and Omega: 그리스도 합일문자와 함께 쓰인 A와 O.

Alphabet 알파벳. Letters를 보라.

Altar 제대. 그것은 거의 모든 종교에서 제사와 다른 신성한 의식을 거행하는 목적으로 사용되는, 숭배 구역 안의 높은 장소(라틴어 *altus*, '높은'에서 유래)이다. 높게 마련된 자리(장소)는 신이나 하느님께 봉헌되는 제물이 높이 들어 올려진다는 의미를 상징한다. 가끔 제대는 세계의 영적인 중심으로 간주된다. - 그리스도교에서, 이것은 그리스도와 함께하는 최후의 만찬의 거룩한 탁자를, 혹은 그리스도 그 자체의 몸을 상징한다(그래서 하얀 제대보는 수의를 상징한다). 4세기 이래로, 제대는 보호와 피난의 장소로서 이해되어왔다; 심지어 아주 중대한 범죄자들도 교회 안에서는 체포되지 않으며, 그리고 무엇보다도 제대에서는 더욱 그렇다.

Altar: 희생 제단 위에서 송아지를 도살하는 장면. 12세기, 'Auersbach아우어스바흐 복음서' 안의 세밀화 모방.

Ambrosia 암브로시아/진미/신들이 먹는 음식. 신들의 음식으로

---

015 그는(1881-1955), 프랑스 예수회 신부. 신학자. 철학자로서 뻬이징 원인을 발굴했다.

서 과일즙과 함께, 고대에서 빈번하게 언급되는 이것은 불멸성을 준다. - 그리스도교 문학에서, 하느님의 말씀과 성체성사를, 가끔 상징적으로 신들의 음식Ambrosia라고 부른다.

Amen 아멘. 이것은 유대인들의 회당 예배에서, 신약성서에서, 그리고 모든 그리스도교 전례典禮[016]에서, 그리고 이슬람의 전례적 찬탄과, 믿음을 확인하는 공식적인 문구 안에서 사용하는 단어이다. 요한 묵시록에서는 그리스도가 상징적으로 "아멘 the Amen"이라고 불린다. **Ninety-Nine을 보라.**

Amethyst 자수정. 이것은 보석이며, 취기와 독을 제거하는 치료제(그리스어 *Amethystos*, '취기를 풀어 주는 약'이라는 뜻에서 유래함)라고, 고대에서 생각했다. - 그리스도교적 상징 사용에서, 그것은 겸손의 이미지Image인데, 이는 그것이 소박한 제비꽃Violet의 색을 지니고 있을 뿐 아니라, 그리스도의 수난Passion에 대한 상징적 연관도 갖기 때문이다. **(Violet을 보라).** 추가로, 자수정은 **천상적 예루살렘(Jerusalem, Heavenly를 보라)**의 초석 중의 하나라고 일컬어졌다.

Amulet 부적. 이것은 통상적으로 몸에 부착하는 작은 물건이다. 이것은 마법적 보호(정령들, 악의 눈, 불행, 질병에 대항하는)와 행운을 가져오는 것으로서, 인류에게 기여하는 것으로 여겨졌다. 그 물건의 구체적인 형태는, 아마도 특정 운명력의 강제에 대한 상징적 표현이라고 간주 되었을 것이다. 부적들의 두드러진 유형Type은, 동물의 뿔들, 파충류들, 거미들, **클로버Clover** 잎사귀들(Leaf를 보라), 외설적인 행동들(Finger를 보라), 준보석과 보석들, 이름 혹은 글자들, 굉장히 매력적인 자연 물질들과 형태들(Mandrake를 보라), 그리고 성인들의 그림들이다. 아마도 장식으로서 보석을 착용하는 것은, 부적의 사용으로부터 나온 것 같다. - 부적은 선사시대에서, 특히 고대 동양과 중국에서는, 흔한 것이었다; 이집트에서는 미라가 "죽음"의 위협으로부터 보호받기 위해 부적과 함께 묻

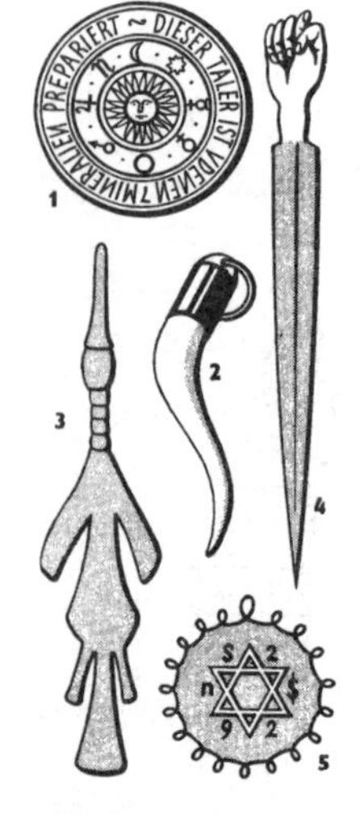

Amulet: 1. 점성술적 건강 부적 2. 버팔로 뿔로 만든 "사악한 눈" 부적. 3. 퉁구스 족(시베리아의 몽고족)의 새 부적. 4. 무화과손(Mano Fico) 부적(질투 또는 외설적인 표현), 특히 지중해 지역에서 발견된다. 5. "독일의, 짓궂은 밤의 요정drude의 발"이 새겨진 메달형 부적.

---

016 전례Liturgia; 교회에서 거행하는 모든 공식적인 의식들.

혔다. 지금도 부적을 착용하는 것은 여전히 흔하다. Abracadabra;
Pentagram(오각형의) 별 모양; Sator Arepo Formula를 보라.

Anastasius, Cross of 아나스타시오의 십자가. 석관 예술에서,
이것은 죽음(그리스도는 없지만, 그리스도 합일 문자Monogram
가 있는 십자가)과 부활(잠자는 보초병, 승리의 십자가)에 관한 상
징적 표현이다.

Anastasius Cross: 4세기 석관에서 출토.

Anchor 닻. 이것은 다양한 바다 신들의 속성이다. 왜냐하면, 닻은
폭풍우 동안 선박의 안정성을 유지할 수 있는 유일한 원천이기 때문
이다. 이것은, 특히 그리스도교에서의 사용에서(빈번하게 무덤의 표
시와 석관 위에 묘사되고 있다), 희망의 상징이다. 그리고 이것은 견
고함과 신앙의 표시이다. 초기 그리스도교 시대에, 이것은 십자가의
위장된 상징으로 사용되었다(줄기(기둥/자루)를 덧붙임으로써).

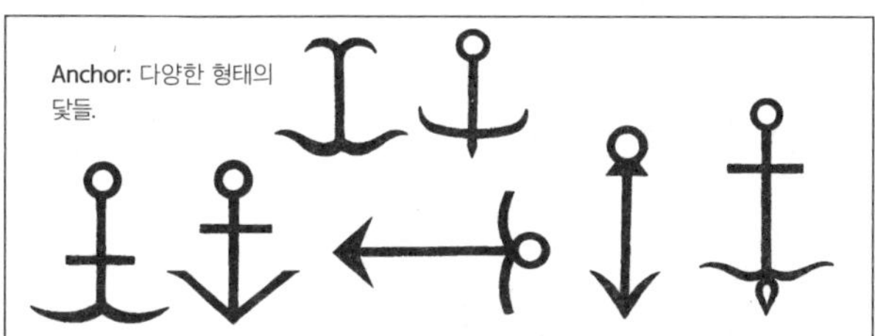

Anemone 아네모네. 單生의 꽃(바람을 뜻하는, 그리스어, *Anemos*
에서 유래)인 이것은, 고대에서는 일시적인 것의 상징이다. 아도니스
Adonis[017]의 꽃이며, 비너스 신이 그를 붉은 자주색 아네모네로 변형
시켜주었다. - 그리스도교의 상징성에서 아네모네(또한, 장미와 마거
리트Marguerite도)는 성인들이 흘린 피를 상징한다.

Anemone

Angelica 안젤리카. 이것은 북반구의 식물이며, 그리스도교에서
가장 오래된 상징적 식물들 가운데의 하나이다. 이것은 삼위일체와
성령의 상징이다. 왜냐하면, 그 줄기가 자기를 에워싸고 있는 두 개

Angelica

---

017 [그리스 신화] 여신 Aphrodite(=Venus)에게 사랑받은 미소년, 멧돼지에 물려 죽
     었으며, 그 피에서 복수초가 자라났다.

의 껍질 밖으로 자라기 때문이다. 이것은 악성 전염병의 중요한 구제약이라고 간주 되었다; 전설에 의하면, 천사가 수도승에게 그 식물을 가져왔다는 것이다.

Anger 분노. Ira[라틴어]를 보라.

Animal: 이집트 매의 머리를 한 신, Horus호루스.

Animals 동물들. 이들은 종종 막강한, 신적이고 우주적인 힘을 상징적으로 나타낸다. 동시에 무의식과 본능의 힘을 상징하기도 한다. 동물에 관한 암각화Rock Paintings는 신화적. 종교적인 관념과 의식과 밀접하게 연관될 수 있다. - 많많은 문화권에서는 신들을 동물의 형태로, 또는 동물의 머리(혹은 다른 부분)로 형상화한다(예: 이집트와 인도). 그리고 그리스도교에서도 성령은 동물인 비둘기Dove로 표현된다. 원시 민족들 가운데에서, 동물은 빈번하게 인간의 또 다른 자아를 나타낸다. 많은 문화권의 상징적 언어에서, 신화적 동물을 포함하여, 동물은 인간적 특징도 상징한다. 동물-인간의 혼성체는, 인간의 이중적인 육체적-영적 본성을 상징할 수 있다. Centaur; Evangelists, Symbols of; Minotaur; Sacrifice; Zodiac을 보라.

Ankh: 왼쪽) 매의 머리를 한 Horus에 대한 숭배장면. 그의 머리 위에는 태양 원반이 있고, 그의 두 무릎 위에는 앵크 십자가가 있다. 『아니 Ani 파피루스』에서 발췌.

오른쪽) 여신 Nut. 양쪽 손목에는 앵크 십자가가 달려있으며, 태양을 들고 있다. 20번째 왕조인, Khabeket의 2번 무덤에서 나온 그림.

Ankh[018] 앵크 십자가 상像. 위에 고리가 얹힌 이집트의 T자형 십

---

018   위에 고리가 붙은 T자형 십자章(옛날 이집트에서 생명의 상징).

자가로서, 생명뿐만 아니라 태양이 대지를 비옥하게 하는 힘을 상징하는 '앙크 십자가 상'은, 이집트 미술에서 흔히 나타나며, 신이나 왕의 손에 들려 있는 모습으로 자주 묘사된다. 장례 그림에서는 고리의 옆에서 곧게 세워 들려있다(이는 아마도 죽은 자들의 영역을 여는 '열쇠'를 상징하는 것일 수 있다). - 이집트의 그리스도교인들(콥틱 교회the Copts[019])은, 그 이미지Image를 그리스도의 십자가가 지닌 생명 부여의 힘을 상징하는 것으로 차용했다.

Anointing 도유. Chrism, Oils를 보라.

Ant 개미. 꿀벌Bee같이, 개미는 근면함과 조직화된 공동체 생활의 상징이다; 이것의 광범위한 겨울 식량창고 때문에, 이것은 또한 예지력을 나타낸다. - 인도에서, 개미는, 그들의 끊임없는 활동 때문에, 모든 세속적인 행위의 무가치함을 상징한다. - 아프리카인들 가운데에, *개미탑the Anthill*은 때로 우주 창조적 관념에 연관되어 있다; 가끔 이것은 여성적인 생식능력과 연합되어 있다; 때때로 이것은 여성의 다산성과 연관되는데, 그 위에 앉는 여성에게 다산을 불어넣는다고 여겨지기 때문이다.

Anthill 개미탑. Ant를 보라.

Anvil 모루[020]. 이것은 상징적으로 능동적이고 남성적인 것으로 여겨지는 망치Hammer의 여성적 대응물로 자주 해석되는 대상이다. 가끔 모루는 용기勇氣라는 가장 중요한 덕목의 속성으로서 나타난다.

Ape 유인원/원숭이. 이이것은 뛰어난 기동성과 지능 때문일 뿐 아니라, 교활함, 강한 성적 충동, 모방 능력, 그리고 다투기 좋아하는 탐욕스러움 때문에 흔히 상징적 동물로 나타난다. - 극동지역에서, 원숭이는 자주 지혜의 상징이다. 일본 **닛코Nikko 지방**의 "신성한

Ape: 저승 장면에 등장하는 개코원숭이. 18 왕조, Tutankhamen의 무덤에서 출토.

Ape: 생 주앵 드 마르느Saint Jouin-de-Marnes 성당의 기둥머리.

019　콥틱 교회(그리스도교회의 정교회 분파 중 하나이며 아프리카 정교회를 칭한다.

020　대장간에서 뜨거운 금속을 올려두고 두드릴 때 쓰는 쇠로 된 대.

축사(신사)the Holy Stall"의 세 마리 원숭이[021]'는 이 점에서 유명하다. 하나는 눈을 가리고, 다른 하나는 귀를 막고, 세 번째는 입을 막는다('악을 보지 말고, 악을 듣지 말고, 악을 말하지 말라'). 오늘날 유인원(원숭이)은, 특히 인간관계에서, 지혜로 가득한 삶(그리고 그로 인해 행운이 따르는 삶)을 상징하는 것으로 널리 해석된다. 원래 그들은, 인간의 일에 관하여 신들에게 보고하기로 되어있는 사신의 역할을 담당했다. 그리고 그 결과 (일종의 방어적인 마법으로서) 장님으로서, 귀먹어리로서, 그리고 벙어리로서 묘사되었다. - 이집트에서, **개코원숭이***the Baboon*는 신적인 것으로 숭배되었다; 예를 들어 크고, 희고, 웅크려있고, 발기된 남근을 가지고 있고, 그리고 종종 이것의 머리 위에 초승달이 붙어있는데, 그것은 달의 신, 토트Thoth[022]의 육화/화신이다. 토트는 학자와 서기관들의 수호신으로, 신들의 전령이자 영혼의 인도자로 자주 등장한다. 저승의 세계에서는 선한 원숭이뿐 아니라 악마적 원숭이들도 죽은 자의 영혼을 만나며, 예를 들면 그 영혼을 그물에 가두겠다고 위협하기도 한다. - 인도에서, 원숭이들은 여전히 신성하고 건드릴 수 없는 것으로서 여겨진다. 그리스도교 예술과 문학에서, 원숭이는 보통 부정적으로 보인다. 자주 자신의 손에 **거울Mirror**을 가진 것으로 묘사되는, 이것은(사람과 원숭이 사이의 신체적 유사성을 통해) 인간이 악덕 때문에, 특히 탐욕·정욕·허영이라는, 죽음의 죄로 인해 동물적 수준으로 추락한 인류를 상징한다. 사슬에 묶여있는 원숭이는, 보통 정복된 사탄Satan을 상징한다. 정신분석적 꿈 해석에서는, 흔히 원숭이에서, 부끄러움이 없음, 내적 혼란, 혹은(사람과 닮은 외형 때문에) 인간 인격의 동물적 풍자모습Caricature을 그 상징으로 본다. - 원숭이는 중국의 **조디악Zodiac**에서 9번째 별자리이며, **궁수자리Sagittarius**에 해당한다.

---

021 Nikko(닛코)는 일본의 지명이다. 일본 혼슈 도치기현에 있는 산악 도시, 도쿄에서 북쪽으로 약 150km, 유네스코 세계문화유산 닛코 도쇼구(東照宮) 신사로 유명, 그곳 건물 중 하나에 삼원숭이(세 마리 원숭이) 목조 부조가 있음, 그래서 "닛코의 세 마리 원숭이" 하면, → 눈·귀·입을 가린 see no evil, hear no evil, speak no evil 원숭이를 의미한다.

022 이집트종교의 토트신; 지혜,학문,마법의 신; 숫자,문자의 발명자로서, 신들의 서기 역할을 한다.

Apocalypse 묵시록/계시록. 파트모스Patmos에서 성 요한이 쓴, 이것은 성서의 마지막 정본이며, 신약성서의 유일한 예언서이다. 이것에는 소아시아의 기독교 공동체들에게 보낸 일곱 개의 서신들과 임박한 세상 종말에 대한 기록이 담겨 있다. 일부 해석하기 어려운 부분을 담고 있는 이러한 기록들은, 다가오는 공포, 적그리스도의 지배, 그리고 그의 패배를 묘사하고 있다.

Apophis 아포피스[023]. Serpent(뱀)를 보라.

Apostles 사도들/그들의 속성들. 13세기 이후의 그리스도교 예술 안에서, 사도들은 각자의 속성을 나타내는 상징을 통해 구별되어 왔다.

Andrew 안드레아. X자 모양의 십자가.

Bartholomew 바르톨로메오. 3개의 껍질 벗기는 칼들(혹은, 한 개의 칼); 껍질 벗겨진 피부.

James the Elder 대 야고버. 3개의 스캘럽Scallops[024]; 순례자의 지팡이; 순례자의 망토 그리고 모자.

James the Younger 소 야고버. 축융공[025]의 곤봉; 우승기 Pennant; 검Sword.

John 요한. 일반 컵에서 나오는 뱀; 가마솥에서 솟아오르는 독수리.

Judas Thaddaeus 타대오. 십자가 형태의 돛대를 가진 돛단배/범선; 끝에 십자가가 달린 지팡이.

Mattew 마태오. 도끼; 작은 주머니Pouch 혹은, 지갑Purse; 검.

Paul 바오로. 검; 두루마리; 뒤에 검을 배경으로 한 펼쳐진 성경

---

023 [이집트 신화] 아포피스:암흑을 지배하는 뱀의 사신, 이것을 태양신Ra가 새벽마다 죽인다.

024 1. 가리비의 가장자리 같은 물결무늬로, 보통 여성복의 소맷부리나 옷깃 따위에 사용. 2. 조개껍데기(scallop)는 순례자, 특히 산티아고 순례길(Camino de Santiago)과 관련된 상징으로 많이 사용된다.

025 (천의 올을 배게하는)축융공縮絨工, 천을 바래고 다듬는 직공;fuller는 중세 유럽에서 사용된 직업명을 가리키며, 한국어로는 보통 "풀러"라고 번역한다. 역할: 천(특히 양모)을 세탁하고 두들겨서 섬유를 정리하고 두껍게 만드는 사람. 과정: 세탁 → 두드리기(풀링, fulling) → 표백 → 마무리. 사용 도구: fuller's club(천을 두드리는 곤봉), 물, 비누, 때로는 모래. 즉, fuller = 양모 세탁 및 가공업자라고 이해하면 된다.

Peter 베드로. 십자가; X자 형태의 두 개의 열쇠.

Pillip 필립보. 십자가 모양(T자 형태로)의 꼭대기가 달린 지팡이로, 보통 양쪽에 빵 한 덩이씩이 놓여있다.

Simon 시몬. 책 위에 있는 물고기; 십자가.

Thomas 토마스. 긴 창; T자형 자.

Matthias 마티아. 도끼; 돌; 펼쳐진 성서.

Apostropaic Figures 액막이 모형들. 이것들은 기괴한 머리 혹은 얼굴이며. 그 소름 끼치는 표정은 적대세력을 물리치기 위하여 고대 이래로 사용되어 왔다(예를 들어, the Gorgoneion[026]). 이들의 혐오스러운 외모는 거부와 추방의 제스쳐를 상징한다. 이집트의 **베스Bes 신은**[027], 웃는 얼굴이 아니라 기괴한 모습으로 묘사될 때, 동일한 기능을 수행한다.

Apple 사과. 고대의 비옥함/생식력의 상징(특별히 붉은 사과)인, 이것은 또한 사랑의 널리 퍼진 상징이기도 하다. 이것의 **구球** 형태 때문에, 영원성의 기호일 수 있다. 그리고 이것은 영적 지식의 상징일 수 있다(예를 들어, 켈트 족Celtic의 전통에서). - 헤스페리데스 Hesperides[028]의 금사과들은 불멸성을 의미한다. - 그리스도교의 상징성에서(그 외 다른 전통들에서도), 사과의 구 형태는 지구의 상 Image이다; 이것의 아름다운 색채와 달콤함은, 이 세상의 유혹과 상응한 의미로 나타난다. 그래서 사과는 인류의 타락을 상징한다. 그래서 그리스도의 손에 들린 사과는, 원죄로부터의 구원을 상징한다; **크리스마스 트리Christmas Tree** 위에 붙은 사과는, 그리스도로 인해 인류가 천국으로 돌아가게 된 것을 상징한다. 이런 맥락에서 사과는, 새로운 이브인 성모 마리아의 속성을 가진다. - 세계의 상징인, ***황실의 사과the Imperial Apple***는 세상에 대한 지배권을

---

026 [그리스 신화] 머리털이 전부 뱀이고, 그의 얼굴을 본 사람은 공포로 인해 죽어서 돌이 되었다고 하는 3명의 자매 이름; 그중 막내 동생은 Medusa로 불리는데 Perseus에게 살해되었다.

027 (이집트 종교) 베스: 음악, 무용, 출산의 신으로 여성에게 인기가 높았다; 꼬리가 있고, 라이온의 털가죽을 입은 난장이의 모습이다.

028 [그리스 신화] 땅의 여신 Gaea가 Hera의 결혼 기념으로 보낸 황금사과를 지킨 요정들. 그 황금사과로 만들어진 동산(정원).

상징한다; 이것은 승리의 여신인 나이키Nike[029]와 더불어, 고대에서 다양하게 나타난다. 그리고 제국의 사과는 일반적으로 십자가로 장식된 관을 쓴 기독교 군주와 함께 나타난다.

Apron 앞치마. 프리메이슨의 의식용儀式用 의복인 이것은 보통 **흰색**White이며 일과 무고함Innocence을 상징한다.

Aquarius 물병자리. 물병자리는 **조디악**의 11번째 별자리이다; 이것의 원소는 **공기**Air이다.

Aquarius: 점성술의 물병자리.

Arbor Philosophica[030] [라틴어] 철학적 나무/(연금술적) 지혜의 나무. 이것은 *디아나의 나무Arbor Dianae*[031], *철학자의 나무/연금술사의 나무Philosophers' Tree*, 그리고 *은銀나무/Silver Tree*라고 불린다, 이것은 수은으로 처리된 은 질산염의 용액으로부터 나온, 나무처럼 줄기가 뻗고 가지가 갈라진 결정화의 산물이다. - 연금술사들에게, 이것은 "식물같이 싹이 난, 금속의 성질"이 있는 것의 상징이며 증거이다. 게다가, 그 개념은 통상 12개의 "연금술적 작업Alchemical Operations"을 의미하며(즉, **석회화**Calcinatio, **용액화**Solutio, Elementorium Separatio원소들의 분리, Coniunctio결합, Putrefactio부패, Coagulatio응고, Cibatio대체, Sublimatio승화, Fermetatio발효, Exaltatio고양, Augmentatio증가, Projectio투사), 그것의 상호 관계는 가지가 뻗은 나무 형태의 도표로 묘사된다.

---

029 [그리스 신화] 날개 달린 소녀의 모습을 한 승리의 여신.

030 "Philosophers' Tree" 또는 "철학자의 나무/연금술사의 나무"는, 주로 연금술, 신비주의, 철학적 상징에서 등장하는 개념이다. 1. 의미:Philosophers' Tree = 철학자의 나무, 연금술사의 나무;연금술과 신비주의에서, 생명, 지혜, 영적 완성을 상징하는 나무를 의미; 때로는 만물의 근원이나 영적 성장의 상징으로 해석됨. 2. 상징적 의미: 연금술: 철학자의 돌(Philosopher's Stone)과 연결됨; 물질적·정신적 완성을 이루는 변형과 성장의 상징. 철학/종교: 영혼의 성장과 깨달음을 상징; 신비주의에서는 생명의 나무(Tree of Life)와 유사하게 해석. 3. 관련 표현: Arbor Philosophorum → 라틴어 표현으로 "철학자의 나무"; Philosophers' Tree/Tree of Knowledge/Tree of Life 등과 연결되어 사용되기도 함. 즉, Philosophers' Tree = 연금술적·철학적 상징 나무로, 단순 식물이 아니라 영적, 상징적 의미를 가진 개념이다.

031 [그리스 신화] Diana: 달의 여신으로 사냥과 처녀성의 수호신(그리스 신화 Arthemis에 해당).

Arborvitae[032] 생명의 나무. 이것은 어떤 다양한 상록수들에 해당하며, 특별히 소나무科 투자Thuja[033]屬의 나무이다. 모든 늘 푸른 식물들처럼, 이것은 불멸성의 상징이다. 이 생명 나무는 문자 그대로 "생명의 나무"를 의미한다. **Cross, Tree를 보라.**

Archer 궁수. Bow(활)를 보라.

Archetypes 원형. 이것들은 고태적 이미지들Images이며, 후기 고대 철학에 따르면, 나타나지 않은/비가시적 영역에서, "원형적 모델" 또는 "이데아Ideas"로서, 존재한다. - 융Jung은 이 용어를, 꿈뿐 아니라 신화나 동화 등에서 나타나는, 인류 전체에 공통된 상징적 패턴과 이미지를 가리키기 위해 사용했다."집단무의식Collective Unconscious" 또는 "객관적 정신(Psyche)"이라 불리는 이러한 상징과 이미지들은 개인 발달에서 반복적으로 나타나는 근본 구조들에 영향을 주며, 또한 상상계적 형상(Imaginal Form)으로도 표출된다.

Architectural Symbolism 건축 상징성. 이것은, 종종 후대의 속성/특성을 통하여(예를 들어 의례적 활용뿐만 아니라, 이론에 따른 해석을 통해서도), 건물 또는 그것의 부분들의 상징적 의미를 언급한다. 고대 동양의 건축에서, 이것은 중요한 역할을(예를 들어, 행성 영역을 통한 상승의 표현으로서 Ziggurat[034]. 모성적 흙으로 된 껍질로서의 무덤 지붕) 담당했다. 또한, 근본적으로 중세 그리스도 교회 건축(예를 들어, 우주의 복제품으로서의 비잔틴 양식의 돔 Dome이 있는/원형 지붕이 있는 교회, 배로서의 바실리카[035] 형태)을 근본적으로 결정하기도 했다. [036]

---

032   식물 이름:Thuja 속의 나무를 지칭하며, 한반도에서는 측백나무로 알려져 있음; 영어: The arborvitae is an evergreen tree.;한국어: 측백나무는 상록수이다.;비유적/상징적 의미: 중세 그리스도교 예술에서 "생명, 불멸, 지혜"의 상징으로 사용되기도 함. 즉, arborvitae = 생명의 나무로 직역 가능하며, 식물학적·상징적 의미 모두 적용된다.

033   thuja: 측백나무과 Thuja속 나무의 총칭; 서양측백.

034   고대 메소포타미아의 신전.

035   끝부분이 둥그렇고, 내부에 기둥이 두 줄로 서 있는 큰 교회나 회관.

036   fundamentally determined → 근본적으로 결정지었다: 단순히 영향을 준 것이 아니라 건축 양식의 기본 구조와 원리를 규정했다는 의미.

Ariadne's[037] Thread 아리아드네의 실. Thread를 보라.

Aries 양자리/백양궁[038]. Ram숫양을 보라.

Ark[039] 방주方舟/성궤聖櫃. 성서에서 노아Noah의 방주는 배Ship이고, 그 배를 타고 노아와 그의 가족, 그리고 선택된 동물들이 홍수로부터 탈출했다. 노아의 방주는 세례를 통한 구원의 원형原型的 모델로서 여겨져 왔다. 이것은 또한 교회의 상징이기도 하다; 게다가, 이것은 파괴될 수 없는 신성한 지식의 총합/집대성을 의미한다. - Jung은 노아의 방주를 모성적 자궁의 상징으로서 말한다. - *계약의 궤the Ark of the Covenant*는, 이스라엘 사람들이, 십계명이 기록된, 2개의 석판이 들어있는, 궤에 붙인 이름이다; 구원의 중재자로서, 하느님의 어머니는 또한 이렇게 (계약의 궤라고) 언급되기도 한다.

Ark: 노아의 방주, 14세기, 메리 여왕의 시편집 안에 있는 그림 모방.

Arm 팔. 이것은 힘의 상징이다. 뻗어진 팔은 빈번하게 정의의 힘의 상징이다. - 다양한 인도의 신들은 두 팔보다 더 많이 가지고 있으며, 이렇게 그들의 전능함을 표현한다. 그리스도교 전례 안에서, 들리어진 팔들은 영혼의 열림과 은총의 간청을 상징한다. 중세기 그리스도 신자들의 그림들 안에서, 하늘로부터 뻗어 나온 팔(또는 손Hand)은 하느님의 상징이다. - 하위자(종속적 지위)를 나타내는 제스처로서의 올려진 팔은, 자기방어의 포기를 상징한다.

Arm: 삼위일체 상징. 하느님의 팔과 어린양(그리스도), 비둘기(성령)로 구성됨. R. Seewald의 그림 모방.

Arnica 아르니카 꽃. 이것은 노랗고, 양념 맛이 강한 꽃들을 포함하는, 과꽃과科의 다양한 허브들(*Arnica 屬*) 중의 하나이다. 고대 게르만족들 사이에서, 약초로서 사용되었던, 이것들은 원래 게르만족의 어머니 여신인 Freya[040]에게 바쳐졌으며, 나중에는 성모 마리아에게 봉헌되었다. 이것들은 또한 번개, 마녀들, 그리고 마법사들에게 대항하는 보호물로서 평가되었다.

Arm: 4개의 팔을 가진, 춤추는 시바Shiva 여신상. 약 1400년대 청동상.

Arnica

037　[그리스 신화] Theseus에게 실패를 주어 미궁 탈출을 도운 Minos왕의 딸.

038　황도 십이궁의 첫째 자리.

039　방주(方舟):성경에서 노아의 방주 (Noah's Ark); 큰 배, 구원의 그릇이라는 상징적 의미. 궤, 궤짝:언약궤 (Ark of the Covenant); 신성한 물건을 담는 상자, 신의 현존을 상징.

040　[북유럽 신화]Frey의 여동생이며 사랑과 아름다움의 여신.

Arrow 화살. **Bow** 활을 보라.

Arum 아룸屬 식물. 아룸(Arum)은 여러 관련 식물 중 하나일 수 있으며, 예를 들어 '잭-인-더-펄핏(Jack-in-the-pulpit)[041]'처럼, 잎이 달린 포엽(Leafy Bract) 아래에 육질의 꽃대(Spike)에 흰색 또는 백합 같은 꽃을 피우는 식물을 말한다. 아룸은, 예를 들어, 북미산의 천남성류類와 같은 식물이며, 희끄무레한 잎이 무성한 포엽苞葉을 마주하고 있는, 두꺼운 가시 속에, 백합 같은 꽃을 가진, 여러 개의 식물과 관련된 것일 수 있다. 중세시대에, 그 식물은 성모 마리아의 어떤 속성이었다. 그 식물이 아론Aron[042]의 싹이 난 지팡이를 연상시키기 때문에, 그 식물은 부활 상징성에(아론의 지팡이가 그런 것처럼) 관련된다.

Ascension (예수) 승천. 팔을 뻗거나 들어 올린 채 하늘로 올라가는 인물의 표현은, 죽은 후의 영혼(**Eagle**독수리를 보라), 성별(聖別), 영적 부름, 또는 신과의 결합을 상징한다.

Asclepius 아스클레피오스[043]. **Staff of** 아스클레피오스의 지팡이. 치유의 예술을 관장하는 고대 신 아스클레피오스의 지팡이는, 뱀이 감고 있으며, 의료 직업의 상징이다. 대야와 함께 사용될 때, 지팡이는 약사(Apothecary)의 상징이다. 해마다 자신의 피부를 벗는 뱀은, 생명 갱신의 상징으로서 지팡이와 연결되어 나타난다; 뱀은 또한 자신의 독을 이롭게 사용하는 것을 전한다. **Caduceus**[044]를 보라.

Ashes 재. 재의 상징적 의미는, 재가 먼지와 비슷하다는 점, 그리고 불이 다 타고 난 뒤 남는 잿더미가 차갑고, 정화된 잔여물이라는 사

Ascension: 그리스도의 승천(두 발자국이 새겨져있다.) H.L.Schaeufelein이 제작한 목판화의 부분.

Ascension: 승천으로 묘사된 예수의 부활. Isenheim의 제대에 그려진 Mathias. Grunewald의 그림 모방.

Asclepius: 지팡이와 뱀을 지니고 있는 아스클레피오스.

---

041 Jack-in-the-pulpit 는 식물 이름으로, 한국어로는 일반적으로 '설교단 속의 잭'이라고 직역하기도 하지만, 학술적·원예적 맥락에서는 그냥 잭인더펄핏 또는 아룸(Arum) 속 식물로 표기함.

042 (히브리어) 아론은 아브라함 종교의 인물로, 이스라엘의 초대 대제사장이며, 선지자이자 모세의 형이다. 아론에 대한 이야기는 구약성경, 신약성경, 그리고 쿠란에 등장한다.

043 [그리스 신화]아스클레피오스: 의술의 신, 로마신화의 Aesculapius.

044 [그리스 신화] 신들의 사자인 Mercury(Hermes)의 지팡이(두 마리의 뱀이 새겨져 있다.).

실과 관련이 있다. 많은 문화권에서, 재는 이렇게 죽음, 덧없음, 후회, 그리고 속죄를 상징할 뿐만 아니라, 정화와 부활을 상징하기도 한다. - 재로 몸이나 머리를 뒤집어쓰는 것은, 애도를 표현하는 것인데, 이는 그리스인들, 이집트인들, 유대인들, 아랍인들 가운데에서 행해졌으며, 가끔은 오늘날에도 행해지며, 몇몇 원시인들도 한다. - 인도의 요가 수행자들은, 세상에 대한 자신들의 금욕의 표시로서, 재로 자신들의 몸을 뒤집어쓴다. - 유대인들과 다른 사람들은, 불로 희생제물이 된 동물들의 신성한 재에 정화력이 있다고 믿었다. 그리스도인들은, 어떤 예식 행위에서(예를 들면, 재의 수요일에, 그리고 교회 봉헌을 위한 예식에서) 재를 속죄와 정화의 상징으로 간주한다.

Ash Tree 물푸레나무. 이것은 땅, 하늘, 그리고 지옥을 함께 쥐고 있는 영원한 푸른 **물푸레나무Ash Tree**인, 위그드라실Yggdrasil[045]로서, 노르웨이 신화에서 중요한 역할을 한다. 그리스인들에게 물푸레나무의 목재는 강력한 견고함과 안정성을 상징했다; 가끔 뱀에게 겁을 주어 쫓아내는 능력이 있는 것으로 생각했다.

Ash Tree

Aspen 사시나무. Poplar 포플러나무를 보라.

Asphodel 아스포델(백합과)[046]. 이것은 지중해 연안 지역에 있는 토종 백합의 품종이다. 흰색의 드문드문 가지 뻗은 꽃송이들을 가지고 있으며, 두툼하고 달콤한 맛의 뿌리를(예를 들어, 나팔 수선화Daffodil[047], Narcissus수선화[048]) 가지고 있다. 그리스인들과 로마인들 가운데, 아스포델은 죽음의 식물이라고 생각되었다(그래서 Hades[049]와 Persephone[050]에게 바쳐졌다); 뿌리는 때로 (예를 들

---

045   (북유럽 신화) 우주수宇宙樹. 우주를 떠받치고 있다는 거대한 물푸레나무.

046   [그리스 신화] 망자들의 영혼이 사는, 낙원에 피는 지지 않는 꽃. 수선화.

047   Wales의 국화國花.

048   [그리스 신화] Narcissus:물에 비친 자기의 모습을 연모하여 빠져 죽어서 수선화가 되었다.

049   [그리스 신화] (지하에 있는) 죽은 자의 나라, 저승; 그 지배자(로마 신화의 Pluto에 해당).

050   [그리스 신화] Zeus와 Demeter의 딸, Hades(Pluto)의 아내로서 下界의 여왕(로마신화의 Perserpina에 해당).

어, 호머Homer의 작품 안에서) 아스포델의 들판에서 방랑하는, 죽은 자들을 위한 음식이라고 생각되었다. 게다가, 아스포델은 악신에게 대항하여 보호하는 것으로 생각되었다. – 중세시대에는 아스포델을 토성과 관련시켜 생각했다.

Aspis: 영국의 어떤 세밀화 모방.

Aspis 독사. 독사류인 아스픽 살모사(*Vipera Aspis*), 큰 **뱀**Serpent 또는 **용**Dragon(가끔 네 발 달린 모습으로도 나타남)은 악과 완고함의 상징이다. 이것은, 중세 건축 장식이나 서적 삽화에서는 종종 **바실리스크**Basilisk[051], **사자**Lion, 또는 **용**Dragon과 함께 묘사되며, 때로는 그 용이 한쪽 귀는 땅에 대고, 다른 쪽 귀는 꼬리로 막고 있는 모습으로 그려지기도 한다.

Ass: 당나귀 머리를 가진 인간-동물 혼합체, 조잡함과 편협함을 상징함. U. Aldrovandi의 『Monstrorum Historiae괴물들의 역사』(1642)에서 발췌.

Ass 당나귀. 극도로 여러 종류가 섞인 상징적 의미를 갖는 동물이다. 이집트에서, 붉은 당나귀는, 사후에 영혼과 만났던, 위험한 존재를 상징했다. 인도에서는, 당나귀가, 해害를 끼치는 신들의 탈것으로서 나타났다. – 이것은 일반적으로 고대에서는 멍청하고 고집 센 동물로 여겨졌다; 그러나 이것은 또한 델포이Delphi[052]에서 제물로 바쳐지기도 했으며, 디오니소스Dionysus[053]와 그의 추종자들은 당나귀를 타고 다녔으며, 또한 로마인들은 이것을 다산의 신 프리아푸스Priapus와 연관시켰다. – 이것은 일반적으로 고대에서는 말 못 하는, 고집 센 동물로서 보였다; 그러나 이것은 또한 델포이 Delphi에서 디오니소스Dionysus신과 당나귀들을 탄 그의 추종자들에게 희생제물로서 봉헌되었다. 그리고 로마인들은 이것을 생식력의 신인, 프리아포스Priapus[054]와 연관시켰다. – 성서에서는 당나귀가 종종 비순결의 표시로 나타난다. 그러나 또한 다양한, 긍정적인 맥락에서 언급된다. 예를 들어, Bileam이 말하는 암탕나귀는, 인간이 할 수 있는 것보다 하느님의 뜻을 더 많이 이해할 수 있는 생물을 상징한다. 여물통 옆에 있는 당나귀들과 숫소들은, 아마

Ass: 암탕나귀를 타고 예루살렘으로 들어가시는 예수님. 명장 Bertram 작품 모방.

---

051 아프리카 사막에 살고 있었다는 도마뱀 비슷한 전설상의 동물, 수탉의 알을 뱀이 품어서 깬 것이며, 그것이 토해내는 입김을 쐬거나, 눈길을 닿으면 즉사했다고 한다.

052 그리스 고대 도시, Apollo 신전이 있었다.

053 [그리스 신화] 디오니소스, 술의 신, 로마신화에서는 Bacchus.

054 [그리스 로마 전설] 남근으로 표현되는 풍요의 신, 남성 생식력의 신.

도 이사야 예언의 실현을 언급한다: 소도 제 임자를 알고 나귀도 주인이 만들어 준 구유를 아는데...(이사야 서 1:3). 예루살렘으로 들어가는 길에 그리스도가 탄 말은 암컷 새끼 당나귀이다. 이것은 보통 온화함과 겸손을 상징한다(그러나 그 당시 암컷 새끼 당나귀는 – 특별히 하얀 새끼는 – 높은 계급과 우수함의 표시로서 보일 수 있다). – 특별히 로마네스크 예술에서, 당나귀는 자주, 간음, 나태함, 그리고 어리석음을 상징한다. 당나귀들에 관한 대다수의 읽을거리는, 중세시대의 그 유명한 "당나귀 잔치Asses Feast"를 언급한다. **Onager(서남아시아 *産*) 야생 당나귀를 보라.**

Astral Dances 별의 춤. 별들의 움직임을 묘사하는 儀式的 춤들인, 이것은 많은 문화권에서 발견되고 있으며, 통상 우주의 힘을 불러내려는 시도를 표현한 것이다.

Athanor [연금술](천천히 연소하는) 대형 증류기. 연금술 상의 난로이며, 이 안에서 물리적, 신비한, 그리고 도덕과 관련된 변화가 일어났으며, 때때로 **자궁Womb**과 세계의 **알Egg**이 비유된다.

Atlantis 아틀란티스 섬[055]. 플라톤에 의하면, 대서양 안에 있는, 바다에 삼켜진, 전설적인 영역이다. 확장된 감각 안에서 이것은 잃어버린 낙원과 황금 시대the Golden Age[056]의 상징이다.

Atman 아트만. 힌두교에서, 이것은 각 개인의 가장 내밀한 진수 Essence 또는, 최고의 보편적 자기Self이다(산스크리트어 '아트만(Atman)'에서 유래한 것으로, '숨', '영혼'을 뜻한다). **Wind를 보라.**

Attributes 속성. Apostles, Attributes of; Saints, Attributes of를 보라.

Aum 옴. Om을 보라.

---

055 1. 대서양에 있다고 믿어 온 전설의 섬. 2. 플라톤이 묘사한 전설상의 섬의 옛 이름.
056 [그리스 신화] 황금 시대(전설의 4시대 중 가장 오래된, 인류가 가장 행복했던 시대).

Aureole: 그리스도의 부활. A. da Firenze 가 1366에 제작한 벽화 모방 그림의 세부.

Aureole 광환(빛으로 이뤄진 둥근 테 모양). 특히 그리스도교 미술에서, 인물 전체를 에워싸는 광선의 화환 또는 발광으로 나타나며, 신적인 빛을 상징한다. 이에 반해, **광륜**Halo[057]은, 그리스도교 예술에서는 그리스도와 성모 마리아에게만 따로 사용된다. 타원형 모양일 때, 이것은 **만돌라**Mandorla[058]라고 알려져 있다.

Avarice 탐욕. Avaritia를 보라.

Avaritia 탐욕[059]. 탐욕의 여성적 화신이며, 7가지 죽음의 죄들 중 하나이다. 또한, **오소리**Badger, **두꺼비**Toad, 또는 **늑대**Wolf를 타고 다닌다.

Avens

Avens 뱀무. 장미과에 속하는 흔한 식물로, 노란 꽃이 피며 뿌리에서는 카네이션 같은 향이 난다. 장미과의 흔한 구성원인 이것은, 노란 꽃과 카네이션 같은 냄새가 나는 뿌리를 가지고 있다. 약용 식물로서 사용되었고, 이런 이유로 성모 마리아의 특성을 가진다고 믿었다. 그리스도와 관련하여, 이것은 세계를 위한 구원으로서(또는, 치유로서의) 그리스도를 가리킨다.

Ax: 고대 크레타 섬의, 고리가 달린, 쌍도끼 이미지.

Ax 도끼. 이것은 (특히 북아메리카 원주민들 가운데에서) 전쟁과 파괴의 상징이다. - 동물을 희생제물로 바치기 위한 도구로서, 이것은 또한 숭배의 상징이다; 게다가, 이것은 힘의 상징이자 지위를 나타내는 Emblem紋章[060]이다(예를 들면, 특히 극동지방, 미노스 Minoan 문화, 그리고 북유럽에서, **양날 도끼***Double Ax*). - 가끔 이것은 **번개**Lightning와 관련하여 이해된다. 성서에서, 나무의 밑둥에 가격 된, 도끼는 최후의 심판의 표시이다. - 피라미드 꼭대기에 있는 도끼 또는 한쪽 모서리로 서 있는 정육면체는 때때로 오래된 프리메이슨의 문서에서 나타난다; 이것은, 숨겨진 비밀을 드러내

---

057 (그림 등에서 성상의 머리나 몸 주위에 둥글게 그려지는) 광륜[후광],=corona(특히 일식이나 월식때 해나 달 둘레에 생기는 광환(코로나).

058 (미술) 아몬드 모양의 부분, (성인상聖人像 등의) 전신全身 후광後光.

059 (라틴어) 부를 향한 탐욕을 뜻하는 라틴어로, 일곱 가지 대죄 중의 한 가지로 꼽는다.

060 紋章은, 씨족.단체.집안 따위를 나타내는 상징적 표지(도안한 그림이나 문자로 되어 있다.).

는 용감한 행동을 가리키는, 가입/입문Initiation 상징과 관련 있을 수 있다.

Axis 축. World Axis 세계의 축을 보라.

Babel 바벨/바벨의 탑Tower of Babel. 바빌론Babylon의 히브리어 이름인 바벨은, 교만하고 제어되지 않은 인류를 상징하며, 그럼에도 결국 인간은 하느님이 정한 한계를 넘어서 자신을 높이려 하지만 실패하고 만다는 의미를 지닌다. 언어의 혼란이라는 하느님의 벌은, 신약성서에서, 오순절에/성령강림 대축일에, 성령의 강림과 그것으로 인해 일어난, 방언 현상에서 그 상응점을 찾을 수 있다.

Baboon 개코원숭이. Ape유인원을 보라.

Babylon 바빌론. 유프라테스 강가의 고대도시인, 바빌론은 "하느님에게 이르는 문"을 의미한다. 그러나 성서에서, 이것은 혼돈에 관한 개념과 관련 있다. 네부카드네자르 2세Nebuchadnezzar II[061]는, 유대인들에게서 그들의 국가 통치권을 빼앗고, 많은 수의 유대인을 노예로 삼았다; 그래서 바빌론은 천상적 예루살렘의 반대되는 장소로서 유대인들에 의해 자주 묘사된다(Jerusalem, Heavenly를 보라). - 요한 묵시록에서, 바빌론은 모든 적-그반(反)그리스도적 권세의 자리이자, 무신론적 삶과 음행이 가득한 장소이다. 사도 요한은, 자신의 손에 오물이 들은 금잔을 들고 진홍색과 자주색 옷을 입은 여인, "바빌론의 매춘부"에 관한 환영에 대해서 말한다. 그러나 신약성서에서, 바빌론은 로마의 적그리스도 세력에 대한 암호명이다. **Babel, Tower of를 보라.**

Badger 오소리. 일본에서 이것은 긍정적 의미에서 교활함의 상징이다; 또한 배가 통통한 오소리는 자기만족의 상징이다. - 그리스도교 미술에서 이것은 의인화된 탐욕(탐욕이라는 인격)이 타는 탈

Babel, Tower of: C. Anthonisz가 1547년 제작한 동판화 모방.

Babylon: 종말론적 동물을 타고 있는 바빌론 창녀. Durer의 『묵시록Apocalypse』 모방.

061　(성서) 네브카드네자르(신바빌로니아 왕(605-562 B.C.)

것이다(Avaritia[062]를 보라).

Balance 균형. Scales저울을 보라.

Baldachin: Freiburg 대성당 현관에 있는, 고딕 조각상 위의 천개.

Baldachin 천개. 중요한 인물이나 신성한 대상 위를 덮기 위해 고정되거나 이동식으로 설치되는 천이나 구조물이다. 특히 동양에서, 이것은 통치자의 품위를 상징한다(그래서 이것은 통상 실크로 만들어졌다). - 그리스도교 건축에서, 이것은 전형적으로 제대Alter[063], 성단Chancel[064], 무덤, 그리고 조각상 위에 위치한다; 상징적으로, 이것은 그 아래 앉거나 서 있는 사람의 영적 중요성이나 힘을 증가시킨다고 여겨진다.

Bamboo 대나무. 극동지역에서 대나무 식물은 행운을 가져온다고 생각된다. 빈번하게 이것은 명상적 그림의 대상이다; 대나무의 마디들, 개개의 부분들, 그리고 곧은 성장은, 불교와 도교에서, 영적 발달 상의 개인의 발걸음과 길을 상징한다.

Banana tree 바나나나무. 이것은 부드러운 줄기를 가진 커다란 관목이며, 보통은 바람에 찢어진 이파리들을 가진다. 부처Buddha에게, 이 나무는 모든 세속적 삶의 덧없음의 표지였다. 이 나무는, 그 아래에 앉아 세상의 허무함에 관해서 명상하는, 현자가 있는 중국 그림에서, 자주 묘사된다.

Baptism: 예수의 세례, 약 1220년 경, Hildesheim 대성당 안 세례대 부조.

Baptism 세례. 영적인 정화를 성취하기 위하여 물Water로 뿌리거나, 또는 물에 침수시킴으로써 하는 의식적儀式的인 씻음Washing이다. 이것은 많은 문화권에서 흔히 이루어지는 일이다. 주로 탄생, 죽음, 또는 **입회의식**Initiation과 관련되어 있다. 동양의 종교들에서 영적인 정화는 자주 성스러운 강들에서 목욕함으로써

---

062 라틴어로서, "탐욕(Greed)", "탐식(avarice)", 즉 칠죄종(Seven Deadly Sins) 가운데 하나인 '탐욕'을 가리킨다. 그리스도교 상징체계나 중세 미술에서는 Avaritia = 탐욕의 의인화된 형상(탐욕의 여신/인격)으로 자주 등장한다.

063 가톨릭교회에서 미사를 거행하는 탁자형 구조물

064 성단소/챈슬(교회 예배때 성직자와 합창대가 앉는 제단 옆자리)

실행된다(예를 들면, 유프라테스강, 갠지스강).- 아티스Attis[065]와 미트라스Mithras[066]의 추종 집단에서는, 거세한 **숫소Steer**의 피로 하는 세례가 관행이었다. 반복적인 씻음과 정화의식과는 대조적으로, 그리스도교 세례는, 원래 목욕의 한 종류였으며, 그리스도교회 안으로 받아들여짐을 확정 짓는, 오직 한 번만 수행된 행위이다. 그리스도에게, 세례는 영적인 정화와 **성령Holy Spirit**의 내림 둘 다를 상징한다. 성 바오로에 의하면, 물에 담그는 그리스도교 세례는 그리스도의 죽음과 부활의 상징이다. **Hand and Foot Washing 손과 발을 씻음**을 보라.

Barque 바크형 범선. **Boat** 배를 보라.

Basilisk 바실리스크[067]. 이것은 뒤틀린 형태의 닭알을 뱀이나 **두꺼비Toad**가 거름더미 위에서 부화시켜 태어난다고 전해지는 신화 속 생물이다. 고대 후기의 상징성에서, 이것은 **뱀Serpent**으로 묘사된다; 중세에는, 이것이 기상천외한 잡종으로 묘사된다(즉, 뱀의 꼬리를 가진 수탉, 또한 수탉, 두꺼비, 뱀, 그리고 기타의 조합물). 그 생물의 숨결이나 시선만으로도 죽음에 이른다고 여겨졌다; 그래서 이것은 죽음, 악마, 적그리스도, 또는 죄악을 상징한다. 이것은 자주 승리하신 그리스도의 발밑에 있는 것으로 표현된다.

Basilisk: Marburg 소재, 성녀 Elizabeth의 성물함에 새겨진 판화장식.

Basket 바구니. 이것은 어머니의 자궁의 상징이다. 이것이 과일들로 채워질 때, 자주 다산의 여신들의 속성이 된다(예를 들어, 에페소Ephesus[068]의 아르테미스Artemis[069]).

Bat 박쥐. 극동지역에서, 광범위한 의미를 지닌 상징적 동물인 이것은 행운의 상징이다. 왜냐하면, *Bat*과 *Good Luck(운)*을 뜻하는

---

065 [그리스 신화] 여신 Cybele의 사랑을 받은 Phrygia의 젊은이

066 [페르시아 신화] 라(빛과 진리의 신, 후에 태양의 신)

067 쳐다보거나 입김을 부는 것만으로도 사람을 죽일 수 있다는, 뱀과 같은 전설 속의 생물.

068 에페소(소아시아 서부의 옛도시, Artemis[Diana]신전의 소재지.

069 [그리스 신화] 아르테미스(달과 사냥의 여신, 로마 신화의 Diana에 해당.

Bat: 박쥐 날개를 가진 악마들에게 유혹당하고, 공중으로 끌려 올려지는 성 안토니오 Anthony. M.Schongauer의 작품을 모방한 세부.

말(fu)은 동음이의어[070]이기 때문이다[071]. 이것이, 피안의 세계로 들어가는 문을 상징하는, **높은 곳**Heights에 살기 때문에, 이것은 불멸이라고 생각되었으며, 이런 이유로 불멸성의 상징이 되었다. - 밤에만 깨어있기 때문에, 박쥐는, 흡혈귀처럼, 성적인 상징과 연관되어 있다; 유럽에서, 사람들은 악마와 영혼이 밤에 여성과 함께 산다고 상상했으며, 이들은 박쥐로 형상화되었다고 여겼다. 야생동물로서의 박쥐는 또한 우울의 상징이기도 하다. - 예를 들어, 어둠 속에서도 정확히 자신의 위치를 파악하는 능력 때문에, 아프리카 흑인들은, 박쥐를 지능의 상징으로 여겼다; 그러나 야행성 동물로서 이들은 다른 맥락에서는 **빛**Light의 적으로서 보인다. "거꾸로 매달려" 잠자는 동물로서, 이것은 또한 자연질서의 적으로서 나타날 수도 있다. - 성서는 박쥐를 불결한 동물 가운데 하나로 꼽는다. - 중세시대에, 이것은 악의적인 동물이라고 여겨졌다(예를 들어, 이것은 잠든 아이들의 피를 빨아먹는다고 여겨졌다); 악마는 빈번하게 박쥐의 날개를 가지고 있는 것으로 표현된다. - 때때로 박쥐의 날개는 죽음을 암시한다. - 박쥐가 황혼 또는 어둠의 보호 아래에서 날기 때문에, 이것은 특별히, 독일 미술에서, 겉으로 드러내지 않는 질투의 징표이다. - 연금술에서, 박쥐는 포유류와 조류 사이에 놓인 일종의 잡종적 존재로 여겨지며, 양면적/양가적 현상(예: 양성구유자/**자웅동체**Hermaphrodite)의 상징으로서 역할을 한다.

Bath 목욕/욕조. 긍정적인 의미에서 이것은 정화, 갱신, 그리고 부활의 장소이며, 동시에 – 연금술에서는 – 신비적 결합의 장소이다. 부정적인 의미에서, 욕조는 – 특히 따스한 욕조는 – 나약해짐과 사치의 표지이며, 그리고 정숙하지 못한 육체적 쾌락의 장소이다. 많은 문화권에서, 욕조는 의식儀式과 밀접하게 연결되어 있다(즉, 모든 죄를 씻어 내는 것; **Baptism세례를 보라**). 고대에서는, 신들의

---

070   homonym은 동음이의어라고 뜻이다; 발음은 같지만, 의미가 다른 단어들을 가리킨다. 예: bank: 강둑(river bank), 은행(financial bank); [문법] "…할 수 있다"라는 뜻을 나타내는 can과 "통조림으로 만들다"라는 뜻의 can 같은 단어. 참고로, 동음이의어는 같은 발음을 기준으로 하고, 같은 철자 여부에 따라 동철이의어(homograph)와 구분하기도 한다.

071   bat와 good luck(운)을 뜻하는 말(fu)은 동음이의어이다; homonyms → 동음이의어(발음이 같거나 비슷하지만 의미가 다른 단어); 여기서 bat와 fu(福)는 발음이 비슷해서 상징적·언어유희적 연결이 가능하다는 뜻이다.

조각상들조차도 신들과 인간들 사이의 관계 갱신의 표지로서 의례적으로 목욕을 했다. **Hand and Foot Washing**을 보라.

Bath: 목욕 속에서 태양과 달의 결합. 1622년, Mylius의 『Philosophia Reformata개정된 철학』에서 발췌.

Battle 전투. 여러 사람들이 상징적 의미를 지닌 의례적 전투(예를 들어, 질서와 혼돈 간의 전투, 그리고 궁극적으로 질서가 혼돈을 이기는 전투)를 수행했다. 봄에 많은 장소에서, 특정한 규칙에 따라 남성과 여성 사이에 전투가 벌어졌다; 이러한 전투들은 단순히 상징하는 것뿐만 아니라, 마법적으로 생명력과 풍요가 죽음과 겨울의 무감각(정체·침체)을 이기는 승리를 실제로 가져오는 것으로 여겨졌다.

Beans 콩. 열매를 많이 맺는, 경작되는 식물의 씨앗으로서, 이것들은 (특히 일본에서) 행복, 행운, 그리고 생식력을 약속한다. 이것들은 또한 악령, 질병, 그리고 벼락에 대항하는 보호를 제공한다.

Bear: 자신의 상징적 동물과 함께 있는, 켈트족 여신 Artio.

Bear 곰. 이것은, 선사시대만큼 이른 시기에, 중대한 제의적 역할을 담당하는 동물이며, **암각화**Rock Paintings와 뼈 발굴을 통해 그 사실이 입증된다. 특히 북쪽 지방 사람들 가운데에서, 이것은 인간과 닮은 생명체로서 숭배되었으며, 하늘(**Sky**를 보라)과 **땅**Earth 사이의 중재자로서 여겨졌다. 많은 사람들은 곰이 인간들의 선조라고 생각했다. 북유럽의 전통에 의하면, 사자가 아니라 곰이 동물들의 왕이었다. 켈트인들 사이에서, 곰은, 전사들과 군대에게 밀접하게 연결되어 있다. 시베리아와 알래스카에서 곰은, 그의 동면 때문에, **달**Moon과 연관되었는데, 그 이유는 달과 곰이 둘 다 주기적으로 "나타났다 사라지기" 때문이다. 중세 미술에서, 곰의 동면은 노년과 죽

Bear:뿔 달린 악마적 존재의 탈 것으로서의 검은 곰. Jean Wier의 『Pseudo-monarchia Daemonum악마의 거짓-군주론』 속 그림을 모방.

음을 상징한다. 동면은 봄에 다시 깨어나고 되살아남을 암시한다; 그
래서 곰은 시작의 상징성에서 특별한 중요성을 가진다. - 흔히 원시
문화라고 일컬어지는 사회에서, 곰은 구세주 형상이었다. 아메리카
원주인 주술사들은 자신들의 권능을 나타내기 위해서, 곰을 타고 있
는 모습으로 그려졌다. - 중국에서 곰은 "남성적 원칙"인 양Yang과
연결된다(Yin and Yang 음양을 보라). - 연금술사들은 곰 안에서,
최초물질*Prima Materia*의 모호함과 신비의 상Image을 본다. - 그
리스 신화에서 곰은, 아르테미스Artemis의 강생이거나, 그와 동반
한다. 고대 그리스에서 곰의 피부는 조기에 성적 경험을 하지 않도록
보호 목적으로 쓰였다; 그러므로 어린 소녀들은 자신들의 지적 교육
기간 동안 곰의 껍질을 입었다. - 그리스도교인들의 상징성에서, 곰
은, 때로는 악마를 상징하는, 위험한 동물로서 통상 나타난다; 가끔
곰은 또한 식탐이라는 윤리적 죄를 상징한다. 그러나 암컷 곰은, 자
주 처녀잉태을 상징하는데, 그 이유는 암컷 곰이 자기의 새끼들을 핥
아 주어야만, 새끼의 형체가 갖춰진다고 여겨지기 때문이다. - 그리스
어와 라틴어 두 언어에서, 곰을 뜻하는 단어는 여성명사로, 긍정적인
모성적 특성을(특히 윤리적이고 보살피는 측면) 반영한다.

Beard: 1. Zeus 신, 그리스의 대리석 조각품.
2. 고대 이집트 달의 신 Chons, 이집트의 화
강암 조각상.

Beard 수염. 남성성과 강함의 상징이다. 긴 수염은 종종 지혜의 상
징이다. 신들과 통치자들 그리고 영웅들은 통상 수염이 나 있는 것
으로 표현된다(예를 들어, 인드라Indra[072], 제우스Zeus[073], 헤파이
스토스Hephaestus[074], 포세이돈Poseidon[075], 유대인들과 그리스
도교인들의 하느님). 심지어 이집트의 여성 통치자들도 자신들의
권력의 상징으로서 수염을 부여받았다. 고대 철학자들과 수사학자
들은 자신들의 품위의 표시로 수염을 기르고 있었다. 반면에 그리

---

072 인드라: 힌두교 신화에서 가장 중요한 신중 하나로, 천둥과 번개의 신, 전쟁과 폭
     풍의 신.

073 제우스: 그리스 신화에서 올림포스의 최고신이며, 하늘과 천둥의 신이다. 로마 신
     화에서 Jupiter에 해당한다. 주요 특징은, 1. 권능: 신들의 왕, 인간과 신들을 다스
     림. 2. 상징: 천둥, 번개, 독수리, 왕좌. 3. 성격: 정의롭지만 때로는 변덕스러움, 인간
     과 신들과의 관계에서 다양한 신화를 만들어 냄.

074 헤파이스토스: 그리스 신화에서 대장장이이자 불과 금속, 화산의 신이며, 신들의
     무기와 갑옷을 제작하며, 보통 외모가 불구한 신으로 묘사된다. 로마 신화에서 불
     카누스Vucanus에 해당한다.

075 포세이돈: 그리스 신화에서, 바다의 신, 지진과 말의 신으로 알려져 있다. 로마 신
     화에서 넵튠Neptune에 해당. 상징: 삼지창Trident, 말, 돌고래, 바다생물이다.

스도는, 6세기까지는, 보통 수염이 없는 것으로 묘사되었다(즉, 청년으로). - 많은 문화권에서, 어떤 사람의 적의 수염을 자르는 것은, 가혹한 모욕이었다; 반면에, 때때로 사람들은, 애도의 표시로서, 자신의 수염을 자르기도 했다.

Bee 벌. 이것은 주로 부지런함, 사회적 조직, 그리고 청결을 상징하는 곤충이다(모든 더러운 것을 피하고 꽃의 향기로 살아가기 때문이다). 칼데아Chaldea[076]에서, 그리고 황제 시절 프랑스에서, 벌은 제왕의 상징이었다(오랫동안, 여왕벌은 왕이라고 생각되었다); 부르봉 왕가의 아이리스 문장Fleur-de-lis은 벌 상징으로부터 발달했다. - 이집트에서 벌과 태양은 서로 연관되었으며, 벌은 영혼의 상징이라고 여겨졌다. 그리스에서 벌은 사제적 존재司祭的 存在라고 간주되었다 (엘레우시스Eleusis[077]와 에페소Ephesus[078]의 여사제들은, 벌이라고 불렸는데, 아마도 일벌들의 순결/처녀성과 관련되었을 것이다). - 봄에 돌아오고 겨울에 죽는 것으로 나타나는, 벌은 때때로 죽음과 부활(예를 들어, 페르세포네Persephone[079]와 그리스도)의 상징이다. 그의 쉼 없는 노동 때문에, 벌은 희망에 대한 그리스도교적 상징이다. 클레보의 벨라도Bernard of Clairvaux[080]에게, 벌은 성령을 상징한다. 벌은 또한 그리스도의 상징이다. 그의 꿀Honey은 그리스도의 온화함과 동정심을 상징한다; 이것의 독침은 세상의 심판자로서의 그리스도를 상징한다. - 고대의 전통에 의하면, 벌들은 그들 자신의 새끼들을 (직접) 부화시키지는 않지만, 꽃에서 그들을 얻기 때문에[081], 벌들이, 중세에서는 무염시태[082]의 상징이었다. - 벌은 또한 꿀같이 달콤한 언변, 지능, 그리고 시의 상징이기도 하다.

Bee: 벌집이 달린 두 마리의 벌들. 미노스 문명의 목걸이 장식.

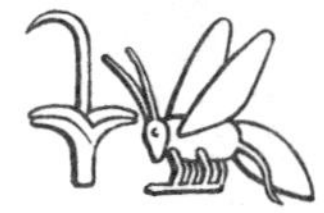

Bee: 골풀과 꿀벌. 상류와 하류 지역 이집트의 왕을 표현하는, 왕실 칭호에서 유래된 상형문자.

---

076 칼데아(바빌로니아 남부 지방의 고대 왕국)

077 엘레우시스(고대 그리스 Attica국의 도시)

078 에페소(소아시아 서부의 옛 도시, Artemis[Diana] 신전의 소재지)

079 [그리스 신화]페르세포네(지옥의 여왕)(cf. Proserpina)

080 성 베르나르(1090-1153:프랑스의 수도사-신비 사상가, 클레르보의 시토회 수도원 수사).

081 벌은 새끼를 직접 부화하지 않지만, 꽃가루나 꿀로 여왕벌이 낳은 애벌레를 키운다는 점.

082 무원죄 잉태설(성모 마리아가 원죄없는 아기를 잉태했다는 로마 가톨릭의 믿음).

Beehive 벌통. 중세시대의 그리스도교 미술에서, 이것은 성모 마리아의 상징이다. 그분은 자신의 자궁 안에 온갖 다정함으로 예수님을 품으셨다. **Bee를 보라.**

Beech Tree

Beech Tree 너도밤나무. 고대에서 이것은 하데스Hades[083]와 키벨레Cybele[084]에게 바쳐졌다; 오늘날 이것은 아직도 죽은 자들의 식물이라고 여겨지며 또한 불멸의 상징이다. 그것은 늘 푸르기 때문이다. 가죽 같고 단단한 식물로서, 이것은 또한 인내와 굳건함을 나타내기도 한다; 이런 이유로 이 나무는 프리메이슨의the Freemasons 상징적 망치로서 사용되었다.

Bell 종. 천국(Sky를 보라)과 세상 사이를 연결하는 상징인, 종은 사람들에게 기도하도록 부르며, 신법에 복종하는 마음을 일깨운다. 종이 울리는 것은 종종 (예를 들어, 중국에서는) 우주적 조화를 상징한다. 그리스도교에서처럼 이슬람에서, 종소리는 신적인 전능함(하느님의 목소리)의 메아리라고 여겨진다. 또한, 종소리가 들려올 때, 이 세상의 한계 너머로 영혼을 데리고 가는 것이다. - 이것은 종이 불행을 물리친다는 것은 널리 퍼져있는 믿음이다.

Bellows 풀무[085]. 이것은 숨(Wind를 보라)과 상징적으로 밀접하게 연합된 단어이다. 도교에서 이것은 천국(Sky를 보라)과 **세상 Earth** 사이의 관계를 나타낸다; 풀무의 윗면은 천국을 의미하며; 아랫면은 지상을 의미한다.

Belly 배/복부. 이것은 모성적 따스함과 보호의 상징(Womb **자궁을 보라**)일 뿐만 아니라, 또한 게걸스럽게 먹혀짐의 상징이기도 하다. - 위장이 있는 곳으로서 복부를 강조하는 것은, 식탐과 물질적 삶의 태도를 상징적으로 나타내기도 한다. - 불교 조형 예술, 특히 일본에서 남성 형상(예: 복을 가져다주는 신)의 벌거벗고 튀어나온 배는 친근감, 평화 그리고 안녕Well-Being을 상징한다.

---

083 하데스(죽은 자들의 나라),(=hell).

084 키벨레(Phrygia의 대지의 여신, cf. Rhea).

085 풀무(불을 피우거나 일부 악기의 음을 내게 하는 데 쓰는 기구).

Bes 베스[086]/이집트인의 보호영靈. 이집트인들의 보호적 영Spirit 으로서, 찡그린 얼굴을 한 난쟁이 같은 모습이며, 통상 혀를 내미는 모습으로 묘사된다. 이것은 악한 영향력으로부터 보호하며, 쾌활함을 가져오는 것으로 추정되었다. **Apotropaic Figures 액막이 인형을 보라.**

Billows 파도. Waves를 보라.

Bind and Loose[087] **묶고 풀다(죄의 사죄권).** 특정한 에너지나 힘을 제한(묶음Binding을 통해서)하거나 풀어 자유롭게(푸는 것 Loosing을 통해서) 하기 위해 의도된 마법 의식에서, 행해지는 빈번하고 상징적 수행이었다. **Knot 매듭, Ribbon 리본을 보라.**

Birch 자작나무. 이것은 특히 러시아에서 봄과 어린 소녀의 상징이다.

Birch

Birds 새. 이것들의 **하늘Sky**과의 관계 때문에, 새들은 고대로부터 천국과 세상 사이의 중재자로서, 그리고 비물질적인 것, 특히 영혼의 화신으로서, 간주 되어왔다. 예를 들어, 도교에서, 불멸하는 것들은 새의 형태로 나타난다. - 물리적 죽음 이후에 영혼이 새처럼 몸을 떠난다는 것은 흔한 믿음이었다. - 많은 종교는, **날개를Wings 가진** 천상 존재들 또는 새의 모습으로 나타나는 존재들에 대해 언급한다(예를 들어, 천사들 또는 (사랑의 신)큐피드들 Angels or Cupids; **Cherub케라핌, Seraph세라핌을 보라**). - 코란 경전은, 운명과 불멸성에 상징적으로 관계된 것으로서, 새들에 관해서 말한다. - 다양한 서양의 그리고 (동쪽의) 인도의 신화들에서, 새들은, 영적·정서적 매개 존재로서, 혹은 죽은 자들의 영혼

Birds: 날개 달린 Eros. 헬레니즘 시대, (Lemnos의 여왕) Myrina.

Birds: 인간의 머리를 가진 새의 형태로, 몸을 떠나는, 죽은 자의 영혼. 이집트의 장례 문서를 모방.

---

086 [이집트 종교] 베스: 음악, 무용. 출산의 신; 꼬리가 있고, 라이언의 털가죽을 입은 난쟁이의 신.

087 Bind and loose는 그리스도교 신학에서 중요한 개념으로, 주로 죄의 사죄권과 연관된다. 의미: Bind(묶다) → 금지하다, 죄를 묶다. Loose(풀다) → 허용하다, 죄를 용서하다; 즉, 죄를 묶고 풀 수 있는 권한을 의미하며, 신약성경 마태복음 16:19 등에서 베드로에게 주어진 권한으로 언급된다. 자연스러운 한국어 표현: 묶고 푼다(죄를 사할 권한). 죄를 묶고 풀 수 있는 권능; 죄의 사죄권

으로서, 세계 나무World Tree에 깃든다. 예를 들어, 우파니샤드 Upanishads[088]는, 두 마리 새들에 관해 이런 맥락에서 말한다: 한 마리의 새는, 세계수[089]의 과일들을 먹고(능동적인 개별 영혼Soul 을 상징하는 것), 다른 새는, 이것들을 먹지 않고 다만 관찰한다(절 대 정신Spirit과 순수한 인식을 상징하는 것). - 또한 새들과 신적 인 힘들 사이의 밀접한 관계에 관한 관념은, 새들의 비행에 부여 된, 예언적 의미의 바탕을 이루기도 한다(예를 들어, 로마에서). - 아프리카에서 새들은, 종종 생명력의 상징으로서 나타나며. 때때 로 뱀과의 싸움을 상징한다. 이 싸움은, 죽음 혹은 파괴와 부패를 가져오는 힘들을 상징한다. - 초기의 그리스도교 미술에서, 새들 은 구원된 영혼들의 상징으로 나타난다. Cock수탉, Dove비둘기, Duck오리, Eagle독수리, Hawk매, Kingfisher물총새, Kite연, Magpie까치, Nightingale나이팅게일, Oriole꾀꼬리, Peacock공 작, Pelican펠리칸, Phesant꿩, Phoenix불사조, Quail메추라기, Raven큰까마귀, Sparrow-Hawk새매, Stork황새, Swallow제비, Swan백조, Woodpecker딱따구리를 보라.

Black 검정/검은색. 상징 체계에서 **하얀색White**과 비슷한 의미 를 지니며, 절대적인 것과 대응되는 색이다; 이런 이유로, 이것은 생 명의 충만함과 완전한 공허함 둘 다를 표현할 수 있다. 미분화되고 심연적인 의미에서, 이것은 종종 어둠, 원초적 혼돈, 그리고 죽음을 가리키는 말로 나타난다. 애도의 색채로서, 이것은 체념한 고통과 밀접히 연관되어있다(그래서 희망을 암시하는, 밝은 하얀 색과는 다르다). - 밤의 색채로서, 이것은 어머니-생식력-신비-죽음과 관 련된 상징 구조를 함께 지닌다; 그래서 검은색은 또한 생식력, 어머 니 여신들, 그리고 그들의 여사제들의 색채이기도 하다(이런 맥락 에서, 이것은 때때로 상징적으로 피의 색인, **붉은색Red**과 관련이 있다). 중국에서, 검은색은, 여성적 원리인, Yin음(**Yin and Yang 을 보라**)의 색채이며, 서양에서와 같이, 흰색보다는 오히려, 이것의

---

088 [힌두이즘] 우파니샤드(고대 인도의 철학서)

089 World Tree: 다양한 신화와 민속에서 등장하는 중심적 신성한 나무로, 하늘(가지 와 잎: 하늘, 신들의 세계,우주)과 땅(줄기: 인간세계, 현실세계), 지하세계(뿌리: 죽 음, 조상, 원천)를 연결하는 상징이다.

반대인, **노란색**Yellow과(또는 때때로 **붉은색**Red과도) 대조된다. - 악의 색채로서, 검정은, 예를 들어, **흑마술**_Black Magic_이라는 용어에서도 나타난다. - 스페인 법정에서, 검은색은 오랫동안 지극한 존엄을 나타내는 색이었다.

Black Sun 검은 태양. **Sun** 태양을 보라.

Blessing 축복. 이것은 에너지의 이동이며, 또는 상징적 몸짓과 연관된 신적 은총의 기원祈願이다(예를 들어, 두 손을 얹는 안수按手, 십자가의 표시를 긋는 행위). 이것은 경험적으로 효과가 있는 것으로 이해된다. **Hand**손, **Right and Left**를 보라.

Blindfold 눈가리개. "보지 않는 것"의 상징인 이것은, 긍정적 의미에서, **정의**Justice의 눈가리개를 일컬으며, 정의는 사람의 신분이나 지위에 상관없이 판단한다. 부정적인 의미에서, 이것은 포르투나Fortuna[090]여신의 눈가리개를 일컬으며, 그녀는 자신의 축복을 아무 차별 없이 베푼다. 때로는 눈가리개가 아닌 텅 빈 눈구멍으로 묘사되기도 한다.

Blindfold: 약 1230년경 Strasbourg 대성당 위의 조각상.

Blindness 실명. 눈먼 노인들은 종종 지혜, 내면의 빛, 미래를 내다보는 통찰을 상징한다. 그래서 앞날을 내다보는 사람들은(예를 들어, 티레시아스Tiresias[091])는 종종 눈먼 사람이다. 동시에, 실명(심지어 예언자에게조차)은 신성하게 금지된 무엇인가를 보았기 때문에 내려진 신의 벌일 수도 있다. 성서에서, 실명과 정신이상/광기는 하느님께 대한 불순종의 벌이다. - 그리스도께서 장님을 치유하신 행위는 때때로 영적 어둠 속에 비추는 빛을 상징하는 것으로 이해된다; 따라서 이런 행동은 또한 세례를 통한 계몽/깨달음을 상징할 수도 있다.

Blindness: 장님을 치유하시는 그리스도. 약 1020년경, 독일의 Hildesheim에 있는, Bernward (주교)기념비.

Blond 금발. 밝은 머리털 색채로서, 이것은 **금**Gold과 동일한 상징성

---

090   [로마 신화] 포르투나(운명의 여신, 그리스 신화의 Tyche에 해당)

091   [그리스신화] 티레시아스(Thebes의 장님예언자)

을 지닌다. 그래서 그리스인들은 자신들의 신들을 금발로 묘사했다.

Blood 피. 고대 이래로 이것은 영혼의 자리이자 생명력의 상징이
었다; 그래서 이것은 **불**Fire과 **태양**Sun과 밀접하게 연관된다. - 그
리스인들은 저승에 있는 영혼들에 활력을 주기 위해서 죽은 자들
의 무덤 속으로 피가 흘러 들어가게 했다. - 다양한 문화권들에서,
앞날을 내다보는 사람들[092]은, 자신들이 황홀경에 들어가기 위해
서 피를 마셨다. - 키벨레Cybele[093]와 미트라스Mithras[094]의 숭배
제의에서는, 입문자들이 제물로 바쳐진 황소(Sacrifice**희생**, Steer
거세한 숫소를 보라)의, 정화하고 생명을 부여하는 피로 세례를 받
았다. - 특히 원시적 문화권에서는 피가 오염을 일으킨다고 믿었다;
그래서, 월경 중이거나, 출산을 막 마친 여성들은 일정 기간 격리와
정화 의식을 치러야 했다. - 그리스도교에서 그리스도의 피는 속죄
와 구원의 힘을 가진다.

Blossom 꽃/꽃송이. 본질과 승리적 결말의 상징적 이미지인 이
것은, 무엇보다도 여성적 미에 관한 상징이다. **태양**Sun과 **비**Rain
와의 관계를 받아들이는 꽃은, 또한 수동적 순종과 겸손의 상징이
되기도 한다; 꽃잎이 보통 방사형으로 배열되어 있기 때문에, 그것
은 태양을 상징하기도 한다. 꽃은 금세 피었다가 시들기 때문에, 변
덕과 무상함을 나타낸다. 때때로 꽃은 — 그리고 꽃을 찾아드는 나
비들(Butterfly**를 보라**) 역시 — 죽은 이들의 영혼과 상징적으로
연관되어있다. 색에 따라 구분하면, 노란 꽃은 **태양**Sun과, 흰 꽃
은 죽음 또는 순결과, 붉은 꽃은 **피**Blood와, 그리고 푸른 꽃(Blue
Flower**를 보라**)은 꿈과 비밀과, 상징적으로 연관된다. 황금색 꽃
은 여러 맥락에서 등장하며, 예컨대 도교에서는 최고의 영적 삶의
상징으로 나타난다. - 일본에서는, 일본에서는 꽃꽂이(*이케바나
Ikebana*)가 다양한 유파에서 여러 형태로 나타나는 표현 예술로
발전했다; 꽃의 기본적인 배치 원리는 종종 '天(위)', '人(중간)', '地
(아래)'라는 위치로 나타난다.

---

092   seer. 예언자, 무당, 주술적 관통력을 지닌 자들

093   키벨레(Phrygia의 대지의 여신,cf.Rhea)

094   [페르시아 신화] 미트라(빛과 진리의 신, 후에 태양의 신)

Blue 파란색. 하늘(Sky를 보라), 공간적 거리, 그리고 **물Water**의 색채인 이것은, 통상 투명하고, 순수하며, 비물질적이고, 그리고 시원한 것으로서 경험된다. 추가로, 파란색은 신적인 것의 색, 진리의 색, 그리고 충실함(진리에 매달려 있다는 의미에서, 그리고 하늘의 고정된 창공과 관련해서도)의 색이다. - 파란색은 비현실적인 것 그리고 환상적인 것의 색채이다(**Blue Flower**를 보라). 가끔 이것은 부정적인 의미로(예를 들어, 독일어에서 'to be Blue'는 너무 취해서 명확하게 생각할 수 없다는 뜻인 반면, 미국 영어에서 'Blue'는 슬프거나 우울한 상태를 의미한다) 사용된다. - 이집트의 신들과 왕들은, 자주 파란 수염과 가발을 한 것으로 묘사된다. - 힌두교 신들인 시바Shiva 와 크리슈나Krishna는 보통 파란색 또는 청백색 으로 그려진다:. - 예수와 야훼 하느님은 푸른 하늘 위에 왕좌에 앉아계신다.[095] - 그리스도교 그림에서 천상과 **지상Earth** 사이의 전쟁은, 흔히 파랑과 **하얀색White**을, **붉은색Red**과 **녹색Green**에 대조시켜 표현되었다(예를 들어, 성 조지St. George와 용의 전투). 성모 마리아의 가운의 색으로서, 파란색Blue은 또한 순수함의 상징이다. - 동양에서, 파란색Blue은 여전히 악마의 눈/사악한 기운 Evil Eye[096]으로부터 보호한다고 여겨진다.

Blue Flower 파란 꽃. 노발리스Novalis[097]의 소설, 『**오프터딩겐의 하인리히Heinrich von Ofterdingen**』 속, 시의 상징인 이것은 보통 무한에 대한 낭만적 갈망과 일반적으로 낭만주의 문학을 상징한다.

Boar 수퇘지. Swine을 보라.

Boat (작은) 배. 많은 민족들의 신화에서, 이것은 빈번하게, 살아있는 사람들의 영역에서부터 죽은 자들의 영역으로 혹은 그 반대로 건너감을 상징한다. - 그리스 신화에서, 나룻배 사공 카론Charon[098]은

Boat: 이집트 죽은 자의 배. 18번째 왕조, 고대 그리스 도시 Thebes, Sen-nufer의 무덤 안의 벽화 모방.

Boat: 이집트 태양신, 라Ra가 매일 하늘을 항해하는, 뱀 머리가 달린 태양의 배를, 나타낸 고대 이집트 표현.

---

095   enthroned → 왕좌에 앉아 계신다/군림하시다, above the azure sky → 푸른 하늘 위에 (azure는 '맑고 푸른'이라는 의미); 즉, 문맥상 하늘을 배경으로 신성하게 군림하는 모습을 묘사한다.

096   the evil eye → 악한 눈/사악한 기운(문화적 의미: 질투나 악의를 담은 시선)

097   노발리스(1772-1801):독일의 시인, 본명 Friedrich von Hardenberg

098   [그리스 신화] 카론(삼도내(Styx)의 나루지기))

자기 배에 죽은 사람들을 태워 경계의 강(스틱스Styx천[099] 또는 아케론Acheron[100]강)을 건너 지하세계로 데려간다. 이집트의 신화에 따르면, 태양신 라Ra는 낮 동안에는 태양의 배를 타고 하늘을 항해하고, 밤에는 밤의 배를 타고 저승 세계를 통과하는 항해를 한다. - **초승달**Crescent Moon을 배에 비교하는 것은 흔하다. - 그 형태 때문에, 배는 양방향으로 항해하는 것이 허용된다. 또한, 배는, 두 얼굴을 가진 로마의 신 **야누스**Janus의 상징적 화신이기도 하다.

Bodhi Tree 인도 보리수나무. Fig Tree 무화과나무를 보라.

Bone 뼈. 비교적 단단하고 고등생물 형태의 내구성이 있는 구성성분인 뼈는, 본질 혹은 생명력의 본거지 (특히, 사냥꾼들 중에서)라고 믿어져 왔다. 종족의 지속을 보장받기 위하여 동물의 살을 먹은 후에 그 뼈들을 자연으로 돌려보내는 것은(즉, 땅으로, 물 또는 불로) 널리 퍼진 관습이었다.

Book: 글이 새겨진 명판을 쥐고 있는 사자; Salzburg; 13세기 전반부.

Book 책. 지혜, 지식, 그리고 우주의 총체성(많은 개별 문자와 페이지로 구성된 하나의 통일체로서)의 상징이다. 이것은 때때로 *세상의 책Liber Mundi*의 이상理想으로도 나타나는데, 이 책에는 신적 지성이 세상을 창조할 때 사용한 모든 법칙이 담겨 있다. - 이슬람교는 가끔 책의 상징성에서 거시적(우주적) 측면과 미시적(개인적.내적) 측면을 구분한다. 즉, *세계의 책Liber Mundi*과 대비하여, 각 개인의 전체를 기록한 책도 있다[101]. - 인류의 역사가 기록된 책 안에 있는 믿음은, 개개의 운명이 새겨져 있었던 신의 테이블 안에 있는, 동양적 믿음으로 거슬러 올라간다. - 성서에서, *생명의 책Book of Life*이라는 표현은, 선택된 자들의 전체를 위한 명칭으로 사용된다. 신약성서의 묵시록에서, 7개의 봉인이 있는 책은 소수만 이해하는 비밀 지식의 상징이다. 책이나 두루마리 문헌을 먹는 것은, 신적인 말씀을 자기의 마음으로 받아들이는 것을 상징한다. - 닫힌 책은, 조

Book: 책을 들고 있는 성 요한; 독일 Meissen에 있는 대성당.

---

099 [그리스 신화] the Styx 삼도천三途川(저승에 있는 강)

100 [그리스, 로마 신화] 아케론 강, 삼도(三途)내(저승(Hades)에 있다는 강)

101 즉, Liber Mundi가 세상의 법칙과 질서를 담고 있는 것과 달리, 각 개별 인격체의 전체를 기록한 책도 존재한다.

형예술에서는 아직 실현되지 않은 잠재력이나 비밀에 관해 말하는 것이다. 그리스도교 미술에서, 닫힌 책은 성모 마리아의 동정성을 말하는 것이다; 성모 마리아와 관련하여 열린 책은, 그녀가 그리스도를 잉태하리라는 예언의 실현을 가리킨다. - 일종의 속성으로서, 책은 복음 사가들, 사도들, 그리고 교부들(그 밖에도 여러 인물과 함께)로 나타난다. - 지식의 힘 또는 성문법의 힘은, 때때로 책이나 글이 새겨진 명판名板을 들고 있는 **사자Lion**들로 상징된다.

Borage 서양 지치[102]. 이것은 일종의 허브이며, 악한 생각을 쫓아낸다고 평판이 있었다. 이것은 거칠다, 그리고 작은 짧고 뻣뻣한 털을 가지고 있지만, 또한 맛있는 조미료가 될 수 있기 때문에, 이것은 단순한 외양 속에 숨겨진 뛰어난 특성을 상징한다. 특히, 이것은 동정 성모 마리아의 외적인 검소함을 상징한다.

Borage

Bouquet 부케/꽃다발. 이것은 다양성 속에서의 통일성을 상징한다. 왜냐하면, 이것은 여러, 때로는 서로 다른, 꽃들을 모은 것이기 때문이다.

Bow 활(Bow and Arrow 활과 화살). 이것은 전쟁과 힘의 상징이다. - 활은 자주 정력과 생명 에너지를 가리킨다; 화살은 신속함과 죽음의 갑작스러운 출현(예를 들어, 이것은 때때로 전염병의 상징이다)을 상징한다. 화살은 종종 정해진 경계를 넘어서는 움직임을 상징한다. 이것은 때때로 태양 광선(예를 들어, 아폴로Appolo[103]의 화살)을 나타낸다; 빛의 상징으로서, 이것은 또한 지식과 배움의 표시이기도 하다. - 이것은 남근적 의미를 가질 수 있다. 중세시대(특히 로마네스크) 미술에서 궁수는 자주 관능과 욕정(하느님의 벌과도 관련이 있지만, 이는 드물다)과 연관된다. 비슷한 의미가, 활을 들고 있는 **켄타우로스Centaur**[104] 형태의 궁수에게도 있다고 여겨진다. 사랑Amor(**Cupid큐피드**)은, 자주 활, 화살, 그리고 화살통을 지닌 모습으로 묘사되며, 사랑의 화살을 쏜다. - 힌두교와 불교

Bow and Arrow: 활과 화살을 가진 Eros. Franceschini의 그림을 모방한 세부장면.

Bow and Arrow: 활과 화살을 든 승마인으로서의 시체. 1461년. 요한 폰 테플(Johann von Tepl)의 『보헤미아의 쟁기질하는 자Der Akkermann aus Böhmen』에 실린 목판화의 세부장면.

---

102 서양지치(지중해 연안에서 나는, 주로 샐러드용으로 쓰이는 식물)

103 [그리스.로마 신화] 아폴로(고대 그리스. 로마의 태양신, 시. 음악. 예언 등을 주관함)

104 켄타우로스(그리스 신화에 나오는 반인반마의 괴물)

에서, 신성한 소리 **옴***Om*[105]은, 무지를 꿰뚫고 참되고 최고의 존재 상태에 도달하는 화살(인간이 쏘며 활을 상징하는)을 의미한다; 역으로, *Om*은 또한 활로부터 Ego(자아)의 화살이 절대자(Brahma)를 향해 날아가는 것을 의미하기도 하며, 자아Ego는 그 절대자와 합일하고자 한다. - 두 눈을 감고 목표물을 향하여 화살을 조준하는 것은, 일본의 명상 기법인, *Kyudo*[106]이며, 그것의 목적은 자신의 자아 주도적 의지를 내려놓는 것이다. 비슷한 수행이 이슬람에서 발견된다.

Box 상자. 이것은 보호, 여성의 자궁, 혹은 비밀의 상징이다. 선과 악을 담고 있는 닫힌 상자나 궤짝(종종 3개로 등장하는)은, 선택을 해야 하는 동화에 때로 등장한다. 상자는 또한 눈에 보이지 않는 진리를 상징한다.

Branch: 나뭇가지를 들고 성모 마리아에게 다가온 가브리엘 대천사. 1333년, Simone Martini가 제작한 작품 성모영보 Annunction 모방.

Branch 나뭇가지. 녹색의 나뭇가지 또는 큰 가지(그리고 드물게는, 황금 가지들)는 명예, 명성, 그리고 불멸성을 상징한다. 민속에서, 일부 나무들과 관목들의 가지는, 행운과 보호를 가져다 주는 것으로서 간주되었다. **Cherry Blossom**벚꽃, **Olive Tree, Palm**야자나무, **Willow**버드나무를 보라.

Bravery 용기. Fortitudo [라틴어]용기를 보라.

Bread 빵. 이것은 가장 중요한 물질적 음식들 중의 하나로서, 또한 영적 자양분의 상징이기도 하다. 구약성서의 제물들 가운데, 12개의 진설병[107]은, 생명의 빵의 상징에 속한다. 신약성서에서, 그리스도는 "하늘로부터 온, 살아있는 빵"이다. 성찬례적인 변형을 통하여, 빵과 **포도주**Wine는 그리스도교에서 가장 신성한 의미를 갖는다. **Salt**소금을 보라.

---

105 [힌두교] 옴(그렇게 되기를 바란다는 의미를 가진 신성한 주어呪語)

106 큐도, 일본의 전통 스포츠, 궁도.

107 옛날 유대의 제사장이 안식일마다 제단에 바친, 누룩을 넣지 않고 구운 빵. 성서 Exod25/30; Showbread = show bread = "보여지는 빵"/ "진설병"; 히브리어 lechem panim ("임재의 떡"); 성막(후엔 성전)의 진설병 상 위에 항상 올려두었던 열두 개의 빵; 이스라엘 12지파를 상징; 제사장들이 안식일마다 교체함.

Bread Cabinet 빵 보관장. 중세의 상징성에서 이것은, 자신의 자궁에 생명의 **빵Bread**을 품으셨던, 하느님의 어머니이신, 성모 마리아를 나타낸다.

Breath 숨. Wind를 보라.

Breath: 창조주 하느님이 아담에게 생명의 숨을 불어넣는 장면. 12세기, Monreale 대성당의 모자이크 모방.

Bridge 다리. 공간적으로 분리된 것들을 이어주는 연결물로서, 다리는 결합과 중재의 흔한 상징이다. 많은 민족들 사이에는 하늘(Sky를 보라)과 **땅Earth**을 연결하는 다리에 대한 관념이 존재한다; 이러한 다리는 자주 **무지개Rainbow**로 묘사된다. 죽은 뒤 영혼은 종종 그 다리를 건너야 한다고 여겨진다. 예를 들어, 이슬람에서, 다리는 머리카락보다 좁고, 칼날보다 더 매끄럽다. 그래서 저주받은 자들은 지옥에 떨어지지만, 반면에 선택된 자들은 자신들의 공로에 따라, 빨리 혹은 느리게, 낙원에 도달한다. 이러한 관념은 다리가 지닌 이중 상징적 의미를 생생하게 보여준다. 즉, 다리는 단지 결합시킬 뿐 아니라, "다리를 놓아 넘어가게" (즉, 극복한다) 하기도 한다.

Broad Bean 잠두/누에콩. 이것은 유용한 것으로서 오랫동안 알려져 왔던 먹을 수 있는 씨앗이다. 검은 얼룩/반점이 있는 꽃은, 때때로 죽음 상징으로 여겨진다. 그 씨앗은 상징적으로 생식력과 배아와(특별히 남성 배아와) 연결되어 있다; 이것은 또한 죽은 자들의 영혼과 지하 세계, 그리고 따라서 죽음과 연관된다. 그 이중적 상징성 때문에, 잠두콩을 제물로 바치는 의식은 밭을 갈고 수확할 때, 그리고 결혼식과 장례식에서도 이루어졌다. **Beans을 보라.**

Bronze Age 청동기. **Age를 보라.**

Broom (1) 빗자루. 이것은 이것은 세속적 도구일 뿐 아니라 의례용 도구이기도 하며, 성전을 상징적으로 정화하는 데 사용된다. 부정적 의미에서, 이것은 마녀가 타고 다닌다고 생각되었던 도구이다. (그것은 남근(陽根)의 상징일 수도 있고, 빗자루가 몰아낼 수 없었던 힘이 오히려 그것을 사로잡았다는 의미의 상징일 수도 있다).

Broom: 빗자루를 타고 가는 마녀의 여행. 18세기, 『The History of Mother Shipton마녀 시프턴의 역사』에 실린 목판화.

Broom: 가시가 있는 금잔화.

Broom (2) 금작화. 노란색 또는 흰색 꽃이 피는, 관목 모양의 나비꽃과 식물인 가시 금작화는 인간의 죄를 상징한다. 죄인은 속죄하기 위해 가시와 엉겅퀴로 가득 찬 들판을 갈아야 한다고 여겨진다. 추가로, 이것은 인류를 위한 그리스도의 고통을 상징하지만(때로는 순교의 도구들 가운데 하나로 묘사된다), **엉겅퀴**Thistle(가시 엉겅퀴)와 마찬가지로 구원의 상징이기도 하다.

Brown 갈색. 이것은 흙과 가을의 색채이다. 고대와 중세기에, 이것은 애도의 색채였다. 중세 후기 이래로 민요와 서정시에서 갈색은 또한 성적인 의미도 있었다.

Bubble 거품. 이것은 공허하고, 비현실적인 계획들과 소원들의 상징이다. 도덕적이고 종교적인 맥락들에서, 특히 불교와 도교에서 이것은 세상의 허영과 덧없음을 상징한다.

Buffalo 버팔로. Ox를 보라.

Bull-Roarer 불로러/울림널/회전 소리 막대. 남자들만 사용하는, 의식용 도구/악기(특히 호주, 아프리카, 그리고 북아메리카의 원주민들과 에스키모들이 쓰는). 여자들은 통상 이것을 보는 것조차 금지되었다. 이것은, 한쪽 끝에, 구멍이 뚫려 있어, 끈을 꿸 수 있는, 창 모양의 나무 조각이다; 원을 그리며 회전시키면 윙윙거리는 소리를 내는데, 이 소리는 일반적으로 영혼의 목소리, **천둥**Thunder, 또는 남성의 생식력을 나타내는 표현하는 것으로 이해된다. 이것은 기우제와 풍작 기원 의식에서 사용된다; 그리스에서 이것은 때때로 노골적으로 성적인 의식과 연관이 있었다.

Bundle of Faggots 나무 잔가지 다발/장작 다발. 중국에서는, 이것이 인류의 생성과 소멸을 상징한다. 장작 다발이 묶였다 풀리듯이, 인류의 전체 역사는 끊임없이 새로 형성되었다가 다시 죽음에 의해 해체되는 연속적인 과정으로 이루어져 있다. − 장작 다발은 연료로서 선호되는 형태이기 때문에, **불**Fire과도 상징적인 관련을 가진다(예: 마녀의 속성으로서).

Bustard 느시/들칠면조. 날기보다는 오히려 뛰어다니는, 학의 한 종류이다. 수컷은 통상 여러 마리의 암컷과 함께 다닌다; 이런 이유로 느시/들칠면조는 일부다처제 결혼의 상징으로서 아프리카 흑인들에게 알려져 있다. 이것이 날지 않기 때문에, 이 새는 또한 자신의 어머니들을 떠나려고 하지 않는 어린이들을 상징하기도 한다.

Butter 버터. 특히 인도에서, 우주적 에너지를 지닌 존재로서 소중하게 여겨진 이것은, 의례적으로 봉헌되었다(예를 들어, 불에 쏟아부어진다). **Milk, Whip 채찍질을 보라.**

Butter: 버터로 만든 공을 가지고 노는 어린이로서의 Krishna. 청동 축소모형,

Butterfly 나비. 이것의 가벼움과 아름다운 색깔 때문에, 일본에서는 여자들의 상징이다; 2마리의 나비는 결혼의 행복을 상징한다. – 나비의 본질적인 상징 의미는, **알Egg**에서 애유충, 또는 **나비유충Caterpillar**로, 그리고 (그 유충의) 피부가 단단해져, 번데기, 또는 고치라는 죽은 듯한 껍질을 형성하는, 변태 과정에 있다. 그 번데기 속에서 햇빛에 이끌리는 찬란하게 색색의 날개 달린 곤충으로 탄생한다. 이런 이유로 고대 이래로 이것은 물리적 죽음이 파괴하지 못하는 영혼의 상징이었다(이것의 그리스어 이름은 *Psyche*[108]이다). 후대에 나비의 즐겁게, 펄럭이는 비행과, 사랑의 신인 에로스 Eros와 나비와의 연관성이 강조되었다. – 그리스도교 상징성에서, 나비는 부활과 불멸성의 상징이며, 동시에 그것의 짧은 수명과 그것의 일시적인 아름다움 때문에, 텅빈 자만심과 허무함의 상징이기도 하다. **Moth 나방을 보라.**

Butterfly: 나비들이 끄는 쟁기를 쥔 Eros. 18세기 카메오(장신구).

---

108 Psyche(프시케)는 고대 그리스어로 '영혼', '정신'을 뜻하며, 특히 신화와 심리학에서 중요한 개념이다. 상황에 따라 의미가 조금 달라진다: 그리스 신화: 프시케는 아름다운 인간 여성으로, 사랑의 신 에로스(Eros)와 관련된 이야기의 주인공이다. 그녀의 이름 자체가 영혼을 의미하며, 변화를 겪고 성장하는 과정을 통해 인간 정신의 여정을 상징한다. 상징적 의미: 영혼, 정신, 마음; 변화, 성장, 부활: 특히 나비와 관련된 상징에서 프시케는 나비 자체의 이름으로 쓰이기도 하며, 영혼의 변태와 재생을 의미한다. 심리학적 의미: 현대 심리학에서 psyche는 인간의 정신 전체, 마음의 구조를 가리킨다. 프로이트, 융 등의 심리학에서 의식과 무의식의 영역 모두를 포함하는 개념으로 사용된다. 즉, 나비의 상징과 관련해 Psyche는 단순한 곤충이 아니라, 영혼의 변태와 성장, 빛을 향한 상승을 나타내는 심오한 상징으로 볼 수 있다.

Caduceus 카두세우스[109]. 그리스어 *Kerykeion*의 라틴어식 변형으로서, 전령의 물건을 의미하는, 이것은 원래 마법적인 도구였다. 이것의 상단에는 2마리의 뱀이 서로를 향해 머리를 맞대고 감겨 있다. 이것은 헤르메스Hermes(혹은 메르쿠리우스Mercury)의 상징물로, 다산을 의미하기도 한다(두 마리의 **뱀Serpent**이 발기한 남근 위에서 교미하는 모습). 또한 균형과 조화를 상징하기도 한다. 연금술에서 이것은 상반되는 힘들의 결합을 상징한다. **Asclepius 아스클레피오스[110], Staff of**를 보라.

Caduceus: kerykeion(전령 지팡이(caduceus)를 들고 있는 Hermes신.

Calamus 칼라무스/창포근. 이것은 창포이며, 아시아와 유럽에서 물 가까이에서 자라는 Arum속 식물이다. 이것으로부터 바르는 기름과 약품을 위한 기름이 추출된다. 중세에서 이것은 때때로 성모 마리아와 관련이 있었다.

Caldron 가마솥. 동화에서 그리고 연금술사들과 의식집행자들(특히 인도-유러피안Indo-European의 언어학적 영역에서)을 위한 이것은, 그 안에서 마법적이며 신비한 형태변형이 일어나는 그릇이다; 이런 이유로 이것은 변화, 갱신, 시작, 그리고 부활을 상징한다. 거품이 일어나고 끓는 내용물을 담는 그릇으로서, 이것은 또한 충만함과 풍부함을 상징한다. – 중국에서 이것은 자주 행운과 웰빙/참살이Well-Being의 상징이다.

Caldron: 가마솥에 일어나는 마법적 형태변화에 주목하는 두 마녀. 약 1490년경, 독일 Ulm, 『the Tractatus of the Evil Women, Whom One Calls Witches마녀라고 불리는 악녀들에 관한 논고』에서 발췌한 목판화.

Calf 송아지. 도살되는 동물로서, 이것은 희생의 상징이다; 가끔은 복음사가, 성 루카의 속성으로서 비육우용(거세한) **숫소Steer**를 대신한다. **Evangelists, Symbols, Golden calf**를 보라.

Camel 낙타. 북아프리카에서는 냉철함/진지함, 완고함, 그리고 교만의 상징이다. 때로 구약성서에서는, 부정한 동물로서 언급한다. – 짐을 나르는 동물로서, 이것은 그리스도교 저술과 미술에서 겸손과 복종을 상징한다; 또한 분노, 무기력, 그리고 편협함/옹졸함을

---

109 [그리스, 로마 신화] 신들의 사자인 Mercury[Hermes]의 지팡이(두 마리의 뱀이 새겨져 있다), [의학의 상징]

110 [그리스 신화]아스클레피오스(의술의 신, 로마 신화의 Aesculapius)

상징하기도 한다.

Cancer 게자리. Crab을 보라.

Candle 양초. 이것은 빛, 개별적 영혼, 그리고 정신과 물질 사이의 관계를 상징한다(**불꽃Flame**이 밀랍을 태우듯이). 동화에서 죽음은, 인간 생명을 상징하는, 타오르는 양초 위에 군림한다. - 로마인들은 양초를 제례적으로 사용했다. - 그리스도교, 특히 로마 가톨릭 전례에서, 촛불은 미사, 장례 행렬, 특별 축일 등에서 신앙과 빛을 상징한다. **Lamp, Torch를 보라.**

Candlestick 촛대. 이것은 영적인 빛과 구원의 상징이다. 유대교에서의 7개의 가지가 있는 금 촛대는 아마도 부분적으로는 바빌로니아의 빛의 나무에 해당할 것이다; 이것은 또한 우주적 상징(7개의 행성, 7개의 하늘; **Gold, Seven을 보라**)과 결부되어 있다. - 중세기의 그리스도교 미술에서, 7개의 가지가 있는 촛대[111]는 자주 유대교를 상징한다.

Candlestick: 구약성서의 상징으로서 7개의 팔이 있는 촛대. 12세기, Alsace 지역의 세밀화 모방.

Capricorn 염소자리. 염소는 **조디악**의 10번째 별자리이다; 이것의 요소는 **땅Earth**이다.

Capricorn: 점성술상의 별자리.

Cardinal Virtues 기본 덕목들/4대 주요 덕목/사덕四德/사추덕. 이것들은 용기/인내Bravery(*Fortitudo[라틴어]*가 의인화된), 정의/공정Justice(*Justitia[라틴어]*), 신중함/사려Prudence(*Prudentia[라틴어]*), 그리고 절제/절제력Temperance(*Temperantia[라틴어]*)이다.

Carnation 카네이션. 이것은, 뾰족하고 풀 같은 잎사귀들을 가지고 있는 다년생 식물이다. 독일어를 사용하는 사람들은 그 잎과 꽃잎의 모양을 못Nail에 비유한다(이런 이유로 독일어 이름 *Naeglein. Nagerl*은 '못Nail'이라는 뜻을 가진다); 그래서 이것은

---

111   the 7-armed candlestick는 상징 사전 등에서 자주 나오는 표현이고, 히브리 말 '메노라(Menorah)', 즉 일곱 개의 가지를 가진 촛대를 뜻한다.

그리스도의 수난을 상징한다. 이 식물은 자주 성모자상의 그림에 나타난다. 이것은, 아마도 사랑과 생식력의 상징으로서, 후기 중세와 르네상스 시대의 수많은 약혼 그림에 나타나기도 한다. 나중에 카네이션은 (특히 붉은 품종) 사회주의 축일인 5월 1일(노동절)을 상징하게 되었다.

Carp 잉어. 특히 이것의 장수長壽하는 특성 때문에, 일본과 중국에서 행운의 상징인 이것은, 불멸자들의 탈 것으로 여겨진다. 이것이 물의 흐름을 거슬러 헤엄을 치기 때문에, 이것은 또한 용기와 인내를 대표하기도 한다.

Castle 성. 빈번한 동화의 모티브인 이것은, 자주 마법에 걸린 숲에, 혹은 황홀한 산 위에 서 있다. 그리고 이것은 보통 모든 긍정적인 소원들(특히 이것이 밝고 눈부시게 빛나는 것으로서 묘사될 때)의 성취를 상징한다. 검고 텅 빈 성은 또한, 상실과 절망감을 상징할 수도 있다.

Cat: 이집트의 여신 Bastet. 후기 왕조시대 청동 소상小像.

Cat 고양이. 반대감정이 병존하는 상징적 동물이다. - 일본에서 고양이를 보는 것은 나쁜 징조이다. - 히브리 신비 철학인 카발라와 불교에서, 고양이는 **뱀Serpent**의 상징과 밀접하게 연관되어 있다. - 이집트에서, 집에서 기르는, 민첩하고, 유용한 고양이는, 가정과 어머니, 그리고 아이들의 수호신인, 여신 바스테트Bastet의 신성한 동물로서, 공경받았다. - 중세에, 고양이는 마녀의 동물이라고 생각됐었고, 검은 고양이는 악마의 징표로서 보였다; 미신에 의하면, 검은 고양이는 불행을 가져온다고 여겨졌다. - 고양이는 중국의 **조디악Zodiac**의 4번째 표지이며, **Cancer(the Crab)**에 해당한다.

Caterpillar 애벌레. 기어다니는 애벌레(**벌레Worm**에 해당하는)로서, 이것은 때로 비천함과 추함의 상징이다. - 이것은 번데기로 변했다가 나비로 변태하기 때문에, 인도에서는 이것이 영혼들의 환생을 상징한다.

Cave 동굴. 선사시대 이래로, 동굴은 여러 개의 성스러운 목적을

(Rock painting을 보라) 가진다. 동굴은 죽음의 영역(어둠의 영역)과 그리고 탄생의 영역(어머니의 **자궁**Womb)과도 상징적으로 연관되어 있다. 그러므로 동굴은 탄생의 장소로서, 혹은 신들, 영웅들, 영적 존재들, 악마들, 그리고 죽은 자들, 등등의 거주지로서 숭배되었다; 종종 동굴들은 죽은 자들의 영역으로 들어가는 관문으로 평가되었다. - 수메리아인들Sumerians은 죽은 자들의 영역이 세상의 **산**Mountain에 있는 동굴에 있다고 생각했다. - 이집트인들은 나일강의 생명수가 한 동굴에서 비롯되었다고 믿었다. - 동굴들은, 엘레우시스 비의祕儀Eleusinian Mysteries[112]와 다산의 신, Trophonius[113]의 신탁의례와 같은, 입문의례들(*자궁으로의 회귀?Regressus ad uterum?*)에서 중요한 역할을 담당했다. - 플라톤의 **동굴**Cave의 비유는, (본질이 아닌) 단순한 모사와 환영의 세계에 사는 인간의 인식론적 조건에 대한 상징적 묘사이다; 이 동굴을 탈출하고, 궁극적으로 이상적 세계의 시각을 획득하는 것은, 인간 개인의 과업이다. - 동방 교회의 미술에서, 그리스도의 탄생은 거의 항상 동굴에서 묘사된다. 땅의 오목한 부분으로서 제시되는 동굴은, (**하늘**Sky에 의한 **대지**Earth의 수정受精이라는 상징과 관련하여) 모성적 자궁을 상징할 가능성이 있다.

Cave Paintings 동굴벽화. Rock Paintings를 보라.

Cedar 향나무. 레바논의 향나무는 성서에서 자주 언급된다; 이것의 높이 때문에 이것은 오만한, 숭고한 것의 상징으로서 간주된다. 그리고 이 나무는 내구성이 있기 때문에, 힘과 인내를 상징한다. 모든 침엽수와 같이 이것은 불멸의 상징이다. - 중세기에는 이것이 성모 마리아와 연관되었다.

Cedar

Celandine 애기똥풀. 누르스름한, 우유 같은 수액을 가진 양귀비의 품종인 이것은, 다용도의 치료 식물로써 사용되었다. 연금술사들은 금빛 나는 노란 수액으로부터 금을 만들려고 했다. 식물의 이

Celandine

---

112   엘레우시스 제전(곡식의 여신 Demeter를 받드는 신비적 의식)

113   [그리스 신화] 1. 땅의 신(earth-god) 2. 우수한 건축가로서 Delphi에 Apollo의 신
      전을 세우고, 그 포상으로 극락왕생을 얻었다.

름은 **제비Swallow**를 뜻하는 그리스어 **켈리돈Kelidōn**에서 유래했는데, 고대와 중세의 민간 신앙에 따르면, 제비(혹은 참새)들이 새끼들에게 시력을 부여하기 위해 이 식물의 수액을 사용했다고 믿어졌기 때문이다. 따라서 셀란딘Celandine은 '시력을 부여함', '영적 실명失明 상태로부터의 치유', 그리고 '빛을 가져오는 것'이라는 상징적 의미를 지닌다. 그래서 Celandine은 "시력 전하기", "실명失明의 영으로부터 치유되는 사람", 그리고 "빛을 가져오는 이"의 상징적 중요성을 가진다; 중세기 미술에서 이것은 자주 그리스도를 가리킨다. ‐ 민속신앙에서, 갈등을 해결하는 힘을 가지고 있다고 추정하는 이 식물은 만족감을 의미한다.

Cellar 지하 저장고. 신비주의의 상징적 언어에서, 이것은 자기 자신과 자기 인속 속에 감춰진 보물의 상Image이다; 다른 맥락에서, 이것은 어두운 충동의 표시이다.

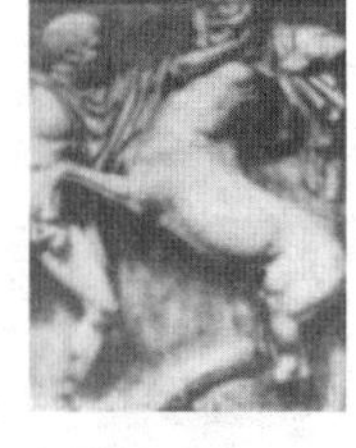

Centaur: 켄타우로스와 戰士. 아테네의 파르테논 신전에서 출토된 Metope(도리아식 기둥 사이의 사각 장식판).

Centaur 켄타우로스[114]. 이것은 그리스 신화에 나오는 야생적이고, 환상적인 생물로, 인간의 상반신과 말의 몸을 가지고 있다. 켄타우로스들(케이론Chiron[115]을 제외한)은 거칠고 이성적이지 못한 존재로 여겨졌으며, 따라서 보통 인간 안의 동물적 측면을 상징했다(반면 **기수Rider**는 그 동물적 힘을 제어하는 존재로 대비된다). 이것은 또한 인간의 이중 본성인, 몸/마음의 상징이기도 하다. ‐ 중세 미술에서,

---

114 켄타우로스(그리스 신화에 나오는 반인반마의 괴물)

115 [그리스 신화] 케이론Chiron(가장 현명한 켄타우로스(centaur)로서 예언. 의술. 음악에 능했음); 그리스 신화에서 가장 지혜롭고 고귀한 켄타우로스이다. 핵심 정리: 다른 켄타우로스들과 달리, 난폭·방탕하지 않고, 지혜, 절제, 치유, 교육의 상징. 부모: 크로노스 × 필리라. 거주지: 펠리온 산. 역할과 상징: 스승(teacher): 아킬레우스, 아스클레피오스(의술), 아폴론적 예술, 헤라클레스 등 다수의 영웅을 교육. 치유자(healer): 약초·의술의 대가→ 식물·치유 상징과 연결. 고통받는 현자: 불멸이지만 상처로 고통 → 결국 불멸을 포기함→ 자기희생, 구속적 고통의 이미지. 그리스도교적·중세적 재해석:중세 도상학·알레고리에서 카이론은 종종 야성(동물성)과 이성(인간성)의 화해. 본능을 통제하는 지혜. 때로는 그리스도를 예표하는 이교적 figura로 읽히기도 함. (스승·치유자·자기희생이라는 점에서): 켄타우로스가 뒤를 향해 화살을 쏘는 이미지 → 내적 갈등, 악과의 투쟁. 셀란딘(시력·치유·빛) → 치유자·빛의 전달자. 케이론 → 이 모든 상징을 통합하는 존재. 즉, Chiron은 '폭력적 켄타우로스'의 반대편에서, 치유·지혜·화해를 통해 인간을 완성으로 이끄는 상징적 인물이다.

켄타우로스들은 자주, 특히 프리즈Friezes[116]와 주두Capitals[117] 에서, **활Bow**과 화살을 가지고 있는 것으로 묘사된다; 이들은 통상 악덕과 죄, 이단자, 혹은 악마를 상징한다. 그러나 뒤를 돌아보며 화살을 쏘며 도망가는 켄타우로스는 인간이 악과 맞서는 갈등을 상징하는 이미지Image일 수 있다. - 19세기와 20세기 미술에서, 켄타우로스는 자주 성적인 의미를 갖는다. **Minotaur**[118]**를 보라.**

Center 중심. 모든 것이 그것으로부터 시작되는 출발점으로서, 이것은 하느님(때때로 그림의 구조 안에서 중심위치로서 나타나기도 한)의 상징이다. 세계의 중심(**World Axis를 보라**)은 자주 성스러운 **산Mountain, 나무Tree 또는 배꼽Navel**이라고 상상되어졌다.

Cerberus[119] **케르베로스.** 그리스 신화에서, 그는 지하 세계의 입구를 지키는 지옥의 사냥개이다. 비틀린 꼬리를 가진 그는, 죽은 사람 각각을 만난다; 그러나 그는 통상 살아있는 사람이 들어오게 하지도 않고 죽은 사람이 떠나가게 하지도 않는다. 그는 일반적으로 2개 혹은 3개의 머리, 그리고 뱀들의 꼬리를 가지고 있는 것으로 묘사된다; 그는 죽음의 공포와 한 번 잃은 생명은 다시 얻을 수 없다는 사실을 상징한다.

Cerberus: 지하 세계에서 케르베로스를 데려오는 헤라클레스Heracles. 아틱(아테네 지역) 양식의 항아리 표면에 그려진 그림.

Chain 사슬. 일반적으로 결속과 속박된 상태를 묘사하는 이미지인 이것은, 흔히 **하늘(Sky를 보라)**과 **땅Earth** 사이의 관계를 상징한다. 신플라톤주의자들에게 사슬은 일자—者the One로부터 끊임없이 발출되는 힘이 개별적인 생물과 사물들 안으로 흘러 들어감을 상징했다. 이와 유사하게, 그리스도교에서, 각 개인은 황금 사슬로 하느님께

Chain: 사슬에 묶인 사탄. 17세기, 알사스 지방의 세밀화 모방.

---

116 Frieze(프리즈): 건물에서 벽과 지붕 사이, 혹은 기둥의 상부에 수평으로 장식된 띠 모양의 조각이나 회화를 말한다. 주로 이야기나 신화 장면을 연속적으로 보여주는 데 사용된다. 예: 고대 그리스 신전의 프리즈에는 신들의 행렬이나 전투 장면이 새겨져 있음.

117 Capitals(주두, 기둥머리): 기둥의 상단 부분으로, 기둥과 그 위에 놓이는 구조물(보통 아치나 빔)을 연결하는 역할을 한다. 단순한 장식뿐 아니라 조각을 넣어 신화적 인물이나 동물을 표현하기도 한다. 예: 로마네스크나 고딕 성당 기둥머리에 켄타우로스, 사자, 식물 문양 등이 조각됨.

118 [그리스 신화] 미노타우로스(사람의 몸에 소의 머리를 한 괴물)

119 [그리스 신화] 케르베로스(지옥을 지키는 개, 머리가 셋에 꼬리는 뱀 모양)

묶여있는 것으로 묘사된다; 기도도 또한 황금 사슬에 비유되기도 한다. – 그리스도교적 미술에서 패배한 악마(때때로 **원숭이Ape**의 형태로)는 최후 심판의 날에 사슬에 묶인 채로 나타난다. **Cord를 보라.**

Chalice 성작[120]. Cup을 보라.

Chamber 방房/실室. Room을 보라.

Chameleon

Chameleon 카멜레온. 자신의 색깔을 변화시키는 능력 때문에, 이것은 변덕스러움과 거짓을 상징한다. – 아프리카에서 이것은 신적인, 태양의 동물이다.

Chamomile

Chamomile 캐모마일(국화과 약용 식물). 고대 이래로 효과적인 치유 식물로 사용되어왔고, 매운 향기를 가진 꽃의 한 종류인, 이것은 중세에는 특히 여성의 질병들을, 치료하는 데 사용되었다(이런 이유로 이것의 속屬이름을 *Matricaris*라고 한다); 이것은 성모 마리아를 상징한다. 눈에 잘 띄지 않으면서도, 유용한 이 식물은, 겸손과 짝을 이룬 힘을 상징하기도 한다(속담에 따르면, '어느 처녀도 그것을 보고 인사하지 않고는 지나칠 수 없다').

Chaos: 원소들의 혼돈. 로버트 플러드 (Robert Fludd)의 『각각의 우주 역사 Utriusque Cosmi Historia』, 오펜하임 Oppenheim, 1619년.

Chaos 혼돈. 고대에 그리고 성서의 창조설화(Tohu wa Bohu[121])에서, 이것은 그 어떤 것도 창조되기 이전의 세계 상태를 나타내

---

120 가톨릭 미사 때 포도주를 담는 성배.

121 Tohu wa-bohu (וֹהוּ וָבֹהוּ)는 히브리어 성경, 특히 창세기 1장 2절에 나오는 매우 중요한 표현이다. 1. 기본 의미: 직역: "혼돈과 공허", "형체 없음과 텅 빔"; 번역: 영어: formless and void 한국어: 혼돈과 공허, 형체 없고 텅 빈 상태;"땅이 혼돈하고 공허하며 (tohu wa-bohu) 흑암이 깊음 위에 있고…" (창 1:2) 2. 단어별 의미:Tohu (תֹּהוּ);무질서, 방향 없음, 목적 없음; 아직 구조·의미·질서가 부여되지 않은 상태, Bohu (בֹהוּ): 공허, 텅 빔, 비어 있음; 내용이나 생명이 없는 상태. → 둘을 함께 쓰면 완전한 비형성 상태, 즉 질서도 없고, 채워진 것도 없는 원초적 상태를 강조한다. 3. 상징적·신학적 의미: 상징학적 맥락에서 보면:창조 이전의 상태→ 아직 분화되지 않은 원초적 혼돈; 잠재성의 상태→ 아무것도 없는 것이 아니라, 모든 가능성이 응축된 상태; 질서가 부여되기 직전의 혼돈→ 이후에 빛, 구분, 형상, 생명이 등장함. 즉, tohu wa-bohu는 악이나 부정 그 자체라기보다, ☞ 창조 행위가 시작되기 전의 미분화된 세계를 뜻한다. 4. 비교 상징: 다른 전통과 비교하면: 그리스: 카오스 (Chaos); 연금술: Prima Materia (원질); 신비주의: 무한한 가능성의 심연. 5. 요약: Tohu wa-bohu란 "형태도 질서도 없지만, 창조를 기다리는 원초적 상태"를 가리키는 성서적·상징적 표현이다.

는 이미지Image였다. - 고대 이집트 사상에 따르면, 혼돈은 세계가 창조되기 이전에는 원초적 바다 '눈(Nun)'의 형태로 존재했으며, 창조 이후에는 지속적인 힘과 재생의 원천으로서 세계를 둘러싸고 있었다. - 연금술사들에게, 이것은 최초의 물질the Prima Materia로 지칭된다. Abyss심연을 보라.

Chariot (고대의 전투나 경주용) 마차/전차. 바퀴Wheel의 상징적 의미와 밀접하게 연관되어 있고, 결과적으로 **태양Sun**의 상징과 연관되어 있는, 이것은 또한 태양 숭배와도 연관되어 있으며, 식물의 여신들과도 연관되어있다(예를 들어, Apollo[122], Attis[123], Cybele[124], Mithras[125]). - 선신과 악신들이, 전투용 마차Chariots나 **4륜마차Wagons**를 타고 땅으로 오는 것으로서, 많은 종교에서, 상상된다. 하늘을 가로질러 우르릉거리며 나아가는 전투용 마차는, "번개의 지배자", Zeus의 상징이다. 다양한 신들의 전차들을 끄는 동물들은, 전차의 상징적 내용(예를 들면, **독수리Eagle**는 Zeus의 마차를 끈다. **백조Swans, 또는 비둘기들Doves**은 Aphrodite의 마차를 끈다)을 변화시키거나 변형한다. 하늘로 상승하는 불타는 전차는, 때때로 개인의 영적인 고양(예를 들면, 엘리야 예언자, 아씨시의 성 프란치스코)을 상징한다. - 마차는 또한, **마차를 모는 사람 Charioteer**에 의해 통제되는, 인간의 인격의 다양한 구성요소들을 표현한다.

Chariot: 불 마차를 타고 승천하는 Elijah 예언자. Lucina 공동묘지 안의 초기 그리스도교 벽화 모방, 로마.

Charioteer: 전차 기사와 전사를 태운 그리스 경주용 전차. 올림픽 승리를 기념하여 헌당된 부조, 5세기 말 제작.

---

122 [그리스.로마 신화] 아폴로(고대 그리스.로마의 태양신, 시.음악.예언 등을 주관)

123 [그리스 신화] 아티스, 아튀스: 여신 Cybele의 사랑을 받은 Phrygia의 젊은이; 질투심에서 몹시 화가 난 Cybele에 의하여 미치광이가 되고…

124 키벨레(Phrygia의 대지의 여신, cf. RHEA)

125 [페르시아 신화] 미트라(빛과 진리의 신, 후에 태양의 신)

Charioteer 마차를 모는 사람. 고대에서, 통제의 상징이며, 혹은 격정/욕정과 충동의 지배의 상징인 이것은, 그래서 또한 이성 Reason의 상징이기도 하다. **Chariot를 보라.**

Cherry 체리/버찌. 일본에서는 자기 발견과 자기희생의 상징으로 여겨지며, 특히 전쟁에서 피와 생명을 바친 사무라이의 희생과 관련된다(이는 단단한 씨에 이르기 위해 벚나무 열매Cherry의 붉은 과육을 제거하는 것에 비유된다). - 중세 그리스도교 미술에서, 버찌는, 마치 사과처럼, 때때로 금지된 과일을 의미한다.

Cherry blossom

Cherry Blossom 벚꽃. 일본에서, 순수, 아름다움, 그리고 행운의 상징이다. 바람에 의해 멀리 날아간 벚꽃은 이상적인 죽음을 나타낸다. - 중앙 유럽에서는 크리스마스 전 밤들에 (특히, 12월 4일의 성녀 바바라Barbara 축일 전에, 12월 13일의 성 루치아Lucia 축일 전에, 또는 크리스마스 당일에) 잘라 두었다가, 꽃이 피는 벚나무 가지를, 행운의 상징으로 여기며, 이른 결혼을 암시하는 징표로도 받아들인다.

Cherub 거룹(智天使)(단수형)/Cherubim케루빔 천사(複數형). 높은 영적 위계에 속한, 반은 동물이고 반은 인간의 모습을 한 피조물인 이것은, 근동 지방의 도형적 상징 언어에서 자주 발견된다. - 구약성서에서, 케루빔 천사들은 야훼 하느님과 동반하는 영적 피조물이다. 그리스도교 미술에서 이들은 통상 많은 날개를 가지고 있고, 눈들로 덮여 있는 것으로 나타난다; 이들은, 높은 영적 존재들의 어디에나 있음(偏在)과 전지함(全知)을 상징한다. 이들은 자주 **4형상(四形象)/테트라모르프Tetramorphs**[126]으로, 또는 머리 하나와 4개나 6개의 날개를 가진 것으로 묘사된다. 이들의 속성은 **바퀴**

---

126 [그리스도교] 4복음서의 기자記者를 상징하는 날개가 달린 결합형상; 종교·상징학적으로는 특히 그리스도교 도상학에서 중요한 개념으로, 테트라모르프란 4 복음서를 상징하는 4 존재를 말한다: 인간(또는 천사) → 마태오, 사자 → 마르코, 황소(또는 송아지) → 루카, 독수리 → 요한, 이들은 에제키엘서와 요한묵시록에 등장하는 4 생물에서 유래했으며, 우주적 질서, 신적 전지(omniscience), 상위 영적 위계의 존재들을 상징한다.앞서 언급된 케루빔(cherubim), 반인반수의 상위 영적 존재, 야훼를 수행하는 영적 존재라는 맥락과 정확히 연결된다.

Wheel(또는, 車Wheels)이다.

Chess 체스. 서로 대립하는 두 집단의 싸움을 상징하는 것으로서, 이것은 통상, 남성-여성, 생명-죽음, 빛-어둠, 선-악, 하늘-땅 Earth/지옥Hell과 같은, 근본적인 대립 쌍과 연관된다. 계획하는 지성이 활동하는 영역으로서, 체스 게임은 또한 (예를 들어, 인도에서) 우주적 질서와 이성의 상징으로서 여겨진다.

Chestnut 밤. 중국에서, 식용 밤은 동쪽과 가을을 상징하는 것으로 여겨졌다. 그 열매가 가을에 수확되어 겨울 양식으로 사용되었기 때문에, 현명한 예지력의 상징이다.

Chicken 닭. 입문 의식에서는 영혼을 인도하는 심령 안내자이며, 그리고 아프리카와 남아메리카 일부 지역(마쿰바 신앙Makumba Cult), 그리고 카리브해 지역(부두교 신앙Voodoo Cult)에서 열리는 황홀하고 마법적-종교 축제에서는 신성한 동물로 나타난다. (흔히 검은색) 닭과 죽은 자 사이의 관계에 대한 믿음은 닭을 제물로 바치는 것과 관련이 있으며, 이는 고인을 접촉하기 위해 행해졌다. - 닭은 중국의 **조디악**의 10번째 별자리이며, **Capricorn염소자리**에 해당한다. **Cock, Hen을 보라.**

Child 어린이. 자발성과 순수성의 상징으로, 신약성서에서 언급된 특성들을 가리킨다("너희가 회개하고 어린 아이들과 같이 되지 아니하면 결코 천국에 들어가지 못하리라," 마태복음 18:3). 어린이는 또한 시작과 풍부한 가능성의 상징이기도 하다.

Chimera 키메라[127]. 그리스 신화의 불을 내뿜는 괴물이며, 종종 사자머리와 염소의 몸을, 그리고 용이나 혹은 뱀의 꼬리(이 각각의 부분은 자체의 머리를 가질 수도 있다)를 가진 것으로 나타난다. 이것은 다양한 상징적 해석을 낳는 혼합체였는데, 그 해석들은 모두 어둠의 영역, 통제되지 않은 것들, 그리고 본능적 충동

Chimera: Etruria인이 제작한 청동 소상小像. B.C. 5세기.

---

127 키메라(사자의 머리에 염소 몸통에 뱀꼬리를 단 그리스 신화 속 괴물)

과 관련된 것이었다. 날개 달린 말 **페가수스**Pegasus를 탄, **벨레로폰**Bellerophone[128]은 키메라Chimera를 죽였다(마치 성 조오지George가 용을 죽였듯이). - 현대적 용법에서 이것은 종종 모호한 환상/환영Phantasm을 의미한다

Chimney 굴뚝. 동화에서, 정령과 악마와의 소통은, 종종 굴뚝을 통하여 발생한다. 마녀들은 굴뚝을 통하여 들어가고 나오며, 죽은 자들의 영혼들은 그 굴뚝을 통하여 그 집을 떠나는 것으로 생각되었다. 영혼의 세계와의 이런 연관의 이유는, 아마도 **동굴**Cave처럼 위와 아래가 열린 굴뚝의 형태, **불**Fire, 검은 그을음(**Black**을 보라), 그리고 위로 올라가는 **연기**Smoke와 관련이 있을 것이다. - 다른 관련성에서 볼 때, 굴뚝은 **난로**Hearth의 상징성의 일부라는 것이다.

Chisel 끌. **쟁기**Plow와 유사한 이 끌은, 능동적인, 남성 원리의 상징이다. 남성적 원리는 수용적인 여성 원리를 작동시키고 형성시킨다.

Chrism 성유[129]. 올리브 기름과 향신료의 혼합물로서, 가톨릭교회에서 도유식을 위하여 사용되는 이것은, 그리스도의 이중 본성(인간성과 신성)의 통합을 상징한다.

Christ Monogram 그리스도 결합문자. *그리스도Christ*의 이름의 그리스어 첫 글자인 χ(카이, Chi)와 ρ(로, Rho)로 구성된, 여러 형태의 상징, 또는 초기에는 **예수 그리스투스***Jesus Christus*의 첫 글자인 J와 X로부터 만들어진 상징. 이것은 상징적으로 일반적으로 그리스도를 위하여, 또는 전 세계 그리스도교 신자들을 위하여 사용된다 (콘스탄티누스 대제 시절 이래로). 빈번하게 두 글자는 **원**Circle으로 둘러싸였다. 그래서 **바퀴**Wheel를 암시했다; 이런 이유로, 이 두 글자는, 우주적 상징과 태양계 상징이 되었다. 글자 *A*와 *O*(**Alpha and Omega**를 보라)가 종종 추가되었거나, 혹은 십자가

Christ Monogram: 그리스도 결합문자의 2가지 형태. 카타콤바(지하묘지) 모자이크를 모방.

---

128 [그리스 신화] 벨레로폰(천마Pegasus를 타고 괴물Chimera를 퇴치한 Corinth의 영웅).

129 크리스마 성유(consecrated oil)(가톨릭 성사 의식에 사용함)

에 매달려 죽음(이 동안 태양은 어두워졌고 달이 나타났다)을 가리키는, 태양과 달이 추가되었다. **Anastasius, Cross of**를 보라.

Chrismas Tree 크리스마스트리. 이것은 구과 식물/침엽수이다. 그리스도교 세계의 거의 모든 곳에서 크리스마스 때에 이것을 장식하고 불을 켠다. 19세기에 들어서면서(그러나 아마도 이교도적 관습까지 거슬러 올라갈 가능성이 있음) 사람들은 12월 25일부터 1월 6일까지, (이른바 **라우흐나흐트Rauchnächte**[130] 동안 밤에 정령들이 돌아다닌다고 여겨졌기 때문에), 보호물로서 집 안에 상록수 가지를 걸고 촛불을 켜 두는 풍습을 갖게 되었다. 그리스도교 세계에서 크리스마스트리는, 진실한 **생명 나무Tree of life**로서, 그리스도의 상징이다. 그 빛들은 베틀레헴에서 태어난 "세상의 빛"을 상징한다; 사과는(종종 장식으로 사용된), **에덴의 정원Garden of Eden**에 있는 지식의 **사과Apple**에, 상징적으로 적용된다. 그 사과는 원죄를 상징하는데, 그 원죄로부터 인간성을 구원시키는 그리스도의 행위는, 인간이 다시 한번 낙원에 들어갈 수 있게 한 것으로, 이는 크리스마스트리로 상징된다.

Chrysalis 번데기. 분명히 나비의, 또는 곤충의 번데기는 다양한 문화들에서 변형의 상징이며, 보호를 위한 인간적 필요의 상징이며, 그리고 새로운 발달 수준의 한계점에서의 고독의 상징이다.

Chrysanthemum 국화. 이것은 중국과 일본에서 행운과 장수의 상징이다. 이 꽃잎의 방사상 모양 때문에, 이것은 또한 태양의 상징이기도 하다. 이것은 일본 황실의 상징물이다.

130　"Rauchnächte"는 독일어에서 유래한 용어로, 직역하면 "연기 나는 밤" 정도이지만, 문화적·전통적 의미가 있다. 기간: 매년 12월 25일(성탄절)부터 1월 6일(주현절)까지 이어지는 12~13일간을 가리킨다. 전통적 의미: 고대 게르만과 알프스 지역의 민속 신앙에서 비롯된 밤들로, 이 기간에는 영적 세계와 인간 세계가 가까워지는 시기로 여겨졌다. 풍습: 집안 연기(향초, 허브, 송진 등)를 피워 악령을 쫓거나, 미래를 점치고 내년을 점치는 의식을 행함. 현대적 의미: 일부 독일·오스트리아 지역에서는 여전히 새해 운세를 점치거나 전통 행사로 이어지고 있다. 즉, Rauchnächte는 독일/알프스 지역의 '영적·예언적 전통의 열두 밤' 정도로 이해하면 된다.

Church 교회. 인격화된 존재(*Ecclesia[라틴어]:교회*)로서, 종종 눈·왕관·승리의 깃발을 지닌 모습으로 묘사된다. 교회 그 자체는 상징적으로 선택받은 자들의 영역인 **천상의 예루살렘**(Jerusalem, Heavenly**를 보라**)으로 향함을 가리킨다.

Church/교회: 왼쪽) 그리스도 교회.

오른쪽) 유대교 회당. Strassburg 대성당에서 유래.

Cinnabar 진사 안료[131]/선홍색. 이것의 붉은 색상 때문에, 이것은 생명의 그리고 때로는 불멸의 상징이다.

Circle: 육각별(헥사그램)과 십자가가 그려진 마법진magic circle.

Circle: 마법진魔法陣. 1901년 London에서 출판된 Francis Barrett의, 『The Magus마법사』에 수록.

Circle 원. 가장 빈번하게 등장하는 상징적 도형 중 하나로서, 이는 종종 **정사각형**Square과의 관계 속에서, 또는 그와 대비되어 나타난다. 원(Circle)은 다시 자기 자신 안으로 되돌아가게 하며, 그 결과 통일성/일체성·절대성·완전함의 상징이 된다; 그러므로 이것은 또한 **세상**Earth과 대조되는 천국(Sky**를 보라**)을, 또는 물질계와 대조되는 영적인 것들을 표현한다. 원의 상징과 **바퀴**Wheel의 상징 사이에는 밀접한 관계가 있다. 끝이 없는 선으로서, 이것은, 종종 자기 자신의 꼬리를 물고 있는 **뱀**Serpent의 형태 안에서 (Uroboros[132]**를 보라**), 시간과 무한을 상징한다. - 마법적 수행에

---

131 진사(안료용으로 쓰이는 적색 황화수은)

132 뱀이나 용이 자신의 꼬리를 먹음으로써 동그란 형태를 이루는 고대 그림을 일컫는다.

서, 원은 악령, 마귀들 등등에 대항하여 보호하는 효과적인 상징으로서 평가된다; 벨트belt(Girdle을 보라), **반지/고리Ring**, 둥근 테 Hoop, 그리고 원형의 **부적Amulet** 같은 물품에 부여된, 그 보호적인 기능은 아마도 원이 지닌 상징적 가치에서 비롯된 것일 것이다. - 선불교에서, 동심원적 원들은 깨달음의 가장 높은 수준과 모든 영적인 힘들의 조화를 상징한다. - 그리스도교에서 동심원적 원들은 다양한 영적 계층들 혹은 창조의 다양한 수준들을 나타낸다. 서로 맞물린 3개의 원들은, 삼위일체를 상징한다. - 정사각형 안에 그려진 원은, 물질 속에 숨겨진 신성한 불꽃을 상징하는, 히브리 신비철학(카발라)에서 흔히 사용되는 상징이다.

Circumambulation 순행/걸어서 돌아다님. 신성한 구역(예를 들어, 유대교의 제단, 이슬람의 카아바Kaaba 신전, 불교의 사리탑, 그리스도교 건물[특히 행렬시])을 걸어서 돌아다니는 것은, 폭 넓은 종교적 의식이다. 태양과 별들의 움직임의 모방으로서, 이것은 **원Circle**의 상징적 중요성과 함께 우주적 상징성에 관련될 수 있다. 이 순행의 횟수는 통상 신성한 상징적 숫자들에 맞춰 정해진다.

Circumcision 할례. 많은 민족 사이에서, 흔하게 수행하는 이것은, 종종 성적 성숙으로의 이행을 동반하는 통과 의례(입문 의례)의 일부인 경우가 많다. 이것은 또한 생식력의 신들에게 바치는 상징적 희생일 수 있다. - 일부 아프리카 사람은(그들 중 몇몇은 여성의 할례를 수행한다), 남자의 여성적 요소를 나타내는, 포피包皮의 할례, 혹은 여성의 남성적 요소의 자리인, 클리토리스의 할례는, 한 성(性)에 대한 확정적인 귀속을 의미하며, 그와 함께 성적 성숙을 뜻한다. - 유대인들에게 할례는 하느님과의 계약을 나타낸다.

Citadel (과거 도시의 주민 피신용) 성채/요새. 일반적으로 보호와 안전의 상징인 이것은, 또한 세상에 대한 포기의 표시, 그리고 하느님 혹은 자기 자신과의 내적 대화의 표시이기도 하다. **Fortress요새를 보라.**

City 도시. 질서정연하게 준비된 안전한 거주지인 이것은, 신적 질서의 상징이다. - 도시는 자기 시민들을, 어머니가 자기 어린이들을

City: 도시의 여신으로서, 로마의 의인화. 『the Book of Pericopes of Henry II헨리 2세의 인용구 모음집』 안의 세밀화를 본뜸.

보호하듯이, 보호하며 방어하기 때문에, 도시는 종종 성벽城壁의 왕관을 쓰고 있는 모성적 여신으로서 의인화된다. - 중세의 그리스 도교 미술에서, 도시는 천상적 예루살렘(Jerusalem, Heavenly 를 보라)으로서, 또는 두 도시의 병치로서 나타난다: 즉, 예루살렘 (유대인들의 성전을 대표하는)과 베틀레헴(그리스도교회를 대표하 는). 중세 후기에, 도시는 (성벽으로)둘러싸인 공간이라는 점에서, 동정 성모 마리아를 상징하기도 한다.[133]

Clay 점토. Container를 보라.

Cloak: 보호 망토를 입으신 성모 마리아. 약 1350년경, 『the Speculum Humanae Salvationis인류 구원의 거울』에서 유래.

Cloak 망토. 이것은 보호(예를 들면, 중세 그리스도교 미술에서 보호 여신인, 성모 마리아의 망토)의 상징이며, 또는 품위의 상징, 또는 높은 지위(예를 들어, 왕의 망토)의 상징이다.

Clothing 옷. 성서적 전통에 의하면, 옷은 인간의 타락 이후부터 착용됐다. **벌거벗음Nakedness**과 대조적으로, 의복은 인간의 단 정함/수치심의 결과이며 표현이다. 의복은 다양한 형태와 색상으 로 존재하며, 사회적 적응과 사회적 지위를 반영한다; 의복은 종종 소명 혹은 직업을 나타낸다. 어떤 민족의 의상으로서, 옷은 또한 특 정한 민족적 그룹의 구성원의 표현이기도 하다. 희고 빛나는 의복 들은 빈번하게 신체와 지상적인 것들을 넘어서는 승리를 가리킨다 (예를 들어, 천사들의, 축복받은 자들의, 죽은 자들의 의복들). 옷 을 바꾸어 입는 것은, 인생의 새로운 국면으로, 혹은 새로운 공동 체로 들어가는 통로를 상징한다; 예를 들어, 수도원의 옷을 착복하 는 것은, 두 번째 세례를, 그리고 세상의 포기를 상징한다.

Clouds 구름. 구름의 신비하고, 은폐하는 성질 때문에, 그리고 이 것이 **하늘Sky**의 일부이기 때문에, 구름들은 신들의 거주지로서 해 석되어왔다, 특히 높은 산봉우리를 둘러싼 구름이 그러하다(예를 들어, 올림포스 산Olympus). - 또한 (하느님의) 공현/출현들은 때

---

133 상징적 배경:중세 도시 = 둘러싸인 공간(enclosed garden/hortus conclusus), 순결·보호·선별됨, 중세 기독교 상징에서 닫힌 도시/성벽으로 둘러싸인 공간 → 마리아의 순결.

때로 구름을 동반한다(예를 들어, 성서에서). - 이슬람에서, 구름은 창조 이전의 알라Allah가 지닌 완전한 인식 불가능성과 불가해성을 상징하는 것으로 여겨진다. - 중국에서, 하늘 속으로 소멸하는 구름은, 현자들이 자신의 세속적 인격을 소멸시키고 영원성에 들어가기 위해 감내해야 하는 필연적인 변형을 상징한다. 비를 가져오는 존재로서, 구름은 때때로 생식력 상징이다.

Clover 클로버. 이것은 널리 분포하는 나비콩과/접형화과 식물이다. 이것이 왕성하게 자라기 때문에, 생명력의 상징이다. - 켈트족에게, 이것은 신성한, 마법의 식물이었다. - 중세시대에, 클로버는 자신의 3개의 작은 잎사귀들 때문에 삼위일체의 상징이었다; 약용 식물로서 이것은, 때때로 성모 마리아와 관련이 있다. - 4잎 클로버는(**Four**를 보라) 아직도 행운을 가져오는 것으로 보인다; 그러나, 4잎 이상을 가진 클로버는 보통 길흉하지 않은 의미이다. 그러나, 5잎사귀 클로버는 때때로 행복한 결혼을 가리킨다.

Clover

Club (무기로 쓰이는) 곤봉. 가격하거나 던지는 것을 위한 무기이며, 나무 혹은 때로는 철로 만들어지는 이것은, 빈번하게 잔혹한 폭력의 상징이다. - 고대에, 이것은 헤라클레스Heracles의 속성이었다. 중세와 르네상스 시대에, 미덕과 악덕의 표현인 이것은, 용기의 속성이었다; 반쯤 옷을 입은 바보의 손에 있을 때, 이것은 어리석음을 나타낸다.

Club: 몽둥이를 든 헤라클레스가, 밤의 바닷길을 여행하며, 태양의 가마솥을 타고 가는 모습. B.C. 5세기. 아티카(Attic) 도기 바닥면의 장식.

Coal 석탄. 숨겨진, 주술적인 힘, 또는 강함의 상징인, 차갑고 검은 석탄은, 자기의 휴면기의 에너지를 촉발시키기 위하여, 점화시킬 불꽃을 필요로 한다. 불타는 석탄은, 검은색에서 붉은색으로의 연금술적인 변형 상징한다. - 숯은, 불로 정제된 나무로서, 이것은 또한 순수성의 상징이기도 하다.

Cock 수탉. 이것은 아침의 **태양**Sun을 알리는 전령이다. 이것의 무지갯빛 깃털과 불처럼 붉은 볏 때문에, 이것은 많은 사람들 (예를 들어, 시리아인들, 이집트인들, 그리스인들)에게 태양과 불의 상징이다. - 일본에서, 오직 수탉의 울음만이 매일 아침 동굴에서 태양

Cock: Freiburg 대성당의 수탉 탑 위에 있는 수탉 모양 풍향계.

여신을 불러낸다고 믿었다. - 그 새벽과의 밀접한 관계 때문에, 이 것은 어둠을 넘어서는 **빛Light**의 승리를 상징하는 동시에, 경계(깨 어 있음·각성)의 이미지像Image이기도 하다. 민속신앙에서는, 새 벽 첫닭 울음소리에, 밤의 악령을 물리치는 액막이의 힘이 깃들어 있다고 믿었다. 더 나아가, 수탉은 불과 연관되어 있으면서도 동시 에 경계(각성)의 상징으로 여겨졌기 때문에, 붉은 수탉으로 표현되 는 불을 막아주는 존재로 여겨졌다. - 그의 강한 생식 충동 때문에 수탉은 다산의 상징으로 여겨지게 되었다; 그래서 수탉 제물은 때 때로 추수 의식의 한 부분이 된다. - 극동에서 그리고 고대 미술에 서, 수탉은, 그것의 호전성 때문에, 전쟁, 대담성, 그리고 용기의 상 징이다. 게르만 부족들과 그리스인들 중에서는, 이것이 저승사자 (영혼들의 안내자)의 역할을 담당하기도 했다. - 그리스도교에서, 하루의 전령으로서 수탉은, 부활 상징이며, 최후 심판 날의 그리스 도의 재림의 표시이다. 그것의 높은 위치(자주 교회 첨탑 위에 위치 한다) 때문에, 태양의 광선을 가장 먼저 받는 존재로서, 수탉 모양 의 풍향계Weather cock는, 어둠의 세력 위에 있는 그리스도의 빛 의 승리를 상징한다. 그리고 수탉풍향계는, 이른 아침기도에 사람 들을 소집하는 독촉장이다. - 현대에서, 수탉은 통상 자만심 또는 허세를 부리는 남성적 행동을 상징한다.

Colors 색채. 오랫동안 색은 여러 상징적 의미를 담는 매개체였으 며, 그 의미는 흔히 따뜻함-차가움, 밝음-어둠이라는 기본적인 양 극으로 나뉘어 표현되었다. **Black, Blue Brown, Gray, Green, Red, Violet, White, Yellow를 보라.**

Colossus 거인상. 이것은 크기와 비례가 거대한 조각상이다. 이런 조각상(특히 신들과 통치자들의)들은, 초자연적 힘(예를 들어, Abu Simbel[134]의 앉아 있는 조각상; Rhodes[135]의 거대한 조각상, 고대 세계의 7 불가사의들 중의 하나)을 상징한다.

---

134 아부 심벨(이집트 남부 Nile 강가의 옛 마을, 아스완 댐 공사로 수몰을 면하기 위 하여 이곳…)

135 로도스 섬(에게 해Aegean Sea 중의 그리스령 섬)

Colossus: Abu Simbel의 거인상들.

Coltsfoot 관동화. 이것은 온대 지방과 북방지역에서 발견되는 과 꽃科의 합성된 꽃이다; 잎들의 형태는 수망아지의 발과 닮았다. 이 것의 치유하는 힘과 방사상의 배열과 꽃의 밝은 노란색 때문에, 이 것은 성모 마리아와 연관된다.

Coltsfoot

Columbine 매발톱꽃. 북쪽 온대 지방에서 발견되는 초본식물인 이것은, 게르만족의 어머니 여신인 Freya에게 원래 바쳐졌다. 그리 스도교 미술에서 이것은 성모 마리아의 속성이다.

Columbine

Column 원주/둥근 기둥. 이것은 하늘(Sky를 보라)과 **땅**Earth 사 이의 연결의 상징이다. 건물의 지지대로서, 이것은 일반적으로 안정 과 지지의 상징이다; 또한 **전체를 대표하는 일부**로서, 강한 공동체 혹은 기관Institution의 "구조Structure"의 상징이기도 하다. 그 전 체적인 형태에서는, 기초Base와 기둥머리Capital를 포함하여, 이 것은 상징적으로 생명 **나무**Tree의 의미와 밀접하다. 받침대Base 는 뿌리Root를, (Capital과 Base 중간의) 기둥통/柱身Shaft은 줄 기Trunk를, 기둥머리Capital는 잎이 무성한 부분Foliage을 상징 한다(이집트식, 코린트식, 로마식, 그리고 고딕식 둥근 기둥을 참조). - 기둥이 때로는 인간 형태의 구현물로 여겨지기도 하는데, 이는 **주 두**Capital라는 용어('작은 머리'인, 라틴어Capitellum으로부터 유 래된)와, 그리고 Column 대신에 카리아티드Caryatides[136]나 아틀

Columns: Erechtheion 신전 안에 있는 기 둥들 , 아테네, 약 420-405 B.C.

---

136 여성의 조각상으로 만든 기둥을 의미합니다. 즉, 기둥 대신 여자 인물상이 지붕이 나 처마 등을 떠받치는 형태의 건축 요소입니다. 건축적으로는 기둥(column)과 같은 기능. 조각상은 보통 옷(드레이퍼리)을 입은 우아한 여성형태 번역: 한국어 로는 대개 "카리아티드(여인상 기둥)"이라고 번역합니다.

라스Atlas[137] 조각상이 자주 사용된다는 사실이 이를 암시한다. - 성
서는, 그 위에 지구가 떠받쳐져 있고, 심판의 날에 하느님께서 넘어
뜨리실 원주 기둥에 대해서 말한다. - 솔로몬 성전으로 들어가는 입
구에, *Jachin*("굳건하게 서 있다")과 *Booz*("그 안에 강함이 있다")
이라고 불리우는, 상징적으로 중요한 2개의 원주 기둥이 서 있었다;
이러한 원주 기둥 모형들이, 후에 프리메이슨 성전들 안에서 중요한
역할을 담당했다. - 건축적으로 통합된 원주 기둥들과 상관없이, 많
은 문화권에는 하나의, 단독으로 서 있는 원주 기둥들Columns 또
는, Pillars(장식겸용의 둥근 기둥)들이 있다: 예를 들어, 색슨Saxon
족의 "이르민술Irminsul"은, 아마도 하늘을 받치는(World Axis
를 보라) 세계 기둥World pillar일 것이다; 고대의 수많은 승리를
축하하는 원주 기둥들은 승리를 상징했다(예를 들어, 양각된 세공
으로 멋있는 띠로 장식된, 로마의 트라얀 황제의 원주기둥Trajan's
Column). - 원주 기둥은 또한 남근적 중요성을 가진다. 특히 다산
의식에서. - 이로써 하느님이 사막에서 이스라엘 사람들을 인도했
던, 불의 그리고 구름의 원주 기둥은, 종종 종교문학에서 신비주의
적 상징으로서 나타난다.

Comet 혜성. 많은 문화권에서(특히 고대에서, 중세에서, 그리고
인도인들 가운데에서, 그리고 아프리카에서) 기근, 전쟁, 전염병의
사악한 징조로서, 혹은 세상 종말로서 해석되는, 천체의 몸이다;
순수예술에서, 베틀레헴의 별은 자주 혜성으로 표현된다.

Compass: 컴파스로 세상을 측량하는 창
조주. 13세기 중엽, 프랑스 『도덕적 교훈 성
경(Bible moralisée)』의 세밀화를 따른 것.

Compass 콤파스. 계획하는 도구이며 설계하는 지적 능력인 이
것은 적극적인 창조적 힘이며 지능, 정의, 조정, 그리고 진리와 함께,
정신적 활동을 반영한다. 이것은 다양한 과학들과 그것들의 의인
화의 속성이다(예를 들어, 기하학, 천문학, 건축학, 지리학). - 고대
중국과 서양에서 T자형 제도자(T-Square)와 콤파스의 결합은, 비
전祕傳의 상징적 언어에서, (콤파스로 상징되는)**원Circle** 혹은 **하
늘Sky**의 결합 상징으로서, 그리고 (T자형 제도자로 상징되는) **사
각형Square** 혹은 **땅Earth**의 결합 상징으로서 생각되었다. 이러한

---

137   [그리스 신화] 아틀라스(어깨에 지구를 짊어지고 있는 거인)

결합은 완전함을 나타낸다. - 프리메이슨들의 상징적 전통에서, 콤
파스의 확장의 다양한 정도는, 영적인 발달의 다양한 수준에 상징
적으로 일치한다. 예를 들어, 90도(즉, T자형 제도자에 맞춘 각도)
는 정신적 힘과 물질적 힘의 균형을 의미한다. T자형 제도자와 콤
파스의 다양한 결합은 또한 정신과 물질 사이의 관계를 상징한다;
그래서 T자형 제도자 위에 있는 콤파스는 물질이 정신을 지배함을
의미한다; 2개의 도구가 서로 교차한 형태는 물질과 정신 사이의
균형 잡힌 관계를 의미한다; 콤파스가 T자형 제도자 위에 있는 경
우는 정신이 물질을 넘어서 통달/지배함을 의미한다.

Condor 콘도르[138]. 이것은 아주 큰 신세계 독수리이며, 태양과 관
련된 힘의 화신이며, 안데스Andes 산맥 사람들의 신화적 개념들
에서의 **태양**Sun 이미지이다.

Cone 원뿔. **원**Circle과 **삼각형**Triangle의 상징성과 밀접하게
결합 되어있는 이것은, 아마 생식력의 여신들(Astarte/Ishtar/
Aphrodite)과 관련 있을 것이다. - 다른 맥락에서, 꼭짓점을 향해
뻗어 나가는 원뿔의 형태는, 때때로 영적 발달을 나타내는 원초적
이미지로 나타난다. 이는 물질 세계의 다채로운 요소에 산만하게
몰두하는 상태에서 벗어나, 집중과 정체성, 자기 발견으로 나아가
는 움직임을 상징한다.

Conifer 침엽수/구과 식물[139]. Tree를 보라.

Container 그릇/용기容器. 이것은 무엇인가를 받아들이기
Receiving와 담는 것Holding의 상징이다. 그래서 빈번하게 자궁
의 상징이다. 그리스도교에서는, 성령을 자신에게 받아들인, 성모
마리아를 그릇Container에 비교한다. - 그릇, 특히 찰흙으로 만들
어진 그릇은, 또한 몸의 상징이기도 하며, 몸은 영혼을 담는 그릇으
로 해석된다.- 신약성서에서는, 신앙인을 **은총**Grace의 그릇에 비

Container: 신성한 아기를 담는 그릇으로
서의 성모. 베네치아식 Rosario della
Gloriosa Vergine Maria영광스러운 성모 마
리아의 묵주기도, 1524. 신적인 어린이의
그릇으로서 처녀. 베네치아의 Rosario della
Gloriosa Vergine Maria영광스러운 聖처녀
마리아의 묵주기도, 1524.

---

138 콘도르(주로 남미에 서식하는 대형 독수리)
139 구과식물(소나무처럼 원추형 방울 열매가 달리는 식물)

교한다. 많은 사람은, 한 그릇에서 다른 그릇으로 액체를 붓는 것을, 영혼의 환생 상징으로 생각했다. **Cup, Goblet술잔을 보라.**

Contemplation of the Navel 배꼽묵상. Navel을 보라.

Copper 구리. 일부의 아프리카 사람들 가운데에서, 구리는 빛과 생명, 그리고 언어나 정자와 같이 힘을 발휘하는 것들의 종합적 상징으로 여겨진다. - 연금술에서, 구리와 금성은 서로 대응하는 관계에 있는데, 이 금성의 본성은 따뜻하고 습하며, 여성적이고, 아름다움과 여유, 감각적 쾌락에 끌리는 것으로 묘사된다.

Coral 산호. 종종 가지가 있고 또는 나무의 형태로 존재하는, 물속에서 자라는 동물로서 이것은, 때때로 **물Water**과 **나무Tree**의 상징을 공유한다. 이것의 상징적 내용은 또한 야채, 미네랄, 그리고 동물 영역을 포괄하는데, 그 이유는 이것이 식물과 같이 보이며, 또한 (이것이) 단단하게 석회화된 골격을 가지고 있으며, 그 안에는 살아 있는 조직이 존재하기 때문이다. 이것의 붉은 색채 때문에, 이것은 또한 **피Blood**를 상징하기도 한다.

Coral: 대양 속의 산호초. Dioscorides의 『De Materia Medica약용 물질論』의 그림에서 유래, 5세기.

Cord 끈/줄. 사슬Chain과 마찬가지로, 이것은 연결 또는 결속의 상Image이며, 특히 천상(**Sky**를 **보라**)과 **지상Earth**을 잇는 연결의 이미지이다. 이것은 또한 땅에서의 하늘의 결실의 의미로 이해되기도 한다; 이런 이유로, 이것은 때때로 **비Rain**의 상징이다. - 불교, 힌두교, 신플라톤주의, 및 기타 세계관에 의하면, 개인의 정신은, 황금빛의 영적 끈Golden astral cord[140]을 통하여 영혼이나 육체와 연결되어 있다. - 프리메이슨 단원들에게, 매듭이 있는 끈은, 프

140　astral cord는 '아스트럴 코드', 또는 '영적 끈/은줄'(silver cord)이라고 불리는 개념입니다. 의미: 신비주의, 영지주의, 에소테리즘(비전 사상) 등에서 영혼(astral body)과 육체(physical body)를 연결하는 보이지 않는 끈을 가리킵니다.특징; 종종 은빛(silver) 또는 황금빛(golden)으로 묘사됨; 육체와 영혼이 분리되지 않도록 연결·유지 역할을 한다고 여겨짐; 꿈, 명상, 아스트럴 트래블(체외이탈) 같은 상황에서도, 이 끈이 영혼을 육체로 되돌아오게 하는 역할을 한다고 설명되기도 함; 전통적 용례: 성서 전도서(12:6)에 "은줄(silver cord)이 끊어지지 전에"라는 표현이 있어서, 서양 신비주의에서 이 개념의 근거로 자주 인용됨; 많은 문화에서 영혼과 육체를 연결하는 끈·줄의 상징이 나타남

리메이슨 제도 공동체를 상징한다.

Corn 곡식/옥수수. 몇몇 아메리카 원주민의 문화들에서, 매우 귀하게 여겨지는 영양가 있는 식물인 이것은, 우주, 태양, 그리고 인류의 기원과 연관이 있다. 이것은 웰-빙과 행복을 상징한다.

Corn: 아즈텍의 옥수수 여신, 치코네코아틀Chicomecoatl.

Cow 암소. 생명을 위해 필수적인, **밀크**Milk를 주는, 다산의 가축으로서, 암소는 소는 일반적으로 어머니 같은 대지, 풍요, 그리고 포용적인 보호를 상징한다. - 이집트에서, 이것은 주로 하토르(Hathor) 여신을 상징하는 것으로 숭배되었는데, 하토르Hathor는 **태양**Sun의 어머니이자 배우자로 여겨졌다; 호루스Horus의 어머니로서; 이집트의 왕의 할머니로서; 기쁨, 춤, 그리고 음악의 여신으로서(젊은 여자의 형태로); 희망의 이미지와, 생명의 부활로서; 나무들의 살아있는 영혼으로서; 그리고 산들과 죽은 자들의 여주인으로서; 그녀는 다른 형태들 중에서도, 빛나는 금빛으로 나타나거나 암사자의 모습을 취할 수 있었다(**Lion을 보라**). - 인도에서, 암소는 신성한 양육자로서 숭배된다; 흰색 암소는 신성한 불과 관련이 있다. 불교에서, 암소와, 내적 깨달음을 향하여 한 걸음 한 걸음 진행하는 것과의 사이에는 밀접한 관련이 있다; 흰 암소는, 절대자(Absolute) 속으로 녹아들기 이전, 개인 존재의 가장 높은 단계를 상징한다. 베다Veda[141]의 전통에서, 암소는 저승사자이다(영혼의 안내자). - 일부 민족들에게는(예를 들어, 수메리아인들 Sumerians), 생식력 있는 암소와 달 사이에, 그리고 암소의 우유와 달빛 사이에 상징적 관계가 있었다. - 독일의 신화에서, 태고적 양육자이며 보호 여신인, 암소 *Audhumla*는 중요한 역할을 담당했다; 그녀는 또한 **물**Water과 **비**Rain와 밀접하게 연결되었다.

Cow: 소의 모습을 한 이집트의 여신 Hathor. 석회암, 18번째 왕조.

Cowl 고깔/두건. 수도원의 전통에 의하면, 이것은 통상 가난, 세상의 포기, 그리고 종교적 공동체의 회원의 상징이다. 이것은 그리스도교의 세례 복과 연관된다.

141 　베다(고대 브라만교 경전)

Coyote 코요테. 이것은 북미의 대초원의 늑대로서, 일부 아메리카 원주민 문화들에서 이것은 모든 악(특히 겨울과 죽음의 원인으로서)의 원인으로서 여겨진다.

Crab: 점성술에서 게자리Cancer에 해당하는 별자리.

Crab 게. 물속에서 사는 동물로서 이것은, 자주 **물Water** 혹은 태초의 **대양Ocean**의 상징론과 관계가 있다. 외부 세계로부터 그것을 보호해 주는 껍데기 때문에, 게는, 배아와 자궁의 이미지와 관련이 있다; "어머니"와 "바다"에 대한 참고문헌들은 게를 무의식적인 것들에 연관시킨다. 고대 이래로, 게는 달의 상징으로서 보여 왔다. 아마도 게의 형태와 바다에 대한 달의 영향력 때문일 것이다. - 그리스도교에서 게는 부활의 상징이다. 왜냐하면, 이것이 자라는 동안, 자기의 껍데기를 벗기 때문이다; 이런 이유로 좁은 의미에서, 이것은 때때로 그리스도의 상징이기도 하다. - 아프리카에서, 이것은 종종 악의 상징으로서 나타난다. - 게자리Cancer[142], the Crab는 **조디악/황도 12궁**의 4번째 별자리이다; 이것의 요소는 **물Water**이다.

Cradle 요람. 이것은 자궁의, 그리고 유아기의 안전함의 상징이다.

Crane 학/두루미. 중국과 일본에서, 학이 1,000년을 살 수 있다는 것을 믿었기 때문에, 이것은 장수와 불멸(Stilts(竹馬)를 보라)의 상징이다. 이것의 깃털의 흰색은, 순수성과 청결과 연관되어 있으며, 붉은 머리-깃털은 활력 에너지의 상징이자, 학이 불과 연관되어 있음을 나타내는 것으로 여겨진다. - 인도에서, 학은 적의와 배신의 상징이다. - 일부 아프리카 민족들 사이에서, 관두루미는, 외견상 사색하는 자세 때문에, 언어와 사유를 상징한다. - 학이 철새이기 때문에, 이것은 또한 봄의 상징이다. 봄에 다시 돌아오는 것과 눈에 띄는 구애춤 때문에 - 특히 그리스인들과 로마인들에게 - 이것은 사랑과 삶에 대한 열정의 상징이 되었다.

Cremation 화장火葬/화장하는 장례식. 이것은 완전한 정화의 상징이며, 물질적 실체가 영적인 실체로 변형하는 것의 상징이다

---

142 게자리 태생인 사람(생일이 6월22일-7월22일경 사이인 사람)

(Height, Smoke를 보라). 화장은 장례 예식들(육신의 화장)에서, 그리고 연금술에서 하나의 역할을 담당한다. **Fire를 보라.**

Cremation: 화장火葬 중 Prima materia 최초 물질로부터 떠나는, 의인화된 영혼. 『Tractatus qui Dicitur Thomae Aquinatis de Achimia토마스 아퀴나스의 연금술 논문'으로 불리는(전해지는) 저작』에서 유래된 그림, 1520년.

Crescent Moon 초승달. 이것은 여성의, 특히 처녀와 여신들의 속성이다. 아마도 성쇠盛衰하는 단계를 참조할 때, 이것은 또한 임신과 출산의 의미와 밀접하게 연관되기도 한다. 그리스도인의 미술이, 달과 동정 성모 마리아(종종 초승달을 밟고, 서 있는 ***하자 없는 여인 Immaculata***으로서 대표되는) 사이에서 확립했던 관계는, 비록 초기의 언급이 종말론적 여인, 즉 자신의 발밑에 달을 밟고 있으며, **태양 Sun**으로 옷을 입은 여인에게 있다 하더라도, 부분적으로는 이런 2개의 의미의 복합체들과 관련이 있다. – 이슬람에서, 초승달은 시작과 집중을 상징하는 이미지이며, 또한 이것은 죽음을 이긴 승리를 나타낸다. 십자군 원정 이후, 초승달이 하나의 별을 감싸고 있는 문양은 일반적으로 이슬람 세계의 상징이 되었다. (근동 지역에서 적신월사(Red Crescent)[143] 조직은 서방의 적십자(Red Cross)에 해당한다.)

Crescent moon: 초승달 속의 성모 마리아. Durer작품에서 모방.

Crescent moon: 알제리의 국기에 있는 초승달.

Cricket 귀뚜라미. 중국에서 이것은 죽음과 부활의 상징이다. 왜냐하면, 이것이 땅에 자신의 알을 낳고, 애벌레 단계 다음에는, 완전한 동물로서, 땅의 표면으로 돌아오기 때문이다. 중국과 지중해 문화들 안에서, 귀뚜라미는 집에서 그리고 가정생활에서 행운을 가져오는 자로서 환영받는다.

Crocodile 악어. 상징과 관련 있다 하더라도, 악어는, 자신이 땅

---

143 Red Crescent (적신월사): 이슬람권 국가에서 활동하는 인도적 구호 단체. Red Cross (적십자): 서방 세계에서 활동하는 인도적 구호 단체두 조직 모두 전쟁과 재난 시 인도적 지원과 의료 구호를 목적으로 하며, 상징만 다를 뿐 역할과 목적은 동일하다.

위와 물속 둘 다에서 살고 있기 때문에, 더 많이 복잡한 상징이다.
- 이것은 이집트에서 특별한 숭배를 누렸다. 이집트에서는 이것이
태양처럼 물의 밖에서 태어났다고 생각되었다; 이것은 힘 있는 신
(Sebek)으로서, 동시에 태양신 그리고 지하의 신으로서 숭배되었
다. 대지의 신은 또한, 악어의 형태로 자기 자신을 육화시킬 수 있었
다. - 일부 아메리카 원주민 문화들은, 악어가, 세계의 창조주로서
태초의 대양 속에서 살고 있는 것으로 보았다; 다른 이들은 이것을,
자기의 등위에 전체 세계를 지고 다니는 동물로서 보았다. - 성서에
서, **레비아탄**Leviathan이라는 이름은, 때때로 악어에 적용되는데,
이것은 일부 장소에서 이집트와 관련있다. - 그리스도교 미술에서,
이것은 **용**Dragon의 상징적 의미와 가깝다.

Crocodile: 세계의 강가에 있는 시신이, 악어의 모습으로 표현된 이집트의 대지 신, 게브Geb를 숭배하는 장면. 21번째 왕조 때, Heri-Uben의 『Book of the Dead死者의 書』에 있는 그림의 부분화.

Crocus

Crocus 크로커스[144]. 이것은 6개의 품종 이상을 가진 Iris 과의 꽃
이 피는 식물이다. 크로커스 화관은 주취에서 사람을 보호하는 것
으로 추정된다. 사프란Saffron[145] 종은 특히 고대에서 소중하게 생
각되었다; 사프란의 꽃의 암술머리로부터 채취한 노란색 염료가 사
용되었다. 빛과 고귀함의 상징이다. 신들과 왕들의 의복들은 종종
사프란의 노란 색이었다. - 이것의 금색 암술 때문에, 크로커스는
그리스도교 문학에서 **금**Gold의 상징이다. 이런 이유로 가장 높은
덕인, 사랑의 상징이다.

Cross 십자가. 이것은 가장 광범위하게 퍼졌으며, 가장 오래된 상
징들 중의 하나이다. **사각형**Square[146]처럼, 이것은 외부의 4개의

144　크로커스(이른 봄에 노랑, 자주, 흰색의 작은 튤립 같은 꽃이 피는 식물)

145　사프란(크로커스crocus꽃으로 만드는 샛노란 가루. 음식에 색을 낼 때 씀)

146　여기서 "the square"(사각형)은 기하학적 형태로서 안정, 질서, 완전함 등을 상징
　　한다. 외부의 4점은 사각형의 모서리를 의미하며, 숫자 4는 사계절, 네 방향, 물질
　　세계의 구조 등과 연결되어 상징적으로 해석된다. 즉, 문장은 사각형의 구조와 숫
　　자 4가 가지는 상징적 의미의 연결을 말하고 있다.

꼭짓점을 기준으로 생각할 때 숫자 **4Four**의 상징성을 공유한다;
그래서 이것은 4방위Cardinal Direction[147]의 이미지가 되었다.
중국에서 이것은 중간지점의 포함을 통하여 숫자 **5five**와 **10ten**과
연관되었다. 만약 두 개의 교차하는 팔만 고려된다면, 그것은 두 개
의 대립하는 영역, 주로 하늘(**Sky를 보라**)과 **땅Earth**, 또는 시간과
공간이 서로 관통(Interpenetration)하는 상징이 된다. - 십자형
배치는 신성한 건물의 건축과 도시 전체의 설계에서 자주 중요한
역할을 한다. 예를 들어, 그리스식 십자가(Greek Cross)는 많은 비
잔틴(Byzantine)과 시리아(Syrian) 교회 건물의 평면도를 결정했
고, 라틴식 십자가(Latin Cross)는 로마네스크(Romanesque)와
고딕(Gothic) 교회 건물의 평면도를 결정했다. - 십자가는 또한 **교
차로Crossroads**의 표지로서, 그리고 살아 있는 자와 죽은 자의 길
이 교차하는 장소로서 이해될 수도 있다. 일부 아프리카 종족들 사
이에서, 이것은 자주 이런 의미로 이해된다(또한, 전체 우주를, 즉
사람과 정령들을 포용한다는 의미로도 이해되기도 한다). - 아시아
에서, 십자가의 수직축은, 능동적인, "하늘의" 세력(즉 "남성성"의
원리)의 상징인데, 반면에 수평적 축은 물의 수동적인 힘(즉 "여성
성"의 원리)에 해당한다. 더 나아가, 2개의 축은 分點(춘분점과 추
분점)과 至點(하지점과 동지점)을 상징한다. - **원Circle** 안에 쓰인
십자가는, 사각형과 원 사이를 매개하며, 그래서, 상징적으로 하늘
과 땅의 결합을 강조한다. 이것은 중심점의 상징이며, 능동성과 수
동성의 평형의 상징이며, 그리고 완전한 인간 존재의 상징이다. 만
약 원안에 쓰인 십자가의 4개의 팔을 바큇살로 본다면, 거기에 **바
퀴Wheel**의 이미지가 나타난다. 이 바퀴는 태양의 상징이며, 이 상
징은 아시아 사람들 사이에서뿐만 아니라, 고대 독일 부족들 사이
에서도 나타난다. (원 없이 그려진 십자도 때때로 태양의 상징이 되
는데, 예를 들어 아시리아인들 사이에서 그러하다). 아시아에서 먼
저 나타나고, 그리고 독일 부족들 가운데에 나중에 나타난, 또 다

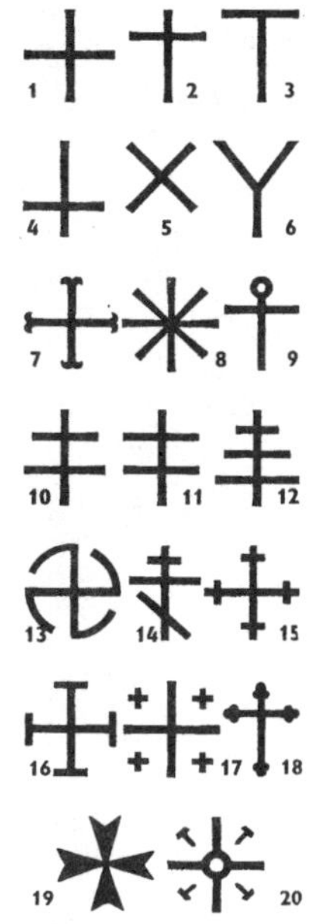

Cross: 십자가의 여러 형태들.

1. 그리스 정교회식 십자가
2. 라틴 십자가
3. 타우(Tau)형 십자가
4. 성 베드로 십자가
5. 성 안드레아 십자가
6. 도둑/강도의 십자가('Y'자형 십자가)
7. 몰린(Moline) 십자가
8. 이중 십자가
9. 손잡이형 십자가
10. 추기경 십자가 또는 총대주교 십자가
11. 로렌(Lorrane) 십자가
12. 교황 십자가
13. 스와스티카 십자가
14. 러시아 십자가
15. 크로슬렛(Crosslet) 십자가
16. 포텐트(Potent) 십자가
17. 예루살렘(Jerusalem) 십자가
18. 보토네(Botonee) 십자가
19. 몰타(Maltese) 십자가
20. 콥트(Coptic) 십자가

147　여기서 말하는 "외부 4점"은 흔히 4대 방위, 즉 동·서·남·북을 가리킨다. 숫자 4
　　의 상징성: 안정, 질서, 균형, 물질 세계, 땅과 자연의 구조 등을 나타낸다. 사각형
　　과 연결: 사각형의 네 꼭짓점은 각 방위와 대응되며, 사각형 자체가 세상의 질서
　　와 안정을 상징한다. 교차로나 구조, 제단, 혹은 의식 공간에서 사각형과 4방위
　　는 우주적 질서와 인간 세계의 조화를 나타내는 데 사용된다. 즉, 4방위(cardiinal
　　directions)와 사각형은 상징적으로 질서와 안정, 우주의 구조를 나타내는 중요
　　한 의미를 공유한다.

른 불과 태양 상징은 **만자卍字/하켄크로이츠/Swastika**[148]이다. -
그리스도의 십자가 형벌을 통하여, 십자가는 그리스도교에서 그리
스도의 승리의 상징과 함께, 그리스도의 고통의 상징으로서 특별한
의미를 얻었다. 이런 이유로 이것은 일반적으로 그리스도교 그 자
체의 상징이 된다. (고대에서 십자가 위의 죽음이 극도로 모욕적으
로 생각된 이래로, 십자가의 이런 특별한 의미는, 천천히 받아들여
졌다) - 그리스도교 미술에서, 이것은 많은 형태로(대부분은 그리
스 또는 라틴국가에서 자주) 나타난다; **닻Anchor**은 때때로 변형된
십자 상징으로 여겨진다. 십자가 형태는, 또한 축복의 몸짓에서, 그
리고 십자가를 긋는 그 자체로 역할을 담당한다. 갈라진(포크 모양
의) 십자가의 아주 오래된 형태는, **Tree of Life 생명 나무**[149]의 상징
성을 가리킨다. 그리스도교 미술에서, 그리스도의 십자가에 꽃이
피고 잎이 무성한 것은, 죽음을 넘어서는 승리의 상징으로서 나타
난다(**Tree Cross**를 보라). 또한, **Ankh앵크 십자가**[150]**를 보라.**

Crossroads: 십자로의 여신, 삼두(三頭)의
헤카테Hecate, 4세기.

Crossroads 십자로/교차로. 대부분의 문화에서, 이것은 초월적 힘
(신들, 영혼들, 죽은 자들)과 만나는 중요한 장소이다. 십자로는 새로
운 것으로의 필수적 전환(삶의 한 단계에서 다른 단계로, 또는 생명
에서 죽음으로)을 상징할 수 있기 때문에, 그 상징적 의미는 종종 **문
Door**과 유사하다. 신이나 영혼의 호의를 얻기 위해, 십자로에는 오
벨리스크(방첨탑)나 제단, 돌들이 세워지거나, 비문이 설치되었다.
실제로 유럽의 어디에서나 십자로는 또한 마녀들과 사악한 마귀들
의 모임 장소로 간주하기도 했다. 이런 이유로, 그리스도교 신자들
은 십자로에 십자가, 경당, 그리고 성모자와 성인들의 조각상들을 세
웠다. - 많은 아프리카 부족들 사이에서, 십자로의 상징성은 제의적
행동에서 중요한 역할을 담당한다. - 그리스 신화에서 오이디푸스
는 자기 아버지를 십자로에서 죽인다. 그리스인들은, 삼거리 길의 여

148　만자(卍字), 정치적으로는 (옛 독일 나치당의) 어금꺽쇠 십자표지.

149　Tree of Life (생명 나무):신화와 종교에서 생명, 성장, 우주적 연결을 상징; 뿌리 →
　　　지상/과거, 줄기 → 현재, 가지 → 하늘/미래를 연결; 상징적 의미: 포크형 십자는
　　　생명 나무처럼 뻗어 나가는 성장과 연결, 하늘과 땅의 연결을 상징함; 즉, 이 형태
　　　는 우주적 질서와 생명, 신성한 연결을 나타내는 도상학적 상징으로 볼 수 있다.

150　앵크십자(윗부분이 고리 모양으로 된 십자가. 고대 이집트에서 생명의 상징이었음)

신[151]에게 희생제물을 바쳤는데, 이 여신은 종종 삼중 형태로 표현되었다: 유령들과 마법의 여신, 헤카테Hecate, 그녀는 또한, 죽은 자들의 영역에 밀접하게 연합되어 있었다. 저승사자(영혼의 안내자)인, 헤르메스Hermes의 조각상은 길의 십자로와 갈림길[152]에 보초로 서 있었다. 프로디쿠스Prodikos가 말한 유명한 이야기는 헤라클레스Heracles[153]에 관해 말하는데, 헤라클레스는, 십자로에서, 쾌락보다 덕을 선택한 사람이다[154]. 로마인들은, 좋은 운명을 만드는 것을 목적으로 했던, 십자로의 신, 라레스Lares[155]신 숭배를 알았다. – 후기 독일의 법에 의하면, 합법적 소송절차는 십자로에서 착수되었다.

---

151 이 여신은 바로 헤카테(Hecate, Ἑκάτη)이다. 역할과 상징: 헤카테는 길, 교차로, 마법, 달, 밤, 유령 등과 관련된 여신이다. 특히 삼거리(three-way crossroads)와 연결되어 있어, 사람들이 길을 선택하거나 중요한 결정을 내릴 때 제물을 바치곤 했다. 삼중 형태:헤카테는 종종 삼중신(triple form)으로 묘사된다. 이는 한 인격이 세 가지 모습—예를 들어, 과거·현재·미래, 하늘·땅·바다, 혹은 처녀·어머니·노인—을 동시에 갖는다는 상징으로 이해된다. 교차로나 길목에서 그녀가 모든 방향을 감시한다는 의미도 담겨 있다. 제사와 희생:그리스인들은 삼거리에서 헤카테에게 작은 음식, 소금, 불, 동물 희생 등을 바쳤다. 특히 밤에 이 의식을 행하는 경우가 많았다. 즉, 여기에서 말하는 "삼거리의 여신, 삼중 형태로 표현"은 바로 헤카테를 가리키는 것이다.

152 Forks in the road는 문자 그대로 길이 갈라지는 곳, 즉 삼거리나 사거리 같은 갈림길을 의미한다. 그리스 신화에서 삼거리(crossroads)는 단순한 길목이 아니라 결정과 변화, 신성한 힘이 집중되는 장소로 상징된다. 헤카테(Hecate)는 이런 삼거리를 지키는 여신으로, 길을 선택하는 사람들을 감시하고 보호한다고 여겨졌다. 사람들은 중요한 결정을 내릴 때 삼거리에서 작은 제물(음식, 소금, 촛불 등)을 바치거나 기도를 올렸다. 때로 삼거리는 세상과 저승, 혹은 인간과 신의 세계를 연결하는 공간으로 간주하기도 했다. 즉, "forks in the road"는 물리적 교차로이면서 동시에 상징적·신화적 의미가 담긴 장소인 셈이다.

153 [그리스신화] 헤라클레스(Zeus신의 아들로서 힘센 영웅)

154 헤라클레스(Heracles, Hercules)의 '선과 쾌락' 선택 신화이다. 내용 요약:젊은 헤라클레스가 삼거리(crossroads)에서 두 여인(덕Virtue과 쾌락Pleasure)을 만난다. 덕(Virtue): 어렵고 고통스러우나 결국 명예와 영광을 주는 길. 쾌락(Pleasure): 쉽고 즐겁지만 덧없고 헛된 길. 선택: 헤라클레스는 쾌락 대신 덕의 길을 선택합니다. 이 선택은 그의 영웅적 성격과 미래의 위대한 업적을 예고하는 상징적 장면이다. 상징적 의미: 삼거리는 단순한 길이 아니라 인생의 중요한 결정 지점을 나타낸다. 덕 vs 쾌락의 대조를 통해, 고난을 감수하고 올바른 선택을 하는 것이 진정한 영웅의 길임을 보여준다. 즉, 여기서 삼거리는 인생의 도덕적·철학적 선택을 상징하는 장소로 기능한다.

155 [로마신화] 라레스(가정.도로.해로의 수호신); "Lares of the crossroads"는 로마 신화에서 나오는 개념이다. Lares(라레스): 가정, 길, 도시, 조상의 수호신을 의미합니다. 원래 가정의 수호신으로 시작했지만, 여러 형태로 발전했다. Lares of the crossroads(라레스 루비쿨라이): 삼거리, 교차로를 지키는 수호신들을 말한다. 로마인들은 길이 갈라지는 곳을 신성하게 여겼고, 그곳에 작은 제단이나 돌, 상징물을 놓고 라레스에게 제사를 지냈다. 상징적 의미: 교차로는 운명과 선택, 이동과 변화의 상징이며, 라레스는 여행자의 안전과 올바른 선택을 돕는 신으로 간주되었습니다. 즉, "lares of the crossroads" = 삼거리를 지키며 사람들의 길과 선택을 보호하는 수호신들이라고 이해하면 된다.

Crowfoot

Crowfoot 미나리아재비/젓가락나물. 이것은, 미나리아재비科에 속하는 다년생 초본성 꽃식물(*Ranunculus*)屬으로, 널리 분포하는 여러 종을 말한다. 중세에 치유력이 있는 식물로서 사용되었던 이것은, 그리스도교 미술에서 성모 마리아와 관련이 있었다; 이것이 3개의 잎사귀가 있기 때문에, 삼위일체의 상징이기도 하다.

Crown: 왕관을 쓴 성모 마리아. 뮌헨 Munich(Marienplatz)의 H.Gerhard가 제작한 마리아 기둥(Mary Column)에서.

Crown 왕관. 사람의 가장 고상한 부분을 치장하는 장식품으로서, 이것은 상징적으로 착용자의 지위를 상징적으로 드높인다. 왕관은 흔히 빛살처럼 뻗은 돌기들을 지니고 있기 때문에, **뿔Horn**이 지닌 상징적 측면들 가운데 일부와 연관된다; 이것의 원형 때문에, 이것은 또한 **원Circle**의 상징성을 공유한다. - 왕관은 항상 위엄, 힘, 축성의 표현이며, 또는 엄숙하고 비범한 지위나 상태의 표현이다. 대부분의 문화들에서, 이것은 섭정(統攝政, Regent)이 착용한다. 유대교에서 금으로 된 왕관은 또한 고위 사제직의 위엄의 표시이다. 신과 왕의 왕관은 이집트인들에게 강력하고 마법적인 존재로 존중받았으며, 특정한 숭배와 의례적 노래가 바쳐졌다. - 불교와 힌두교에서, 이슬람에서처럼, (때때로 연꽃과 연관되어 있는) 왕관은 정신이 육체 위로 승격됨을 상징한다. - 성서는 다양한 왕관에 대해서 말한다(예를 들어, 영원한 구원의 상태를 상징하는, 생명의 왕관과 불멸의 왕관). - 서양에서처럼 동양에서는, 신부가 관례적으로 왕관을 썼는데, 이것은 동정성의 상징일 뿐만 아니라 존중받는 새로운 지위로의 승격을 의미한다. 특히 결혼하지 않은 채로 죽은 사람들은, 때때로, 하느님과 가까워지는 합일을 보여주는 상징적 표시로, 왕관(**Grave를 보라**)을 쓰고 매장된다.

Crown of Thorns 가시관. **Thorn 가시를 보라.**

Crux Gammata 감마 십자가(라틴어)/꺾어진 철십자/卍字[156].

---

156 Crux gammata: 그리스 문자, 감마 Γ 4개를 붙여 만든 십자가 모양. 만자(卍字). 서양에서 행운을 상징했던 시대에 초기 기독교 및 비잔틴 예술에서 사용됨. 이 문양은 때때로 십자가를 은폐하거나 네 개의 감마를 통해서 세상의 네 끝 또는 사도를 상징하는 베일로 가려진 십자가로 사용되기도 함.

Swastika[157]를 보라.

Cristal (광물질) 수정. 순수함, 명료성, 그리고 영혼의 상징인 이것은, **다이아몬드Diamond**의 상징적 의미와 관련된다. - 그 투명한 물질적 몸처럼, 이것은, 다른 물질적 대상들과 대조적으로, 반대들의 결합을, 특히 정신과 물질의 결합을 상징한다. - 크리스털이 타지는 않지만, 햇빛이 그것을 통과할 때, 불꽃을 일으킬 수 있기 때문에, 그리스도교에서 이것은 무염시태를 의미하며, 그래서 이것은 또한 성모 마리아의 표시이기도 하다.

Cube 정육면체. 이것은, 6개의 정사각형 면들에 의해 경계 지어진 입체로서, **정사각형Square**의 상징성에 참여한다; 추가로 이것은 고체의, 단단한, 그리고 변하지 않는 물체의 상징이며, 그리고 때로는 영원성의 상징이다. 5개의 플라톤 입체[158] 가운데에서, 정육면체는 땅(지구, 대지)을 상징한다.

Cuckoo 뻐꾸기. Veda베다[159]의 전통에 의하면, 이것은, 육신으로 태어나기 전과 후의 영혼의 상징이다; 몸Body은, 뻐꾸기가 자신의 알을 낳는 남의 둥지에 비유된다. - 서양적 민속신앙에서, 뻐꾸기 울음소리의 숫자는 종종 수명, 결혼, 또는 예상된 돈의 징조라고 간주된다. - 뻐꾸기는 음탕하다고 평판이 나 있기 때문에, 중세에 난잡하게 놀아먹는 계집은 때때로 "뻐꾸기"라고 불렸다. 악령들을 독일에서는 "뻐꾸기"라고 완곡하게 불렀다("뻐꾸기가 너를 데리러 왔다") - 뻐꾸기 알은 (독일어의 비유적 용법에서), 가치가 의심스러운 어떤 것이 교체되었거나 슬그머니 끼워 넣어진 것의 표지로 여겨진다.

Cup 잔/컵(Chalice성작[160]). 이것은 종종 넘쳐흐르는 풍요의 상징이다. - 성서에서 잔의 이미지는 다양한 맥락에서 출현한다:즉, 하

Cup: 성체성사의 컵. 네델란드 화가 J.D. de Heem의 그림을 모방한 부분화. 약 1650년경.

---

157 Crux gammata와 시각적으로 동일한 문양을 지칭하는 산스크리트어 이름이자 가장 널리 알려진 명칭, 정치적으로 (옛 독일 나치당의) 어금꺽쇠 십자 표시. 하켄 크로이츠.

158 플라톤의 입체(정4,6,8,12,20면체의 정다면체)

159 베다(고대 브라만교의 경전)

160 성작(일반적으로 미사 때 포도주를 담는 잔)

느님의 손으로부터 인류가 받는, 구원이나 운명의 잔; 하느님의 분
노의 잔. 올리브 산 위에서, 그리스도는 자기를 기다리고 있는 고통
의 잔에 대해서 말한다. - 음식물을 제공하는 그릇으로서, 컵은 때
때로 젖을 먹이는 가슴을 상징한다(예를 들어 인도에서); 하나의
보호하는 그리고 보존하는 용기로서의 이것은, 또한 **자궁Womb**
의 표현이다. - 이것의 형태 때문에, 이것은 **초생달Crescent
Moon**(달의 우유같이 흰색 때문에, 또한 어머니의 가슴에 적용되
는)과 연관되어왔다. - 제의적으로 사용되는 컵은, 혹은 종교 미술
에서 컵은, 자주 불멸성의 술이 들어있다. - 회화에서 그리스도의
피를 담은 잔은 성찬례의 거행을 가리킬 뿐만 아니라, 영원한 구원
으로서의 그리스도를 의미한다. - 공동체적 맥락에서 하나의 잔이
나 성배를 함께 마시는 행위는, 다양한 문화권에서 공동으로 인식
되는 어떤 관념 등에 대한 참여와 충성을 나타내는 널리 퍼진 표징
이다. 마시는 그릇을 서로 교환하는 것은 신의信義/정절을 상징한
다(예를 들어, 일본인들의 결혼식에서). - 이슬람 문학에서, 컵은
마음의 상징으로 나타난다; **우유Milk, 와인Wine**, 그리고 물로 채
워진, 3개의 컵들은, 제각각, 이슬람(자연적이며 올바른 종교를 상
징하는 우유)을, 그리스도교(그 안에서, 와인은 신성한 의미를 가
진다)를, 그리고 유대교(그 안에서, 물은 홍수에서의 파괴적인 역할
을 담당하며, 홍해를 건너가는 과정에서의 유익한 역할을 담당한
다)를 상징한다. - 잔의 상징적 의미는, 때때로 해골의 상징과도 가
깝다. Goblet[161], Grail[162]**성배聖盃**를 보라.

Cupola (건물위의 작은) 둥근 지붕(Dome반구형 모양의 것). 불교,
이슬람, 비잔틴, 그리고 그리스도교 건축에서, 이것은 자주 하늘의
돔의 상징으로서 이해된다(돔형태의 천장 벽화에는, 종종, 별, 새,
천사, 태양 전차[163] 등이 묘사된다).

Cuttlefish: 포르피리(자줏빛 반암斑岩)로
만든, 저울추의 장식. 크레타 섬의 고대도
시 Knossos에서 출토.

Cuttlefish 갑오징어. 켈트족과 크레타섬 사람들의 장식미술에서

161　고블릿(고대나 중세시대의 장식된 큰 잔, 유리나 금속으로 된 포도주잔)
162　성배(유일하고 전설적인 대상으로서, 1. 최후의 만찬 때 그리스도가 사용했다고
　　　하는 잔, 2. 아서왕의 전설에서 궁극적인 목적이나 신성한 유물을 상징).
163　고대 신화에서 태양이 하늘을 가로지르며 운행된다고 여겨진 신성한 전차

발견된 이것은, 이것들의 (자주 꼬불꼬불한) 촉수들 때문에, **거미**
Spider와 **나선형**Spiral의 것들과 상징적으로 연관된다. 자기의 적
들이 있을 때, 어두운 액체 구름을 내뿜는, 수생 동물로서, 이것은
때때로 지하 세계의 힘Powers of the Underworld[164]을 대표한다.

Cypress[165] **사이프러스.** 많은 민족이 신성한 나무로서 평가하는
이것은, 모든 침엽수처럼, 장수와 불멸성을 상징하는, 장수하는 상
록식물이다. 고대에서, 이것은 죽음의 상징으로서 간주되었다. 왜
냐하면, 잘린 이후로, 이것은 다시 자라지 않기 때문이다; 이런 이
유로, 이것은 명왕성과 지하 세계[166]/저승의 영역과 연관되었다. -
중국에서, 사이프러스의 씨앗은, 양陽의 원리와 연관되었다(Yin
and Yang**음과 양을 보라**); 그 씨앗을 먹는 것은, 장수를 허락받는
것으로 추정되었다.

Cypress

Daisy 데이지꽃. 온대 지방의 복합화인, 데이지꽃은, 게르만족의
어머니 여신 프레야Freya에게 바쳐졌다. 중세 미술에서, 이것은 성
모 마리아의 흔한 속성이며, 영원한 생명과 구원을 의미한다. 그러
나 또한, 마거리트Marguerite[167]처럼, 눈과 핏방울을 나타내기도
한다.

Dance 춤. 율동적으로 조직된, 그리고 동시에 황홀한 움직임으로
서, 춤은, 많은 문화들에서, 질서와 창조의 힘들과 연관되어 왔다.
많은 신화에서, 신들과 영웅들은, 춤을 통하여, 세계를 낳는 자로,

Daisies

---

164 "저승(지하 세계)의 힘들" 또는 "지하 세계의 세력들"이라는 뜻이다. 의미:문
화나 신화에 따라 약간씩 다르지만, 일반적으로 다음을 포함한다: 지하 세계
(underworld)를 다스리는 신적 존재들, 예를 들어: 하데스(그리스), 플루토(로마),
오시리스(이집트) 등.; 죽음·어둠·순환·변형을 관장하는 힘; 죽음, 재생, 환생, 변형
과 관련된 상징적 에너지, 지하 세계에 속한 영적 존재나 정령들, 망령, 그림자 존
재, 저승의 수호자 등.; (상징적·신화적 의미로) 무의식·본능·숨겨진 심층적 힘을 비
유적으로 지칭하기도 함; 심리학적 또는 상징학적 해석에서 사용됨. 자연스러운
한국어 번역: 저승의 세력들, 지하 세계의 권능, 저승의 힘, 지하 세계가 지닌 힘들.

165 사이프러스(키큰 상록수의 일종)

166 "지하 세계의 힘들", 즉 저승·명계(冥界)에 속한 존재들의 힘을 가리킨다. 구체적
의미; 죽음과 관련된 힘들; 명계의 신들(예: 하데스, 플루토);지하 세계의 정령·악
령; 어둠, 혼돈, 파괴의 힘; 고대 신화나 상징학에서는 숨겨진 힘, 원초적 에너지, 깊
은 무의식을 의미하기도 함.

167 마거리트(데이지 비슷하게 생긴 국화과의 꽃)

Dance: 곡예 무용수. 깨진 질그릇 조각(오스트라콘) 위에 그려진 스케치, 고대 이집트의 신왕조 시대 기원전 작품.

Dance: (인도 사원의) 춤추는 무희. 18세기, 인도의 Rajput족의 축소 모형 모방.

그리고 세상에 질서(종종 행성들의 주기적 변화들, 하루의 시각과 한해의 시기들, 등등에 관한)를 주는 자로 나타난다. 제의적 춤들은, 많은 문화들에서, 천국(**Sky를 보라**)과 **세상**Earth 사이의 연결을 확립하는 수단으로서 간주되었으며, 그리고 그래서 비, 생식력, 은총을 불러일으키는 데 사용되었으며, 혹은(특히 무당들과 치료 주술사들의 춤에서) 미래에 대한 환시幻視/계시를 얻기 위하여 사용되었다. – 상징적 움직임들, 특히 손 움직임들은, 댄스에서 흔하지만, 오직 비밀조직 가입자들만 이해할 수 있다. – 중국에서, 우주적 조화의 표현으로서의 춤 예술은, 숫자의 상징성과 리듬에 밀접하게 연관되어 있다. – 아프리카 흑인들 사이에서, 춤은 원래, 일상의 거의 모든 의례와 행동이 지니는 초월적 구성 요소였다. – 이집트 사람들(그 밖의 여러 민족과 마찬가지로)은 다양한, 의례적 춤을 다수 가지고 있었으며, 이 춤들 안에는 신들의 화신이 참여하고 있었다. – 구약성서는, 영적 기쁨(예를 들어, 골리앗을 이긴 다윗의 승리 이후, 여인들의 축제 댄스, 계약의 궤 앞에서의 다윗의 춤)을 표현하는 춤뿐 아니라 더 어두운 측면(예를 들어, 살로메의 유혹적인, 죽음을 초래하는 춤)을 드러내는 춤도 언급한다.

Dance of Death 죽음의 춤. **Skeleton을 보라.**

Dandelion

Dandelion 민들레. 이것은 흔히 볼 수 있는 우윳빛 진액이 나오는, 국화과 식물이다. 중세 그리스도교 미술에서, 민들레는 그리스도와 성모 마리아와 연관되어 있는데, 아마도 이것의 태양 같은, 방사상의 꽃과 이것이 지닌 약리적 특성 때문인 것 같다. 많은, 유액이 분비되는 식물들처럼, 이것은 또한, 그리스도와 순교자들의 죽음 상징이다.

Darkness 어두움. **Light를 보라.**

Dawn 새벽/여명. 이것은 일반적으로 희망, 젊음, 풍부한 가능성들, 그리고 새로운 시작들의 상징이다. 그리스인들은 여명을, 여신에오스Eos[168]와, 헬리오스Helios[169](**Sun을 보라**)의 자매, 그리고 셀레네Selene[170](**Moon을 보라**)로서 의인화시켰다; 로마인들은 새벽을 여신, 아우로라Aurora로 의인화시켰다. "장미 손가락을 가진 사람"으로서 그녀는 태양 전차보다 앞서 나타난다. ─ 그리스도교 상징성에서, 성모 마리아는 때때로 태양이신 그리스도를 우리에게 불러온 달이라고 불리어졌다.

Day 하루/낮. 밤Night과 대조적으로, 이것은 명료성, 이성, 그리고 정직의 상징이다(그래서 그 표현들은, "하루의 빛 Light of Day" 안에서 어떤 것을 본다, "드러내다/밝혀내다 Bring to Light"가 있다). ─ 하루의 4번의 시간Four Times of Day[171]은, 자주 상징적으로 4계절들과 동일시된다: 아침에 해당하는 봄, 정오 혹은 해 질 녘에 해당하는 여름, 오후에 해당하는 가을, 그리고 밤에 해당하는 겨울. 이러한 식별들은 또한 천문학에서 하나의 역할을 담당한다.

Dead Nettle 광대수염. 〈꽃부리 또는 꽃받침이〉 입술 모양을 한 식물로서 고대에서 의학적 목적으로 사용되었으며, 중세 그리스도교 미술에서는, 성모 마리아의 속성이다.

Dead Nettle

Death's Head (죽음을 상징하는 사람의) 해골. **Skull두개골을 보라.**

Deciduous Tree (매년 낙엽이 떨어지는) 낙엽수. **Tree를 보라.**

---

168 에오스(여명의 여신, 로마 신화의 Aurora에 해당)

169 [그리스 신화] 헬리오스(태양의 신), [물리]광도(光度)

170 [그리스 신화] 셀레네(달의 여신, 로마 신화의 Luna에 해당)

171 four times of day: 하루를 4개의 상징적·자연적 구간으로 나눈 1.기본적 네 시점: 가장 일반적으로 다음을 가리킨다; Dawn/Morning-새벽·아침, Midday/Noon-정오, Evening-저녁, Night-밤; 빛의 생성 → 절정 → 쇠퇴 → 어둠의 순환; 2. 상징적 의미: 상징 체계에서 보면; 시간대 = 상징, Dawn → 탄생, 계시, 시작, Midday →충만, 의식, 완전성, Evening → 쇠퇴, 성찰, 희생, Night → 죽음, 잠재성, 무의식 이는, 인간 생애(탄생-성숙-노년-죽음), 의식의 순환, 태양 신화와 직접 연결된다. 3. 종교·전통적 구분:고대·중세 기독교:Matins(새벽),Lauds(아침),Vespers(저녁),Compline(밤). 힌두·불교:동·남·서·북과 결합, 만다라의 네 방향과 연결 4. "three times of day"와의 대비:이전에 다뤘던 3분법(아침-정오-저녁)이, 삼위·삼상태·삼의식을 상징한다면, 4분법은, 전체성, 질서, 우주적 완성(四)**을 강조한다.(삼=역동/사=구조) 5. 한 문장 요약:Four times of day는 하루를 이루는 완전한 순환 구조로, 시간·생명·의식의 전체성을 상징한다.

Deesis 디시스[172]. 영혼들을 위해서 탄원하는, 성모 마리아와 세자 요한 사이에서, 세상의 심판자로서 왕좌에 앉은 그리스도의 그림인, 이것은 종종 최후의 심판의 축약된 표현이기도 하다.

Deformation 변형/기형. 신체적 기형은, 종종 선하거나 악할 수 있는, 특별하고 비밀스러운 능력을 나타낸다. **Lameness절름발이, One-Eyed한쪽 눈이 없는/외눈의, One-Legged한쪽 다리만 있는/외다리의, 를 보라.**

Depth 깊이. 상징적 이미지로서, 이것은 어둠의 영역과 (심층에서 솟아오를 수 있는) 신비로운 영역을 의미하며, 동시에 본질적인 영역도 의미한다. 부정적인 의미에서, 이것은 악, 충동, 그리고 물질적인 것들을 나타낸다.

Desert 사막. 정적 측면과 긍정적인 측면을 함께 가진 상징이다. - 이슬람에서, 이것은 통상 부정적인 의미에서 실수와 일탈의 장소로서 발견된다. - 우파니샤드[173]에서, 사막은 때때로, 창조된 겉모습 세계의 밑바탕에 존재하는, 구분되지 않은, 태초의 통일성을 상징한다. - 성서에서는, 하느님으로부터의 유기와 분리와 관련하여 사막을 언급하며, 또한 악마들이 거주하는 장소로서 이 사막을 언급한다; 그러나 이것은 또한 하느님이 특별한 강도를 가지고 나타날 수 있는 장소이기도 하다(예를 들어, 하느님이 사막을 통하여 이스라엘을 인도하셨던 불과 구름의 기둥들; 사막에서 요한 세자는 메시아의 오심에 대해서 설교했다). 은수자들의 전설들과 관련하여, 사막은 또한 이중적 의미에서 언급된다: 악마들에 의한 유혹의 장소로서(예를 들어, 성 안토니오), 그리고 또한 명상과 하느님과의 친분의 장소로서도 언급된다.

Dew 이슬. 땅Earth 위에 있는, 하늘 (**Sky를 보라**)의 영향의 표현

---

172 디시스:비잔틴 예술의 대표적 성화로, 심판자 앞에서, 인류 전체가 자비를 청하는 영원한 기도의 형상이다;그리스도가 중앙의 주좌에 자리하고, 그 옆에 성모 마리아와 성 요한사도가 있다;그리스어 δέησις (deēsis)로, "간구, 중보의 기도"라는 뜻이다.

173 우파니샤드((고대 인도의 철학서))

으로서, 이슬은 **비Rain**의 상징성과 밀접하게 연관되어있다. 왜냐하면, 이것은 밤에 조용히 응집되며, 이른 아침 햇빛에 반짝이기(그리고 **진주Pearl**를 닮았다) 때문에, 이것의 상징적 의미는 더 신비롭고, 그리고 정서적-영적 차원 쪽으로 더 강하게 강조된다. 예를 들어, 카발라Cabala[174]에서, 이것은 구속救贖과 생명의 갱신의 상징으로서 (생명 **나무Tree**로부터) 나타난다. — 중국에서, 이슬은 달로부터 오며, 불멸성을 전해준다고 믿어졌다. — 불교에서 이슬은 순간과 세상의 무효를 나타낸다. — 그리스인들은 이슬이 수태와 생식력의 상징이라고 생각했다.

Diamond 다이아몬드. 상징적으로 이것은 통상 **크리스탈Crystal**의 완성이라고 간주되었으며, 따라서 절대적 순수함, 영성, 그리고 불변성을 나타낸다. — 인도에서 이것은 때때로 불멸성의 상징이다; 석가의 **왕좌Throne**는 다이아몬드이다. — 플라톤은 **세계의 축 World Axis**을 다이아몬드로서 서술한다. — 유럽인들의 민속신앙은, 다양한 마법적 성질이 다이아몬드에 있다고 본다. 이것은 질병들을 치유하는 것으로 추정된다; 독을 무해하게 만든다고 추정된다; 동물들, 마녀들, 그리고 유령들을 쫓아낸다고 추정된다; 사람을 눈에 보이지 않게 한다고 추정된다; 그리고 그것을 소지한 사람을, 여인들에게 매력적으로 보이게 한다고 추정된다 — 르네상스 때에, 이것은 무엇보다도 용기와, 성품의 강인함을 나타내는 상징이었다.

Dice 주사위. Cube **정육면체를 보라.**

Disk: 날개 달린 태양 원반. 이집트 왕 Ramses III의 무덤 안의 그림 모방.

Disk 원반/동글납작한 판. 원과 같이, 이것은 종종 태양 상징(예를 들어, 인도와 이집트에서)이다; 날개가 있는 원반의 이미지는, 태양의 궤도를, 그리고 더 일반적으로는, 더 높은 영역으로의 비상飛翔이나

174　카발라(히브리 신비 철학, 밀교).

상승을 상징한다. - 중국에서, 원반은, 천국의 완전성의 상징이다; 중앙에 큰 구멍이 있는 옥 원반(the Pi)은 하늘이나 천국을 상징한다.

Doecahedron

Dodecahedron 12면체. 이것은 12개의 평평한 다각형으로 둘러싸인 입체이다. 특별히, 12개의 정오각형으로 이루어진, 오각형 12면체는 상징적으로 중요하다; 이것은 숫자 **12Twelve와 5Five**의 상징성에 참여한다. 이것은 5개의 정다면체[175], 또는 플라톤 입체[176] 중 가장 완전한 것으로 간주되었으며, 따라서 전체성/총체성Totality의 상징이다. 플라톤은, 우주가 12면체의 형태를 가졌다고 추정했다.

Doe: 2마리 사슴과 함께 있는 Artemis(달과 사냥의 여신).

Doe(Hind) (사슴,토끼의) **암컷.** 이것은, 여성스러움의, 동물성의 혹은 모성적 측면의 상징이다. - 동화에서 여성들 또는 처녀들은 종종 암사슴으로 변형된다. - 그리스 신화에서, 암사슴은 헤라Hera[177] 여신 그리고 아르테미스Artemis[178] 여신에게 바쳐지는데, 이 신들의 마차는 금빛 가지 뿔을 가진 4마리의 **숫사슴Stag** 혹은 4마리의 암사슴에 의해 끌려진다. - 터키와 몽골의 신화에서, 암사슴은 여성, 즉 하늘(**Sky를 보라**)과 **땅Earth**의 신화적 결합에서 지상적 측면을 구현한다.

Dog: 인간의 모습으로 나타난, 라파엘 천사의 발치에 있는, 하얀 개. A. 폴라이올로 (A. Pollaiuolo)의 『토비아와 라파엘Tobias and Raphael』에서 발췌한 세부 장면.

Dog 개. 이것은 아마도 인간이 길들인 첫 번째 동물이었을 것이다. 고대 이래로, 개는 복잡하고, 종종 모순적이고, 상징적 해석들을 일으켜 왔다. 많은 문화에서, 개는 죽음과 연관된다; 이것은 죽은 자들의 영역을 감시하며, 저승사자(영혼 안내자)이거나, 죽은 자들과 살아있는 자들의 세상 사이의 중재자이다(예를 들어, 아누비스Anubis[179], 케르베로스Cerberus[180]). 뜻이 다양한, 야간의(혹

---

175 1.정사면체(Tetrahedron) 2.정육면체(Cube/Hexahedron) 3.정팔면체(Octahedron) 4.정십이면체(Dodecahedron) 5.정십이면체(Icosahedron).

176 Platonic bodies/플라톤 입체: 고대 그리스 철학자 플라톤이 이상적 완전체로 여긴 다면체.

177 [그리스 신화] 헤라(Zeus의 아내, 로마 신화의 Juno)

178 [그리스 신화] 아르테미스(달과 사냥의 여신, 로마 신화의 Diana에 해당)

179 [이집트 신화] 아누비스(죽은 자의 신으로 죽은 자의 심장을 달아서 생전의 행위를 판정)

180 [그리스 신화] 케르베로스(지옥을 지키는 개, 머리가 셋에 꼬리는 뱀 모양)

은 어둠의) 영역들의 신들은 개의 형태로 나타난다(예를 들어, 그리스의 **십자로Crossroads**의 여신, 헤카테Hecate[181]). - 개의 지혜가 널리 알려져 있기 때문에, 많은 문화에서는(예를 들어, 아프리카에서), 개를 문명의 조상으로서 그리고 인간에게 부를 가져오는 자로서 여긴다. 개는 또한 자신의 성적인 능력 때문에, 인류의 조상이자 창시자의 상징과 결부되어 있다. - 개는 충실함의 보편적 상징에 가깝다. 그리고 (예를 들어, 일본에서) 신화적 도우미 그리고 특별히 여성들과 어린이들의 보호자이다. - 부정적 의미에서, 개는 불결함, 패륜, 그리고 천함을 나타낸다(예를 들어, 구약성서와 이슬람에서, 그러나 이슬람은 개에게도 좋은 성질이 있음을 인정한다). 사람을 개라고 부르며, 악담하는 것은, 대부분의 공통적인 관행이다. 중세시대에, 모욕적인 형벌 중 하나는 개를 짊어지고 다녀야 하는 것이었다; 교수형을 더욱 가혹한 형벌로 만들기 위해서, 개가 때때로 그 피고인과 함께 교수형에 처해지기도 했다. - 중세 미술에서, 개는 반대감정이 병존하는 모습이다; 그것은 부러움, 분노, 그리고 악마에 의한 유혹을 상징하지만, 또한, 믿음과 충실함도 상징한다. 흰개는 흔히, 그림 속에서 그 발치에 있는 사람의 성품과 경건함을 나타낸다; 그 흰 개는 또한 좋은 결혼의 상징일 수 있다. 그와 반대로, 어떤 추한, 통상 어두운 색깔의 개는, 때때로 불신 혹은 이교도들을 상징한다. - 개는 중국의 **조디악Zodiac**의 11번째 별자리이며, Aquarius[182]물병자리에 해당한다.

Dolphin 돌고래. 뛰어나게 총명하고, 친절하고, 그리고 움직임이 자유로운 동물로서, 돌고래는 **바닷가Sea**에 사는 많은 민족들의 신화들 속에서 나타난다. - 미노스 문화[183]에서, 그리고 그리스인들과 로마인들에게, 돌고래는 신같이 여겨졌다. 그리스에서 이것은 특히 빛의 신, 아폴로Apollo에게, 또한 디오니소스Dionysus(바다 여행의 후원자)에게, 아프로디테Aprodite(바다에서 태어난)에게, 그리고 포세이돈Poseidon(바다의 신)에게 바쳐졌다. - 돌고래는 죽은 자들의 혼들을 자기의 등에 싣고 죽은 자들의 영역으로 안전하게 운반했던

Dolphin: Dionysus의 바다 여행. 약 350 B.C.경의 그리스 사발에서 유래.

Dolphin: 닻과 돌고래. 2세기 로마의 지하 묘지에서 유래.

---

181 [그리스 신화] 헤카테(천상과 지상 및 지하계를 다스리는 여신)
182 물병자리, 보병궁, 이것의 태생인 사람(생일이 1월21일-2월19일 사이인 사람)
183 미노스 [크레타] 문명의 (B.C. 3000-1100년경)

저승사자로 여겨졌다. 이런 의미에서, 돌고래는 초기 그리스도교 미술에서 구속자 그리스도와 상징적으로 연관되었다.

Dolphin: 고대 동전들에 새겨진 돌고래의 다양한 표현들.

Dome 돔(반구형 모양의 것). Cupola(둥근 지붕)를 보라.

Door 문(Gate, Portal). 다리Bridge와 비슷한, 이것은 한 영역에서 새로운 영역(예를 들어, 이 세상에서 다음 세상으로, 불경한 것에서 신성한 것으로)으로의 이동의 상징이다. 신적 영역인, 외계로의 이

Door: (성당 제대 위에 성체를 모시는) 성체 감실의 문.

동을 표시하는, 하늘의 문이나 태양 문에 대한 관념은 널리 퍼져있다. 또한, 지하세계 또는, 죽은 자들의 영역은, 종종 많은 민족들의 관념에 따르면, 큰 출입구나 문 너머에 있다. 닫힌 문은 종종 숨겨진 비밀을 가리키기도 하지만, 동시에 금지와 허무를 나타내기도 한다; 열린 문 또는 출입구는 통과해야 할 도전을 나타내거나, 알려진 비밀을 의미한다. - 중세 패널화(예를 들어, 팀파논Tympanon[184]

---

184 [건축] Tympanon팀파논. 고전건축의 pediment식 박공, 문 윗부분의 아치 아래에 있는 반원형 부분으로서, 여기에 종종 부조, 조각으로 종교적 장면(예:최후의 심판, 그리스도, 성모 마리아 등)이 새겨져 있다.

에서)에 나타난 그리스도의 모습은, 그리스도의 말씀 "나는 문이다"를 상징한다. 반면에 성모 마리아의 상징적 표현은, 종종, 하느님의 아들이 세상에 들어온 통로로서, 마리아를 '천국의 문'으로 상징적으로 해석한 것과 관련된다. Janus[185]를 보라.

Dough 밀가루 반죽. 이것은 다 형성되지 않은 물질적 실체의 상징을, 혹은 물Water과 흙Earth의 결합을 상징한다. 밀가루 반죽을 다루고 빚는 과정은, 때때로 남성의 성생활과 창조력에 비교되기도 한다.

Dove 비둘기. 극동지방에서, 이것은 생식력의 여신 이슈타르Ishtar[186]와 연관된다; 페니키아[187]에서는, 아스타르테Astarte[188] 숭배와 연결된다. 그리스에서 비둘기는 아프로디테Aphrodite에게 바쳐졌다. - 인도에서, 그리고 또한 어느 정도까지는 게르만 부족들 사이에서도, 어두운색의 비둘기는 죽음과 불운의 새로 간주되었다. - 이슬람에서는, 모함메드Mohammed가 탈출할 때, 비둘기가 그를 보호했다고 추정되었기 때문에, 비둘기를 성스러운 것으로 본다. - 성서에서, 노아Noah는 홍수 이후에 3마리의 비둘기들을 밖으로 보낸다; 그들 중 하나는, 하느님과의 화해의 표시인, 올리브 가지를 물고 돌아온다. 그래서 평화의 상징이 되었다. 흰색의 비둘기는 또한 소박함, 순수함의 상징이며, 그리고 특히 그리스도교 미술에서, 성령의 상징이다. 이것은 때때로 세례받은 그리스도교 신자를 혹은 순교자를 (자기의 부리 위에, 월계수 또는 순교자의 왕관을 운반할 때), 또는 천국에서 평화의 상태에 있는 영혼을(예를 들어, 생명의 나무 위에, 또는 생명수를 담고 있는 그릇 위에 앉아 있는) 나타낸다. - 4개의 가장 중요한 덕목과 관련하여, 비둘기는 온건/중도를 상징한다. 비둘기 한 쌍은 널리 사용되는 사랑의 상징이다.

Dove: 비둘기와 함께 있는 Aphrodite. 금박판, 고대 그리스 도시 Mycenae미케네.

Dove: 성령으로서 비둘기. 약 1212년경 제작된 『란트그라펜 시편서(Landgrafen Psalter)』의 삼위일체 세밀화를 모방한 것.

Dragon 용. 많은 사람의 신화적인 Images/像에서, 용은, **뱀**

---

185   [로마 신화] 야누스(두 얼굴을 가진 문, 출입구의 수호신)
186   이슈타르(아시리아. 바빌로니아의 사랑, 풍요, 전쟁의 여신)
187   페니키아(지금의 Syria 연안의 고대국가)
188   아스타르테(고대 페니키아의 풍요와 생식의 여신)

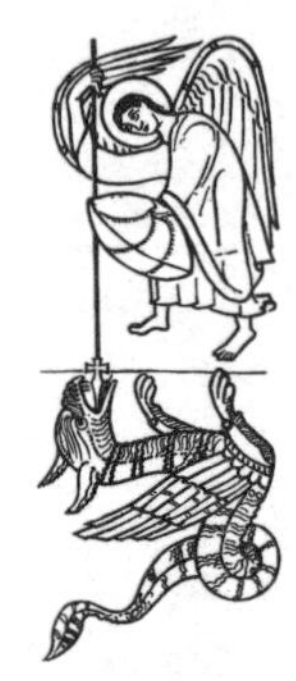

Dragon: 대천사 미카엘이 용과 싸우다. 약 1000년경, 독일의 밤베르크 대성당의 『밤베르크 묵시록(Bamberg Apocalypse)』 속의 삽화 모방.

Dragon: 17세기, 중국, 용 조끼에서 모방.

Dragon: 7 머리 용과 함께 있는, 묵시록의 여성. Konrad von Scheyern의 책 삽화 모방.

Serpent, 도마뱀, 새, 그리고 **사자Lion**와 같은 동물로 구성된 살아있는 잡종/혼합체이다. 그리고 이것은 종종 여러 개의 머리를 가진 것으로 묘사된다. 많은 종교에서, 이것은, 뱀과 같이, 신에게 적대적인 태초의 힘을 상징하며, 반드시 극복되어야 한다. 이와 관련하여, 많은 수의 신화가 생겼다(관련된 예들은, 인드라Indra[189], 제우스Zeus, 아폴로Apollo[190], 지그프리트Siegfried[191], 성 조지 St. George[192]이다). - 구약성서에서, 용은(Leviathan[193]과 비슷한), 창조를 위협하는 원초적 혼돈의 지속적 영향을 구현하며, 반드시 물리쳐야 한다. (성서의) 묵시록에서, 용은, 사탄의 원리로서, 어린이 그리스도를 낳은, 태양으로 옷을 입은, 여인을 쫓는다; 용은 미카엘 대천사에 의해 패배당한다. - 영웅전설과 동화에서, 용은 종종 **보물Treasure**의 수호자 혹은 유괴된 **공주Princess**의 수호자로서 나타난다. 그리고 그래서 용은 중요한 목표를 획득할 수 있기 전에 반드시 극복되어야 할, 어려움을 의인화한다. - 융Jung은, 용과의 전쟁에 관한 신화를, 자아Ego와, 무의식속 퇴행적 세력들, 사이의, 투쟁을 상징적으로 표현한 것으로 본다. - 힌두교와 도교에서는, 용이, 불멸의 **음료Draught**를 생산할 수 있는, 강력하고 영적인 존재라고 여겼다. - 중국과 일본에서, 이것은 행운을 가져오는 존재로서, 그리고 악마를 겁을 주어 쫓아내는 존재로서, 숭배된다. 이것은 생식력을 준다, 왜냐하면 이것이 물의 힘과 밀접하게 연관되어 있기 때문이며, 그래서 이런 이유로 이것은 음의 원리와 연관된다(**Yin and Yang을 보라**). 그러나 무엇보다도 이것은 하늘의 남성적, 능동적 힘을 나타내며, 그래서 양의 원리이다. 데미우르고스[194]로서, 이것은 스스로부터 원초적 근원의 물, 혹은 세계의 **알Egg**를 낳는다; 이것의 반대자는 **호랑이Tiger**이다. 대중적 장식 문양주제Motif 중 하나는, 욕망의 **진주Pearl**를 가지고 노는, 용 한 마리 또는 한 쌍의 용이다. 양극의 원리를 중재하는 강

---

189 [힌두교] 인드라, 인타라咽陀羅(우레와 비를 주관하는 Veda의 主神)

190 [그리스 로마 신화] 아폴로(고대 그리스·로마의 태양신. 시, 음악, 예언 등을 주관)

191 지크프리트(독일.북유럽 전설에 나오는 영웅, 큰 용을 무찌름)

192 성 조지(영국의 수호 성인, 축일은 4월 23일)

193 레비아단(성서에 나오는 바다 속 괴물)

194 [영지주의] 데미우르고스(물질적 세계를 지배하는 존재)

력한 존재로서, 용은 황제의 상징이 되었다. - 용은 중국의 **조디악** Zodiac의 5번째 별자리이다; 이것은 **사자좌**Leo, **사자**Lion에 해당한다.

Draught (마시는) 한 모금/(약이나 주술적인) 비전의 영적 음료. (마시는) 물약 혹은, 불멸의 묘약으로서, 이것은, 영원한 지속에 관한 지식과 관련된, 고양된 의식의 상징이다. 이것의 부정적인 대응물은 망각의 음료이다.

Drum 북. 이것은 (공식적)儀式Rites와 (반복적) 儀禮Rituals에서 빈번히 사용되는 악기이다; 이것의 반복적인 소리는 때때로 (예를 들어, 불교에서) 숨겨진 소리들, 그리고 우주의 힘과 동일시된다. 종종 (예를 들어, 아프리카 흑인들 가운데서), 북은 하늘의 힘을 내려달라고 빌기 위해서 마법적으로 사용되었다; 특히 전쟁의 북은, **번개**Lightning와 **천둥**Thunder의 상징성과 밀접하게 연관되었다. - 중국에서, 북소리는, **태양**Sun의 경로와 관련이 있었으며, 그리고 특히 동지점冬至點(즉, 음의 원리가 자신의 가장 큰 영향력을 발휘하는 때의 지점이지만, 또한, 태양이, 그래서 양의 원리가, 자신의 영향력을 다시 증가시키기 시작하는 때의 지점)에 관련이 있다. **Yin and Yang을 보라.** - 북은, 아메리카 원주민들에게, 우주의 상징적 마음Heart이다.

Duck 오리. 이집트에서, 오리는 가장 선호되는 제물 동물이었다. - 극동지방에서, 보통 함께 수영하는, 암수 한 쌍의 오리는, 부부의 행복의 상징으로 간주되었다. **Kingfisher 물총새를 보라.**

Dung Beetlek 쇠똥구리. **Scarab 풍뎅이를 보라.**

Dust 먼지. 이것은 성서와 그리스도교 문학에서 인간 생명의 무상함의 상징이다. 이것은 또한 창세기에서 아담의 무수한 자손들을 의미하기도 한다.

Dwarfs 난쟁이. 민속신앙에서, 난쟁이는 인간들과 비슷한 피조

Duck: 이집트 필경사 하르마브Harmhab의 무덤 안의 벽화에서 유래.

물이다; 그들은 대개 작고, 나이 든 사람이며, 거위, 오리, 또는 새의 발을 가지고 있으며, 때때로 보였다가 사라지기도 하고, 도움을 주기도 하지만 도발적으로 악의적이기도 하다. 난쟁이는 유용하지만 궁극적으로는 통제할 수 없는, 자연적 힘과 능력의 상징적 화신으로 해석됐으며, 뿐만 아니라 단지 부분적으로만 이해되었거나, 전혀 이해되지 못했던 경험과 무의식적 행동들의 상징적 화신으로도 해석되어 왔다.

Eagle: 위에: 중세의, 단일 머리를 가진, 제국 독수리 문장. 아래: 1401년 이후의, 2개의 머리를 가진 제국 독수리 문장.

Eagle: 영혼의 상징. 1752년작 『해와 달로 된 양성적 아이(Hermaphroditic Child of Sun and Moon)』에서 가져온 도상(또는 그림).

Eagle 독수리. 통상 **태양**Sun과 하늘(Sky**를 보라**)과 연관되어, 상징적 동물로서 광범위하게 알려진, 이것은 또한 **번개**Lightning와 **천둥**Thunder과도 연관되어 있다. 독수리가 지닌 힘과 지구력, 그리고 하늘로 솟구쳐 오르는 비행이 그 상징적 의미를 형성한다. - 여러 아메리카 인디언 문화들에서, 태양과 하늘에 관련된 독수리는, 땅속에 사는 **Jaguar재규어**(아메리카 표범)와 (대조. 비교를 위하여) 병치된다. 그 깃털은 태양의 광선을 상징하는 것으로서 의례용 복장과 제의 도구에 사용되었다. - 독수리는 새들 가운데 '왕'으로 여겨졌으며, 고대 이래로 왕들과 신들을 상징해왔다. 그리스와 로마 시대에 독수리는 제우스Zeus(Jupiter)의 곁에 있는 동물로 여겨졌으며, 제우스를 상징하는 동물이었다. 로마 미술에서 상승하는 독수리는 통치자의 영혼을 실어 나르는데, 그 영혼은 육신이 화장火葬된 뒤 신들에게로 올라간다. 로마 군단은 군기(軍旗)에 독수리를 달고 다녔다. - 성서에서, 독수리는, 하느님의 전지 전능의 상징물이거나, 신앙의 힘의 상징물이다. - **자연동물상징해설서 Physiologus**는, 독수리에게도 **불사조**Phoenix와 동일한 전설적 속성을 부여한다; 그래서 중세기에는 독수리가, 부활과 세례의 상징이었으며, 동시에 그리스도와 (그것의 비행 때문에) 그의 승천의 상징이기도 했다. 신비주의자들은 상승하는 독수리를 기도에 반복하여 비유한다. 아리스토텔레스는, 독수리가 상승하면서 태양을 정면으로 응시한다고 가르쳤으며, 따라서 독수리는 명상과 영적 인식의 상징이기도 하다. 이러한 상징처럼(그리고 높은 곳으로의 비행 때문에), 독수리는 또한 복음사가 요한의 속성이기도 하다 (**Evangelists, Symbols of**를 보라). - 7가지 죽음의 죄들Seven

Mortal Sins[195] 중에서 독수리는 자만/교만을 상징한다; 4가지 기본 덕목Four Cardinal Virtues,[196] 가운데에서는 정의를 상징한다. – 로마의 전통을 계승하여, 독일 제국은 물론 이후의 독일 연방 공화국도 독수리를 채택하였다. 통치권의 표시로서, 독수리는 많은 국가의 휘장 안에 나타난다. – Jung융은 독수리를 아버지 상징으로서 여긴다.

Eagle: 복음사가 요한의 상징. 12세기 아를(Arles)의 성 트로핌(St. Trophime) 수도원 회랑에 있는 기둥머리.

Ear 귀. 듣는 것, 소통, 그리고 복종의 상징이다. 영적 '귀'로서, 이것은 눈Eye과 마찬가지로, 영감을 상징한다(영적 '듣기'는 영적 '보기'보다 더 오래된 것으로 여겨진다). – 고대에서, 귀는 기억의 자리로서 간주되었다; 중세 내내 사법 절차에서 흔히 행해지던 귀를 당기는 행위는, 증인이 특정 사실을 잊지 않도록 기억을 상기시키려는 요청으로 여겨졌다. – 긴 혹은 넓은 바깥쪽 귀는 자주 (예로, 중국에서) 판단, 지혜, 그리고 불멸성의 표시로서 여겨졌다. – 아프리카에서, 귀는 종종 성적인 중요성을 가지고 있다. 바깥쪽 귀는 성기로서 간주되지만, 반면에 이도耳道는 수용적 기관으로서, 여성의 성기에 비유된다.

Ear: (불교) 나한羅漢 좌상. 중국 당나라 시대(唐代)의 불에 구운 점토 조각상.

Earth 땅/세상. 하늘(Sky를 보라)과 대조적으로, 이것은 통상 여성적, 수동적, 그리고 어두움으로서 해석된다; 이것은 종종 신화에서 여신으로서 나타난다. 창조 신화들은 때때로 세상의 기원을, (그것에서) 땅이 하늘에 의해 수정되는, 출산의 행위로 나타낸다; 땅은 또한 상징적으로 자궁Womb에 비유된다. – 땅은, 모든 거기서 모든 생명이 이루어지는 자궁일 뿐만 아니라, 생명이 그 안으로 돌아가는 무덤이기도 하다; 이런 이유로 이것의 상징적 의미는, 생명을 주기도 하고 빼앗기도 하는, "태모Great Mother"의 양면적인 모형에 해당된다. **성년식Initiation rites**에서, 매장의식과, 이어지는 "부활 의식"은, 때때로 대지의 죽음과 탄생이라는 양상 사이의 연결을 암시한다. – 연금술에서, 땅은 종종, 가로선이 그어져 있

Earth: 현자의 아들을 젖먹이는, Prima materia최초의 물질로서의 지구. 1622년에 출간된, Mylius의 『Philosophia Reformata개혁된 철학』에서 따온 것.

---

195 7 대죄(七大罪), 7대 죄악: 교만(pride), 탐욕(greed, avarice), 색욕(lust), 질투(envy), 폭식(gluttony), 분노(wrath),나태 (sloth)

196 4가지 기본 덕목(cardinal virtues): 정의(justice), 신중(prudence), 절제(temperance), 용기/강인함(fortitude) 이다.

는, 역삼각형으로, 즉 ▽으로 표현된다. – 점성술에서, 이것은 **염소자리**Capricorn[197], 황소자리Taurus[198]**(Steer거세한 숫소를 보라)**, 그리고 처녀자리Virgo[199]**(Virgin을 보라)**의 별자리들과 연결된다. **Zodiac을 보라.**

Easter Egg 부활계란. Egg를 보라.

Ebony 흑단(새까맣고 단단한 나무). 이것은 단단하고 무거운 나무로, 색 때문에 **검은색**Black이 지닌 상징성과 동일한 의미를 갖는다. 영웅전설에 의하면, 지하세계의 신, Pluto의 왕좌는 이 흑단으로 만들어진다.

Ecclesia 교회. Church를 보라.

Echidna[200] 바늘두더지(호주의 동물)/그리스 신화 속 괴물. 이것은 그리스 신화의 괴물이며, 하체가 뱀인, 여성의 몸으로 구성되어있다. 그녀로부터 다른 다양한 괴물들이 태어났다(예를 들어, Cerberus[201], the Chimera[202], Scylla[203] and the Sphinx[204]). 그녀는, 인간 존재의 이중 본성인, 심리-물리학적, 영적-본능적인 것의 상징으로 보인다. – 융Jung은 그녀를 금지된 근친상간적 소망의 상징으로서 여긴다(즉, 하체가 공포와의 연관성을 자아내는, 아름답고 젊은 여인으로서의 어머니 상징이다).

---

197 염소자리, 마갈궁(황도 십이궁의 열째자리), 염소자리 태생인(생일이 12월21일-1월20경 사이인 사람)

198 황소자리, 금우궁(황도 12궁의 둘째자리),황소자리 태생인 사람(생일이 4월21일-5월21일 사이인 사람)

199 처녀자리, 실녀궁(황도 12궁의 6째자리, 처녀자리 태생인 사람(생일이 8월 23일-9월23일경 사이인 사람)

200 Echidna: 에키드나; 그리스 신화 속 괴물; 괴물 에키드나: 상반신은 여성, 하반신은 뱀 형태의 반인반수 괴물; 괴물들의 어머니로 불리며, 다수의 괴물을 낳음; 상징적 의미: 위험, 혼돈, 괴물적 힘. 신화적 모성, 파괴적 창조력

201 [그리스 신화] 케르베로스(지옥을 지키는 개, 머리가 셋에 꼬리는 뱀 모양)

202 키메라(사자의 머리에 염소 몸통에 뱀 꼬리를 단 그리스 신화 속 괴물)

203 [그리스 로마 신화] 스킬라(큰바위에 사는 머리가 6, 발이 12개인 여자괴물)

204 [그리스 신화] 스핑크스(머리와 가슴은 여자이고 몸은 사자 모양을 한 날개 있는 괴물. Oedipus왕이 수수께끼를 답하자 이 괴물은 자살하였다고 한다.)

Echo 메아리. 인도인의 개념에 따르면, 이것은, 산, 야생동물, 그리고 (북소리처럼) 둥둥거리는 소리와의, 연관성 때문에, **재규어 Jaguar**(땅속에 사는 신으로 해석되는)의 속성이다. - 그리스 신화에서, 이것은 일반적으로, 미남 청년 나르시스Narcissus[205]와 사랑에 빠진, **님프Nymph**[206]이다. 많은 사람에게, 이것은 퇴행/퇴보, 혹은 수동성의 상징이다; 이것은 또한 모호한 것 혹은 그림자를 나타내기도 한다. 그리고 때때로 골램Golem[207]과 연관된다.

Eclips (일식, 월식의) 식蝕. 개기 일식[208]은, 드물게 발생하는 현상으로, 오랫동안 사람들을 공포에 떨게 했으며, 재앙에 대한 불길한 예감과 예측을 낳았다. - 이슬람과 불교에서(그리고 다른 문화권 지역에서), 일식과 월식은 종종 천체의 죽음과 연관되어 있으며, 괴물에 의해서 집어 삼켜진 것으로 생각된다. - 중국어에서는 같은 단어가 '별의 어둠'과 '먹다, 삼키다'라는 뜻으로 사용된다. 중국에서는 일식이나 월식을, 미시세계의 혼란이 거시세계의 교란을 초래한 것으로 해석했는데, 그 원인은 구체적으로 황제나 그의 왕비들에게 있다고 여겨졌다.

Ecstasy(Intoxication) 황홀경(취한 상태/극도의 흥분). 많은 문화에서, 이것은, 추수의식과 생식력을 위한 기도와 밀접하게 연결되었다. 이것이 일상적인 의식의 한계를 초월할 수 있는 능력을 만들어내기 때문에, 춤, 음악, 알코올, 또는 약물을 통해 얻는 황홀은 흔히 하느님과의 특별한 연결의 표현으로 간주된다.

Egg 알. 생명의 싹으로서, 이것은 생식력 상징으로 널리 인식된다. - *세계의 알World egg*은 많은 문화의 신화적 개념의 중심

Egg: 여기에서 뱀은 시간을 상징하며, 세계알(world egg)을 둘러싸고 나선형으로 감겨 있다. 1774년 J. 브라이언트(J. Bryant)의 『고대 신화 분석(Analysis of Ancient Mythology)』에서 따온 것.

---

205 나르시스: 그리스 신화 속 인물 이름; 물에 비친 자신의 모습에 반해 사랑에 빠진 청년; 상징적 의미: 자기애, 자기 몰두, 자기 자신에게만 관심.

206 [고대 그리스 로마 신화] 님프[정령]; Nymph: 자연의 특정 요소(숲, 강, 산 등)를 주관하는 젊고 아름다운 여성 신적 존재; 상징적 의미: 자연, 생명력, 순수함, 아름다움의 상징; 종류 예시: Naiad: 물의 님프, Dryad: 나무·숲의 님프, Oread: 산의 님프.

207 골램(점토로 만들어 생명을 불어넣은 인형)

208 total solar eclipse개기일식(皆旣日蝕): 태양이 달에 의해 완전히 가려지는 일식을 의미한다.

Egg: 현자의 알 속에 있는 머큐리우스 (Mercurius). 1702년판 『묵언의 책』(Mutus Liber)』의 도상.

이 된다. 모든 창조적 힘들의 전체성의 상징으로서 이것은, 태초에 있었으며, 자주 태초의 대양大洋 위에 떠다녔으며, 그리고 그것으로부터 온 세계와 모든 원소들이 (또는 처음에는 단지 하늘 [Sky를 보라]과 땅만이) 생겨났다. - 신화적 인간 형상들 (예를 들어, 중국 영웅들)들은, 때때로 알에서 태어나는 것으로 상상되었다. - 이것의 단순한 형태, (종종) 이것의 흰색, 그리고 그 안에 담긴 풍부한 가능성 때문에, 이것은 또한 완전함의 상징이다. - 연금술에서, 철학적 알은, (최초의 물질로부터 나온), 철학적 불이 **현자의 돌**Philosopher's Stone을 부화시켰던, 그 **최초 물질**Prima Materia의 상징으로서 중요한 역할을 담당했다. 노른자는 자주 금Gold을 의미한다. 그리고 흰자위는 은Silver을 의미한다. - 그리스도교에서 알은 부활의 상징이다. 왜냐하면 그리스도가 알에서 다 자란 병아리처럼 무덤에서 솟아나왔기 때문이다; **부활 달걀** *Easter Egg*은 이교도의 봄 축제에서 다산의 상징으로 역할을 했으나, 이후 특별히 그리스도교적 의미를 부여받았다.

Egypt 이집트. 구약성서에 의하면, 이것은 이스라엘 사람들에게는 노예의 땅이었으며, 이교도 신들의 땅이었다; 이런 이유로, 이것은 상징적으로 약속의 땅의 반대이다.

Eight 8/여덟/팔. 이것은 단순한 형태에서 나침반의 주요 방위 수를 의미하며, 우주의 질서와 균형을 나타내기도 한다; 8은 힌두교와 불교에서 중요한 역할을 한다; 숫자 8은 일반적으로 불교의 **법륜(바퀴)**Wheel 상징에서 바퀴살의 수를 나타낸다; 상징적 **연꽃** Lotus은 종종 8개의 꽃잎을 가진다; 여덟 가지 수행의 길[209]이 영적 완전함에 이르게 한다; 힌두의 신 Vishnu는 8개의 팔을 가지고 있으며, 이것은 우주의 8 수호자들과 연결하여 봐야 한다. - 일본에서, 8은 근본적으로 잴 수 없으며, 셀 수 없는 규모를 의미한다. - 그리스도교적 상징성에서, 8은 "8일 창조"에 관련된다(즉, 인간성의 재생에 관련된다); 이것은, 또한, 그리스도의 부활의 상징이며, 인류의 부활에 대한 희망의 상징이다.

---

209 8 paths: 불교에서는 '팔정도(八正道)'를 의미한다.

Elder (식물) 엘더. 희고, 향기로운 꽃들과 흑-자주색 열매를 가진 관목 또는 나무인, 이것은, 고대에, 약효가 있는 식물로서 평가되었다; 이 나무를 만지면 병이 식물로 옮겨간다고 여겨졌다. 추가적으로, 엘더나무는 마법사와 마녀들에게 대항하는 예방책으로서 사용되었다. 엘더나무를 자르거나 태우는 것은 불행과 죽음을 가져오는 것이라고 믿었다. - 유다스가 엘더나무에 자신을 목매달았다고 추정되었기 때문에, 엘더나무는 악마와 연관되었다.

Elder

Elecampane 목향. 이것은, 노란 설상화舌狀花를 가진 크고, 거친 국화과 식물이다. 전설에 따르면 Helen[210]은, 자신이 Paris에게 납치되었을 당시, 이 식물을 손에 쥐고 있었다고 한다(이런 이유로, 라틴어 이름, *Inula Helenium*이 유래했다). **헤르메스 Hermes[211]**가 **오딧세우스Odysseus[212]**에게 (그것을) 가져가서 키르케Circe[213]의 마법으로부터 자신의 동료들을 자유롭게 할 수 있었던 Herb Molly는, 가끔 목향이라고 여겨졌다(그러나, 보통 이것은, 검은 Helebore[214] Root라고 간주되었다). - 그리스도교에서는 목향이 상징적 식물로서는 거의 나타나지 않는다; 이것은 "구원"을 의미한다.

Elements 요소/원소들. 이것은 세계를 조직하는 근본적인 원리이다; 존재의 다른 영역에 나타나는 근본적 현상들 역시 종종 이것들에 의해 설명된다. - 중국의 원소에 관한 교리[215]는 기원전 제2천년기

---

210 [그리스 신화] Sparta왕의 아내로 절세 미녀, Troy왕자 Paris에게 잡혀가 Troy전쟁을 야기시켰다.

211 [그리스 신화] 헤르메스(신들의 사자使者, 과학, 웅변, 상업 등의 신)

212 [그리스 신화] 오딧세우스(신화에 나오는 영웅이자 이타카의 왕이다. 별칭은 율리시즈(Ulysses)이며, 트로이 전쟁에서 그리스군 최고의 지략가로 이름을 날렸으며, 전쟁을 끝내고 귀향하는 길에서, 많은 여러 바다를 떠돌며, 온갖 기이한 일들을 겪은 것으로 유명하다. 호메로스의 서사시 『오디세이아』는 오딧세우스가 귀향길에 겪은 모험을 노래하고 있다.

213 [그리스 신화] 키르케(마술로 Odysseus의 부하들을 돼지로 둔갑시켰다는 마녀)

214 헬레보레(미나리아재비과 식물로 독초의 하나. 커다란 녹색, 흰색, 보라색의 꽃이 핌)

215 중국의 원소이론: 서양의 4원소설과 달리, 다섯 가지 '행(行)', 즉, 목(木)·화(火)·토(土)·금(金)·수(水) 를 기본 원리로 삼는다; 이들은 고정된 물질이라기보다, 우주와 자연, 인간 사회의 변화를 설명하는 작용·과정을 의미한다.

에 발생하였다; 이는 물, 불, 목, 금속, 그리고 토로 이루어져 있었다. 물은 숫자 1, 깊이, 겨울, 그리고 북쪽에 부합된다; 불은 숫자 2, 높이, 여름, 그리고 남쪽에 부합하고; 나무는 숫자 3, 봄, 그리고 동쪽에 부합하고; 금속은 숫자 4, 가을, 그리고 서쪽에 부합되고; 흙은 숫자 5에 부합되며, 중재하는 원소이다. - 그리스 같은, 대부분의 다른 문화들에서는, 4가지 요소들을 구별 짓는다. (엠페도클레스Empe Docles[216]는 처음으로 차이점을 밝혔다): 불Fire, 물Water, 공기Air,

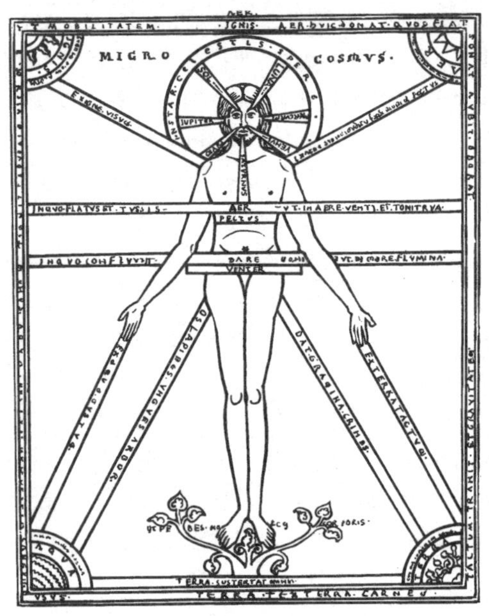

Elements: 행성들과 네 가지 원소의 영향을 받는, 소우주로서의 인간존재. 약 1160년경 프뤼페닝(Prüfening)에서 제작된 『솔로몬 관련 해설집(Glossarium Salomonis)』에 실린 펜 스케치를 본뜬 것이다.

그리고 흙Earth. 아리스토텔레스 시대 이래로, "5번째 원소", 에테르 Ether(지구에 가까운 공기층 위에 놓여 있는 밝게 빛나는 높은 대기로서)가 때때로 추가되었다; 이것은 불과 공기 둘 다에 부합된다. - 기질 이론은 4가지 원소를 4가지 기질과 대응시켰다: 즉, 물은 점액질/침착한, 냉정한 기질(Phlegmatic), 흙은 우울질(Melancholic), 불은 담즙질/화를 잘 내는 기질(Choleric), 공기는 다혈질/낙관적인, 쾌활한(Sanguine)에 해당한다. 이와 마찬가지로, 인간성의 4가지 나이

---

216   (c 490-c430B.C): 그리스의 철학자. 정치가.

들, 신체의 체액들과 기관들, 하루의 4가지 시간들, 그리고 (중국에서와 같이) 4개의 계절들은, 때때로 4개의 원소와 관련있다. - Jung융은 남성적, 능동적 원리들(불과 공기)과, 여성적, 수동적 원리들(물과 흙) 사이의 차이에 관해 언급했다. - 프리메이슨들은 4가지 원소들을 영적 발달의 수준으로 관련시켰다. 인간 존재들은 흙에서 태어나고, 단계적인 방식으로, 공기, 물, 그리고 불을 거침으로써 정화된다. - 르

Elements: 네 가지 원소의 교차점에 선 인간. H. 바이디츠(H. Weiditz)의 목판화의 모사이며, C. 플리니우스 세쿤두스(플리니우스 장로)의 『자연사(Historia Naturalis)』(1582년, 프랑크푸르트판)에 실린 그림에서 따온 것.

네상스 동안 원소들은, 고대의 신들로서 의인화되었다: 키벨레Cybele[217]로서 흙, 넵튠Neptune[218]으로서 물, 주노Juno[219]로서 공기, 그리고 불카누스Vulcan[220]로서 불. - 고대 그리스의 자연 철학자들의 4원소들에 더하여, 연금술사들은, 소위 철학적 원소들인, **소금Salt, 황Sulfur**, 그리고 **메르쿠리우스Mercurius**(수은Quicksilver)를 상정했다.

Elephant 코끼리. 아시아에서 이것은 통치자의 탈것이며, 힘, 지혜, 평화 그리고 행복의 상징이다. 이것은 인도의 신 인드라Indra의 탈것이다. Shiva 신의 유명한 아들이며, 장애들을 극복한 승리자, 가네샤Ganesha는 코끼리의 머리로 묘사된다. 인도와 티벳에서 코끼리는, 전 우주의 운반자로서 나타난다; 이런 이유로 이것은 건축에서 받침 구조물로서 나타난다. - 하얀 코끼리 안에서, 코끼리와 하얀색의 상징적 의미가 연관된다. 불교 신자들의 관념에 의하면, 붓다Buddha로서 환생하기 전에, 보살Bodhisattva이 그의

Elephant: 코끼리로 묘사된, 인도의 신 Ganesha. 12세기의 조각작품.

---

217 키벨레(Phrygia의 대지의 여신, cf.RHEA)
218 [로마 신화] 바다의 신(그리스 신화의 Poseidon에 해당)
219 [로마 신화] 주노(Jupiter의 아내로, 결혼한 여성의 수호신; 그리스 신화의 Hera)
220 불카누스(불과 대장일의 신)

어머니, 마야Maya 공주의 자궁 안으로, 하얀 코끼리로서, 들어왔다; 그래서 하얀 코끼리는 불교의 대중적인 상징이 되었다. - 아프리카에서, 코끼리는 힘, 행복, 그리고 장수의 상징으로서 숭배되어 왔다. 때로는 사냥 당한 코끼리가 자신을 죽인 사냥꾼들을 용서했다는 관념에서 유래한 코끼리 숭배를 발견하기도 한다. - 아리스토텔레스에 따르면, 수컷 코끼리는 암컷의 2년간의 임신 기간 동안 정절을 지켰다; 이런 이유로, 중세기에, 코끼리는 신중함Prudence과 절제Moderation라는 덕목과 연관되었다. (**Temperantia절제/절덕을 보라**).

Eleven 11/열하나. 그리스도교 상징성에서 이것은 때때로 죄의 숫자를 나타내는데, 죄의 수들이, 십계명의 숫자인 10을 초과하기 때문이다.

Elixir (만병통치. 불로장생의 효험이 있는) 영약[221]. **Draught를 보라.**

Embryo 배아. 이것은 **알Egg**의 상징성과 관련 있기 때문에, 고요한 휴면기의 가능성들을 나타낸다. - 베다Veda[222]의 황금 배아는, 생명의 근원을 상징하며, 그 생명은 태초의 물에 의해서 품어져 있다(*세계의 알World Egg*에 대하여 당시의 통용되는 생각과 명백한 유사점이 있다).

Emerald 에메랄드. 이것은 일반적으로 **녹색Green**의 상징성을 공유하는 보석이다. - 중앙아메리카의 원주민들은 이것을 **피 Blood, 비Rain**, 그리고 **달Moon**과 연관시켰다(그 원주민들 가운데에서, 녹색과 붉은색은 생명 에너지의 표현이다). 이것의 녹색 때문에, 에메랄드는 유럽에서 생식력과 연관되었으며, 그래서 축축함, 달, 그리고 봄과 연관되었다. - 로마에서 에메랄드는 비너스

---

221 1. 연금 약액(옛날 연금술사들이 탐구한 가상적 물질; 이 물질은 비금속을 금으로 바꾸는 힘이 있고 또 불사의 영약(elixir of lift라고도한다.)이기도 했다. 2. 靈藥, 祕藥, 만능약, 만병통치약(panacea)

222 베다(고대 브라만교 경전)

Veus[223]의 속성이었다. - 요한 계시록에 따르면, 에메랄드는 하늘의 예루살렘을 이루는 돌들 가운데 하나이다. - 중세기에 에메랄드는 여러 가지 상징적 의미를 담고 있었다. 이것은, 원래 지옥으로부터 왔던 것으로 추정되기 때문에, 아주 강력한 효험을 지닌 부적으로서 간주되었다; 이것은 특별히 지옥의 힘들을 대항하는 데 유용했다. 또한 에메랄드를 혀 위에 올려놓으면 악령을 불러내고 그들과 대화를 나눌 수 있다고 믿어졌다. 성별(聖別)된 에메랄드—즉, 그 악한 힘이 제거된 에메랄드—에는 갇힌 자들을 해방시키는 능력이 있다고 여겨졌다. - 그리스도교 상징성에서, 에메랄드는 순수성, 믿음, 그리고 불멸성을 의미한다.

Enchanter's Nightshade[224] . Valerian[225]을 보라.

Enlightenment 깨우침/개화/계몽주의시대. Light를 보라.

Entrails 내장/창자. 다양한 문화들의 민속신앙에서, 내장은 미래와 관련된 의미를 가졌다. 특히 봉헌된 동물들의 내장을 사용하는 점이 널리 퍼졌다. Liver를 보라.

Envy 부러움/선망. Invidia시기/질투를 보라.

Erinyes[226] 3자매인 복수의 여신[그리스 신화], 에리니에스. 그리스·로마 신화에서, 이들은 특히 혈연 관계를 해치는 범죄를 응징하는 세 명의 복수의 정령들이다(이들은 또한, 3자매의 복수의 여신 the Furies으로서 알려져 있다). 이들은 미술에서 추한 모습으로 묘사되며, 보통 날개를 지니고, 머리카락과 손에는 뱀이 있고, 횃불

---

223   1. 사랑의 여신Aphrodite(=Venus) 2. 금성.

224   털이슬(말털이슬 따위를 포함):바늘꽃科 털이슬屬 Circaea초본의 총칭. 북반구에 분포

225   쥐오줌 풀: 쥐오줌 풀 뿌리에서 채취한 진정제.

226   고대 그리스 신화에서 복수와 응보를 관장하는 여신들이다; 에리니에스는 단순한 '복수귀'가 아니라, 혈연 범죄(부모 살해, 형제 살해)를 응징; 맹세 위반, 신성 모독을 추적; 개인적 분노가 아니라 우주적 정의(Dikē)의 집행자; 즉, 도덕 질서의 자동 작동 장치이다; 결국, Etimasie = 초월적·종말론적 심판, Erinyes = 즉각적·내면적 응보

과 채찍을 들고 나타난다. - 이들은 종종 처벌적인 죄의식, 가혹한 양심을 상징한다[227]. Eumenides[228] 를 보라.

Ermine[229] 어민/족제비. 큰 족제비들의 여러 개의 種들이며, 겨울에 흰색으로 바뀐다. 이것의 하얀색 때문에, 순수함, 무죄함, 그리고 부패하지 않음의 상징이다; 이것은 종종 통치자들의 예복 위에, 고귀함을 보여주기 위한, 모피의 테두리 장식으로 사용되었다. - 그리스도교 미술에서, 이것은, 어민이 뱀들을 사냥하며 죽이기 때문에, 악마를 이겨낸 승리자로서의 그리스도를 상징한다.

Etimasie: 정교회의 세례당. 5세기, Ravenna.

Etimasie[230] 에티마시. 이것은, 그리스도의 재림을 위한 왕좌를 준비하는, 상징적 모티브이다. 십자가 아래에는, 양, 비둘기, 생명의 책, 혹은 두루마리(성서), 왕관, 자주색의 소매 없는 망토, 기타 등등이 있는 빈 왕좌가 있다. 동방정교회에서는 이것을 **제대Altar** 위에 올려놓고 본다.

Eumenides 복수의 여신/친절한 자들[231]. 그리스 신화에서, 이들은 "용서하는 여신들"이며, 종종 신적 은총의 상징적 화신으로서 설명된다. 이들은 에리니에스Erinyes 여신과 동일하다; 친절한 성격들을 복수하는 여신들에게로 돌리는 것이, 완곡법의 경우인지, 또는 에리네스Erinyes가, 다른 지하 신들같이, 무섭게 하고 또 선을 베푸는 두 가지를 하고 있는지는 불확실하다.

---

227 punitive conscience = 처벌적·가혹한 양심 (프로이트적 superego와 잘 맞음); bad conscience= 죄책감에 사로잡힌 상태; 둘을 함께 쓰면, punitive, bad conscience= 벌을 가하는 형태로 작동하는 죄의식

228 [그리스 신화] 복수의 여신들(Furies)

229 어민(북방 족제비의 흰색 겨울털, 왕들의 가운, 판사의 법복 등을 장식하는 데 쓰임)

230 Etimasie(에티마시아, Ἑτοιμασία): 그리스도교 도상학(iconography)에서 쓰이는 전문 용어로, 보통 "준비된 옥좌", "비어 있는 보좌"를 뜻한다; 최후의 심판을 위해 '준비된 그리스도의 보좌'; 아직 그리스도는 앉아 있지 않지만, 그가 심판자로 다시 올 것임을 예고하는 상징적 장면이다.

231 Eumenides: 복수의 여신들로 이해하면 되고, 그리스 신화에서는 범죄를 벌하고 정의를 지키는 역할을 한다;(Εὐμενίδες, 그리스어: '친절한 자들'이라는 뜻의 완곡어);다른 이름: Erinyes(에리뉴스), Furies(라틴어 번역)

94

Evangelists 복음사가들, Symbols of그들의 상징. 그리스도교 미술에서, 이들은 복음사가들의 묘사와 연관된 속성들이다; 이들의 상징들은 복음사가들을 상징할 수도 있다. 천사 혹은 **인간존재 Human Being**는 마태오Mattew와 연관되고, **사자Lion**는 Mark와 연관되고, 거세한 **숫소Steer**는 Luke와 연관되고, 그리고 **독수리Eagle**는 John과 연관되어 있다. 이런 연관들은, 요한 묵시록에서 기술된, **사중형상Tetramorph**[232]의 환영에서 비롯된다. 복음사가들의 상징들은, 원래 그리스도와 연결되어 설명된다. 탄생을 통하여, 그리스도가 인간이 되었다; 그는 제물로 바쳐진 숫소같이 죽었다; 그는 사자같이 무덤으로부터 일어났다; 그리고 독수리같이 승천 때 하늘로 올라갔다. 나중에는 또 다른 해석이 널리 통용되었다. (종종 날개 달린) 마태오에 해당하는 인간 형태는, 그리스도의 혈통과, (마태오에 의한 복음이 시작하는 기록이 있는) 그의 탄생과 관련되었다; 마르코에 해당하는 사자는, 마르코에 의한 복음의 시작에 언급되고 있는데, 마르코는 광야에서 행한 요한 세자의 강론을 기록한다; 루카의 (제물로 봉헌된 동물로서의) 숫소는, 루카에 의한 복음의 시작의 표시로 간주되었으며, 루카 복음은 즈카리아Zechariah[233] 사제의 제사로 시작한다; 그리고 요한의 독수리는, 요한 복음이 전하는 복음의 정신적·영적 높은 경지를 상징했다.

Evangelists, Symbols of: 마태오. 요한. 마르코. 루카. 13세기 초, 프랑스 샤르트르 주교 예식서(Pontifical of Chartres) 안의 세밀화(미니어처)를 따른 부분 도상(부분 묘사).

Eve 이브. Adam and Eve, Serpent를 보라.

Evening Star (저녁 무렵 서쪽 하늘에 보이는) 금성/저녁별. Morning Star(샛별)과 같이, 이것은 밝은 행성인 금성Venus을 위한 명칭이지만, Morning Star와는 달리, Venus의 저녁 위치Evening Position에 해당된다. 이것이 다가오는 밤의 전령으로 여겨지기 때문에, 가끔은 악마Lucifer에 관한 그리스도교 상징이 된다.

---

232 4복음서(마태오, 마르코, 루카, 요한)의 기자記者를 상징하는 날개가 달린 결합 형상/4중형상(사四象)으로서, 인간, 사자, 소, 독수리의 형태.

233 즈카리아; 신약성서에 나오는 제사장으로서, 세자 요한의 아버지이며, 엘리사벳의 남편이다.

Excrement 대변/배설물. 특별히 원시 민족들 가운데에는, 이것이 종종 소중한 힘이 있다고 여겼다; 때때로 이것은 금과 상징적으로 연관되었다. - 몇몇 아프리카 부족들은 거름더미에는 여성들의 몸으로 들어온 혼들이 살고 있다고 믿었다. 배설물에 대한 높은 존경은, 많은 사람들을 제의적 분식祭儀的 糞食을 실행하도록 이끌었다. 그들은 이런 예식을 통하여 배설하는 동물 또는 사람의 힘을 그 자신들 안으로 흡수할 수 있다고 믿었다. 의약품을 조제할 때, 배설물을 초기에 사용하는 것은, 이러한 생각들과 관련이 있다. 정신분석적 관점에서 볼 때, 배설물에 부여되는 높은 가치감은 유아기의 항문기(Anal Phase) 이미지와 상관관계가 있다.

Eye 눈. 감각 인식의 초기 장기기관으로서, 이것은 **빛Light, 태양 Sun**, 그리고 정신과 밀접하게 연관되어 있다. 이것은 영적이며 정신적인 인식을 상징하지만, 또한 이것은 - 마음의 "거울"로서 - 영적이며 정신적인 표현의 장기기관이기도 하다. 오른쪽 눈은 때때로 활동성, 미래, 그리고 태양과 연관된다; 왼쪽 눈은 수동성, 과거, 그리고 달과 연관된다. 불교에서는 내적 시력의 상징으로서 3번째 눈을 말한다. - 고대에서 눈은 빈번하게 태양신의 상징이었다. - 이집트에서, 흔한 **부적Amulet**은, 소위 우자트 눈Udjat Eye 이라고 불

Eye: 좌측) 악마의 눈에 대항하는 보호물. 로마의 저택 출입구에 있는 모자이크.

우측) 이집트의 우자트의 눈udjat eye. 후기 왕조 시대의 파이앙스(faience: 유약을 입힌 청록색 도기) 제작품.

리는 것으로, 하늘의 신 호루스Horus의 매의 눈이며, 목장牧杖 모양의[234] 굽은 지팡이Crosier 위에 놓여 있는 형태였다; 그 눈은 넓은 전망과 전지전능, 그리고 통치자의 힘, 지팡이를 상징한다. 그 부

234　주교장(종교 의식때 주교가 드는, 한 쪽 끝이 구부러진 모양의 지팡이)

적은 상처를 받을 수 없음과 영원한 생식력을 부여하는 것으로 추정되었다. - 성서에서 눈은, 전지전능, 경계, 그리고 하느님의 보호하는 편재偏在의 상징이다. 그리스도교 미술에서, 태양광선에 의해서 둘러싸여 있는 눈은, 하느님을 의미한다; 하느님의 손에 있는 눈은 하느님의 창조적 지혜를 의미한다; 삼각형 안의 눈은, 3위 일체의 성부 (하느님 아버지)를 의미한다. 케루빔 천사Cherubim(Cherub을 보라)와 세라핌 천사Seraphim(Seraph을 보라) 천사의 날개 위에 있는 두 눈은, 인식하고 알기 위한 그들의 꿰뚫어 보는 능력에 해당한다. - 고대부터 눈의 형상(눈을 그린 상징)에는 액막이 효과(사악한 것을 쫓는 힘)가 있다고 여겨져 왔다.

Eye: 티베트의 여신 Tara의 머리와 손. Traschilhumpo의 수도원 회랑 안의 조각상.

Falcon 매. 이것은 일반적으로 태양적이며 남성적인 하늘의 상징이다. 이집트에서 이것은 이것의 힘, 아름다움, 그리고 높이 나는 비행 때문에, 신적 상징의 동물이었다; 이것은 태양신, 라Ra에게 바쳐졌다. 호루스Horus 신은 통상 매의 형태, 혹은 매의 머리를 가진 인간의 형태라고 추정된다. 그러나 다른 신들도 매의 형태로 나타난다. 갈고리 부리를 가진 매Hooked Falcon[235]는, 특히 르네상스에서, 어둠을 비추는, 빛을 위한 희망을 상징한다(as in the motto, "Post tenebras spero lucem"어둠 뒤에 빛이 있기를 희망한다, 라는 모토처럼).

Falcon: 매의 형태를 가진 Horus신(태양신). 무덤 속의 이집트 벽화.

Fan 부채. 바빌론, 인도, 중국, 페르시아, 그리스 로마 그리고 다른 문화들에서 흔한 기구인 이것은, 특히 야자나무 이파리로, 또는 타조 털로 또는 공작 깃으로 만들어졌을 때, 통치 지위를 상징한다. - 힌두교에서, 희생제물의 불을 부채질로 타오르게 하기 때문에, 부채는, 다른 것들 중에서, 제의적 희생제물을 나타낸다. - 특히 중국과 일본에서, 부채의 움직임은 악령들에게 대항하는 방어와 연관되었다.

Fat 지방. 다양한 문화들에서, 이것은 번영/번창의 표시라고 여겨

---

235 갈고리 부리를 가진 매: 매가 전통적으로는 용기, 명예, 예리한 시각, 속도 등을 상징하지만, 이것은 특히 날카로운 힘과 예리함을 가진 사냥 능력, 공격성, 힘을 강조한다.

졌다(그래서 신들에게 바치는 가치 있는 제물이었다), 또는 이것은, 그 지방脂肪이 얻어진 동물들이 지닌 특정한 힘이 깃들어 있는 것으로 여겨졌다. **Butter, Oil을 보라.**

Fates 운명. 그리스 로마의 운명의 여신들은(또한 **파르카***Parcae*[236]로 알려진), 자신들의 행동들을 통하여, 운명의 작용을 상징한다. 헤시오도스Hesiod[237]에 의하면, 운명의 여신들은 밤의 딸들이거나 제우스Zeus와 테미스Themis[238]의 딸들이다: 생명의 실을 잣는, 클로토Clotho[239]; 방적기에서 생명의 실을 뽑아, 각 사람에게 자신의 운명을 나누어 주는, 라케시스Lachesis[240]; 그리고 생명의 실을 잘라내는, 아트로포스Atropos[241] (**Shears 전지가위를 보라**).

Feast 잔치/축제. 많은 문화에서 하나의 제의적 연회로서 이것은, 공동체에 참여하는 것을 상징하며, 때때로 종교적으로 중요한 행동에 참여하는 것을 상징한다.

Feast: 최후의 만찬 장면. Cambridge, 그리스도의 몸 대학Corpus Christi College안의 성서에서 모방.

Feathers 깃털들. 이것들은, 많은 사람들에게 초목의 상징이다. 아마도 이들의 잎사귀 같은 모습 때문일 것이다. 이것들의 빛살 같은 형태와 이들의 조류와의 친밀한 관계 때문에 이것들은, 또한 하늘과 태양에 상징적으로 연관되어 있다. 몇몇 북아메리카 원주민 부족들의 머리에 쓰는 (통상 대초원 독수리의 깃털로 만들어진) 깃털 장식물은, 태양과 밀접하게 연관된 힘 상징이다. – 많은 사람들에게, 깃털들은 사회적 위치의 속성으로서 역할을 한다(예를 들어, 중세 기사의 헬멧 위에 다는 깃털 장식).

---

236 [로마 신화] 파르카(운명의 3여신)(the Fates)

237 헤시오도스(기원전 8세기 경의 그리스 시인)

238 [그리스 신화] 테미스(법률·질서·정의의 여신)

239 [그리스 신화] 클로토Clotho(생명의 실을 잣는 운명의 여신; 그리스 신화의 운명의 3 여신(모이라이) 중 한 명으로, 인간의 삶의 시작을 상징한다.)

240 [그리스 신화] 라케시스(운명의 3여신(Fates)의 하나, 인간 생명의 실의 길이를 정한다.)

241 [그리스 신화] 아트로포스(그리스 신화에서, 운명의 3여신(Moirai, 모이라이) 중 마지막 여신으로, 인간의 삶의 끝과 죽음을 담당한다.)

Fennel 회향[242]. 이것의 이른바 눈을 강화하는 효과 때문에, Fennel은 가끔 영적인 통찰력을 의미한다. 이것은 또한 추정 상 이것을 먹은 뱀의 탈피를 야기하기 때문에, 이것은 주기적 부활 혹은 회춘을 상징한다. 중세시대에, 이것은 액을 막아주는 식물로서 간주되었다. 이것의 향기와, 이것의 가치가 큰 기름은, 때때로 성모 마리아와 연관된다.

Fermentation 발효. 많은 사람들(예를 들어, 아프리카와 인도에 사는)을 위하여, 이것은 영을 우려내는 물질의 상징이며, 왕성한 상상력의 힘의 상징이다. 사람들은, 비전祕傳의 지식을 이루어내는 힘을 가졌던 발효된 음료에 대해서 말했다; 그 결과 이 음료들은 자주 제례적 행위에서 사용되었다. - 발효의 과정이 부패의 과정과 밀접하게 관련되어 있기 때문에, 발효된 음식 물질은 때때로 **대변Excrement**과 연관될 수 있다. - 연금술에서 발효는, "**숙성 Ripening**"과 유기질의 변형을 나타낸다. 그리고 또한 죽음에서 생명으로의 이행과 관계있는 것으로 보인다. **Leaven(효모)를 보라.**

Fetish 집착/페티시/주물.[243]특히 서아프리카에서, 나무나 흙으로된 모형들, 또한 동물의 신체 부분들 등등과 같은 대상물들은, 마법적이고 이롭고, 그리고 보호적인 힘의 원천으로서 숭배되었다. 가끔 제의적 행위들의 대상이며, 이것들은, 예를 들어, 못으로 꿰뚫렸으며, 질병을 특별한 페티시에로 이동시킨다고 상징적으로 추정되었던 행위였다.

Field 들판. 밭갈이 된 들판(**Plow(쟁기)를 보라**)으로서의 이것은 **자궁Womb**의 상징이다. 밭갈이가 안 된 들판으로서의 이것은 가끔 성모 마리아의 처녀성의 상징이다.

Fifty 50/쉰. 성서에서 이것은, 기쁨과 축제의 숫자이다. 부활(원래는 추수 시작 후) 후 50번째 날은 히브리 민족을 위한 기쁜 추수 감

---

242 회향(향이 강한 채소의 하나. 씨앗과 잎도 요리에 씀)
243 1. 페티시(특정 물건을 통해 성적 쾌감을 얻는 것). 2. 주물, 숭배의 대상.

사제였다. 모든 50번째 해에 노예들은 석방되었고, 빚은 탕감되었고, 그리고 빼앗긴, 노동으로부터의 휴식이 연장되었다. 첫 오순절 Pentecost[244], 성령강림은, 그리스도의 승천 후 50일째에 일어났다.

Fig Tree 무화과나무. 많은 사람이 신성한 나무로서 공경하는 이것은 종종 생식력과 (**올리브나무**Olive Tree와 **포도덩굴**Grape Vine 같은) 풍요로움을 상징한다. 고대에서 이것은 성적인 상징적 의미를 가졌으며, 디오니소스Dionysus신[245]에게 바쳐졌다. - 인도에서, 하늘에서부터 밑으로 자라는 무화과나무는, 세계를 상징한다. - **인도 보리수나무**Bodhi tree는, 그 밑에서 붓다Buddha가 깨달음을 얻은 무화과 나무다(깨달음Enlightenment을 의미하는, Sanskrit어 *Bodhi*에서 유래); 일반적 의미에서, 이것은 지식과 깨달음의 상징이다. - 신약성서에서 열매를 맺지 않는 무화과나무에 대한 예수의 저주는 유대인들에 대한 비난으로서 해석된다; 이런 이유로, 그리스도교 미술에서, 마른 무화과는 유대교 회당을 상징한다.

Fig Tree: 붓다의 깨달음의 상징적 표현. Bharhut(Bhodi Tree Temple)의 사리탑에서 모방한 부조.

Finger 손가락. 다양한 아프리카인들 가운데에서, 이것은 생명과 신체감각에 대한 다수의 언급과 함께 대단히 복잡하고 상징적인 역할을 담당한다. - 점성술의 전통에서 **엄지손가락**Thumb은 비너스 Venus 신에게 해당되고, 집게손가락은 쥬피터Jupiter 신에게 해당되며, 중지는 새턴Saturn[246] 신에게 해당하며, 넷째 손가락은 태양에게 해당되며, 새끼손가락은 Mercury[247]에 해당한다. - 민속적 용법에서, 넷째 손가락은 심장 손가락Heart Finger이라고 불리는데, 그 이유는 이것이 특별한 신경 혹은 혈관에 의해서 동맥에 직접적으로 연결되어 있다고 생각됐기 때문이다; 이런 이유로, 특별히 왼손의(심장 쪽), 넷째 손가락은, 사랑과 정절 상징이다. - 손가

Finger: '무화과' 모양 부적(경멸·상스러운 의미).

---

244 1. 펜테코스트(유월절pass over후 50일째에 행하는 유대교의 추수축제일. 2. 오순절, 성령강림절(부활절Easter후 제7일요일에 해당하는 기독교의 축제일; 성령이 사도들에게 강림한 것을 경축한다. 성서Acts2)

245 [그리스 신화] 디오니소스(술의 신, 로마 신화에서는 Bacchus)

246 1. [로마 신화] 농업의 신(그리스 신화의 Cronus에 해당). 2. 토성.

247 1. 수은 2. [로마 신화] 머큐리(신들의 사자使者이며, 학문, 상업, 기술, 웅변의 신, 여행자나 도적의 수호신으로 간주; 뱀이 감긴 지팡이 caduceus를 가진다; 그리스 신화의 Hermes에 해당)

락과 손의 동작들은, 항상 정서적, 영적 표현에 도움이 되었다. 그리고 인도의 예술과 춤에서 화려하게 발달되어 왔다. - 고대에서, 가운뎃손가락을 내미는 것은, 일종의 모욕이었다; 손가락들을 깍지 끼는 것은, 방어적인 몸짓이었다. - 지중해 지역에서, (손가락 모양의)"무화과 부적Finger:the Fig Amulet"은, (즉, 주먹 쥔 손의 집게손가락과 중지 사이에 엄지손가락을 내미는 동작은) 악마의 눈에 대항하는 방어적 동작으로서, 거친 모욕으로서, 그리고 성적인 상징으로서, 오랫동안 이해되어 왔다. - 서양미술에서, 입 위에 놓인 손가락은 침묵을 나타낸다. 그러나 자신의 입이나 혀 위에 자기 손가락을 대고 있는 어린이 그리스도는, 발화된 단어로서의 로고스 Logos[248]에 해당한다. **Hand를 보라.**

Finger Glove 손가락장갑. **Glove(장갑)를 보라.**

Fire 불. 이것을, 많은 사람들은, 신성하고, 정화하고, 그리고 갱신하는 것이라고 생각한다; 이것의 파괴시키는 힘은, 종종 더 높은 수준의 부활의 수단으로서 설명된다(**Cremation화장, Phoenix불사조를 보라**). 가끔, 인도의 아그니Agni[249] 또는, 그리스의 헤스티아 Hestia[250]와 같은, 특정한 불의 신들은, 공경을 받았다; 중국에서도, 몇몇 불의 신들이 알려져 있었다. - 성서에서, 하느님이나 신적인 것은, 때때로 불로 상징되었다. 묵시록은 이러한 이미지들을 **불바퀴Fire Wheels(Wheel을 보라)**와 불을 토하는 동물들로서 말한다. 구약성서에서, 하느님은 불기둥(**Column을 보라**)으로서, 그리고 불타는 **가시 돋친 관목Thorn Bush** 안에서, 나타난다. - 종종 불은 **태양Sun, 빛Light**(혹은 **번개 불Lightning**), **붉은색Red**(혹은 **피Blood**), 그리고 **심장Heart**과 연관되어 있다. 때때로 흙/땅으로부터 솟아난다고 말해지는, **물Water**과 대조적으로, 불은, 종종 하늘(**Sky를 보라**)로부터 온다고 생각된다. - 많은 사람의 신화들에서는, 범죄 혹은 신성모독으로서 해석되는, 불의 절도에 대해서

말한다. - 그리스의 자연철학에서, 불은 모든 존재의 기원이거나,
혹은 원소 중의 하나이다. - 그러나 동시에, 불은, 파괴, 전쟁, 악, 그
리고 악마적인 것, 지옥, 혹은 신의 분노의 상징적 결합과 밀접하게
연관되어 있다. 소돔과 고모라가 불타는 것은, **지옥불**Hellfire의

Fire: 불과 물의 결혼에 관한 인도의 묘사.
각각은 4개의 손이 달렸으며, 그들의 효험
을 상징한다.

예고편이라고, 중세에서, 자주 이해되었다. - 마찰을 통한 불의 생
산은, 많은 문화에서, 성생활과 연합되었었다; 불의 기원은 자주 신
화적 존재들, 혹은 동물들의 성적 행위에 기인한다. - 수많은 사람
들 가운데에서, 불의 액막이적 효과는 어떤 역할을 담당한다; 예를
들어, 게르만 부족들 가운데에서, 악령들을 쫓아냈던, **난로불**
Hearth은 꺼져서는 안 된다. - 연금술에서, 불은 위로 향하는 등
변삼각형을 종종 상징한다. - **조디악**Zodiac에서 불은 **양자리**
Aries, **사자자리**Leo(Lion을 보라), 그리고 **궁수자리**Sagittarius의
별자리와 연결된다. Flame(불길/불꽃)을 보라.

Firefly 개똥벌레/반딧불이. 어둠 속에서 빛나는 이것의 능력 때문
에, 이것은 때때로 죽음 이후에 영혼의 계속되는 삶을 상징한다. -
중국에서, 이것은, 그의 빛이 아마 밤에 학생들의 책을 비추어주는
유일한 원천이었기 때문에, 전통적으로 학생들과 연관되어 있다.

Firewater 화주火酒. Alchohol을 보라.

Firewheel 불바퀴. Fire, Wheel을 보라.

Fish 물고기. 이것의 필수 요소인, 물Water에 상징적으로 밀접하게 연관된 이것은, 생식력과 죽음의 상징이다. 생명과 생식력의 상징으로서 이것은, 많은 장소에서 발견되는 **부적Talisman**이다. - 이집트에서, 대부분의 물고기 품종들은, 신성하다고 생각되었으나, 이것들은 종종 동시에 위협적이면서도 섬뜩하게 여겨졌다. - 물고기는 그리스도의 가장 오래된 비밀상징들 중의 하나이다. 그것은 아마도 물속에서의 세례 때문일 것이다; 나중에 물고기를 뜻하는 그리스어 명칭(*Ichthius*)은, *Iesous Christos Theou Huios Soter*(하느님의 아들, 구세주, 예수 그리스도 Jesus Christ, Son of God, Savior)라는, 단어를 위한 頭文字詩/두문자 암호Acrostic[251]로서 해석되었다. 세례받은 그리스도교인들은 자신들을 세례의 물에서 다시 태어난, 물고기로서 보았다. 그리스도의 화신으로서의 물고기는, 또한 영적인 영양분을 상징하며, 특히 **빵Bread**과 함께 묘사될 때, 성체성사를 상징한다. - 물고기자리(Pisces)는, **조디악Zodiac**의 12번째이면서 마지막 별자리이다; 이것의 원소는 **물Water**이다.

Fish: 닻과 함께 있는 2마리 물고기들. Licinia의 묘비.

Fishes: 점성술에서 물병자리(Pisces)에 해당하는 별자리.

Fishermen 어부. Net(그물)을 보라.

Five 5/다섯. 이것은 특히 중요한 숫자이다, 그 이유는, (a) 첫 번째 짝수와 첫 번째 홀수의 합이기 때문이며(즉, 2Two와 3Three, 단 1One은 실제의 숫자로 간주되지 않기 때문이다), 그리고 (b) 사원성(四元性, Quaternity[252](Four를 보라)[253]으로서 이해되는, 정사각형의 중심점이기 때문이다. 피타고라스 주의자들에게 이 숫자는,

---

251 보통, 각 행이나, 단어의, 첫 글자를 이어서 연결하면 특정한, 새로운 단어, 문장, 구절을 만드는 시나 글의 형식; 주로, 이름, 문구, 좌우명, 퍼즐이나 암호, 기호적·상징적 메시지를 숨기거나 기념할 때 사용.

252 4원체/4원성/4부분으로 된 전체/4요소의 조화; '네 가지 원리나 요소의 통합된 전체성' 또는 四元性, 상징학·신비주의에서 4라는 수의 완전함을 뜻하는 상징학적 개념; 상징적 의미는, 예를 들어, 동서남북, 흙·물·불·공기(4원소), 신의 4가지 속성, 인간의 정신구조(융 학파에서 사용됨)

253 의역하면, (a) 첫 번째 짝수와 첫 번째 홀수의 합-2+3=5 (b) 정사각형의 중심점; 사중체(quaternity)+중심점(1)=5 즉 정사각형의 4개 꼭지점 + 중심점 = 5점 구조. 이것은 융 심리학에서: 4 = 안정,균형,완전. 5= 4에 중심, 또는 새로운 요소가 더해진 완전함을 의미. 그래서 중심점(1)을 포함하면, quintessence가 되어, 전체성, 완전한 통합을 상징한다;라틴어 quinta essentia=5번째 본질. 이것은, 고대와 중세철학에서, 4원소(물·불·공기·흙) 외에 존재하는 완전하고, 순수한 5번째 요소. 즉 우주의 본질, 완전함, 영적 요소를 상징함.

2와 3의 결합으로서 통합과 결혼을 상징한다. 5는 한 손 위에 있는 손가락들의 숫자이며(그리고 이것을 의미할 수 있다), 감각들의 숫자이며, 그리스도의 상처들의 숫자이며, 이슬람에서의 경건함의 기둥들의 숫자이다. - 5는 중국에서 중심점의 상징으로서 특별한 역할을 담당했다(**Center를 보라**); 더 나아가, 중국인들은 5개의 색, 5개의 향기, 5개의 어조, 5개의 행성, 5개다. - 힌두교에서, 5는, 다른 것들 가운데에서, 생명 원리의 숫자이다. 시바Shiva[254] 신은, 때때로 5개의 얼굴들로 상상되었다(위를 보고 있는, 5번째는 **세계의 축World Axis**으로 알려졌고, 통상 묘사되지는 않았다); 그는 때때로 5개의 Linga**남근**-묘사의 형태로 숭배되었다. - 연금술사들은, **5개의 본질들Quintessence**(5번째 본질, 즉 다른 4개에다가 추가된 5번째 원소인) 안에서, 생명을 발생시키고, 보존시키는, 영Spirit을 추구했다; 가끔 중세 그리스도 교회에서 발견되는, 5부분으로 이루어지는 장식물은, 아마도 이런 생각들에 관련이 있을 수 있다. **Pentagram (오각형의) 별모양을 보라.**

Flag 기/깃발. 이것은 통치권의 상징이다. 동시에 국가의 상징 그리고 단체 충성의 상징이다. 전쟁에서, 이것은 군사적 영예와 충성심을 의미한다. 이런 영예와 충성은, 필요하다면, 개인 자신의 생명의 희생으로 방어하는 것이다. 펄럭이는 깃발은 종종 시작하는 것을 나타내거나, 혹은 미래의 변화를 창조하기 위한 힘을 나타낸다. - 그리스도교 미술의 상징성에서, 그리스도 또는 양은 부활의 표지로서 깃발을 지니고 있으며 어둠의 힘들을 넘어서는 승리의 표지로서의 깃발을 지니고 있다.

Flame 불길/불꽃. 상당 부분, 이것은 상징적으로 **불Fire**과 동일하다. 그리고 종종 불에 관하여(예를 들어, 성령강림절 때 기적의 묘사에서 성령의 불같이, 또는 그리스도의 세례의 묘사에서, 성령의 불같이), 전체를 대표하는 일부로 나타난다. 연설의 "불같은 격렬함"과

---

254 힌두교 삼위일체(Trimurati)중 한 신으로, 1. 브라흐만(Brahma) - 창조의 신. 2. 비슈누(Vishunu) - 유지의 신. 3. 시바(Shiva)-파괴와 재생의 신. 시바는 단순히 '파괴자'가 아니라, 낡은 것들 무너뜨리고 새로운 것을 창조하는 변혁의 원리를 상징함.

연관된, 비범한 힘과 파괴적인 힘은, 때때로 입으로부터 나오거나, 또는 혀 대신에 나타나는 불에 의해서 아주 생생하게 묘사된다. 탐욕, 부러움, 그리고 성욕 같은 악덕들은, 또한 불로서 상징된다.

Flame Sword 불꽃의 검. Sword를 보라.

Flamingo 홍학. 이것은 우파니샤드에서 **빛**Light의 상징성과 연관되어 있다.

Flammeum 불꽃모양의 것/(결혼식 신부의) 붉은 베일(로마 문화). Red를 보라.

Flint 부싯돌. 이것은 많은 원시인들에게 **번갯불**Light의 상징이다.

Floods 홍수. 물Water의 격렬한 면에 해당하는 것이며, 종종 자기가 지나가는 길 안에 있는 모든 것을 무차별적으로 묻어버리거나 집어삼킨다. 홍수는 또한, 위험한 욕정을 상징한다. – 자기 자신을 홍수 속으로 내던지는 것은, 알려지지 않은 것으로의 용감한 발걸음을 의미한다. – 성서에서, 홍수는 쇠퇴와 죽음의 표지이다. **Waves**파도를 보라.

Flute 플룻. 이것은 종종 목자들과 연관된 악기이다. 플루트의 소리는 때때로 천사들의 목소리로서, 또는 신화적 존재 또는 마법에 걸린 존재들의 목소리로서 해석된다. 이슬람 문화들에서, 데르비시Dervish[255]의 춤을 위하여 연주되는, 갈대피리의 소리는 하느님으로부터 분리된 영혼의 외침을, 그리고 천상적 영역으로 돌아가고 싶어하는 영혼들의 외침을 상징한다.

Fly 파리. 극동지방에서, 파리는 형체가 없는 또는 안절부절못하며 방황하는 영혼을 상징한다. – 파리는 주로 질병, 죽음, 그리고 악마와 연관된다. 질병의 귀신이 파리의 형태로 사람을 위협했다는,

Fly: 베엘제불, 악마 우두머리Beelzebub. 콜랭 드 플랑시(Collin de Plancy)의 『지옥의 사전(Dictionnaire Infernal)』(1845)에서 따온 것.

---

255 데르비시(극도의 금욕 생활을 서약하는 이슬람교 집단의 일원. 예배 때 빠른 춤을 춤)

믿음이 널리 퍼져있었다. 성서에서 언급된 악마 우두머리는, *베엘제붑Beelzebub*(히브리어 *Ba'al zebhubh*은, 파리들의 주님Lord of the Flies라는 뜻이며, 원래의 가나안 사람들의 신 **바알제불 Baalzebul**이 왜곡된 것에서 유래하는 단어)이며, 종종 파리로서 표현된다. 파리는 민속신앙에서, 특히 마법적 주문呪文에서 그 역할을 담당한다. - 페르시아의 신화에서, 반대자의 우두머리, 아흐리만Ahriman[256]은 파리로서 세상에 스며든다.

Fog 안개. 이것은 분명히 규명되지 않은 것의 상징이며, 어떤 상태에서 다른 상태로의 이행移行/변천變遷을 상징하며, 또는 환상적인 것을 상징한다. 많은 사람의 신화론적 생각에 의하면, 이것은 세계의 태초의 실체였다. - 안개 묘사는 일본 그림에서 종종 나타난다. **Clouds를 보라.**

Foot 발. 이것은 인간과 동물의 신체 부분이며, 대개는 **땅Earth**과 밀접하게 연관되어 있다. "나아가는 것"의 운동의 기관으로서, 이것은 의지와 관련 있다; 예를 들어, 민속적 관습과 법률에서 "어떤 것 위에 자기의 발을 놓는 것"은, 소유를 취하는 것의 표시로 이해되었다. 특히 고대에서, 전체적 패권의 표시로서 (전쟁에서) 완파된 적 위에 자신의 발을 놓는 것이 관례적이었다. 오른발로 행진을 개시하는 것, 오른발 위에 무엇인가 발생하는 것은, 로마 시대에는 빨리 행운을 가져오는 것으로서 간주 되었으나, 왼발로 하면, 그런 행동이 불행의 전조가 되었다. - 맨발은 종종 겸손의 표시이다(예를 들어, 모스크나 성소에 들어갈 때); 수도회에서, 맨발은 가난의 한 표현이다. - 악마적 존재들은 종종 동물의 발로 표현된다(예를 들어, 숫양이나 말의 발로 악마를 표현; 또는 거위나 오리의 발로 여성 악마들 혹은 난쟁이들을 표현한다). - 발에 키스하는 것(더 높은 계급의 사람들의 발에 키스하는 것)은- 발의 보잘것없음을 생각할 때 - 깊은 항복의 상징이었다. - 동양에서 환대의 행위인, 발을 씻는 것(**Hand and Foot Washing을 보라**)은, 더 높은 계급의 어떤 사람이 그것을 수행할 때, 겸손과 사랑의 상징이다; 성목요일Maundy Thursday에는,

---

256 Ahriman은 조로아스터교에서 선과 질서를 방해하는 악의 화신이며, 우주의 선과 악의 이원론적 투쟁을 상징한다.

예수가 제자들의 발을 씻겨 준 행위를 가톨릭에서 상징적으로 반복해 재현하는 예식으로서, 발 씻음이 관례적으로 행해진다. – 정신분석적 관점에서, 발은 종종 남근적 의미를 주고 있다.

Foot Washing 세족洗足. Hand and Foot Washing을 보라.

Foreigner 외국인/이방인. 인류의 진정한 고향이 내세(다음 세계)에 있다고 보는 모든 종교에서, '이방인'은 인간이 지상에서 본래부터 고향 없는 존재였음을 상징한다. **Pilgrim순례자를 보라.**

Forest 숲. 모든 종교적 관념들과 많은 민족들의 민속신앙들에서, 숲은, 거기에 선신과 악신, 정령과 악마, 야만인, 요정, 그리고 여성적 성격의 나무·이끼·숲의 정령들이 거주하는 성스럽고 신비한 영역으로서 중요한 역할을 담당하고 있다. 보호하는 피난처를 제공하는, 성스러운 숲들은, 많은 문화에서 상징적 의미를 가지고 있다. 결국, 숲의 모습이나, 숲을 극적인 사건이 벌어지는 장면으로 그린 그림들은, 상징적으로 비합리적인 것뿐만 아니라 숨겨진 것들도 암시한다. – 세상의 일들로부터 은둔하는 장소로서, 사막과 같은 숲은, 금욕적 수도자들과 은둔자들이 즐겨 거주하는 장소이며, 그래서 영적인 집중과 내향성의 상징이다. – 자기의 비밀들을 감추고 있는, 어두운 숲은, 독일의 동화들과 영웅 전설들, 시, 문학, 그리고 노래에서 종종 발견된다. – 정신분석은 숲을 무의식의 상징으로 간주한다; 상징적 참조로서, 숲은, 꿈의 이미지들Images 속에서도 나타날 수 있고, 어떤 개인이 어두운 숲을 만나게 될 때, 실제의 불안 속에서도 나타날 수 있다. 때때로 이것은 또한 여성의 상징(특별히 숲으로 뒤덮인 언덕)으로서 해석된다.

Fortitudo [라틴어]용감함. **용기**Bravery의 의인화이며, 4가지 가장 중요한 덕목들(사추덕) 중의 하나인 이것은, 빈번하게 **곤봉Club, 검 Sword,** 방패, **사자Lion,** 그리고 승리의 기치旗幟/배너로 묘사된다.

Fortress 요새. 요새화된 거주 장소로서, 정상頂上이나 숲으로 둘러싸인 곳에 위치하는 이것은, 보호와 안전의 상징이다. 성서와 그리스도교 상징성에서, 이것은, 악마를 대항하여 보호해주는, 하느님 또는 신앙 안의 피난처를 의미한다. 가끔 지옥은, 수많은 지하 감옥과 방들을 가진 어두운, 때로는 지하에 위치한 요새로서 묘사된다.

Fortuna: V.Solis the Elder의 the Fortuna운명의 여신 포르투나.

Fortuna [라틴어]포르투나/**운명의 여신**[257]. 로마의 운명의 여신, 그러나 후에 오직 행운의 여신인, 그녀는, 그리스 여신, Tyche[258]와 동일시되며, 종종 르네상스 미술에 나타난다. 변화의, 또는 운세를 바꾸어주는 것의 의인화로서, 그녀는 통상 바퀴나 구체 위에서 있는 것으로서 묘사된다. 요새의 흔한 속성은, 풍요의 뿔이다. **Blindfold눈가리개를 보라.**

Forty 40/**마흔.** 성서에서 이것은, 기대, 준비, 참회, 그리고 벌을 위한 숫자이다. 홍수의 물은, 40일낮 40일 밤 동안 흘렀다; 모세는, 계명 판을 받기 전에, 40일 주야를 시나이산에서 기다렸다; 니네베라는 도시는, 하느님의 벌을 피하고자, 40일 동안 고행을 했다; 이스라엘인들은 40년을 광야에 있었다; 예수님은 광야에서, 40일을 단식했다; 부활 후에, 예수님은 40일 동안 당신 제자들에게 나타났다. - 그리스도의 단식과 관련하여, 그리스도교 교회는 **부활절 Easter** 전 40일의 단식(**Lent사순절**)을 수행한다.

Fountain: 생명의 샘(fountain of life)을 머큐리우스의 샘(fons mercurialis)으로 묘사한 그림. 1550년판 『연금술 장미(Rosarium Philosophorum)』에서 따온 것.

Fountain 분수/**샘.** 이것은 **물Water**과 상징적으로 연관되어 있으나, 또한 깊은 비밀들과도 연관되어있으며, 숨겨진 샘들과 원천들에 접근하는 것과도 연관되어 있다. 우물 안으로 내려가는 것(예를 들어, 동화에서)은, 종종 비전祕傳의 지식에 이르는 통로를, 또는 무의식의 영역에 이르는 통로를 상징한다. 우물물 안으로 떨어지는 것은, 불멸성, 젊음, 그리고 건강을 주는(예를 들어, **청춘의 샘 Fountain of Youth**[259]), 특별한 영약을 마시는 것(**Draught를 보라**)에 상징적으로 부합된다. - 성서에서 우물은, 씻는 것과 정화/취결례取潔禮, 축복, 그리고 생명수에 상징적으로 연결되어 있다. - 아랍 지역에서, 네모난 돌/角石Square Stone로 울타리를 친, 우물

---

257 [로마 신화] 포르투나(운명의 여신, 그리스 신화의 Tyche에 해당)

258 [그리스 신화] 튀케(운명의 여신, 로마 신화의 Fortuna에 해당)

259 Fountain of Youth: 청춘의 샘, 불로천/不老泉(청춘을 되찾게 해 준다는 유럽전설에 나오는 신비의 샘)

들은 종종 천상낙원을 나타낸다.

Fountain of Youth 청춘의 샘. Fountain을 보라.

Four 4/넷/사. 상징적 숫자로서의 이것은, **사각형**Square과 **십자가**Cross와 밀접하게 연관되어 있다. 이것은 가장 중요한 방향의 숫자이며, 이런 이유로 태초의 바람과 계절들과 원소들(**공기**Air, **흙**Earth, **불**Fire, **물**Water), 기질들, 천상낙원의 강들, 복음사가들, 인생의 단계들(유년기, 청년기, 장년기, 노년기)의 숫자이다. 공간을 나누고 지시하는 원리로서, 이것은 주로 땅의 상징이며, 그래서 종종 전체성의 상징이다. Tetramorph[260]를 보라.

Four: 네 개의 바람들. 고대 목판화.

Fourteen 14/열넷/십사. 신성한 숫자 7Seven의 2배로서 그리스도교 상징성에서 중요한 숫자인 이것은, 또한 선과 자비(예를 들어, 가톨릭 성인들의 숫자 14)의 숫자이기도 하다.

Fox 여우. 일본과 중국의 신화에서, 이것은 지혜롭고 악마적인 동물로서, 부분적으로는 좋은 동물로서, 부분적으로는, 마법의 지식을 가진 사악한 동물로서, 그리고 다른 여러 모습으로, 특별히 인간적인 형태로, 변형하는 능력을 가진, 사악한 동물로서, 중요한 역할을 담당한다. - 몇몇 인도 문화들에서, 여우는 성적인 욕망의 상징이다. - 유럽에서, 이것은 종종 교활함과 음흉함을 상징한다. 중세 미술에서, 이것은 악마, 거짓말, 부당함, 무절제/방종, 탐욕, 그리고 욕정의 상징으로서 나타난다.

Fox: 여우의 말을 귀담아 듣는 이솝. 약 450년경 Vatican에 있는 사발 그림에서 유래.

Freemason 프리메이슨/비밀결사적 형식의 형제단. 계몽주의 동안에 설립되었던 일종의 비밀 조합인 이것은. 무종교를 고수한다, 그러나 건물, 건축, 그리고 빛에 관여하는 이것의 상징성은, 광신적 종교집단 같은 의식에 포함되었다. 이것은 "빛의 세계 형제애" 모임과 "왕립 예술"(즉, 그 사람 자신의 자아 위에 있는, 그리고 "인간성의 성전"을 건설하는 것을 토대로 한 숙련된 "석공의 일")의 운동을

Freemason:견고함을 나타내는 상징. 요한니스 회의소(the Lodge of Johannis)에서 가져온 것.

260　[그리스도교] 4복음서의 기자記者를 상징하는 날개가 달린 결합형상.

얻으려고 노력했다. 프리메이슨의 풍부하고 다양한 상징성은, 석공들의 중세 협회Guild의 공예 관습들을 광범위하게 이용했다.

Frog 개구리. 물Water과 특히 **비Rain**와 밀접하게 연관되어 있는 이것은, 종종 달의 동물Lunar Animal로 여겨지고 있으며, 중국에서는 이것이 음의 원리에 묶여 있다(**Yin and Yang을 보라**). 중국에는, **꿩Pheasant**과 **뱀Serpent**이라는 양극과 유사한, **메추라기 Quail**와 개구리의 통치권을 계절적으로 변화시킨다는 믿음이 있었다. - 일본에서 개구리는 행운의 전조가 된다. -인도에는 세계를 타도하는, 위대한 개구리에 관한 관념이 있다; 그 개구리는 또한 물질에 갇힌, 어두운 생명의 상징으로 보이며, 혹은 긍정적인 의미에서, 어머니 대지로서, 보이기도 한다. - 성서에서 개구리는, 부정한 동물이라고 여겨진다. 이집트에는, 탄생을 돕고, 장수와 불멸성을 전해준, 개구리 머리를 한 여신이 있었다; 개구리는 무엇보다도 부활상징 위에 있었는데, 아마도 (개체가) 발달하는 동안에 그것의 형태가 변화하기 때문인 것 같으며, 또한 나일강의 더럽고 끈적끈적한 물질로부터 개구리가 봄에 매년 생긴다는 추정 때문인 것 같다. (그리스도 교회의) 교부敎父들에게, 개구리는 악마 혹은 (그것의 끊임없이 계속되는 소음 때문에) 이단자의 상징이었다. - 중세 민속신앙에서, 개구리는 마녀의 동물이었으며, 개구리의 뼈들은 사랑주술(呪術)Love Spell로 사용되었다.

Frond[261] 큰 잎사귀/(특히 고사리, 야자수의) 잎. Fan(선풍기/부채)을 보라.

Fruit 과일. 이것은 성숙과 완료된 발달의 상징이다. 다른 품종의 몇몇 과일들은 종종 풍부함, 생식력, 그리고 웰빙Well-Being을 상징한다. 성서에서 정확하게 묘사되지 않는, 낙원의 금지된 과일은, 그것을 예술적으로 묘사하는 지역에 따라, 달라진다; 금지된 과일들은 **사과Apple**, 포도, 그리고 체리들을 포괄한다. 그것들은 죄를 짓게 하는 유혹을 상징한다.

261　(특히 종려나무나 양치식물의)길게 갈라진 잎.

Furies[262] 3자매의 복수의 여신. Erinyes[263] (복수의 여신=Furies)를 보라.

Game 게임/경기/시합. 이것은 종종 규칙에 따라 싸우는 전투의 상징이며, 다른 사람들에 대항하여 벌이는 전투의, 혹은 극복하는 데에 장애가 되는 것들에 대항하여 벌이는, 전투의 상징이다. - 게임들은 원래 성스러운 행동들과 연관되어 있다; 때때로 그 결과는 마법적 혹은 예언적 중요성이 있다고 여겨졌다. 극도로 중요한 사건들(예를 들어, 추수)과 관련하여, 게임들은 또한 신들에 대한 감사의 표현이었다(예를 들어, 원소들의 전투의 상징적 묘사로서, 혹은 원소들을 넘어서는 초목의 승리의 상징적 묘사로서). **Chess**를 보라.

Garden 정원/뜰. 이것은 지상적 그리고 천상적 낙원의 상징이며, 우주 질서의 상징이다. - 성서에서, 시간의 종말을 상징하는, 신성한 도시(Jerusalem, Heavenly를 보라)와는 대조적으로, 정원은 태초의, 인간성의 죄없는 상태의 이미지이다. (성서의) 아가서雅歌書는 정원을 연인에 비교한다. 그리스 신화의 Hesperides[264]의 정원에는, 통상 생명 나무로서 설명되는, 금사과나무가 자라고 있었다. - 세상으로부터의 피난처로서, 정원은 오아시스와 섬과 상징적으로 밀접하게 연관되어 있다. 작은 정문을 통해서만 안으로 들어갈 수 있는, 벽으로 둘러싸인 정원은, 영적 발달의 더높은 수준에 도달하기에 앞서 먼저 극복해야 될, 어려움들과 장애물들을 상징한다. (담 등으로) 에워싸인 정원은 또한 여성 신체의 은밀한 부위를 상징한다.

Garden: 담으로 둘러싸인 정원의 분수. 어려운 상황 속에서도 변함없는 성실과 진리를 상징. 1702년 보스키우스(Boschius)의 『Symbolographia상징해설서』에서 따온 것.

---

262 [그리스 로마 신화]세 자매의 복수의 여신(머리카락은 뱀이고, 날개를 달고 있다.)

263 [그리신화]에리니에스(복수의 여신)

264 [그리스 신화] 헤스페리데스(황금 사과밭을 지킨 네 자매의 요정)

Garlic

Garlic 마늘. 아마도 이것의 강한 냄새 때문에, 이것은 (무엇인가를) 추방하는 힘이 있다고 생각되었으며, 많은 사람은, 마늘이, 사악한 시선, 악령들 그리고 (특히 중앙 유럽에서) 흡혈귀에 대항하는 약이라고 믿었다. 그리스에서는, 단순히 마늘이라는 단어를 말하는 것만으로도, 보호의 힘을 얻는다고 믿었다.

Garment 의상/의복. Clothing(특정한 종류의) 옷.

Gate (건물 담이나 울타리에 연결된) 문/출입구. Door문을 보라.

Gauntlet (중세 때의) 갑옷용 장갑. Glove장갑을 보라.

Gazelle 가젤/작은 영양. 속도의 상징인, 이것은 (예를 들어, 인도에서) 공기와 바람과 연관되어 있다. - 셈족 세계에서, 가젤은, 특히 그의 눈 때문에, 아름다움의 본질이다. - 이것은, 특히 예리한 시력을 가진 것으로 여겨졌기 때문에, 이것은 때때로 꿰뚫어 보는 영적인 이해 또는 통찰의, 그리스도교적 상징이다. - 순수예술에서, 가젤은 빈번하게 희생제물로서, 또는 야생의, 포식동물에 의해서 쫓기거나, 살해되는 희생자로서 묘사되고 있다; 이것은, 잔혹함으로 파괴된, 고귀하고 방어력이 없는 것의 상징이다. - 정신분석적 해석에서, 이들의 이미지는, 무의식으로부터 생기는 자기-파괴적인 경향성을 나타낸다.

Gemini 쌍둥이자리[265]. Twins쌍둥이를 보라.

Gems 보석/보석류. 단단하고, 내구성이 있고, 반짝거리는 희귀한 광물로서, 다듬거나 갈아 형태를 만들 수 있는, 이것들은, "지상의 별들"을 상징한다. 이것들은 하늘의 진리의 빛이 지상에 비친 모습images이다. 보석 특유의 의미들을 위하여, Amethyst자수정, Crystal수정, Diamond다이아몬드, Emerald에메랄드, Jade옥, Jasper벽옥, Sapphire사파이어, Turquoise터키석을 보라. 보석

---

265 쌍둥이 자리, 쌍자궁(황도 십이궁의 셋째 자리), 이것의 태생인 사람(생일이 5월 22일-6월21일 사이인 사람).

들은, 왕족의 왕관들, 그리고 구약성서의 고위급 사제司祭의 흉갑
(가슴을 가리는 갑옷) 같은 물건들을 장식하는 데 사용되었다; 천
상적 예루살렘과 같은 유토피아적 건물들과 도시들(Jerusalem,
Heavenly를 보라); 그리고 동화와 천국의 성들.

Genuflection (예배를 보기 위한) **무릎 꿇기/장궤**. 자주 법적으로
법적 구속력이 있었던, 제의적 상징적 행위인 이것은, 숭배, 겸손,
그리고 굴복의 표시이다.

Giants 거인들. 그들은 거대하고, 인간 같은, 조물들이며(예를 들
어, Titans[266],Cyclopes[267]), 대부분의 사람들의 신화들과 동화들에
서 나타난다. 아마도 원래는 압도적인 자연의 힘들을 구현한 존재로
여겨졌던, 그들은, 대부분의 신화에서 신들의 적으로 등장한다; 동
화들에서 그들은 통상 사람을 잡아먹는다, 그리고 민간 설화에서,
그들은 종종 서투르고 어설픈 존재들로 묘사된다. - 때때로 세상 창
조에 관여되었거나, 혹은 세상을 지탱하는, 태초의 거인들의 긍정적
인 모습으로 나타나기도 한다. - 거인들에게 대항했던 전투는, 아마
도 자연위에 군림하려는 인간들의 주장/의지를 상징한다.

Giant: 거인을 묘사한, Gundestrupp의 사
발의 세부장면. B.C. 1세기경, 켈트족, 은으
로 된 부조.

Ginseng 인삼. 이것의 뿌리가 인간을 닮은 형태 때문에, 중국에서,
Mandrake맨드레이크[268]같이 생명 연장의 힘을 지니고 있다고 여겨
진다. 사람들은 이것에 활력을 강화시키는 힘이 있다고 생각했기 때
문에, 이것은 양Yang 원리와 연관되었다(**Yin and Yang을 보라**).

Girdle 허리띠/요대/여성용 속옷/띠모양의 것. 이것의 원형의 형태
와 무언가를 제자리에 고정시키는 기능 때문에, 이것은 힘, 축성祝
聖, 충실함/정절(즉, 한 사람, 집단, 또는 과업에 대한 유대/결속),
보호, 그리고 정결의 상징이다. 어떤 사람의 거들이나 벨트를 빼앗

---

266 [그리스 신화] 타이탄(올림피아의 신들 이전에 천지를 지배한 하늘의 신. Uranus
　　와 땅의 신 Gaea의 아들로서 거인족의 하나; 그 중의 Cronus와 Rhea사이에서
　　Zeus가 태어났다.

267 키클롭스(고대 그리스 신화에 나오는 외눈박이 거인)

268 맨드레이크(약물, 특히 마취제에 쓰이는 유독성 식물. 과거에는 마법의 힘이 있다
　　고 여겨졌음)

는 것은, 그 사람에게서, 인연들, 힘, 그리고 때로는 품위를 박탈하는 것을 의미한다. - 인도에서, 구루Guru[269]가 어떤 사람에게 거들을 착용시켜 주는 것은, 영적인 축성의 필수적인 일부이다. - 성서에서, 허리띠는, 준비가 되어있음의 상징으로서 언급된다("허리를 동이고, 신발을 신은 발"). 인도인들, 그리스인들, 그리고 로마인들 중에는, 신랑이 (신부의) 허리띠를 푸는 풍습이 있었다. Venus의 허리띠는, (너무 매력적이어서) 거부할 수 없고, 마법적인 효력이 있는 것으로 소중히 여겨졌다. 성애적인 영역에서, 거들은 또한 분리적이며, 감추는 기능을 가지고 있다. 성서가 말하는 첫 번째 거들은, **아담과 이브Adam and Eve**가 자신들의 생식기들을 가린 무화과 잎의 거들이다. 천사들은, 자신들의 힘의 표시로서, 그리고 자신들의 성적인 에너지를 통제하는 표시로서, 허리띠를 두른 것으로 여겨졌다; 수도승들, 은수자들, 그리고 (미사를 집전하는) 사제들의 허리띠는 같은 의미를 가지고 있다. 중세기 동안 매춘부들은 **베일Veil**이나 허리띠를 착용하는 것이 금지되었다. 여러 성인들의 허리띠는 출산을 용이하게 하는 덕이 있다고 여겨졌다.

Glass 유리. 크리스털Crystal과 같이, 이것은, 그 투명성 때문에, **빛Light**의 상징이다. 중세기 그림에서, 자신은 영향을 받지 않으면서, 모든 것을 투과시키게 하는 유리는, 원죄 없으신 잉태/무염시태 성모 마리아의 상징이다.

Glove 장갑. 특히 중세기 기사도에서, 이것은 법과 통치권의 중요한 상징이다. 다른 사람에게 장갑을 던지는 것은 도전("갑옷용 장갑을 아래로 던지는 것")의 표시로서 이해되었다; 그러나 손으로 때리는 것은 기사답지 않은 것으로서 금지된다. 기사들과 후기 왕당파 기사들은 존경하는 부인의 장갑을, 자신들의 헬멧이나 모자에 붙여 (장식으로) 달고 다녔다. - 손가락 장갑을 착용하는 것은, 오랫동안 귀족만의 특권이었으며, 이런 이유로 장갑은, 그들의 신분을 나타내는 상징이었다. 프리메이슨 조직에서는, 장갑이 의식儀式用 복장의 일부로 사용된다; 장갑은 보통 **흰색White**이며, 순수함과 앞

---

269   구루(1. 힌두교, 시크교의 스승이나 지도자) / 2. 전문가, 권위자.

으로 수행해야 할 일을 의미한다. - 가톨릭 교회에서, 장갑의 사용
은 순수성과 품위를 상징한다.

Gluttony 폭식/과식. Gula목/인후를 보라.

Goat 염소. 고대 이래로 유용한 가축으로서, 암염소는 생식력 숭
배와 악마적 힘과 연관되어 있다. 그리스 신화에서, 어린이 제우
스Zeus 신은, 암염소인, 아말테이아Amalthea[270]의 젖을 먹는다
(Aegis[271], Horn을 보라). - 인도뿐만 아니라 다른 지역에서도, 암염
소는 **태초의 물질**Prima Materis, 즉 태초의 어머니/태모를 나타
내는 존재를 나타낸다(아마도 **암염소**She-Goat를 뜻하는 단어와
태어나지 않은 것 Unborn을 뜻하는 단어가 동음이의어이기 때문
일 것이다). - 숫염소는 남성 성적 힘의 긍정적 또는 부정적인 구현/
화신으로 간주된다. 그리스 신화에서, 이것은 제물로 바쳐지는 동
물(Dionysus에게 바쳐지는)이며, 또한 아프로디테Aphrodite[272],
디오니소스Dionysus[273], 그리고 판Pan[274]의 탈 것/말이다. - 성서
에서 숫염소는 사람들의 죄를 대신 떠맡는, 희생적 동물이다; 이런
맥락에서, 대용물로서, 희생 염소는 광야로 추방된다. 이것은 또한,
냄새가 고약하고, 부정하고, 악마적인 동물로서, 최후의 심판 때에
저주받는 자들의 상징으로 보이기도 한다. - 중세기에, 악마는 뿔
들을 가지고 있고, 양이나 염소의 발을 가진 것으로 그려졌다. 숫염
소는 또한 마녀들의, 그리고 의인화된 성욕의, 음란한 말馬이라고
여겨졌다.Carpricorn[275]염소자리를 보라.

Goat: 마녀의 탈것으로서의 숫염소. 1669
년 Leipzig에서 출간된 프레토리우스
(Praetorius)의 『Blockes-Berges Vernichtung
벽과 산의 파괴』 목판화에서 가져온 세부
장면.

---

270 아말테이아(1. 갓 태어난 Zeus를 양젖으로 양육한 님프nymph. 2. 그 양.)

271 [그리스 신화] 1. Zeus 신이 딸 Athena 신에게 주었다는 방패. 2. 보호; 후원, 주최,
지도.

272 [그리스 신화] 아프로디테(사랑. 미의 여신, 로마 신화의 Venus에 해당)

273 [그리스 신화] 디오니소스(술의 신, 로마 신화에서는 Bacchus)

274 [그리스 신화] 판, 목신牧神(염소의 뿔과 다리를 가진, 음악을 좋아하는 숲. 목양
의 신)

275 염소자리, 마갈궁(황도 12궁의 열째 자리), 이것의 태생인 사람(생일이 12월 21
일-1월20일경 사이인 사람)

Goblet 고블릿(유리나 금속으로 된 포도주잔). 사람에서 사람으로 건네지는, 술을 위한 그릇으로서, 이것은 우정과 유대의 상징이다. – 성서에서, 이것은 兩價的인/상반된 감정을 가진 상징이다; 분노의 컵으로서, 이것은 하느님의 판단의 표지이다; 축복의 컵으로서, 이것은 하느님의 현존의 상징이다. **Cup을 보라.**

Gold 금. 이것은 항상 가장 고상한 금속이라고 여겨져 왔다. 이것은, 잘 늘어나고/연성이 있으며, 빛나고, 광택을 낼 수 있으며, 그리고 넓은 범위에서, 열과 산酸에 대항하여 잘 견딜 수 있다; 이런 이유로, 이것은, 불역성不易性, 영원성, 그리고 완벽성의 상징이다. 주로 그 색깔 때문에, 이것은 전세계적으로 **태양Sun** 이나 **불Fire**과 동일시되어왔다; 결과적으로 이것은 (특히 祕傳의) 통찰력과 지식의 상징이기도하다. – 그리스도교적 상징성에서, 금은 사랑, 덕목들의 가장 높은 것을 나타낸다. – 중세 벽화에서 황금색 배경은 항상 천상의 빛을 상징한다. – 금에 대한 관념은, 가장 은밀한 비밀 그리고 땅에 대한 대부분의 성스러운 비밀로서 널리 퍼져있다. **현자의 돌Philosophers' Stone**과 관계가 있는, 기초 금속들로부터 금을 만들려는 연금술사들의 시도는, 원래 (금으로 상징화된) 영혼의 정화를 위한 탐구와 연관되어있었다. – 금은 때때로, 모든 지상의/세속적 재화의 본질로서, 부정적 상징적 의미를 가지고 있다; 이런 이유로 이것은 돈과 동의어이며, 탐욕 혹은 세계에 대한 애착의 상징이다. **Excrement 배설물/똥을 보라.**

Golden Age . **Age를 보라.**

Golden Calf 금송아지. 구약성서에 의하면, 이것은 시나이 산에서 아론Aaron[276]에 의하여 만들어진 송아지 우상(혹은 **말Steer**)이며, 이것은 모세가 십계명 판을 받는 동안, 이스라엘 사람들이 경배했던 것이다. 이것은 바알Baal[277] 신 숭배에 굴복하는, 이스라엘 사람들의 끊임없이 계속되는 유혹을 상징한다. – 금송아지 주위에서

Golden calf: 금송아지 주위에서의 춤. 14세기, Regensburg 대성당 안의 부조.

---

276   [성서] 아론(모세의 형, 유대 최초의 제사장); 모세 사후 이스라엘 민족을 이끈다.
277   바알(고대 페니키아인. 가나안인이 숭배한 번식, 자연의 신)

추는 춤은, 오늘날 물질적 재물을 위해서 과장되게 분투하는 것의
상징이다.

Golden Fleece 황금 양털. 그리스 신화에서, 이것은 황금양의 털
이다. 이 황금양은 한 마리의 **용Dragon**이 지키던 것이었으며, 수
많은 어려움들을 극복한 후에, 제이슨Jason[278]과 아르고호 승무원
Argonaut[279] 들이 훔친 것이다. - 융Jung에 의하면, 황금 양털은,
단순한 사고의 판단에 따르면 불가능해 보이지만, 그럼에도 불구하
고 개인의 성장 과정에서 결국 이루어지는 목표들을 나타낸다.

Golden Pheasant 금계(중국산 꿩). Pheasant을 보라.

Goldfinch[280] 오색 방울새. 이것은 세평에 의하면 **엉겅퀴Thistles**
위에서 산다고 알려진 새이다. 그러나 이것이 아름답게 노래하기 때
문에, 이것이 중세에는 그리스도의(특히 소년 그리스도) 상징이었
으며, 고통을 통하여 정화된, 충실한 영혼의 이미지이다.

Good Shepherd 착한 목자. Shepherd를 보라.

Goose 거위. 이집트의 신화에서, 이것은, 세계의 **알Egg**을 낳거
나, 혹은 다른 설명으로는, 이 알로부터 부화한, 태초의 거위로서
중요한 역할을 한다. 야생 거위들은 이집트와 중국에서 하늘(Sky
를 보라)과 **땅Earth**사이의 중재자들이라고 여겨졌다. - 그리스에
서 거위는 아프로디테Aphrodite에게 바쳐졌다; 로마에서 이것은
Juno[281]에게 바쳐졌다. 이것은 사랑, 생식력, 부부간의 정절, 그리고
경계/방심하지 않음의 상징이라고 여겨졌다; 그래서 Jupiter신전
에 있던 거위들이, B.C.387년, 로마가 파괴될 당시 로마를 구했다

Goose: 이집트의 태고적 거위. 파피루스에
그려진 삽화.

---

278 [그리스 신화] 이아손Jason(금빛 양털Golen fleece을 찾기 위해 항해한 영
　　웅. 그는 아르고호Argo를 타고 모험을 떠났기 때문에, '아르고호의 영웅들
　　(Argonauts)'의 지도자로도 알려져있음.
279 [그리스 신화] Argo선 선원(전설의 영웅 Jason을 따라 황금의 양털Golden
　　Fleece을 찾아 Colchis나라로 원정을 간 용사)
280 finch; 되새류(부리가 짧은 작은 새)
281 [로마 신화] 주노(Jupiter의 아내로, 결혼한 여성의 수호신; 그리스 신화의 Hera)

고 전해졌다[282]. - 러시아, 중앙아시아, 그리고 시베리아에서, *거위Goose*라는 단어는, 사랑하는 여성을 부를 때 흔히 사용하는 이름이다. - 켈트족에게, 거위는 상징적으로 **백조Swan**와 가깝다. 그리고 백조와 같이, 정신 세계로부터 온 전달자/전령으로 여겨졌다.

Goose Grass 갈퀴덩굴. 야생의 쑥국화와 짚신나무屬의 식물과 관련된 일반적인 식물인 이것은, 그 뿌리를 지닌 사람들에게 호감, 설득력, 영리함, 그리고 재치를 준다고 추정되었다. 이것은 모성적 사랑의 상징이다, 그래서, 비가 올 때 그리고 보호용의 뿌리를 형성할 때, 그 잎들이 싹 위에 접혀있기 때문에, 성모 마리아의 사랑의 상징이라고 여겨졌다.

Gordian Knot[283] 아주 힘든 일. Knot매듭을 보라.

Gorgoneion[284] 고르곤의 머리. 고르곤Gorgon의 머리(**Gorgons를 보라**)이며, 열린 목구멍, 드러낸 이빨, 튀어나온 혀, 그리고 종종 턱수염을 가진 괴상하고, 무시무시한 용모를 가졌다. 이것은, 신적 권능의 무서운 측면의 상징이며, 또한 신전에 부착된, 액운을 막는 상징이다; Gorgon의 머리그림은 또한, **Aegis방패[285]**의 중앙에 부착되어 있다.

Gorgons[286] 고르곤들. 그리스 신화에서, 그들은 3명의 자매들, Euryale, Stheno, 그리고 Medusa이다. 이들은 추한 괴물들이며, 자기들을 보는 사람들을 돌로 만들었다. 그들은 자신들의 머리털이

Gorgon: 惡神 Gorgon. 그리스의 섬 Corfu, Artemis 사원의 서쪽 박공에서 유래.

---

282 기원전 390년 혹은 387년 경 로마가 갈리아족에 의해 밤에 습격당할 때, 주피터 신전 주변에 사는, 거위들의 울음소리를 듣고 로마 수비병들이 깨어나서 공격을 막았다고 전해진다.

283 Phrigia왕 Gordius의 매듭(왕이 맺은 풀기 어려운 매듭으로, 이것을 푼 사람이 아시아 전체의 왕이 된다는 신탁이 있었는데, Alexander가 이것을 칼로 잘라 버렸다고 한다.) cut the~knot 어려운 문제를 명쾌하게 해결하다.

284 고르고네이온(Gorgon의 (특히 Medusa의)머리 그림(부조); 악령을 쫓고 액운을 막기위해 신전이나 방패 등에 새겨진 상징물이다.

285 [그리스 신화] (Zeus신이 딸 Athena신에게 주었다는) 방패

286 1. [그리스 신화] 머리털이 전부 뱀이고, 그의 얼굴을 본 사람은 공포로인해 죽어서 돌이 되었다고 하는 3명의 자매이름. 그 중 막내동생은 Medusa라고 불리는데 Perseus에게 살해되었다. 2. 고르곤처럼 얼굴이 추악한 여자.

뱀Serpent으로 되어있고, 혹은 자신들의 **허리띠**Girdle 위에 뱀이 있는 것으로서 묘사되며, 종종 날개가 달려있다. 그들은 흔히 신성한 것/신적 존재의 무서운 측면을 상징적으로 구현한 것들로 해석된다. 단수로 고르곤이 언급될 때, 통상 Medusa를 언급하며, 이는 3자매들 중에서 죽음에 해당하며, 메두사는 Perseus에 의해서 참수되었다. 후대에 메두사는 종종 젊고, 아름다운 것으로서 묘사되었다. **Gorgoneion을 보라.**

Gourd 박/호리병 박. 이것의 씨앗의 많은 수 때문에, **석류**Pomegranate, 그리고 **레몬**Lemon(Zedrat, Lemon을 보라) 같은 과일들같이, 박은 생식력을 상징한다. - 흑인 아프리카 민족들과 그밖의 사람들 사이에서, 이것이 또한, **세계의 알**World Egg과 **자궁**Womb의 상징이기도 하다. - 도교에서 이것은, 장수와 육체적 불멸을 주는 영양분으로서 숭배된다. - 중국에서, 사람이 (술을) 마시는, 두 개의 말린, 박 반쪽은, 나뉘어져 버린, 하나의 통합체를 이루던 2부분을 상징적으로 나타낸다. - 그리스도교 미술에서, 빠르게 자라고, 빠르게 시드는 박은, 종종 인생의 짧음과 허약함을 의미한다.

Grafting 접붙이기. 접붙여진 나무들의 과일들을, 유대인들은 신적 질서를 방해하는, 자연에 어긋나는 행위의 산물로서 여겼다. 그래서 이런 나무들의 과일은 금지되었다. - 중세기의 그리스도교 미술에서, 접붙여진 어린 가지는, 은총에 의해서 이루어진, 개종改宗, 고귀해짐, 그리고 새로운 시작을, 의미했다.

Grail 성배聖杯[287]. 중세 문학에서, 이것은 신성한 물건이다. - 프랑스에서, 이것은 통상 신성한 것을 지녔던 용기/그릇이었으며, 성찬식 그릇, 또는 아리마테아Arimathea의 요셉이 그리스도의 피를 받았던 그릇이었다. - Wolfram von Eschenbach에 의한 *Parzival*[288]의 독일어 해설에서, 성배는 음식을 나누어주고, 영원한 젊음을 주는, 대단한 힘을 가진 돌Stone이다. 이것은 하늘과 땅의

287　성배/성작聖酌(최후의 만찬 때, 그리스도가 사용했다고 하는 잔)
288　Authur왕 이야기에 등장하는 궁정기사.

가장 높은 행복의 상징이며, 또한 천상적 예루살렘의 상징이기도 하다(Jerusalem, Heavenly를 보라). 이것은 순수함으로써만 획득될 수 있었다. 왜냐하면, 이것은, 영적 모험을 견딘 후에만 성취될 수 있는, 영적 발달의 가장 높은 수준을 상징했기 때문이다.

Grape 포도. Grapevine 포도덩굴을 보라.

Grapevine: 포도나무 안에서 그리스도를 묵상하는, 신비주의자 하인리히 소이제 Heinrich Seuse. 1482년, Augsburg, A.sorg가 제작한 목판화.

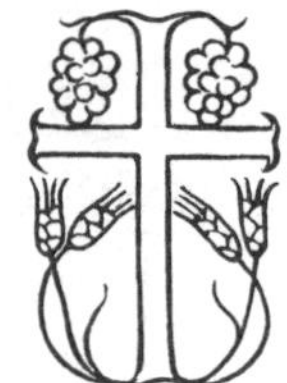

Grapevine: 포도 덩굴과 곡식 이삭이 함께 있는 십자가. 성체성사의 상징.

Grapevine: 약속의 땅으로 파견된 정찰병의 귀환. 약 19세기경, 어린이 성서로부터 유래.

Grapevine 포도 덩굴[나무]. 이것은 풍요로움과 생명의 상징이다. - 그리스에서, 이것은 Dionysus에게 바쳐졌다. 죽음의 주인으로서, 그리고 생명의 갱신의 주인으로서, 황홀경의 신을 찬양했다는, 디오니소스 신비의식神祕儀式을 참고하면, 포도는 또한 부활의 상징이었다. - 유대교와 그리스도교 상징성에서, 포도 덩굴은 많은 의미를 가진 신성한 식물이다. 이것은 이스라엘 사람들의(이스라엘 백성들을 향한 하느님의 관심은, 자신들의 포도 나무들을 향한 사람들의 관심에 비교된다) 상징으로서, 그리고 메시아의 나무로서 간주된다; 메시아는 구약성서에서 포도나무에 비유된다. 그리스도는 자기 자신을 진정한 포도나무와 동일시했는데, 그 포도나무는, 살아있는

뿌리처럼, 자신의 가지들 같은 충실한 이들을 품고 있는 것이다(즉, 그리스도로부터 자신들의 힘을 끌어내는 사람들만이, 열매를 맺을 수 있다). - (울타리로) 둘러싸이고, 보호된 **포도원Vineyard**은, 선택된 사람을 상징한다; 후에 이것은 거룩한 교회에 적용되었다. - 약

속된 땅에서 가져온, 포도는 약속의 상징이다; 초기 그리스도교 석
관 위에 새겨져 있는 포도는, 죽은 자들이 그 안으로 들어갔던, 약속
된 내세를 나타낸다. Wine을 보라.

Grass 풀. Hay를 보라.

Grasshopper 메뚜기. Cricket 귀뚜라미, Locust 메뚜기를 보라.

Grave 무덤. 무덤 또는 봉분으로서 이것은, 신성한 **산**Mountain
들에 대한 암시일 수 있다. 수많은 무덤이나 기념물(그리고 소위 **가
정용 항아리**House Urns과 같은, 항아리들도 포함된다)의 형태는,
상징적으로 죽은 자들을 위한 거주지의 개념에 해당한다(즉 집, 사
원, 등). 휴식의 장소로서뿐만 아니라, 죽음의 장소로서, 무덤은, 때
로 정신분석학적으로 태모太母the Great Mother의 사랑하는 측
면과 무서운 측면 둘 다에 연관되어 있다.

Grave Stone 묘비, Stone을 보라.

Gray 회색. 검은색과 흰색이 균등하게 구성된 이것은, 명상의 색
이며, 정의를 보상하는 것의 색이며, 또한 동시에 둘 사이의 중간 영
역들의 색이다(예를 들어, 민속신앙에서 이것은, 밖으로 떠도는 죽
은 자들과 영혼들의 색이다). 그리스도교에서 이것은 죽은 자들의
부활의 색이며, 최후의 심판 때에 심판자로서 그리스도께서 입는
망토의 색이다.

Green 녹색. 식물 왕국의 색이며, 특히 봄철을 일깨우는 것의 색
인 이것은, 또한 물, 생명, 그리고 신선함의 색이기도 하다. 이것은
지옥 불의 **붉은색**Red과 천국의 **파란색**Blue 사이를 중재한다. 종
종 녹색은 빨강의 반대이지만, 때로 (생명의 색으로서) 이것은 또한
빨강을 나타내기도 한다. 게다가 자연의 연례적인 갱생의 색으로
서, 녹색은 희망, 장수 그리고 불멸성의 색이다. - 중국에서 녹색은
상징적으로 번개와 천둥, **나무**Wood, 그리고 음의 원리(Yin and
Yang을 보라)와 연관되어 있다. - 이슬람에서 녹색은 물질적이며

Grassfopper: 묵시적 메뚜기(또는 메뚜기 재
앙)의 환상. 11세기, 『*Apocalypse of Saint-Sever*
생세베르 묵시록』에 나오는 사탄과 메뚜기
들Satan et les Sauterelles의 그림에서 묘사.

Grave: "집모양의 항아리" 무덤의 다양한
종류.

영적인 구원, 지혜, 그리고 예언자의 색이다. - 많은 사람들의 신화론적 관념은 빨강과 녹색 사이의 변형과 밀접한 연결을 드러낸다. 예를 들어, 아프리카에서, 여성적인 것을 나타내는, 녹색은 때로 남성적인 빨강으로부터 진행하는 것으로서 보인다. - 연금술사들은 종종 남성적인 빨강과 여성적인 녹색에 의해서 상징되었던 영역들 사이의 상호작용들로서의 변형과정들을 알았다. "녹색 빛"은 연금술사들과 주술사들을 위한 역할을 담당한다. 이것은 자연에서 그리고 다양한 화학적 실체들을 태우는 동안에 발생하며, 또한 떠오르는 태양 혹은 특정한 장소에 있는 태양의, 지극히 드물게 관찰된 "녹색 광선"의 형태에서도, 발생한다. 이것은 조명의 상징이며, 생명과 죽음과 연관되어 있다. 연금술사들은, 또한 소위 "살아있는 영"이었던, 비밀의 불을, 녹색의, 반투명한, 그리고 잘 녹는 **크리스탈 Crystal** 이미지 안에서 보았다. 연금술에서, "녹색 사자"와 "녹색 용"과 같은, 합성된 형태들에서의 녹색은, 심지어 **금Gold**까지도 녹일 수 있는 용액이라고 일컬어진다. - 중세의 그리스도교 예술가들은 때로는 그리스도에 의해서 초래된 부활의 표지로서, 그리고 낙원으로 돌아갈 인간성의 희망의 표현으로서, 그리스도의 십자가를 녹색으로 그렸다. 중세 미술에서 녹색은 또한 독의 색깔로서의, 그리고 협박하는 눈초리의 색깔(예를 들어, 녹색 눈을 가진 악마적 생물)로서의, 부정적인 의미를 갖는다.

Green Woodpecker 청딱따구리. Woodpecker를 보라.

Griffin: M.Schongauer가 제작한 동판화.

Griffin 그리핀[289]. **독수리Eagle**의 머리와 **사자Lion**의 몸과, 그리고 날개를 가졌던 고대의 우화적 동물인 이것은, 태양의 상징적 동물로서 여겨졌다. - 그리스인들에게 이것은 아폴로Apollo[290]와 아르테미스Arthemis[291]에게 바쳐졌다; 이것은 꿰뚫어 보는 눈초리 때문에 그것의 힘과 경계/감시를 상징한다. - 독수리처럼 이것은 하늘에 속하고, 또한 사자처럼 땅에 속하기 때문에, 이것은 중세에는 그리스도의 神的-人間的이라는 2중적 본성의 상징이었다; 태양

289　그리핀(사자 몸통에 독수리의 머리와 날개를 지닌 신화적 존재)
290　[그리스 로마 신화] 아폴로(고대 그리스 로마의 태양신, 시. 음악. 예언 등을 주관함.)
291　[그리스 신화] 아르테미스(달과 사냥의 여신, 로마 신화의 Diana에 해당)

의 동물로서 이것은 또한 부활의 상징이었다.

Grimace 찡그린 표정. Apotropaic Figure액막이, Bes[292], Gorgoneion을 보라.

Ground Ivy 덩굴광대수염/병꽃풀. 이것은 대체로 푸른 자색의 꽃을 가진, 땅위를 기며 자라는 (꽃부리 또는 꽃받침이) 입술 모양의 꽃이다. 중세기에 이것은 의료용 목적으로 빈번하게 사용되었다; 이런 연유로, 이것은 종종 성모 마리아의 상징이었다. 발푸르기스의 전야제Walpurgis[293] Night[294]때, 뽑은 덩굴 광대수염꽃으로 만들어진 화관은, 그다음 날에 마녀들을 인식하는 능력을 준다고 추정되었다.

Ground ivy

Grove 숲/수풀. Forest를 보라.

Gula 폭식/과음. *Gluttony*폭식/과음의 여성적 의인화이며, 7가지 죽음의 죄들 가운데 하나인 이것은, **돼지**Swine를, 혹은 자신의 목구멍 안에 **거위**Goose고기가 있는 **여우**Fox를 타고 다닌다. 폭식은 또한 **곰**Bear, **큰 까마귀**Raven, 그리고 **늑대**Wolf 같은, 동물들에 의해서도 상징된다.

Hair 머리털/머리카락. 이것은 많은 문화에서 힘의 실질적인 소지자, 또는 힘의 상징으로서 보였다(예를 들어, 구약성서에 나오는 삼손Samson의 머리털). 헌신, 충성의 표시로서, 또는 속죄로서, 머리털 희생제물의(예를 들어, 그리스인들 가운데에서는, 어떤 사람이 시민권을 받았을 때와 결혼식 및 장례식에서; 그리스도교에서는 중세기 이래로 특정한 성인들과 관련하여) 중요성은, 머리카락에 부여된,

Hair: 옆 머리카락 뭉치가 있는 어린이 Horus.

---

292 [이집트 종교] 베스: 음악. 무용. 출산의 신; 꼬리가 있고, 라이온의 털가죽을 입은 난쟁이 모습.

293 성녀 발푸르기스(710-780): 잉글랜드의 수녀; 독일에서 수녀원장이 되었으며, 독일 토착민의 교화에 생애를 바친 영국의 수녀로 수녀의 축일이, 이 마녀들의 축제일에 해당하므로 이 이름이 생겼다.

294 발푸르기스의 전야제, 마녀의 휴일, 악마적인 술잔치.(5월 초하루 전날 밤, 전설에 의하면, 독일에서는 이날 밤 마녀들이 Brocken산에 모여 마왕 임석하에 큰 주연을 벌였다고 한다.

높은 존중을 고려할 때 분명해진다. 수도승들과 성직자들의 삭발은, 아마도 이런 맥락에서 중요할 것이다. 고대 게르만 부족들 가운데에서, 그리고 중세기에, 어떤 사람의 머리털을 자르는 것은, 사법상 상징적 가치를 가졌으며, 그리고 범죄자/죄인를 모욕하는 한 방법으로서 이해되었다. - 다양한 문화들에서, 특히 마법과 관련된 것들에서, 한 사람의 깍은 머리털은, 실제의 그 사람을 의미할 수 있었으며, 그리고 특정 관습(의식, 풍습, 마법 의례 등)에서 그에 맞게 사용되었다. - *헤어스타일Coiffure*도 또한 상징적 중요성을 가진다. 때때로 뱀들과 섞인, 야생의 흩어진 머리털은, 무서운 신들, 3자매의 복수의 여신 the Furies[295](예를 들어, 힌두교와 그리스 신화에서) 등등을 암시한다. 다양한 머리털 스타일은, 또한 직업들, 카스트의 계층, 계급, 나이, 그리고 성구분을 의미한다. 예를 들어, 고대 이집트에서, 어린이들은 오른쪽으로 긴 머리 가닥을 한다. - 특히 남자들의 길고, 느슨한 머리털은 자유의 표지이거나, 고귀한 혈통의 표지이다; 중세기에 여자들에게 이것은 처녀의(그러나 또한 매춘부의) 표시였다. 길고 자르지 않은 머리털은(요가 수행자, 은수자, 또는 현대의 하위문화 구성원들의 머리털 같은) 문명에 대한 의식적인 적대감의 표시일 수 있다. 사람들은 때때로, 전쟁, 여행 중에, 또는 애도의 표현으로서, 자신들의 머리털을 자르지 않고 지내기도 했다(그러나 고대 그리스인들은 애도의 표시로서 자신들의 머리털을 잘랐다). - 때로 머리털의 색깔은 상징적 의미를 가졌다: 금발의 머리털은 빛과 연관되었다; **붉은Red** 머리털은 중세 절정기에 악의 표시로 간주되었다.

Halo: 광륜의 다양한 형태들(위에서 아래로), 광륜 또는 광선들; 그리스도를 위한 십자가 문양이 있는 원판(디스크); 살아있는 사람을 위한 직사각형 후광; 성부 하느님을 위한 삼각형 광륜.

Halo 광륜(Glory Gloriole영광의 후광)/원광. 이것은 그리스도교의 그림에서(그리고 때로 조각에서) 신성의, 높은 지위의, 또는 통치권의 상징이다. 고대의 **비구름/圓光Nimbus**을 본떠서 만들어진, 후광Halo은, 사람의 머리 주위에 있는, 둥글고, 통상 금빛인, 영역 또는 광선의 무리이다(**광환Aureola**[296]과 **전신후광Mandorla**[297]과는 대조적이다). 원래 어린 양이신 그리스도와 하느님 아버지와 (종종 삼각형으로), 그리고 성령으로서의 비둘기와 연관된, 이것은 종

---

295 [그리스 로마 신화] 3자매의 복수의 여신(머리카락은 뱀이고, 날개를 달았다.)
296 광환(빛으로 이뤄진 둥근 테 모양)
297 아몬드 모양의 부분, (성인像 등의) 전신 후광.

124

종 그리스도 합일문자Monogram[298]나 혹은 "십자가 모양의 후광 Cross Nimbus"과 같은 **십자가Cross**로 묘사된다. 이것은 후에 성모 마리아, 천사들, 사도들, 예언자들, 그리고 성인들과 함께 사용되었다. 살아있는 사람들을 위해서 사용될 때, 이것은 통상 **4각형 Square** 형태였다.

Hammer 망치. 원래는 무기였던 이것은 힘과 강함을 상징하는 도구이다. 왜냐하면, 망치는 종종 천둥과 연관되었기 때문에, 이것은 게르만족 신화 속의 천둥의 신, 토르Thor[299]와 연관되었다. - 고대에서, 이것은 불과 대장간의 신, Hephaestus[300]의 도구였다. 몇몇 문화권들에서, 악에 대항하는 마법적, 보호적 힘들은, 제의적으로 가공된 망치 덕분이라고 생각한다. - 북유럽에서 수많은 망치의 표현들이 발견된다(예를 들어, 묘비들에); 이런 것들은 악의 세력들에 대항하여 죽은 자들의 평화를 보호해야 하는 표시들과 관계가 있을 수 있다. 때때로 망치들은 또한 위장된 망치 상징으로서 나타난다. - 프리메이슨 제도에서, 망치는 이성에 의해서 안내되는 의지력을 상징한다. - 법학에서, 망치는 경매와 기타 상거래에서 상징적으로 법적 구속력을 갖는 의미를 가진다. - 교황이 서거한 후, 황금 망치로 죽음의 방의 벽을 3번 두드려, 죽음이 확실히 드러나도록 하는 의식을 거행한다.

Hammer: 부적으로서 노르웨이의 신, Thor 의 망치, 묠니르Mjollnir. 10세기, 은 장식품.

Hand 손. 이것은 활동과 힘의 상징이다. 통치자나 신의 손안에 놓인다는 것은, 그 존재의 권력 아래에 있음을 의미한다. 그러나 이것은 또한 그 개인의 보호를 받는 것을 의미하기도 한다. - 한 손이나 두 손으로 악수하거나 내미는 것은, 친절한 개방, 헌신, 또는 용서의 표시이다; 결과적으로 오랫동안 이것은 부부 유대의 본질적인 상징이 되어왔으며, 그리고 (이제는) 법적으로 광범위한 상징적 의미를 가진다. - 불교에서, 합장한 손은 비전의 비밀에 대한 침묵을 지키는 것을 의미한다; 이런 이유로 붓다의 개방된 손은 그가 지킬 비밀이 없다는 것을 암시한다. 추가적으로, 불교와 힌두교 양자는 손

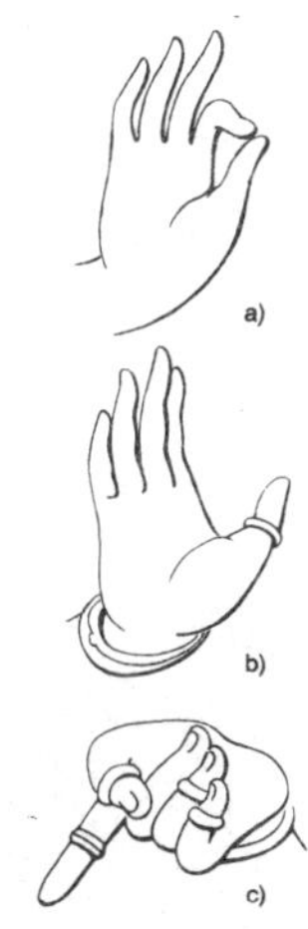

Hand: 인도에서의 손 동작 예시들. a) Cin mudra or wakhy-anamudra, 명상 또는 가르침을 의미. b) Abhaya, 보호를 준다는 의미. c) Suci or tarjani, 위협을 의미.의 망치, 묠니르Mjollnir. 10세기, 은 장식품.

---

298   모노그램, 합일문자(주로 이름의 첫 글자들을 합쳐 한 글자 모양으로 도안한 것)

299   토르, 뇌신雷神(북유럽 신화에서 천둥·전쟁·농업을 주관)

300   [그리스 신화] 헤파이스토스(불, 대장장이 일, 수공예를 담당하는 고대 그리스 신)

동작들이 많다는 것을 안다. 그 상징적 의미는 고정되어 있으며, 또한 예술과 제의적 춤에서 중요한 역할을 담당한다; 예를 들어, 그들은 위협들, 헌신, 명상, 감탄, 기도, 논쟁, 그리고 두려움 없음을 표현할 수 있다. - 대부분의 문화들에서, 손짓과 **손가락Finger** 언어/手話들은, 소통과 표현의 수단이다. 아프리카에서, 왼손을 손가락들을 모은 채, 오른손 위에 올리는 것은, 일반적으로 복종과 존경의 표시로 이해된다; 고대 로마에서, 이와 비슷한 의미는, 사람의 양손을 그 사람의 양쪽 옷소매 안에 감춤으로써 전해졌다. 고대에, (장갑이나 천으로) 덮여지거나 (천, 베일 등으로) 가려진 손들은, 어떤 사람이 고위관료에게 접근할 때나, 그들로부터 선물을 받을 때 하는 일반적 관례였다. 때때로 이런 몸짓은 후에 그리스도교 미술에서 종교적 존경의 표현으로서 일어난다; 그리스도교 전례 행위Liturgical Acts³⁰¹들 안에서, 신성한 물건들을 평신도가 운반할 때, 이런 몸짓은 관례적이다. - 상징적 의미에서, **오른손Right**과 **왼손Left**들의 차이점은 널리 입증된다. 예를 들어, 양손을 얹어 축복할 때, 이것은 역할을 한다. 원칙적으로 이런 축복은, 오른손으로 행해지며, 종종 권능의 전달로 이해된다. - 그리스도교 미술에서, 하느님의 개입은 종종 구름속에서 내려오는 손에 의해서 상징된다; 일반적으로 하느님의 손은 육화된 로고스Logos로서 해석되어 왔다. 중세 이래로, 손을 합장하는 것은 기도의 몸짓이었다. 지금까지도 맹세할 때 사람의 오른손을 드는 것은, 법적으로 구속력이 있다. **Glove를 보라.**

Hand and Foot Washing: 발을 씻어주는 예수. 독일 Speyer의 대성당 안의 성서 속 그림 모방.

Hand and Foot Washing 손발 씻기. 거의 모든 종교에서 사람들은, 신성한 행동을 하기 전에 제의적 정화의 표시로서 (특히 자신들의 손을) 씻는다. - 빌라도는, 상징적으로 자기 책임을 부정하는 표현을 하면서, 자기 손을 씻었다. - 동양에서 외국인들과 손님들의 발을 씻어주는 것은, 친절의 행위로서 이해되었다. 그리스도께서 자기 제자들의 발을 씻어주는 것은, 자신의 사랑을 제공하는 것에 대한 일종의 시범이면서, 또한, 상징이다; 그분의 행위는 7세기 이래로, 성 목요일의 가톨릭 전례典禮에서 재현되어왔다. **Baptism, Bath를 보라.**

---

301 전례 행위:가톨릭교회에서 하는, 공식적인 경신 행위이다. 예를 들어, 미사, 성체강복, 7성사 예식 등이 있다.

Hare 토끼. 종종 *Rabbit*과 동일시되는 이것은, 낮에 자고 밤에 깨어있기 때문에, 그리고 다산하기 때문에, 달의 상징적 동물이다. 동화에서 그리고 많은 사람들의 영웅설화에서, 달은 결과적으로 토끼로서 묘사된다(또는 달의 밝고 어두운 반점들이 토끼들이라고 일컬어진다). 이것의 생식력 때문에(또한, 아마 이것이 습관적으로 땅의 고랑들 속으로 내려오기 때문에), 토끼는 밀접하게 땅과 연관되어 있다. 땅은 어머니로서 이해된다. 이런 이유로 이것은 또한 생명의 끊임없는 부활의 상징이다. 부활절 토끼에 관한 익살스러운 관념은, 생식력 상징성을 강화하는데, 그 이유는 **달걀Egg**도 또 다른 생식력을 상징하기 때문이다. 토끼의 수많은 새끼는, 토끼의 강한 관능미 때문이라고 여겨지기 때문에, 토끼는 성과도 연관된다. - 그것의 소심함 때문에, 그것은 때때로 걱정과 겁의 상징이다. 또한, 이른바 뜬눈으로 잠을 자는 능력 때문에, 경계의 상징이다; 이것의 속도/신속함 때문에, 이것은 또한 인생이 빨리 지나감을 상징한다. - 성서에서 토끼는 부정한 동물로 언급된다.

Hare: 초승달 안에 앉아 있는 토끼. 고문서 Borgia 55, 멕시코, 생명수로 채워진 사발로 묘사됨.

Harp. Lyre 리라/수금를 보라.

Harvest 수확. 이것은 성취/달성의 상징이다. 그리스도교 미술에서, 이것은 종종 최후의 심판을 나타낸다.

Hat 모자/중절모. 이것은 때로 머리 또는 생각들을 상징한다; 모자를 바꾸는 것은 또한 사람의 관점 혹은 견해를 바꾸는 것을 의미할 수도 있으며, 사람의 직업 또는 역할을 바꾸는 것을 의미할 수도 있다.

Hawk 매. 이것은, 중세의 그리스도교 미술에서 죽음 상징으로 인식된, 포식성의 새이다.

Hawthorn 산사나무. 그리스도의 가시관은, 이 산사나무로 만들어졌다고 추정되었다. 중세기에 이것은 조심Caution(조심은, 사람이 어떤 것을 다치지 않게 집어들기 위하여 필요하다)의 상징이며, 그리고 희망의 상징이었다.

Hay 건초. 마른(즉, 죽은) 풀로서, 이것은, 성서에서 세상과 인생이 일시적임을 상징한다.

Hazel 개암나무. 이것은 민속신앙과 마법에서 어떤 역할을 담당하고 있는데, 아마도 이것이 유연하고, 번개를 맞지 않고, 일찍 꽃이 피기 때문일 것이다. 이것은 악령과 뱀에 대항하는 보호물로서 평가받는다. 개암나무 가지(지팡이)Hazel Switch[302]는 금이나 물을 찾는 점술사들이 즐겨 사용한 도구였는데, 이는 그것을 금맥이나 수맥 위에 들고 있으면 가지가 움직인다고 믿었기 때문이다. 이것은 또한 마법을 거는데 사용되었다.

Heart: 예수 성심. Master E.S., 동판화, 1467.

Heart: 대중적인 사랑의 상징으로서, 심장.

Heart 심장/마음. 인간에게 있어서 생명 유지에 필수적이며, 중심되는 기관으로서 이것은 **중심**Center의 상징적 의미와 연관되어 있다. - 인도에서, 심장은 절대자의 의인화인 브라만Brahman과 연결되는 장소로서 생각된다. - 고대 그리스에서, 이것은 원래 생각, 감정/느낌, 그리고 의지를 나타냈다; 후에 이것은 더 많은 영적 의미를 획득했다. - 유대교와 그리스도교에서, 심장은 무엇보다도 정서적 힘의 장소로서 여겨지며, 특히 사랑의 장소로서 여겨지지만, 또한 직관과 지혜의 장소로서도 여겨진다. - 이슬람은 심장을 관상과 영성의 좌석으로서 본다; 이것은 자신을 가리는 다양한 색으로 된 층들을 가지고 있다고 여겨지며, 흥분/신남을 통하여 보이게 된다. - 이집트 종교에서, 심장은 의지의 중심으로서, 활력과 영적 에너지의 중심으로서, 본질적인 역할을 담당한다. 방부 처리된 미이라에서, 심장은 풍뎅이와 함께 남겨진다. 그 이유는 사후에 사람의 운명을 결정하는 심판 때에 심장의 무게를 재기 때문이다. - 그리스도교 미술에서, 특별히 중세의 절정기의 신비주의는 광범위한 심장 상징성을 발달시켰다(예를 들어, 그리스도, 마리아, 성인들의 불타는, 관통된 심장). - 오늘날 심장은 일반적으로 사랑과 우정을 상징한다.

Hearth 벽난로/바닥/아궁이. 집, 인간공동체, 따뜻함, 안전, 돌봄 그리고 주거지, 가족, 부인, 그리고 여자의 상징이다. 많은 사람의

302　hazel switch: 개암나무 가지로 만든 점술용 막대(수맥·금맥 찾기 도구)

종교적 관념에서, 이것은 중요한 역할을 담당했다. 선사시대에, 죽은 자들은, 난로 옆에 묻혔다; 이것은 빈번하게 숭배와 제의적 수행을 위한 자리로써 제공되었다.

Heaven 하늘. Sky를 보라.

Heavenly Portal . Door를 보라.

Heavenly Jerusalem . Jerusalem, Heavely를 보라.

Hedgehog 고슴도치. 이것은 중국과 일본에서 부유함의 상징으로서 숭배받는 동물이다. 메소포타미아, 중앙아시아, 그리고 때로는 남미에서(아마도 그것의 가시 때문이리라), 이것은 불과 연관되었던, 그리고 그래서 문명과 연관되었던, 태양의 동물로서 여겨졌다. **자연 동물 상징 해설서**Physiologus 에 의하면, 중세기에서 이것은 악마를 상징했다; 이것은 또한 탐욕, 대식, 그리고 이것의 빠르게 가시가 세워지는 것 때문에 분노의 상징으로서 나타난다. 긍정적인 의미에서, 이것은 **뱀**Serpengs들의 사냥꾼으로서 여겨졌으며, 그래서 악의 대적자로서 여겨졌다.

Height: 높이와 깊이의 결합. 1617년 Maier 의 『황금 책상의 상징(Symbola Aureae Mensae)』에 수록된 Maria Prophetissa의 그림 세부.

Height 높이/키/고도/정점. 이것은 영적 영역과 신적 영역을 상징적으로 시각화한 것이다. 높이 상승하려는 시도는, 도덕적이고 영적인 발달을 상징한다.

Hellfire . Fire를 보라.

Helmet 헬멧/투구. 이것은 강함, 상처를 입힐 수 없음, 그리고 불가사의 상징이다.

Helmet: 그리스 투구.

Hem (옷의) 단/옷자락. 하나의 경계/가장자리로서, 이것은 특히 극동지방에서 상징적으로 중요하다. 옷단에 입맞춤하거나 만지는 것은, 숭배 혹은 굴복의 몸짓으로 간주되었다. 그러나 옷단을 잘라내는 것은, 몇몇 사람들에게는, 굴욕감을 주는 벌이었거나, 적어도 다른 사람 위에 있는, 어떤 사람의 힘의 상징적인 표현이었다; 가장자리를 자르는 행위(옷단을 자르는 것)는, 때로는 **머리털**Hair을 자르는 행위와 상징적으로 연결되어 이루어졌다.

Hen 암탉/(새의) 암컷. 이것은 돌보아주고, 보호하는 어머니성(모성)의 상징이며, 때로는 과장되고, 희화화된/우스꽝스런 감각으로 (묘사된다). **Cock수탉을 보라.**

Herbs 허브/약초. 이것들은 숨겨진 힘의, 그리고 눈에 잘 안 띄는 식물들의 얌전함의 상징이며, 종종 치유하는 특질을 가지고 있다.

Hercules at the Crossroads 갈림길에 있는 헤라클레스. **Crossroads를 보라.**

Herdsman 목부牧夫. **Shepherd를 보라.**

Hermaphrodite: 초승달 위의 헤르마프로디토스(양성적 존재, 남성과 여성의 성을 모두 지닌 존재). Mylius의 『Philoshphia Reformata개혁된 철학』, 1622.에서 유래.

Hermaphrodite 자웅동체. 이것은 공존의, 또는 반대자들간의 중재의 상징이며, 동시에 완벽하거나 완전한 인간존재의 상징이다. 많은 종교에서, 신은 양성兩性이라고 생각되었다. (플라톤의) 심포지움/학술토론회 책에서, 플라톤은 태고의 자웅동체에 관한 신화를 알리고 있다. – 연금술에서, 남성과 여성 원리들의 재결합을 통하여 창조된다고 추정되는, **현자의 돌**Philosopher's Stone은 종종 자웅동체로서 표현된다. **Mercurius, Rebis를 보라.**

Hero 영웅. 정신분석상의 꿈과 동화번역에 의하면, 영웅은 종종 승리하는 자아의 힘Ego Powers의 화신이다.

Heroic Age 영웅시대. **Age를 보라.**

Heron 왜가리. 이집트에서 이것은 신성한 새로 여겨진다; Benu[303] 새는(**Phoenix를 보라**)는 때때로 왜가리의 형태로 나타난다. 이것

303　베누:고대 이집트의 영조靈鳥, 불사조(Phoenix)에 해당.

의 긴 부리 때문에 이것은, 숨겨진 지혜를 탐구하고 파헤치는 것뿐
아니라, (여기저기에 부리 또는 코를 들이미는) 호기심도 상징한다.
뱀을 멸망시키는 다른 동물들과 같이, 이것은 중세기에 그리스도
의 상징이다. - 이것의 잿빛의 깃털 때문에, 회색 왜가리는 속죄/고
행의 상징으로서 간주되었다. Pliny[304]에 의하면, 왜가리는 고통의
눈물을 흘릴 수 있기 때문에, 이것은 또한 상징적으로 올리브 산의
그리스도와 상징적으로 연관되어 있다.

Hexagram 육선 성형/육각별[305](Seal Of Solomon솔로몬의 봉인,
Star Of David다윗의 별). 2개의 층을 이룬 것으로부터, 혹은 뒤얽혀
진 삼각형들로부터, 형성된 6개의 뾰족한 별인 이것은, 주로 유대교,
그리스도교, 그리고 이슬람교에서 나타난다; 이론적으로, 이것은 또
한 인도의 **얀트라**Yantra[306]의 기저를 이루기도 한다. 넓은 의미에서,
6각성은 가시 세계와 불가시 세계의 상호침투의 상징이다. - 힌두교
에서 이것은, **여음상**Yoni[307]과 **남근상**Linga[308]의 결합을 상징한다. -
연금술에서 이것은 모든 반대자들의 결합을 대표한다. 왜냐하면, 이
것이, **불**Fire△ 또는 **공기**Air△ 그리고 **물**Water▽ 또는 **흙**Earth▽이
라는, 원소들의 표시들의 기초적인 형태를 구성하기 때문이다. 연금
술에서는 육각형 도형의 각 선이나 점이 행성, 금속, 성질 등과 연결
되어 있다고 보고, 이를 바탕으로 여러 가지 추측이 있다. - 다윗의
별은 유대교의 신앙과 이스라엘의 국기國旗의 상징이다. - 융Jung은
이 육각별(혹은 周易의 육효六爻)이 개인적 영역과 비개인적 영역, 또
는 남성적 요소와 여성적 요소의 결합을 나타낸다고 본다.

Hexagram: 불과 물의 결합 상징. 1760년 Eleazar의 『고대 연금술 작품(Uraltes Chymisches Werk)』에서 발췌.

Hind (특히 Red Deer의) 암사슴, 암토끼. Doe암컷을 보라.

---

304 (Galius Plinius Secundus) 대 플리니우스(기원후 23-79년): 로마의 정치가. 로마
     의 박식가·자연사학자; 대표작: 『Naturalis Historia(자연사)』: 고대 세계에서 가
     장 거대한 백과사전적 저술; 동물, 광물, 식물, 우주론, 민속 등 여러 상징의 출처가
     됨; 베수비오 화산 폭발(79년) 때 구조활동 중 사망

305 육선 성형/육각별(6線星形: 특히 정삼각형 두 개를 거꾸로 겹쳐 놓은 형태); 여섯
     개의 꼭짓점을 가진 별 모양, 즉, 두 개의 삼각형이 겹쳐진 별(☆) 형태를 말한다.

306 얀트라(명상할 때 쓰는 기하학적 도형)

307 [힌두교] 女陰像(여자의 생식력의 표상으로 예배)

308 [힌두교] 통속 힌두교에서 Siva신의 상징으로서의 남근상(Phallus)

Hippopotamus: 이집트 하마 여신 토에리스(Thoeris). "보호"를 의미하는 상형문자가 지탱하는 모습. 26번째 왕조 시기, 녹색 점판암으로 만든 조각상.

Hole: 옥으로 만든 중국의 하늘 상징인, 피(璧:원형 옥 장식), 후기 주(周) 시대.

Hippopotamus 하마. (그의) 게걸스러운 식욕 때문에 이집트에서 두려워하는 하마는, 악의 힘의 화신으로서, 그리고 잔혹성과 부당성의 화신으로서 보였다. 그러나 암컷 하마는, 종종 빈번하게 임신한 모습으로, 반듯이 서 있는 것으로 묘사된, 하마 여신의 형태로 된, 생식력의 상징으로서 숭배되었다; 암컷 하마는 여성들의 보호자로서 알려졌다. - 구약성서에서, 하마는 하느님만이 진압시킬 수 있는, 잔혹한 힘을 상징한다.

Hole 구덩이/구멍. 이것은 미지의 세계에로 열림과 세계를 떠남/일탈의 상징이며, 또한 없음과 결핍의 상징이기도 하다. 이것은 또한 여성생식기를 의미하기도 한다. 중국인들의 구멍이 있고, '비(璧, *Pi*[309])'라고 불리는, 옥 원반은, 하늘의 상징이다; 그 구멍은 영적 실체가 세계 안으로 빛을 비추며 드러나는 것을 나타낸다.

Honey 꿀. 종종 **우유**Milk와 연관된 이것은, 달콤함, 부드러움, 또는 최고의 세속적이거나 천상적인 선善을 상징하며, 따라서 완전한 행복의 상태(예를 들어, 열반Nirvana의 경지)를 의미한다. 본질적인, 영양가 있는 음식으로서 이것은 또한 활력 에너지와 불멸성을 상징한다. - 중국에서, 꿀은 땅과 중간점 또는 중심Center과 상징적으로 밀접하게 연관되었다; 이런 이유로 황제에게 제공되었던 요리들 가운데에는 약간의 꿀이 항상 있어야 했다. - 고대에, 다른 이유들중에, 순결한 곤충(Bee를 보라)에 의해서, 만지지도 않고 파괴되지도 않은, 순결한 꽃들로부터 추출되었기 때문에, 꿀은 신비한 음식이라고 간주되었다. 꿀은, 평온과 평화와 함께, 영적인 통찰, 지식, 그리고 헌신을 상징했다. - 꿀이 약용으로 귀하게 여겨졌고 내적 정화를 가져다준다고 여겨졌기 때문에, 어떤 입문 의식(통과 의례)에서는 물뿐 아니라 먼저 꿀로 손을 씻는 관습이 있었다는 개별적 사례들이 있다. - 이것의 금색 노란 색깔 때문에, 꿀은 때때로 **태양**Sun과 연관되었다. - 융Jung에 의하면, 꿀은 자기Self[310](개성화 과정의 성숙목표)를 의미한다. **Mead별꿀술을 보라.**

309　pi (璧, 비): 중국에서 사용하는 옥으로 만든 원형 디스크이다. 특징: 중앙에 구멍이 뚫려 있음; 상징 의미: 하늘을 나타내며, 천(天, heaven)의 상징으로 여겨졌다.

310　융 심리학에서, 정신구조로서, 의식의 중심은 자아Ego, 무의식의 중심은 자기Self로 구성되어 있다고 본다.

Hood (외투에 달린) 모자/복면/고깔/두건. 이것은 다양한 신들, 악마들, 마법사들, 그리고 수도승들의 의복이다. 이것의 실용적인 용도 외에도 이것은 영적인 힘 또는 자기-은폐의 집중을 의미한다. 입회식 동안, 머리를 머릿수건이나 모자로 덮는 것은, 때때로 죽음을 상징한다.

Hood: 은둔자. 1512년, Urs Graf가 그린 그림에서 유래한 세부 모습.

Hoopoe 후투티[오디새](머리에 관모가 있고 부리가 긴 새). 가느다란 곡선의 부리를 가진, 구세계(유럽, 아시아, 아프리카를 가리킴)의 비 참새류 새 과에 속한다. 아라비아 시와 문학에서, 이것은 사랑의 전달자이다. 적들에게 뿌려지는 냄새나는 액체와 뿔들을 연상시키는, 이것의 깃털들의 돌출부는, 후투티 새를 악마의 상징으로 만든다; 이런 이유로 이것은 또한 마녀들과 마법사들과도 연관되어 있다.

Horn (양, 소 등의) 뿔. 동물의 왕국에서 이것의 중요한 기능 때문에, 이것은 물리적이고 영적인 의미에서, 강함과 힘의 상징이다. 이런 결과로 Dionysus, 알렉산더 대왕, 그리고 Moses는 종종 뿔을 가지고 있는 것으로 묘사된다(비록 이런 묘사들이 아마도 번역상의 실수에서, 즉 **후광이 있는**Cornata[Haloed]와 **뿔이 있는** Cornuta[Horned]의 혼동에서, 나온 것이라 하더라도). - 뿔들은 많은 사람에 의해서 **부적**Amulets으로 사용되었다. - 이스라엘 사람들의 제례 제대에는, 전능하신 하느님의 표시로서, 4개의 가장 중요한 명령들을 새긴 뿔들이 있다. 초승달과 비슷한 모양을 가지는 뿔은 달의 상징성과 연관되어 있다. 뿔을 가진 동물들은 종종 생식력 상징들로서 여겨진다; 뿔 그 자체는 남근적 상징이다. - 부정적인 의미에서, 뿔의 상징적 중요성은 뿔을 가진 악마에 관한 많은 묘사 속에 나타난다. - 융Jung은, 뿔들의, 반대감정이 병존하는/兩加的인 상징적 중요성을 언급했다. 뿔들의 형태와 힘 때문에, 이것들은 남성성, 능동적인 원리를 구현한다. 그러나 그들의 수금 같은, 열린 형태 때문에, 그들은 또한 여성성, 수용적 원리를 나타낸다. 그러므로 뿔들은 영적인 균형과 성숙함을 상징할 수 있다. - 운명의 여신Fortuna[311]또는 가을의 의인화된 형상이 지닌 속성인, **풍요의 뿔**Horn of Plenty은, 넘쳐

Horn: 뿔이 달린 모세. 프랑스 디종, 샹몰의 카르투지오 수도원의 C. Sluter의 『Moses Well모세의 우물』에서 유래.

Horn: 뿔이 달린 악마; 1496년 트루아 Troyes에서 출판된 『Le grant kalenderier et compost des Bergiers양치기들을 위한 큰 달력과 계산서』의 한 장면 세부.

---

311 [로마 신화] 포르투나(운명의 여신, 그리스 신화의 Tyche에 해당)

흐르는 행운과 풍요로운 수확을 상징한다; 원래 이것은 **염소Goat**, 아말테이아Amalthea[312]의 뿔이거나, 혹은 헤라클레스Heracles[313]가 전투중 부러뜨렸던, 강의 신 아켈로스Achelous[314]의 뿔이라고 여겨졌다.

Horn of Plenty 풍요의 뿔. Horn을 보라.

Horse: 페르시아, 사산 왕조의 날개 달린 말. 10세기.

Horse 말. 말들에 대한 초기의 표현들은 구석기시대의 동굴들(**Rock Painting을 보라**) 안에 나타난다. 그들은 산업 시대를 통하여 대부분의 문화 안에서 큰 역할을 계속 담당했다. 이런 이유로 풍요로운 상징성이 이 동물과 연관되었다. - 원래 말은, 생명의 힘들과 위험의 힘들인, **불Fire**과 **물Water**과 연관되었던, 땅속에 사는 생물이라고 간주되었다. 그래서 유럽과 극동의 많은 지역에서 말은 그의 발굽이 땅으로부터 나오는 물의 샘을 찰 수 있다고 일컬어졌다. 말은 또한, 달의 영역과 관련되어 나타난다. 이것은 죽음의 영역과 밀접하게 연관되었다(예를 들어, 중앙아시아에서 그리고 인도-유럽사람들 가운데에서). 그리고 그 결과 저승사자(영혼의 안내자)로서 나타난다; 이런 이유로, 이것은 또한 때때로, 어떤 사람이 죽었을 때, 시신 또는 봉헌 제물과 함께 묻혔다. - 말 상징의 어두운 면은 조로아스터교에서 나타나는데, 여기서 반대의 영인, 아리만Ahriman[315]이 종종 말의 형태로 구현된다. 또한, 말 상징성의 부정적인 면과 연관된, 그리스 신화의, 부분적으로-말이며 부분적으로-인간인 생물(**Centaurs**, Satyrs, Sileni)이 있는데, 이것의 말 요소는 통상 통제되지 않는 충동을 표시한다. - 그리스 신화의 날개 달린 말, 페가수스Pegasus는 후에 발달된(예를 들어, 중국과 인도에서, 그리고 고대에서) 말의 밝은 상징성과 연결된다. 그리고 땅속에 사는 지하신과 상호보완적이다. 특히 하얀 말은 태양과 관련된 동물 그리고 천상적 동물로서 간주되었다; 그것은 신들의 탈것이 되었으며, 이성에 의해서 억눌러진 힘의 상징이

---

312 [그리스 신화] 아말테이아(1. 갓 태어난 Zeus를 양젖으로 양육한 님프(nymph)

313 [그리스 로마 신화] Zeus와 Alcmene의 아들로 열 두 가지의 어려운 일을 해낸 강력무쌍한 영웅Alcides라고도 한다.

314 [그리스 신화] 아켈로스(강의 신)

315 [조로아스터교] 아리만(암흑과 악의 신)

되었다(예를 들어, 플라톤의 *Phaedrus*[316]에서 잘 알려진 두 마리 말의 직유를, 또는 순교자들의 무덤에 있는 기쁨과 승리의 표현들을 보라). – 젊음, 강함, 성생활, 그리고 남성성의 상징으로서, 말은 위에서 언급된 상징성의, 어두운 면과 밝은 면, 양면을 모두 품고 있다. 말은 중국 조디악의 7번째 별자리이며, **Libra천칭자리**에 해당된다(Scales를 보라). 또한 Rider를 보라.

Horseshoe 편자. 많은 사람이 불행을 쫓아내고 행운을 불러올 수 있다고 생각한, 이것은 아마도 **말Horse**의 상징성의 긍정적인 면과 연결될 수 있다.

Hourglass 모래시계. 이것은 지나가는 시간과 죽음의 상징이다. 이것은 모래가 다 통과했을 때마다 뒤집혀야 하기 때문에, 이것은 또한, 때때로 순환의, 또는 시대들의, 새로운 시작과 끝을 상징하거나, 또는, **하늘(Sky를 보라)**이 **세상Earth**에, 그리고 땅이 세상에 미치는 상호 교차하는 영향력을 상징하기도 한다. – 4가지 가장 중요한 덕들 중에서, 모래시계는 절제/중용을 상징한다.

Hourglass: 1651에, Joost Hartgers, Amsterdam의 작품 속 그림에서 유래.

House 집. 도시City나 **사원Temple**과 같이, 정돈되고, 담으로 둘러싸여 있는 영역인 이것은, 우주 또는 우주적 질서를 상징한다. – 무덤은, 때때로 집 모양으로 만들어졌는데, 이는 인간의 마지막 거처를 상징하기 위해서였다. – 성전같이, 그 집은 때때로 인간 육신의 상징이며, 종종 잠시 동안만 영혼에게 거주지를 제공하는 것이라고 생각되었다(예를 들어, 불교에서). 가끔(예를 들어, 정신분석상의 꿈 해석에서) 상징적인 육신-집 관계는 더 자세히 발달된다. 집의 정면은 외적인 모습에 해당한다; 지붕은 머리에, 영혼에, 또는 의식에 해당된다; 지하저장고는 본능들, 충동들 또는 무의식에 해당한다; 부엌은, 정신분석적으로 변형變形에 해당된다.

House Urns 납골단지. Grave를 보라.

316　파이드로스: 기원 40년경에 활약한 로마의 우화 작가.

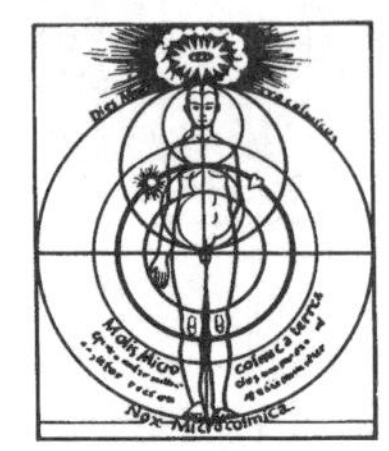

Human Being: 소우주로서의 인간 존재, 빛과 그림자 영역을 보여준다. Robert Fludd의 『Utriusque Cosmi Historia우주 양측의 역사』, Oppenheim, 1619속의 그림 모방.

Human Being 인간존재. 인간존재는, 인간 육신의 부분들과 과정들과 마찬가지로, 많은 문화들 속에서 개인의 바깥쪽 관계를 대표하는 것으로서 나타난다. 우주와 관련하여, *소우주Microcosm*로서의 인간의 해석이 널리 퍼져있다. - 종종 인간 몸의 부분들, 장기들, 또는 기초적인 실체들은 다른 영역들과 연관되어 있다: 즉, 뼈들(지지하는 골격으로서)은 **땅Earth**과 연관되어 있고, 머리(지적 능력 또는 영혼의 자리로서)는 **불Fire**과 연관되어 있고, 폐(모든 다른 것들을 결합시키는 *流動적 실체로서*)는 **물Water**과 연관되어 있다. 옛 시대의 치유기술들은, 인간의 몸에 나타나는 현상들과 우주의 다른 영역에서 일어나는 현상들 사이에, 상응관계가 있다는 추정推定/가정假定에, 상당부분 기반을 두고 있었다(**Zodiac을 보라**). - 종종 (날개가 달린) 인간 형태는 **성 마태오St.Matthew**의 속성이다(**Evangelists, Symbols of 복음사가들의 상징을 보라**).

Hundred 백/100단위의 수. 10진법을 사용하는 지적 체계에 있어서, 이것은 더 큰 전체 속에서 완결된 다수성의 본질을 의미한다. 그리스도교 문학에서, 100은 천상의 행복을 상징하는 숫자로 나타난다; 숫자 1,000도 (그와) 유사한 의미를 갖는다.

Hunt 사냥. 먹잇감의 목표-지향된 추적으로서, 이것은 영적 목표를 향한 열정적인 분투의 상징이다(예를 들어, 그리스도교적 신비주의에서, 사냥은 그리스도를 향한 영혼의 탐구를 의미한다). - 야생동물들에 대한 승리 또는 파괴로서 이것은 또한, 거칠음, 무질서, 그리고 무지를 나타내기도 한다 (예를 들어, 근동 지방과 이집트에서).

Hydra[317] 히드라. 이것은, 수많은(통상 9개) 머리를 가지고 있고, Lerna[318]의 늪에 사는 그리스 신화의 뱀 괴물이다(이런 이유로, 이것은 또한, Lernaean Hydra라고 불린다); 각각의 머리를 잘라내면, 새로 2개가 다시 자라난다. Heracles는 각각의 목을 태워 없앰

---

317 [그리스 신화] 1. Hercules가 퇴치한 늪에 사는 머리가 9개 달린 뱀, 머리를 자르면 그 자리에 두 개의 머리가 생기고, 또한 중심의 머리는 불사였다. Hercules는 불사의 머리를 바위 밑에 묻고, 다른 머리는 불에 태워 죽였다. 2. 처치 곤란한 악 3. 히드라(강장동물의 일종)

318 레르네: 그리스의 Argos에 가까운 소택지沼澤地.

으로써 이것을 정복했다. 이것은, 임무를 완수하는 과정 안에서 크게 증가하는 어려움들과 장애들의 상징이다.

Hyena 하이에나. 아프리카에서, 이것은 반대감정이 병존하는 의미의 상징적 동물이다. (음식에 대해서) 게걸스럽고, 낮을 가리며 죽은 동물을 먹는 동물로서, 하이에나는 조악함과 비겁함을 상징한다; 강력한 깨물기와 예민한 냄새감각을 가진 동물로서, 이것은 힘, 지식 그리고 영리함을 상징한다. - 중세 미술에서, 이것은 탐욕/식탐을 나타낸다; 하이에나-머리를 한, 종말론적 **용Dragon**은 가장 중요한 악덕들을 상징한다.

Hyperboreans[319] 극북지極北地에 사는 사람들. 그들은 고대에, 가장 먼 북쪽 지역(북풍이자 보레아스Boreas[320]로 의인화된 존재 너머)에 산다고 전해지는 전설적인 민족이다. 역사시대 사람들이 어느 정도에까지 이런 생각을 했는지는 모른다. 신화에서, 이들의 땅은, Apollo[321]가 때때로 후퇴했던, 빛과 축복의 장소임을 점점 더 상징하게 되었다; 후에 정치적 유토피아는 거기에 있다고 보았다.

Hyssop 히솝풀(박하과의 작은 풀). 작고 하얀-혹은 푸른-꽃이 핀 (꽃부리 또는 꽃받침이) 입술 모양을 한 허브이며 하얀, 양념 맛이 강한 잎들을 가지고 있다. 유대교에서 그리고 그리스도교적 의례에서 이것은 제물로 바쳐진 동물의 피 또는 신성한 물(이것에는 때로 히솝 풀이 함유되어 있다)을 뿌리기 위한 부채질 또는 붓질로서 사용된다. 눈에 잘 띄지 않는 식물은 돌이 많은 땅에서 자라기 때문에, 이것은 또한 겸손의 상징으로서 여겨졌다. - 중세 미술에서 이것은, 약으로 자주 사용되었기 때문에 성모 마리아와 연관되었다.

---

319 [그리스 신화] 1.(찬 북풍을 일으키는 산 저편에 있다고 하는) 常春國에 사는 주
    민. 2. 극북에 사는 사람.

320 [그리스 신화] 1. (북풍의 신) 2. 북풍, 삭풍.

321 [그리스 로마 신화] 아폴로(고대 그리스 로마의 태양신, 시. 음악. 예언 등을 주관
    한다.)

Ibis 따오기. 이집트인들에게 신성한 새로서, 문자(글쓰기)를 발명하고, 지혜의 신이기도 한, 달의 신, 토트Toth[322]의 상징이자 화신이다. 그 새의 부리의 곡선의 형태는 **초승달Crescent Moon**과 관련 있다; 부리의 뾰족함과 길이(왜가리 같다)는 지혜의 깊이를 헤아림과 연관된다.

Ibis: 죽은 자들의 심판에서, 따오기-머리를 한 이집트의 신 Toth. 프톨레마이오스 시대 장례 파피루스의 한 장면 세부.

Icarus[323] 이카루스. 그리스 신화에서, 그는 Daedalus의 아들인데, 데달루스는 밀랍으로 고정된 날개를 그에게 만들어 주었다. 그의 아버지의 경고에도 불구하고, 이카루스는 **태양Sun**에 가깝게 날랐다; 그의 날개에 붙은 밀랍이 녹았고, 그는 바다에 떨어졌다. 그는 무한한 요구를, 또는 무모한 모험을 좋아하는 성향을 상징하며, 이는 결국 파멸로 이어진다.

Imperial Orb[324] 황제의 寶珠(왕권의 표장으로, 위에 십자가가 있는). **Apple**를 보라.

Incense: 향을 바치는 제사. 이집트 아비도스의 오시리스Osiris 신전 부조.

Incense 향(특히 종교의식에 쓰이는). 이것은, 향기/냄새Scent, **연기Smoke**, 그리고 여러 가지 수지(樹脂)/송진을 섞어 만드는 과정과 관련된 상징적 관념들 때문에, 많은 민족들이 제례의식에 사용한 물질이다. 올라가는 연기는 하늘로 올라가는 기도를 상징한다; 그 향기Scent는 악령과 악의 세력들을 쫓아버린다고 추정된다; **송진Resin**은 영속성을 상징한다. - 그리스도교에서, 향은 처음에 장례식에 사용되었다. 그리고 그 후 전례적 목적을 위하여 사용되어 왔다.

322　Toth: 고대 이집트의 신으로서, 지혜와 지식의 신, 글쓰기. 기록. 계시의 신, 달과 시간의 신, 마법과 과학을 관장. 재판과 사후세계에서 진실을 기록하고 판단한다.

323　[그리스 신화] 이카루스: labyrinth의 제작자 Daedalus의 아들; Crete섬을 탈출할 때 두 사람 다 Daedalus가 만든 밀랍으로 붙인 날개로 탈출했으나, Icarus는 득의양양하여 너무 높이 공중으로 날아올랐기 때문에 태양열로 납이 녹아 바다에 떨어졌다고 한다.

324　직역:Imperial → 제국의, 황제의, Orb → 구체, 구(圓), 구슬. 역사적 의미: 황제권을 상징하는 구체형 장식물; 유럽 제국에서 왕관과 함께 사용되며, 왕권·천하통일·세계 지배의 상징; 예: 제왕(황제)의 손에 쥐어지는 금속 구체, 종종 십자가가 위에 있음. 한국어 번역 예시: 제국의 구(권력의 상징), 황제권 상징 구체, 제국 구체(Imperial Orb). 즉, 단순히 "구"가 아니라 황제의 권력과 통치를 상징하는 장식용 구체로 이해

Initiation 가입/입회/입문/성인식. 많은 원시 민족들에게 이것은- 의례적 수행들을 수반한- 삶의 새로운 단계로의 진입, 특히 성적으로 성숙한 성인의 역할로 들어감을 상징한다; 이것은 시험들과 상징적 행동들에 연결된다(**Circumcision할례를 보라**). 변형의 과정이 또한 통상적으로 발생하는데, 이 변형과정은 상징적이면서 실제적인 것으로 이해되며, 그리고 그것은 일반적으로 이전 역할을 내려놓는 단계를, 그리고 고독의 단계를, 그리고 마침내 공동체로 돌아와, 그 공동체의 일원이 되는 단계를 포함한다. - 좁은 의미에서, 입회/입회의식은, 빈번하게 비밀스러운 사회들 혹은 신비스러운 종교 안으로 들어가는 허가의 전제조건이 된다. 상징적 죽음(때로는 심지어 실제의 무덤 안에 있는, 그리고 그런 목적을 위하여 옆에 준비된 관 안에 있는)을 통한 삶과 더 높은 수준에서의 영적인 부활은, 종종 입회의식에서 중요한 역할을 담당한다. 몇몇 의식儀式들은, 자궁과 그곳으로부터의 부활로의 상징적 귀환을 암시하는 수행들을 수반한다. 추가적으로, 상징적으로 특정한 도덕률과 영적인 능력들의 발달과 관련이 있는, 통과되어야 할 다른 시험들이 통상적으로 있다. **Labyrinth미로/미궁을 보라.**

Intoxication 중독/취함/도취. **Ecstasy황홀경을 보라.**

Invidia [라틴어]질투/시기. 질투*Envy*의 여성적 의인화이며, 7가지 죽음에 이르는 죄들 중 하나인, 이것은, 자기의 입에 뼈를 물고 있는 **개Dog**를 타고 있거나, 혹은 **용Dragon**을 타고 있다. Envy는 또한 **전갈Scorpion, 개Dog** 그리고 **박쥐Bat**로도 상징된다.

Ira [라틴어]분노/진노. 화Anger의 여성적 의인화이며, 7가지 죽음에 이르는 죄들 중 하나인, 이것은, 곰Bear이나 야생돼지를 타고 다니며 또한 **개Dog, 고슴도치Hedgehog** 그리고 **횃불Torch**로 상징된다.

Iris

Iris 붓꽃. 검 같은 잎들을 가지고 있는, 북쪽의 온대지역의 식물이다. - 그리스 신화에서, 이라스Iris 여신은 무지개의 화신이다. Iris

라는 이름은, 그리스어로 무지개라는 의미이며, 또한 신과 인간 사이의 화해와 상징적으로 연관되어 있다. 고대에서 이것의 약효적 성질로 귀중하게 평가되는 이것은 중세에서 성모 마리아의 상징이었다.

Iron 철. 힘, 지속성, 그리고 경직성의 상징으로 널리 유포된 이것은, 때때로 중국에서는 덜 고상한 금속으로서 **구리**Copper 혹은 청동과 대조되었다. 철과 구리는 상징적 대립인 **물-불**Water-Fire, 북-남, **검정-빨강**Black-Red, **음-양**Yin-Yang 의 대비에 참여한다. 그러나 철은 모든 면에서, 그리고 모든 문화에서 덜 가치 있는 것으로서 여겨지지는 않았다; 특히 하늘에서 떨어진 유성의 철은, 종종 신적인 것이라고 생각되었다. - 철과 철 도구는 악령에 대항하는 보호물로서, 또한, 그런 영들의 도구들로서, 보였다. 구약성서에서 철 연장들은, 솔로몬 성전의 건축에 금지되었으며, 그리고 철이 제단 돌에 현존하는, 신의 존재를 느끼게 하는 힘을 몰아낼 수 있다는 것을 사람들이 두려워했기 때문에, 제단의 건축에는 금지되었다. 비슷한 이유로 제물로 희생되는 동물들의 살해를 위한 철 도구의 사용은, 여러 문화에서, 기피되었다. - 연금술에서, 철은 Mars[325]에 해당하는데, 화성은, 남성으로서, 전투와 갈등/불화의 행성으로서, 덥고 건조한 것으로서, 그리고 천둥, 폭풍, 황폐함, 그리고 무자비함을 일으키는 것으로서 기술되었다. **Metals를 보라.**

Iron Age . Age를 **보라.**

Island 섬. 분리된, 거기에 접근하기가 어려운, 자족적인 영역으로서 이것은, 자주 특별하고, 모든 것이 갖춰지고/완전하고, (흠 없이) 완벽한 것을 상징한다. 이것은 때로(예를 들어, 꿈속에서) 미래에만 도달되는 어떤 장소로서 나타난다. 그 미래는 유토피아적 소망이 실현될 것이다. - 그것은 또한 이 세계 너머에 있는 근심 걱정 없는 장소라고 상상되는 곳이다(예를 들어, 그리스 신화에서 **축복받은**

---

325   1. [로마 신화] 마르스(군신軍神, 그리스 신화의 Ares), 전쟁, 무용武勇. 2. [천문] 화성

섬*Isle of the Blessed*이며, 신체적 죽음 이후에 신들에게서 사랑 받는 사람들이 거주하는 곳이다). - 부정적인 의미에서, 이것은 생명을 받아들이려고 애쓰는 것의 회피를 통하여, 세계의 포기를 의미한다.

Ivory 상아. 이것의 흰색과 변하지 않는 매끄러움 때문에, 이것은 순수함과 불변성의 상징이다. **Ivory Tower상아탑을 보라.**

Ivory Tower 상아탑. 이것은 오만함, 세속적이지 않음, 또는 세계 로부터의 미학적 거리의 상징이다. - 그리스도교에서, 성모 마리아는 때때로 상아탑에 비유되는데, 이것은 다윗의 탑을 나타낸다(즉 마리아는 다윗 혈통의 자손을 품으신, 순수한 그릇이다). **Ivory, Tower를 보라.**

Ivy 담쟁이덩굴. 대부분의 늘 푸른 식물처럼, 이것은 불멸성의 상징이다. 이것의 변하지 않는 녹색과 기어오르는 습관과 또한 이것의 "아늑한 곳에 자리 잡는, 바싹 달라붙는" 성질 때문에, 우정과 신의의 상징이 되었다(예를 들어, 고대 그리스에서 이것은 결혼식에서 신부와 신랑에게 주어졌다). - 기대기 위한 필요와 달라붙는 필요 때문에, 담쟁이덩굴은 때때로 여성적인 상징이다. - 활발한, 녹색식물은 고대에 식물성의 힘의 상징, 관능성의 상징이었으며, 그리고 이것은 디오니소스Dionysus 숭배에서 중요한 역할을 담당했다; 그래서 예를 들어, 광란의 여자들Maenads(바커스 신의 여사제), 호색한들Satyrs[326], 그리고 숲의 요정 실레누스Sileni[327]는, 담쟁이덩굴로 관을 썼다. 또한 술의 신, 바커스의 **지팡이**Thyrsus 는 담쟁이덩굴로 장식되었다.

Ivy

---

326 사티로스 (1. 고대 그리스 신화에서 숲의 신, 남자의 얼굴과 몸에 염소의 다리와 뿔을 가진 모습) 2.호색가

327 [그리스 신화] silenus: 1. 주신 Bacchus의 양부이며 숲의 신satyr의 지도자; 보통 뚱뚱하고 술 취한 명랑한 노인으로서 표현된다. 2, 숲의 요정satyr과 비슷하지만 말의 다리를 함; Sileni/Silenus(복수형: Sileni)는, 고대 그리스 신화에서 디오니소스(Dionysos)의 동반자로, 반인반수, 술·방탕·지혜·풍요와 연관된 존재들.

Jackal 자칼. 묘지에서 슬금슬금 움직이며, 시체를 먹고 사는 동물로서 여겨지는 이것은, 이것이 나타날 때, 사악한 징조라고 믿어졌다. 때때로 이것은 탐욕과 분노의 상징이다. – 이집트 신, 아누비스Anubis[328]의 동물 머리는 종종 자칼의 머리라고 생각되었다, 그러나 이것은, 자칼을 닮은 그레이하운드Greyhound[329]의 머리에 더 가깝다.

Jackal: 이집트 신 Anubis. 19번째 왕조, 왕들의 계곡, Ramses I 세 무덤 속 벽화에서 온 세부.

Jade 옥. 중국에서, 옥은 **금Gold**과 같고, 양의 원리와 밀접하게 연관되어 있다(Yin and Yang을 보라). 그래서 활력 에너지와 우주의 힘을 상징한다. 이것은 완벽함의 이미지이며, 5가지 천상적 덕목들(즉, 순수함, 불역성/불변성, 명료성, 듣기 좋은 음조, 그리고 친절함)의 결합, 그리고 이와 함께 도덕적 질과 미의 결합의 상징이다. 옥은 보편적 약제로서 사용되었으며, 그리고 무형의 존재들을 위한 영양분으로서 평가되었으며, 그리고 불멸성, 또는 장수를 이루어주는 약, 또는 죽은 자들의 몸이 부패로부터 보호를 받는 약이었다. – 중앙아메리카에서, 옥은 영혼, 정신, 마음을 상징했다; 이것의 녹색의, 투명한 색 때문에, 이것은 또한 초목, 물, 비, 그리고 혈액과 관련된다(**빨강Red**과 **녹색Green**의 상징적 의미가 때때로 서로 교환될 수 있기 때문이다).

Jaguar: 재규어와 독수리. 멕시코, 톨라(Tula)의 케찰코아틀Quetzalcoatl 피라미드에 있는 묘사.

Jaguar 재규어(아메리카표범). 아메리카 원주민 중에서, 특히 중앙아메리카의 원주민 중에서, 이것은 **달Moon**의 권능과 관련되고, **땅Earth**의 숨겨진 비밀과 관련된 지하 신적 존재이다; 이런 이유로, 이것은 때로 저승사자이기도 하다(영혼을 안내한다). 저녁의 황혼은, 그림에서 거대한 재규어에 의해서 삼켜지는 태양으로 표현된다. 그러나 재규어는 또한 별들이 야간에 이동하는 동안의 태양과 연관되어 있다(Black Sun을 보라). 재규어는 산맥들의 귀족, 야생동물, 메아리, 그리고 드럼의 호출이라고 불린다; 이것은 "산의 심

---

328 [이집트신화] 아누비스(죽은 자의 신으로, 죽은 자의 심장을 달아서 생전의 행위를 판정한다. jackal의 머리를 가진 신으로, 사자를 저승으로 안내했다. 그리스 신화의 Hermes에 해당.

329 greyhound그레이하운드는, 날씬하고 매우 빠른 사냥개 품종을 뜻한다; 주로 토끼나 사슴 등을 추적하던 시각형 사냥개(sighthound); 세계에서 가장 빠른 개 품종 중 하나; 경주용 개(dog racing)로도 유명.

장/마음"이라고 불린다. 종종 이것은 상징적으로 **독수리**Eagle(이 것은 하늘과 태양과 연관되어 있다)와 대조된다. 남미의 원주민 중에, 4개의 눈을 가진 재규어의 전설이 발견된다, 그 존재는, 아마도 지하 신의 권능Chthonic Power[330]이 가진 심오한 지혜의 상징일 것이다.

Janus (출입문의 수호신) 야누스[331]. 가장 오래된 로마 신 중의 하나인 야누스는, **문**Door의 신이다. 그는 2개의 얼굴을 가지고 있는 것으로서 묘사되고 있는데, 하나는 (문Door의) 바깥쪽을 보고 있으며, 하나는 안쪽을 보고 있다(즉, 오고 가는 사람을 관찰한다). 이런 의미에서, 그는 일반적으로 모든 시작과 변천의 보호자이다(예를 들어, 그해의 시작이며, 그 첫 달은, 그의 이름을 따서 명명된다). - 후대에는 '야누스의 두 얼굴을 가진' 형상이 모호함, 혹은 동일한 사물 안에 공존하는 선과 악의 양면성을 상징하는 의미로도 쓰이게 되었다.

Janus: 로마 구리 동전 위의 묘사.

Jasper 벽옥碧玉(**푸른색의 고운 옥**). 이것은, 불순물들이 있는 다양한 옥수玉髓(반투명한 석영)이다. 이것이 깨지거나 금이 갔을 때, 새로운 돌들이 그 안에 생긴다; 그러므로 이것은 임신과 출산을 상징한다(전통적인 관념은. 그리스인들과 로마인들을 통하여 바빌론인들로부터 왔으며, 중세기에는 보편적이었다). - 중세기에 벽옥은, 묵시록에서 천상의 예루살렘(Jerusalem, Heavenly를 보라)의 첫 번째 보석으로 지정되었기 때문에, 특히 귀하게 여겨졌다. (그러나 보통은, 벽옥과 비슷한 오팔/Jaspoid Opal을 가리켰는데, 이는 신성 로마 제국 황제의 왕관에서 "Orphan孤兒石"라고 불렸다). - *Jasper*라는 용어는, 그 의미가 너무 자주 변해왔기 때문에, 그것에 부여된 의미가 항상 명확하게 해석될 수 있는 것은 아니다.

Jaws 턱. Mouth를 보라.

Jerusalem Heavenly 천상의 예루살렘. 묵시록에서, 정사각형

Jerusalem, Heavenly: 약 1020년경, 『Bamberg Apocalyse밤베르크 묵시록』 속의 책 삽화 모방.

---

330   chthonic power: 그리스-로마적 맥락에서 지하 세계·대지·죽음·원초적 자연력과 관련된 신적 힘을 의미합니다.

331   [로마 신화] 야누스(두 얼굴을 가진 문. 출입구의 수호신)

평면 구조 위에 **12개Twelve**의 출입구를 가진 도시로 기술된, 이것은, 하느님께서 자신이 뽑은 사람들 가운데에 거하시게 될, 그 예언된 세상의 종말을 상징한다. 그 도시는 12개의 초석(Jasper**벽옥, Sapphire사파이어,** Agate마노, **Emerald에메랄드,** Onyx오닉스, Carnelian홍옥수, Chrysolite귀감람석, Beryl녹주석, Topaz황옥, Chrysoprase녹옥수, Jacinth적황색보석, and **Amethyst자수정**) 위에 세워지는데, 그 초석 위에는 십이사도의 이름이 새겨져 있다; 12개의 문은 12개의 **진주Pearls**로 되어 있다.

Jet 흑옥黑玉[332]. 검은 호박琥珀으로 알려진 이것은, 광이 잘나는, 대단한 고밀도 탄소이다. 부적으로서 이것은 해를 끼치는 세력들에 대항하여 예방하는 것으로서 널리 알려졌다(예를 들어, 사악한 눈, 독, 질병. 나쁜 날씨에 대항한다). – 중세기와 후대에, 이것은, 이것의 짙고 깊은 **검은 색Black Color** 때문에 애도의 상징이었으며, 그래서 빈번하게 애도 기간 중에 착용되었다.

Jewelry 장신구/보석 장식. 종종 보석Gem으로 장식되는, 귀한 장신구인 이것은, 특별한 지위, 능력, 그리고 비밀의 지식과 또한 물질적 부를 상징한다. 부정적인 의미에서, 보석 장신구는 허영심과 모든 지상적인 것의 외적인 모습만을 나타낸다. – 모든 사람들 사이에서, 보석 장신구 같은 **부적Amulet**을 착용하는 것은 액막이 효과/재앙을 막는 힘을 갖는 것으로서 간주되었다.

Journey (특히 멀리 가는) 여행/여정. (그 위에 있는) 장애물들을 종종 극복해야 하는, 좁은 길이나 큰 도로를 따라서 어떤 목표지향적으로 나아가는 움직임으로서, 이것은 인생의 과정을 상징한다. 더 특별한 의미에서, 이것은 약속된 땅, 축복받은 자들의 통로(**Island를 보라**), 城들, 또는 성스러운 장소들(종종 **산Mountains**들 위에 있는)의 형태로 나타난, 영적인 목표를 향한 탐구를 나타낸다. – 입문 의식은 때때로 일종의 여정처럼, 입문자가 반드시 통과해야 하는 일련의 시험의 형태를 띠기도 했다(예를 들어, 중국의 비

---

332 흑옥,제트(몹시 단단한 석탄의 일종으로 갈아서 상복용 단추나 그 밖의 장식품에 쓰인다.)

밀결사, 그리스 신비종교, 프리메이슨 등). - 많은 문화권에서 공통
적으로 나타나는 관념은, 죽은 이가 사후에 반드시 떠나야 하는 여
정이 있다는 생각이다(자세한 설명은 『이집트 **사자의 서死者의 書**
Book of the Dead』와 『티베트 **사자의 서**』를 참고하라). 죽음 후
의 이러한 여행은 영혼의 정화와 영혼의 심화된 발달을 의미한다.
- 불교는, 태어남의 순환Cycle(즉, 영적 개체성이, Nirvana열반/
피안에서 자신의 최종적 구원에 도달할 때까지 겪는, 연속적인 환
생 과정이다)을 여행에 비유한다.

Jupiter 목성. Tin주석을 보라.

Justice 정의. Justicia정의를 보라.

Justicia [라틴어]정의/의덕. *Justice*의 여성적 의인화이며, 4가지
중요한 덕목들 중의 하나인 이것은, 종종 Scales저울(추), Sword
검, Blindfold눈가리개/안대, 그리고 법전法典의 속성으로 나타낸
다. 법의 집행자로서, Justicia는 자신의 무릎 위에 잘린 머리를 얹
은 모습으로도 나타난다.

Justice: 지구 위에 앉아있는, 正義의 化身
의 부분화. 16세기 독일 명장이 제작한 목
판화.

Key 열쇠. 열쇠의 상징적 의미는, 여닫는 능력과 관련이 있다. 로마
의 문(門)Doors의 신神인 야누스Janus[333](후대에는 흔히 '시작의
신'으로도 알려짐)는 대개 문지기의 지팡이와 열쇠를 들고 있는 모
습으로 묘사된다. - 일본에서 열쇠는 행운의 상징으로서 간주된다.
그 이유는 이것이 저장실/창고로 들어가는 문을 열기 때문이다(그
리고, 확장된, 영적인 의미에서는, 숨겨진 보물로 가는 길도 열어준
다). - 그리스도교 미술에서, 이것은, 성 베드로에게 주어진 두 가지
권한, 곧 묶고 푸는 권한을 상징한다(교황 문장紋章에 있는 2개의
열쇠도 참조하라). - 중세기에 열쇠 선물은, 전체 권한을 부여하는,
상징적 합법 행위로서 간주되었다(예를 들어, 도시의 열쇠를 주는
것). - 비전祕傳의 상징 언어에서, 열쇠를 소유하는 것은 종종 (단
체에) 가입된 상태를 의미한다. - 많은 동화와 민속 전설에서, 열쇠

Key: 하늘의 열쇠를 가진 베드로 사도. 약
1250년경, 독일 보름스(Worms)에 있던 옛
세례 교회 성 요한 세례자 성당 제단 날개
에서 유래.

---

333 [로마 신화] 야누스(두 얼굴을 가진 문·출입구의 수호신)

는 비밀에 접근하는 것을 막는 상징으로서 나타나거나, 또는 (민속과 민요에서처럼) 비전적祕傳的 상징[334]으로 나타난다.

Kidney 신장/콩팥. 이것은 원시인들과 유대인들이 감정과 특별한 능력, 그리고 정열의 중심으로서 간주하는 장기이다. 사람의 내적 힘이라는 명칭으로서, "심장과 콩팥Heart and Reins"(Reins는 Kidneys를 의미)이라는 표현은, 구약성서에서 발견된다. - 중세기에 콩팥은 (희로애락의) 정서와, 특히 성적 충동의 근원이라고 여겨졌다.

King 왕. 왕은 종종 하느님, 태양, 하늘, 우주의 중심의 화신으로 이해되거나, 또는 하늘(Sky를 보라)과 인간존재, 그리고 **땅Earth** 사이의 중재자라고 이해된다. - 융Jung은, 늙은 왕이라는 꿈 이미지를, 집단의식의 지혜를 나타내는 원형Archtype[335]으로 보았다. 동화에서 왕(그리고 특히 "왕이 되는" 과정)은 종종 자아Ego 발달의 기대되는 목표를 상징한다. - 연금술에서 왕은 때때로 **최초물질 Prima Materia**과 부합한다.

King: 최초의 물질로서의 왕이, 아들을 집어삼키는 장면. 1678년, Lambsprinck 의 『Figurae et Emblemata형상과 속성』속 그림에서 발췌.

Kingfisher 물총새. 자주 짝을 지어 날아가는, 많은 비참새류 중의 하나인 물총새는, 특히 중국에서 부부의 행복을 상징한다. - 그리스도교적 상징성에서, 이것은 부활을 의미한다. 왜냐하면, 중세의 관점에 의하면, 물총새는 매년 자기의 깃털 전체를 완전히 새로 갈아입기 때문이다.

King's Way[336] 왕도. 구불구불하고, 우회하는 소로/통로Path와 대조적으로, 왕의 길/왕도는, 바르고, 곧은 길이다; 이것은 동요하

---

334 esoteric symbol은 일반 대중이 아닌 특정 교단, 신비주의 전통, 밀교(예: 그노시스, 헤르메티시즘, 탄트라 등)의 가르침을 아는 사람만 해석할 수 있는 상징; 종종 상징적 이미지, 도상(icon), 기호, 의식용 물건 등을 가리킴; 비의적 상징. 은밀한 전통(비전적 가르침)에 속하는 상징. 소수의 수행자나 입문자만 이해할 수 있는 상징이다.

335 원형/원시적 유형: 심리학적 의미 (융, Jung): 본래적인 것으로서, 반복적으로 인간정신에 나타나는 전형적 형태; 인간의 집단 무의식에 존재하는 보편적 상징이나 이미지, 예: '어머니', '영웅', '그림자'

336 왕도(王道): 고대 중국 유학에서 유래한 개념으로, 군주가 덕치(德治)를 통해 백성을 다스리는 길, 즉 이상적인 정치·통치를 의미합니다. 단순히 "왕의 길"이 아니라, 도덕적 통치와 정의로운 나라의 길을 강조하는 철학적·정치적 용어입니다.

지 않는 영혼이 내적 목표를 향해 끊임없이 성장해 나가는 과정을 상징한다. 예를 들어, 중세에는 이것이, 하느님을 향한, 수도적이고 명상적인 길을 가리키는 일반적인 표현이었다.

Kiss 키스/입맞춤. 아마도 원래는 영혼의 호흡(**Wind를 보라**)으로서 여겨진, 이것은 또한 힘을 전달하는 것이자 생명을 부여하는 것으로서 여겨졌다. – 키스는 보통 영적 헌신의 표현이며, 숭배의 표시이다. 키스는, 그 실제적 에로틱/성애적인 의미(이것은 결혼식에서 상징적 성격을 띨 수 있다.) 뿐만 아니라, 또한 신성한 의미를 가진다. 예를 들어, 이집트에서는 神인 왕의 발에 키스하는 것이, 통치자들, 사제들, 그리고 판관들에 대한 존경을 나타내는 한 형태였으며, 이는 많은 고대 문명 문화들에서 흔히 볼 수 있는 관습이었다. – 고대에서 사람들은 성전의 문지방에, 제대에, 그리고 신적인 (조각) 상에 키스했다. 현재 이슬람의 수행에서, Kaaba신전[337]의 검은 바위에 키스하는 것은 성지순례의 목표이자 최고점이다. – 초기 그리스도 교회에서, 평화의 키스 혹은 형제애의 키스는 결속/연대감을 상징했다(동방 정교회의 부활 키스를 참조하라). 세속적인 맥락에서, 형제애적 키스는 또한 공동체 안의 결속/유대를 상징한다(예를 들어, 공산주의자의 동무/동지들 사이에서). 그리고 상징적 의미가 줄어든 형태로, 친척들과 친구들 사이의 인사 키스가 있다. – 그리스도교에서, 제대, 십자가, 성서, 그리고 성인들의 유물 같은 대상에 키스하는 것은, 또한 영적인 결합으로서 이해된다. 중세기에 키스는 화해를 상징했다. – 자기 손에 입맞춤을 하는 것("허공에 입맞춤을 날리듯이" 하는 것)은 아마도 마법적 관념과 관련이 있으며, 일반적인 키스를 상징할 수도 있다. – **유다의 키스***Judas Kiss*는 배반의 행위로서, 건네진 키스를 의미한다.

Kiss: 유다의 키스. Heinrich von Blois의 시편서(Psalter) 세밀화를 본떠 제작.

Kite 솔개. 매의 한 종류인 이것은, 그리스인들에 의해서 아폴로 Apollo 신에게 바쳐진 것으로서 간주되었다; 이것의 높은 비행과 예리한 시력 때문에, 이것은 예언력을 상징했다. – 일본에서 솔개는 (특히 금색 솔개는) 신적인 새라고 믿어졌다.

337　카바 신전(이슬람교 최고의 성지인 메카(Mecca)에 있는 중앙신전)

Knife 칼. 날카롭게 잘라내는 도구(**전지가위**Shears 같은)로서 이 것은, 능동적 원리인, 남성성을 상징하며, 여성적인, 수동적 물질에 작용한다. - 힌두교에서 칼은 무서운 신들의 속성이다. - 많은 문화에서 이것은 또한 악을 쫓아내는 것으로서 여겨지며, 이는 **철**Iron 의 상징적 의미로부터 비롯된 믿음으로 보이기도 한다. - 구약성서 인물들의 손에 들린 칼은 할례용 칼이며, 이것은 언약의 일원임을 암시한다.

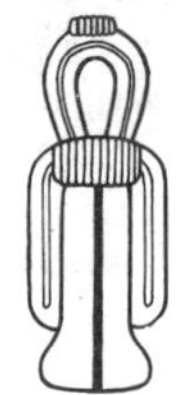

Knot: 이집트 풍요의 여신, Isis의 매듭.

Knot 매듭. 이것은 연결, 결속, 혹은 보호적 힘과의 연결을 상징하지만, 동시에 복잡함과 장애를 의미하기도 한다. - 이집트사람들 가운데에서, 매듭은 생명과 불멸성을 상징했다; 양면으로 팔이 뻗은, 일종의 **앵크 십자가**Ankh[338]인, 이시스Isis[339]매듭은 **부적** Amulet으로 널리 사용되었다. - 사랑과 결혼의 상징으로서, 매듭은 때때로 결혼 의식에서 나타난다. - 이슬람 세계에서, 매듭은 보호를 주는 상징이다; 예를 들어, 아랍 남자들은 때때로 사악한 눈/악의 시선에 대항하는 보호로서, 자신의 수염에 매듭을 짓는다. - 매듭을 푸는 것의 상징적 의미는, 광범위하고 다양하다. 불교에서는, 성인聖人이 단지 현상계에 불과한 세계로부터 자신을 해방하는 것을 매듭을 풀어내는 것에 비유한다. 죽음은 또한 때로 매듭을 푸는 것에 비유되기도 한다. 매듭을 푸는 것은, 자기 자신을 여는 것의 상징이다; 예를 들어, 모로코에서는, 남편은, 자신의 옷에 달린 7개의 매듭을 풀은 후에만, 자기 아내와 잘 수 있었다. - 알렉산더 대왕이 **고르디온 매듭**Gordion Knot[340]을 자르는 것은, 해결책의 상징으로서, 속담에도 나오는 유명한 말이다; 부정적인 의미에서, 이것은 진정되지 않은 조급함의 상징이다.

Kola Nut

Kola Nut 콜라 열매[341]. 이것의 쓴맛 때문에, 이것은, 아프리카 흑

---

338 앵크 십자가(윗부분이 고리 모양으로 된 십자가, 고대 이집트에서 생명의 상징이었음)

339 이시스(고대 이집트의 풍요의 여신)

340 Gordius왕의 매듭(왕이 맨 풀기 어려운 매듭으로, 이것을 푼 사람이 아시아 전체의 왕이 된다는 신탁이 있었는데, 알렉산더가 이것을 칼로 잘라 버렸다고 한다. cut the Gordius knot: 어려운 문제를 명쾌하게 해결했다.

341 콜라 나무 열매(씹어 먹거나 즙을 내어 먹음. 콜라의 원료로도 쓰임)

인들 가운데에서, 삶의 어려움들과, 그 어려움들을 극복한 승리를, 상징한다; 그래서 이것은, 이런 승리에 기여하는 우정과 신의라는 덕목들의 상징이다.

Labyrinth 미로/미궁. 원래 이것은, Daedalus가 미노스왕을 위하여 **미노타우로스**Minotaur[342]를 가두기 위해, 크레타에 지은, 궁전을 지칭하는 말이었다. 그곳에는 수많은 통로들과 복잡한 미로들이 있었다. 궁극적으로, 이것은 건축과 예술에서의 모든 미로들을 지칭하는 말이 되었다. - 미로 또는 라비린스를 통과하는 것은, 때때로 입문의식의 일부였으며, 이는 숨겨진, 영적인 중심의 발견과 어둠에서 빛으로의 상승 둘다를 상징했다. - 많은 오래된 교회들에서, 바닥에 표현된 미로들은, 온갖 시험과 어려움, 그리고 굽어진 길로 가득한 인간의 삶을 상징한다; 그 중심은, **천상적 예루살렘**(Jerusalem, Heavenly**를 보라**)의 형태 안에 있는, 구세주를 기대하는 것을 상징한다.

Labyrinth: 성 Vitale 성당 안의 바닥 무늬. 6세기. Ravenna.

Ladder 사다리. 여러 가지 형태로, 이것은 하늘(Sky**를 보라**)과 **땅**Earth의 결합을 상징한다; 이와 관련하여, 이것은 상징적으로 **무지개**Rainbow와 연관된다. 이것은 상승, 단계적 증가, 또는 발달을 나타낸다. 사다리의 가로대의 수는 신성한 숫자(종종 7)에 부합할 수 있으며, 때로는 그 개별 사다리살은 서로 다른 색깔들(예를 들어, 불교에서)이거나, 또는 다양한 금속으로 만들어지기도 한다(예를 들어 미트라 신비종교Mithras[343] Mysteries에서); 종종 그 가로대들은 영적인 입문 의식에서의 여러 단계들에 해당된다. - 성서는, 그 위에 천사들이 오르락내리락하는, *하늘에 이르는 사다리 Heavenly Ladder*에 관한 야곱의 꿈을 언급한다; 사다리는 하느님과 인류 사이의 살아있는 관계의 상징이다. - 그리스도교 미술에서, 덕목의 사다리는, 사방에서 악마들에 의해 위협을 받으면서, 정상을 향해서 한 걸음씩 기어 올라가는, 덕이 있는 사람들의 모습으

Ladder: 덕행의 사다리. 오스트리아 츠베틀Zwettl의 세밀화에서 발췌.

---

342 미노타우로스(사람의 몸에 소의 머리를 한 괴물)

343 [페르시아 신화] 미트라(고대 페르시아와 로마에서 숭배된, 빛과 진리의 신, 후에 태양의 신)

로 그려진다. - 영적 성장의 한 장소로서, 수도원 회랑[344]은 때때로
사다리에 비유되기도 했다(시토 수도회Cisterian[345] 그리고 카르
투지오 수도회Carthusian[346]의 회랑들은 종종 **"하느님의 사다리
Scala Dei[347]"**라고 불리운다). **Stairs를 보라.**

Lady's Mantle[348] 레이디스 맨틀. 성모 마리아와 연관되어있는,
*Alchemilla Vulgaris*성모초 라는 약초는, 때때로 그 잎사귀의 형태
때문에, "우리의 복되신 성모님의 밤의 망토"라고 속칭으로 불렸다.

Lady's Slipper

Lady's Slipper 개불알꽃/성모의 슬리퍼 난초. 이것의 꽃의 형태
가 실내화/슬리퍼를 암시하기 때문에, 그렇게 불리어졌던, 난초의
한 품종인 이것은, 때때로 **"Kriemhilda's Helmet"**이라고 불렸으
며, 많은 전설에서 동정 성모 마리아와 연관되어 있다.

Lake 호수(Pond 연못). 호수는 지구의 열린 눈Eye으로서, 사실적
으로 해석되고 있다. - 이것은, 때때로 인간들을 지하의 영역으로
끌어들이기 위해서 유인하는, 지하의 존재들, 요정들Fairies, 정령
들Nymphs[349], 그리고 물의 영Water Spirits들이 거주하는 장소라

344　1. (보통 성당, 수도원 등의 지붕이 덮이고) 건물 내부를 둘러싸는 아치형 복도이
　　며, 안쪽에는 정원이나 안마당이 있음. 2. 수도원 생활, 은둔생활.

345　시토 수도회(Cistercian Order)는 11세기 프랑스 시토(Cîteaux)에서 시작된 수도회.

346　카르투지오수도회(Carthusian Order)는 11세기 그랑트샤르트뢰즈(La Grande
　　Chartreuse)에서 시작된 은수적인 수도회.

347　Scala Dei는 라틴어로 "God's Ladder" 또는 "Stairway (Ladder) to God (하느
　　님으로의 사다리/계단)"라는 뜻이다;이 이름은 전설에서 유래한다; 12세기 무렵,
　　한 목동이 하늘로 오르는 사다리를 타고 천사들이 올라가는 꿈을 꾸었다고 전해
　　지며, 이 '천사들의 사다리' 이야기에 감명 받은 수도사들이 이 땅에 수도원을 세
　　운 것이 Scala Dei의 기원이다; — 천사와 사다리에 대한 전설에서 유래해 — 12
　　세기 카르투지오 수도사들이 세운 수도원의 이름이다. 이 수도원은 이후 포도 재
　　배와 와인 생산을 통해 지역 역사와 경제, 문화에 깊은 영향을 끼쳤고, 오늘날 그
　　흔적은 문화유산과 와인 산업 속에 살아 있다.

348　레이디스 멘틀(장미과 톱풀속 Alchemilla초본의 총칭, 잎은 회색이고 얕게 갈라
　　지며, 잎의 모양이 외투(mantle)처럼 둥글게 퍼져 있어서, Lady는 전통적으로
　　성모 마리아(Virgin Mary)를 뜻하는 경우가 많아 "성모의 외투" 라는 식의 상징
　　적 의미가 붙었다; 서양말굽초 또는 알케밀라(Alchemilla) 라고 불리는 식물(주로
　　Alchemilla vulgaris)을 의미한다; 잎에 맺히는 물방울이 특히 아름다워 순수함,
　　신비, 여성성을 상징; 중세 연금술사들은 잎에 맺힌 물방울을 "천상의 이슬"로 보
　　아 약용·의식용으로 사용하기도 함.

349　nymphs: 정령 (자연이나 특정 장소를 지키는 신성한 존재)

고 여겨진다. - 꿈 이미지 속에서, 호수는 여성성이나, 무의식의 상
징이다.

Lamb (Sheep 양) **어린 양.** 이것의 소박함, 관용, 그리고 흰색 때문
에, 이것은 점잖음, 무죄함, 그리고 순수함을 상징한다. 고대에 어
린 양과 **숫양**Ram은 가장 흔한 희생제물용 동물이었다; 그래서 그
들은 그리스도와 그의 희생적 죽음의 상징이 되었다. 그리스도교
미술에서, 다른 양들 사이에 있거나, 옆에 서 있는 양은, 세상의 죄
를 짊어지는, 하느님의 어린 양을 가리킨다. 어린 양이나 양의 무리
는 또한 신앙인들이나, 순교자들의 교회를 의미하기도 한다(여기서
그리스도는 착한 **목자**Shepherd의 역할로 나타난다). 최후의 심판
은, 때때로 그리스도가 양과 염소를 구분하는 장면으로 표현된다.
- 양은 중국의 **조디악**Zodiac의 8번째 별자리이며, Scorpio에 해
당한다(Scorpion전갈을 보라).

Lamb: 부활절 어린 양. 테라코타(적토 질
그릇), A. 델라 로비아(A. della Robbia) 작업
실 제작.

Lameness 절뚝거림. 이것은 약함이나 상처받음의 표현이다. **눈
이 멈**Blindness과 같이, 절름발이 혹은 절름거림은 영적인 부
족함의 상징일 수 있다. 그러나 눈이 멈, 한쪽 눈만 있는 것, 혹
은 곱사등을 가진 것 같이, 절름발이는 또한 특정한 영역들(마녀
들, 마법사들, 그리고 불-신들Fire Gods, 예를 들어, 헤파이토스
Hephaestus[350]의 경우와 같이) 안에 있는 특이한 능력들을 암시
할 수도 있다. 그리스 신화에서 절름발이는 불복종에 대한 신들의
벌이다(Hephaestus는 그가, 자신의 아버지인 제우스Zeus를 대
항한, 자신의 어머니인 Hera의 편을 들었기 때문에 다리를 전다).
- 민속신앙에 의하면, 악마는, 자신의 잘못으로 하늘로부터 떨어졌
기 때문에, 한쪽 발로 절룩거린다.

Lamp 램프/등. 표현할 수 없는 **빛**Light의 시각적 표현인 이것은,
종종 영적 존재들의 개인적 영적 빛으로서 해석된다. 그래서 불을
켜거나 끄는 것은, 한 개인의 탄생 혹은 죽음을 의미한다. 특히 고
대에서, 빛은 단순하게 빛과 죽음의 상징이었다. 도자기 **기름램프**

---

350 [그리스 신화] Hephaestus: 불, 대장장이 일, 수공예를 담당하는 고대 그리스 신.

*Oil Lamp*는 인간성의 상징이다. 그것은 점토로 만들어진다; 기름
에는(Oils을 보라) 일종의 "생명력"이 들어있다; 이것이 빛을 낼 때,

Lamp: 불 켜진 기름 램프 또는 기름이 없는 램프를 든, (왼쪽) 슬기로운 처녀와 (오른쪽) 미련한 처녀들.

1518, N.M.Deutsch가 제작한 연작 목판화 2점에서 유래함.

이것은, 영혼의 전달자로 나타나며, 불꽃으로 상징된다. – 분별 있
는 처녀들과 어리석은 처녀들에 관한 성서의 비유에서, 주의 깊게
기름으로 채워진 램프는, 영적인 경계와 준비성의 상징이다. – 무덤
위에 불 켜진 램프를 놓는 것은, 그리스도교와 다른 종교들에서 흔
한 관행이다; 이것은 죽음을 초월한 신적인 빛이라는 개념을 가리
킨다. **Lantern을 보라.**

Lance (옛날에 말을 탄 무사들이 쓰던) 긴 창/장창(Spear[351]창). 모
든 무기들 같이, 이것은 전쟁과 힘의 상징이다. 이것은 일반적으로 남
근 상징인, 태양광선을 나타내며, 또한 **세계의 축 World Axis**과도 연
관되어 있다. – 그리스도교 미술에서, 긴 창에 찔렸던 동물들은, 자
주, 극복해야 할 악덕들을 암시한다. 이런 이유 때문에, 덕목을 의인
화한 존재들은, 흔히 속성으로서 장창을 지닌 모습으로 묘사된다.

---

351 Spear: 일반적으로 던지거나 찌르는 무기. 특징: 보병이 주로 사용; 길이는 다양하
지만, 기병용보다 짧은 경우가 많음.

좁은 의미에서, 장창은 용맹이라는 중요한 덕목의 속성이다. – 정교
회에서 작은 장창Small Lance을 성 만찬례에 사용하는 것은, **롱기
누스**Longinus[352]의 창에, 상징적으로 관련이 있다. 그는, 그리스도께
서 돌아가셨다는 것을, 자신의 장창을 그리스도의 가슴에 찌름으로
써, 확인했던 사람이다. (롱기누스의 장창은 중세기에, 예를 들어, **성
배**의 전설Grail Legend에서, 큰 역할을 담당했다.)

Lantern 랜턴/손전등. 큰 범위에서, 이것은 상징적으로 램프
Lamp에 해당한다. 랜턴은 종종 일본의 사원과 정원에 배치되며,
영적 명료성의 빛을 상징한다.

Lantern: 일본, Nikko에 있는 사원에서 유래.

Lapis Lazuli 청금석(선명한 청색의 보석). 이것의 푸른색과 그 안
에 박혀있는 수많은 금색 반점들 때문에, 청금석은 궁창蒼穹/하늘
의 상징이다. – 동양에서 이것은 사악한 눈에 대항하는 보호물로서
소중하게 여겨진다.

Lapis Philosophorum 현자의 돌. Philosopher's Stone을 보라.

Larch 낙엽송. 이것은 북쪽 온대 지방의 침엽수이다. 시베리아에
서, **세계 수**World Tree는, (그 위에) 태양과 달이 황금새와 은새의
모습으로 오르내리는 낙엽송으로 상상되었다.

Lark 종달새. 하늘로 똑바로 날아오르고, 땅에 자기의 둥지를 짓는
새로서, 이것은 **하늘**Sky과 **땅**Earth의 결합을 상징한다.

Larkspur 델피니움. 미나리아재비科에 속하는 어떤 속屬의 새로
서, 중세에 이것은, 그 뾰족한 꽃모양 때문에 기사다운 고귀함과 연
관되었다. 그래서 이것은 기사다운 덕목을 상징한다. 성모 마리아

Larkspur

---

352 롱기누스: 회심한 백인대장으로서, 골고타 언덕에서 십자가에 못박힌 예수의 죽
음을 확인하고자 몽둥이로 다리를 부러뜨리는 대신에 옆구리를 창으로 찌름으
로써 그리스도의 오상을 최종적으로 이룬 인물로 전해진다. 가톨릭, 정교회, 성공
회 등 그리스도교 내 대부분의 주류종파에서는 그를 성인으로 공경하고 있다. 대
표적으로 가톨릭과 정교회에서의 축일은 10월 16일, 아르메니아 사도교회에서
의 축일은 10월 22일이다.

의 그림 속에서 이것은 또한 하느님의 어머니로서의 그녀의 명예를 상징하기도 한다.

Laurel 월계수/계수나무. 모든 늘 푸른 식물들같이, 이것은 불멸성 상징이다. - 고대에, 이것은 물질적으로 그리고 도덕적으로 정화하는 것이라고 여겨졌다. 시적인 영감과 예언력을 주는 힘은 또한 이것 때문이라고 여겼다; 추가적으로, 이것은 사람을 번개로부터 보호한다고 생각되었다. 이것은 아폴로 신에게 주로 봉헌되었다. - 이것은, 정화시키는 힘이 있다고 보기 때문에, 승리를 축하하는 행렬의 맥락에서 처음으로 등장했다; 사람들은 전쟁에서 흘린 피를 스스로 씻어내기를 원했다. 후에 이것은 승리, 승리감/개가, 그리고 승리에 의해서 주어진, 불멸성의 상징이 되었다; 이런 의미에서, 이것은, 통상 화환/화관에서의 장식으로서, 그리고 과학과 예술과, 특히 문학 예술에서의 뛰어난 업적을 위한 장식으로서도 또한 사용되었다.

Laurel: 고대 동전에 새겨진 월계수관.

Lavender 라벤더. 지중해 지역에 자라는, 아주 양념 맛이 강하고, 향기롭고, 눈에 잘 안 띄는, 꽃이 피는, 입술 모양의 꽃인, 이것은 고대 이래로 목욕, 세탁, 그리고 의료용 목적을 위하여 사용되었다. 중세기에, 이것은 때때로 성모 마리아의 미덕을 상징적으로 가리켰다.

Lead 납. 이것은 특유의 높은 비중 때문에, 무게/중량이나 억압하는 부담/짐의 상징이다. 연금술에서, 납은 *Saturn*[353]과 동일시되는데, 그는Saturnus, 종종 **큰 낫**Scythe을 가진 등이 굽은 노인으로서, 또는 회색의 난쟁이로서 나타난다; 그는 사람이 추운, 축축한, 아픈, 그리고 우울한 것을 느끼게 한다고 일컬어졌다. 긍정적인 의미에서, 새턴은 철학자와 연관되었으며, 일반적으로는 체계적인 생각과 금욕주의와 연관되어 있다. - 그리스도교 상징성에서, 납은 가끔 죄를 짊어지고 있는 인류와 관련된다. **Metal금속을 보라.**

Leaf (나무) 잎/낱장. 일반적으로 식물 왕국의 상징인 이것은, 농업

---

353 Saturn은 그리스 신화에서, 제우스의 아버지인 크로노스, 로마 신화에 나오는 농업의 신, 사투르누수saturnus, 그리고 토성의 영어 이름이다.

문화에서 광범위하게 장식용으로 사용된다. - 극동지방에서, 잎사귀는 행복과 웰빙Well-being의 상징이다; 잎들이 있는 나뭇가지는, 공동의 노력으로 개인들이 협력하는 일을 상징한다. - 그리스도교에서, 3개의 꽃잎이 있는 잎은(Clover를 보라) 삼위일체를 상징하며, 4개의 잎이 있는 잎은 **십자가**Cross와 가장 중요한 덕목들(사추덕)을 상징한다. - 아담과 이브의 범죄 후 첫 번째로 입은 옷으로서, 무화과 잎(Fig Tree를 보라)은 단정함과 정절을 상징한다.

Leaven 효모/누룩(특히 이스트). 초기 유대교에서 이것은 때때로 부패, 영적인 타락, 그리고 불순함의 상징이었다. 그 결과, 신들에게 제공되는, 제물로 바치는 빵들은, 거의 항상 누룩이 없는 것이어야 했다. 밤에 이루어졌던, 이집트로부터 이스라엘 사람들의 탈출 동안에, 누룩 없는 빵을 가지고 다녔다. 왜냐하면, 발효가 일어날 시간이 없었기 때문이었다; 매년 맞이하는 유대인 과월절 축제는, 또한 누룩 없는 빵의 축제라고도 불리었는데, 이집트로부터의 탈출의 상징적 재현이다; 누룩 없는 빵은 그래서 약속의 상징이다.

Left . Right and Left를 보라.

Legume 콩과 식물, 레귐. 이것은 영혼과 정신을 담는 육체, 즉 육체화의 상징이다.

Lemon 레몬. 이것은, 유대교에서 인간의 마음의 상징이다. - 중세기에 이것은 생명의 상징으로서, 그리고 생명의 적대적인 세력들에 대항하는 보호로서 간주되었다(즉, 마법적 주문呪文, 독, 악성 전염병들을 대항하는). 이것은 무덤 속에 놓였으며, 또한 세례, 결혼, 견진성사, 그리고 영성체 같은 의식들에서 사용되었다. 중세 후기에, 이것은 순수함과 성모 마리아의 속성을 상징했다.

Leo 사자. Lion을 보라.

Leopard 표범. 이것은 야생, 공격성, 전투, 그리고 교만의 상징이다. - 중국에서 표범은 달의 동물이라고 여겨졌다. 이는 태양의 **사자**

Leopard: 표범과 함께 있는 마이나드mae nad(그리스 신화에서 酒神 Dionysus를 숭배하는 여성 광신자). 약 450년경, Brigos 화가가 그린 사발 그림에서 유래함.

Lion와 대조되는 것이다. – 아프리카 신화에서 이것은 아침 태양의 빛과 연관되어 있다. – 고대에서 표범은 아르테미스Artemis[354]와 디오니소스Dionysus[355]의 속성이었다; 이것은 강함과 생식력을 상징했다, 그리고 이런 의미에서 이것은 또한 Dionysus(또는 Bacchus)숭배에서 어떤 역할을 담당했다. 이것의 야성적 도약 때문에, 광란의 여자Maenade[356]와 비교되었다. **Panther겸은 표범을 보라.**

Lernaean Serpent . Hydra[357]를 보라.

Letters 글자/문자. 모든 문화에서, 알파벳의 글자들은 특정한 상징적 의미들을 지니고 있다. 예를 들어, 이슬람은, Airy바람이 잘 통하는/쾌활한, Fiery불타는 듯한/(성질이) 불같은, Earthy흙의/저속한 이라는 글자들과, Watery물의 라는 글자들 사이의 차이를 구별한다. 이런 것들은, 신적인 단어의 구체화/실현으로서, 특정한 의미들(예를 들어, 과거, 현재, 그리고 미래에 관하여)을 품고 있는 것들이다. Cabala[358]신비주의에서는, 신비적 추측에 관한 전체 체계가 나타나는데, 이것은, 분명한 숫적인 가치들과 함께, 개별적인 문자들의 형태와도 관련이 있다. – 고대에 7개의 그리스어 모음(e와 o라는, 각 2개의 글자들이 있다)은 영을 상징하기도 하고, 또는 7개의 천상의 구체와 그 안에서 움직이는 7개의 천체를 나타내기도 했다; 반면에 자음들은 물질을 상징했다. 자음과 모음의 결합, 그래서 "영"과 "물질"의 결합으로서, 그리고 언어적 표지들의 전체성으로서, 알파벳은, 전체성과 우주의 전체와 완벽함을 상징했

---

354 [그리스 신화] 아르테미스(달과 사냥의 여신, 로마 신화의 Diana에 해당)

355 [그리스 신화] 디오니소스(술의 신, 로마 신화에서는 Bacchus)

356 그리스 신화에서, 디오니소스를 따르는 여사제들, 즉 광란의 여인들을 뜻한다. 디오니소스의 술과 황홀경의 제의에서, 춤추고 노래하며 광란 상태에 빠진 여성 신도들을 가리킨다.

357 1. [그리스 신화] Hercules가 퇴치한 늪에 사는 머리가 아홉인 뱀; 머리를 자르면 그 자리에 두 개의 머리가 생기고, 또한 중심의 머리는 불사였다.; Hercules는 불사의 머리를 바위밑에 묻고, 다른 머리는 불에 태워죽였다. 2. (Hydra의 머리처럼 하나를 처치하면 다른 데서 새로운 싹이 나는) 처치 곤란한 악. 3 히드라(강장동물의 일종)

358 히브리 신비 철학, 밀교, 신비주의Kabbalah; simeon ben yohaï: 기원 1세기경에 팔레스티나의 rabbi로서 카발라cabala를 성문화했다.

다; 그 결과 이것은 또한 액땜으로 사용되기도 하였다. 예를 들어, 초기 그리스도교 시절로부터 중세기로 이르기까지 묘비 위에 이것의 사용은, 아마도 이런 의미를 반영할 것이다. Alpha, Alpha and Omega, Omega, Taw를 보라.

Leviathan 레비아단(구약성서에 나오는 거대한 바다속 괴물)/거대한 힘/악의 상징. 원래 페니키아의 신화의 괴물이며, 혼돈을 상징하는 이것은, 통상 바다에 살았다; 거기에는, 다시 나타나 기존 질서를 위태롭게 할 수 있다는 끊임없는 위협이 있었다. - 성서와 그리스도교 미술에서(그곳에서, 이것은 Crocodile악어, Dragon, Serpent, 또는 Whale고래와 유사하게 표현된다), 레비아단은, 혼돈, 악마, 또는 하느님에 의해서 격파된 적 그리스도로서 나타난다.

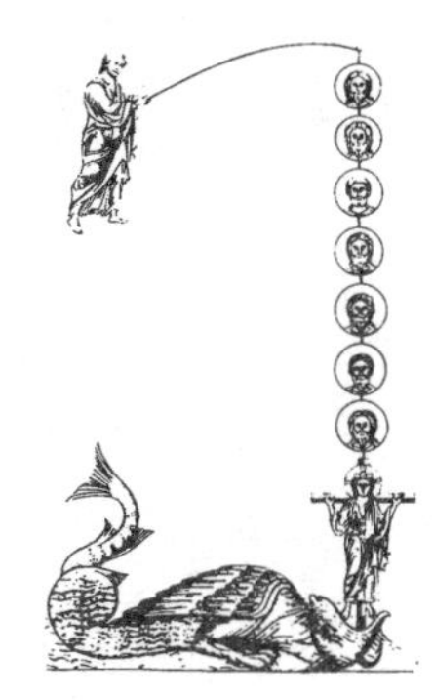

Leviathan: 십자가에 못박힌 그리스도를 미끼로 삼아, 이새 지파의 7 지팡이로, 레비아단을 잡는 장면. 1180년, Herrad von Landsberg의 『Hortus Deliciarum환희의 정원』에서 발췌.

Liber Mundi 세상의 책. Book을 보라.

Libra[359] 천칭자리/천칭궁. Scales를 보라.

Light 빛. 이것은, 그 영향은 알려져 있으나, 그 본질에 대해서는, 상당 부분 이해되지 않는, 어디에나 존재하는 현상인 이것은, 비물질성, 영, 그리고 하느님을 상징할 뿐만 아니라, 또한 생명과 행복의 흔한 상징이기도 하다. 아직도 **태양Sun** 빛과 **달Moon**의 빛 사이에는 한층 더 세밀한 구분이 있다. 태양의 빛은 영적 통찰에서의 빛을 상징하고, 달의 빛은 반사된 빛으로서 반사된 빛으로서, 이성적 논리적 사고를 통한 간접적인 앎을 상징한다. - 빛은 종종 *어둠 Darkness*과 대조적으로 나타난다. 이런 경우에 어둠은, 통상적으로, 알아차리지 못함, 영적인 우둔함, 도덕적으로 미성숙하거나, 또는 열등한 영역들과 상태들, 죽음, 불행, 또는 신비를 나타낸다. "위에Above"와 "아래에Below"(**Height and Depth를 보라**)라는 공간적 개념들은, 상징적으로 빛과 어두움의 관계에 상응한다. 거의 모든 근본적인 원리들은, 세계를 두 부분으로 나눈 구분에 기초

Light: 빛의 의인화. 12세기, 알사스지방의 세밀화 모사 장면의 세부.

---

359 천칭자리, 천칭궁(황도 12궁의 7째자리), 천칭자리 태생인 사람(생일이 9월 23일-10월 22일경 사이인 사람)

하여, 빛과 어두움(예를 들어, Ormazd[360] and Ahriman[361], **Yin and Yang음과 양**, Angels and Demons천사와 악마, Spirit and Matter영과 물질, Male and Female남성과 여성)의 구별을 언급한다. 많은 사람에게, 어두움에서 빛으로의 상승에 관한 생각은, 개인과 인류의 발달에 중요한 역할을 담당한다; 많은 입회의식은 또한 이런 이중성에 기초하고 있다. 세계 창조시의 태고적 질서를 상정하는 것으로서, 빛과 어두움의 분리는, 많은 사람의 우주 창조설의 개념들 안에서 발견된다. 신비주의자는 때때로 지식의 빛 "위에Above"("아래에Below"와 대조적으로) 놓여있으며, 하느님의 근본적인 불가해성을 상징하는, 어두움에 대해서 말한다. - 예술에서, **Aureole광환, Nimbus원광**, 또는 **Halo광륜**은, 한 인간의 영적인 깨달음을 시각적으로 표현한다. **Eclipse**(일식. 월식의)**식, Fire 불**을 보라.

Lightning: 벼락을 던지는 Zeus신. 5세기 첫 4분기 무렵, 그리스의 소형 청동 조각.

Lighthouse 등대. Tower을 보라.

Lightning: 『Apocalypse of John요한의 묵시록』의 묘사에서 발췌한 세부장면. 1492년, M.Greyff이 제작한 목판화.

Lightning 번개. 많은 문화에서, 신적인 힘의 표현 혹은 상징인 이것은, 무섭게 보이기도 하고, 창조적으로 보이기도 한다. 많은 문화에서 번개와 **천둥Thunder**은, 최고신이 일으킨 것으로 생각되었다(예를 들어, Jupiter[362]/Zeus, Indra[363]). - 성서에서, 번개는 하느님의 분노에 찬 심판과 연관되어 있다; 불, 번개, 그리고 천둥의 징벌적 하느님이 묘사되어 있다. - 번개를 내리치는, Zeus는, 징벌의 신일 뿐만 아니라, 생명을 풍요롭게 하고, 빛을 비추는 신으로도 볼 수 있다. - 특히 동양에서는, 번개와 폭풍, 또는 비 사이에는 어떤 관련이 있다; 이런 이유로 번개와 생식력, 그리고 번개의 남근적 의미에는 상징적 연관이 있다. - 요즘까지 아시아와 유럽의 몇몇 지역에 사는 사람들은, 번개를 달래기 위하여, 우유를 제물로 바쳤다.

---

360 Or·mazd[ɔ́:rməzd] n. 〖조로아스터敎〗 오르마즈드, 아후라마즈다(Ahura Mazda)(선(善)과 빛의 최고신)

361 Ah·ri·man [ɑ́:rimən] n.아리만(조로아스터교의 악의 신).

362 1. [로마 신화] 모든 신들의 왕으로 천지를 지배하는 최고의 신(그리스 신화의 Zeus에 해당. 2. 목성 planet.

363 [힌두교] 인드라, 인타라咽陀羅(우레와 비를 주관하는 Veda의 主神.)

Lilies of the Valley 은방울꽃. 수많은 질병에 대항하여 사용된 약용식물로서, 이것은 빈번하게 그리스도와 성모 마리아의 속성이었다. 이것은 때때로 **백합**Lily 대신, 성모영보/수태고지 장면의 묘사에 나타난다. 이것은 세계의 구원을 상징한다.

Lilies of the Valley

Lily 백합. 하얀 백합은, 오래되고 널리 퍼진 빛의 상징이다; 이것은 또한, 특히 그리스도교 미술에서, 순수함, 무죄함, 그리고 처녀성을 나타내기도 한다(특히 성모 마리아의 묘사에서, 예를 들어, 가브리엘 대천사에 의한 수태 고지Annunciation[364]와 관련되어). 순수함, 무죄함, 그리고 처녀성과 이것이 관련되는 이유는, 백합의 암술이 뚜렷하고 인상적인 형태를 가지고 있기 때문에, 원래 백합에 부여되었던, 남근적 의미가 숭화되었기 때문일 수 있다. 세상의 심판자로서 그리스도의 입에서 뻗어 나오는 모습으로 그려진, 백합은 은총의 상징이다. – 성서에서 "들에 핀 백합화들"은 하느님을 신뢰하며 바치는 헌신의 상징으로서 언급되고 있다. – 백합은 또한 고대 왕권의 상징이며, 문장학에서 중요하고 다양한 역할을 한다. 예를 들어, 이것은 하느님의 어머니의 후원을 의미할 수 있으며, 혹은 3개의 뚜렷한 잎사귀들로 표현될 때, 삼위일체를 의미할 수 있다.

Lily: 백합 홀을 든 Kaiser Frederick I 세(별명이, 붉은 수염). 12세기의 후반, (현재의 Weingarten)Altdorf에서 제작된, 세계 연대기Weltchronik의 세밀화 모방.

Lime Tree(Linden) 라임나무. 게르만족과 슬라브인들이 신성한 것으로 숭배되는 나무인 이것은, 번개의 방향을 바꾸며, 이것을 만지면, 질병들을 자신에게로 끌어당긴다고 여겼었다. 종종 이것은 공동체나, 건물단지의 중심부에서 자랐다(이런 이유로 마을 안뜰, 공동묘지, 우물가, 마을 광장 등에 라임나무가 있었다). – 오크나무 Oak와 대조적으로, 라임나무는 종종 여성 또는 여성적이라고 여겨진다.

Lime Tree(Linden)

Linga(pl. Lingam)[365] 남근. 인도에서 흔히 볼 수 있는 남근 이미지인 이것은, 또한 힌두교의 신, Shiva의 상징이기도 하다. 이것은 자연주의적 모사 형태와, 잘린 기둥 형태로, 모두 나타나며, 흔히

Linga: 인도의 신, Shiva를 상징하는 남근.

364　(기독교의) 성수태고지(마리아에게 예수 잉태를 알린 것. 축일은 3월 25일)

365　(통속 힌두교에서 Siva신의 상징으로서의 남근상男根像)(Phallus)

사각 받침대, 8각형 중앙 기둥, 그리고 (빈번하게 하나 이상의 머리들이 있는) 원통형의 상부를 갖춘 경우가 많다. 이것은 신적인 것, 남성적 창조 능력을 상징하며, 그리고 아마도 또한 **세계의 축World Axis**[366]도 상징할 것이다. 그의 여성적 대응물은 Yoni[367]이다. 쿤달리니[368]Kundali **뱀Serpent**이 감긴 링가는 지식 또는 인식의 힘을 상징한다; Yoni와 함께 있을 때, 쿤달리니 뱀이 감긴 링가는, 깨달은 인식과 형태와 물질의 결합을 상징한다.

Lion: 떠오르는 태양 속의 젊은 신. 동서 지평선을 상징하는 2마리의 사자가 받치고 있는 모습. 21번째 왕조, Heri-uben의 장례 문서 속의 그림을 모방.

Lion 사자. 땅에 사는 동물들 중의 "왕"인(새들의 "왕"은 **독수리Eagle**이다), 사자는, 보통 태양과 관련된 의미를, 혹은 빛과 어떤 연관을 가지고 있는 흔한 상징적 동물이다. 이는 아마도 그 강함, 황금빛 색깔, 그리고 그 머리 주위를 둘러싸며 퍼져 있는 풍성한 갈기 때문일 것이다. 사자와 빛의 관계는, 결코 눈을 감지 않는다는, 사자의 특징적인 속성 안에서도 표현된다. 사자의 상징적 의미를 만들어 내는, 추가적인 특징은, 그것의 용기, 야생성, 그리고 추정된 지혜이다. 왕좌에 앉은, 그리고 궁전 안에 있는 사자의 묘사는, 힘과 정의의 이미지들이다. - 중국과 일본에서, **용Dragon**과 같이, 사자는 악마를 겁을 주어 쫓아낸다고 믿어졌으며, 종종 성전의 수호자로서 묘사되었다. - 이집트, 아시리아, 그리고 바빌로니아의 성전들은 종종 사자 조각像으로 지켜졌다. 이집트에서 서로 등을 맞대고 있는 2마리의 사자의 표현은, 떠오르고 지는 태양, 동쪽과 서쪽, 어제와 내일

---

366 "World Axis"는 상징학과 종교학에서 자주 등장하는 개념으로, 일반적으로 라틴어로 axis mundi라고 부른다. 의미를 정리하면 다음과 같다. 정의:세계의 중심을 잇는 축을 뜻한다; 천상과 지상을 연결하고, 때로는 지하 세계까지 이어지는 상징적 중심축이다. 상징적 의미: 우주의 중심: 우주 구조의 중심, 질서의 근원; 신과 인간 연결: 신성한 세계와 인간 세계를 연결하는 통로; 영적 탐구: 명상, 의식, 의례 등에서 중심축으로 기능하며 내적·외적 질서를 상징. 예시: 나무(세계수, 예: 노르드 신화의 위그드라실). 산(예: 히말라야, 올림포스산). 기둥, 첨탑, 피라미드 등 건축적 구조; 간단히 말하면, World Axis = 우주의 중심축이자 천상과 지상을 연결하는 상징적 중심이다.

367 [힌두교]여음상女陰像(여자의 생식력의 표상으로 숭배). yo·ni [jóuni] n. 〖힌두교〗 여음상(女陰像)(인도에서 Shakti의 표상으로 예배하는). <cf> lingam.

368 힌두교에서 척추의 기저부, 물라다라에 위치한 것으로 믿어지는 신성한 여성적 에너지(또는 샤크티)의 한 형태이다. 이것은 시바파 탄트라에서 중요한 개념인데, 여기서 그것은 신성한 여성적 또는 여신의 형식 없는 측면과 관련된 힘이라고 믿어진다; 쿤달리니 요가는, 탄트라의 대표적 수행법으로서 인간을 하나의 소우주라고 여기며 척수 하부에 자리 잡고 있는 쿤달리니라 부르는 정기를 활성화하여 정신적, 신체적 정화를 강조하는 심신훈련법; 쿤달리니는 산스크리트어로 '감겨있는'이라는 뜻을 가지고 있다. 샥띠(sakti) 여신 내부의 회음부(Muladhara)에 3바퀴반의 똬리를 틀고 있는 뱀의 형상을 하고 있어 이를 쿤달리니 샥띠라고 한다.

을 상징한다. 미트라Mithras[369]숭배에서, 사자는 태양을 상징한다.
- 붓다 뿐만 아니라, 인도의 신, 크리슈나Krishna[370]도, 사자에게 비
유된다. 사자의 다루기 힘든 힘 때문에, 사자는 또한, 고대에, 생식력
과 사랑 신들과 (예를 들어, Cybele[371], Dionysus/Bacchus, 그리고
Aphrodite/Venus) 밀접하게 연관되었다. - 성서는 자주 긍정적이면
서도 부정적인 의미에서 사자를 언급한다: 즉 하느님은 자신의 힘과
정의 안에서 사자와 닮았다; 유다 부족은 사자와 비교된다; 그리스
도 자신이 "유다의 사자"라고 불린다. 악마는 먹이를 찾아 날뛰는 사
자와 연관된다. - 중세기에, 사자는 부활을 상징했는데, 부분적으로
는 많은 작가에 의해서 증언된 대로, 사자는 죽은 채로 태어나며, 3
일 후에는 자기 아버지의 숨에 의해서, 생명으로 깨어난다는 생각 때
문이다. 사자의 포효하는 묘사는, 때때로 최후의 심판 때에 죽은 자
들의 부활을 상징한다. - 사자의 부정적이고, 위협적인 측면과 관련
하여, 일부 중세 묘사들에서는, 사자가 사람이나 다른 동물들을 게
걸스럽게 잡아먹는 모습이 나타나는데, 이는 악의적이고 위협적이거
나 징벌적인 힘들을 상징한다. - 사자의 강한 힘은, 묘사나 영웅들(예
를 들어, Heracles, Samson)이 사자를 사냥하거나 싸우는, 신화적
이야기들에서, 유사하게 부정적인 의미를 가지며, 이는 길들여지지
않은 야성을 상징한다. - 날개 달린 사자는 성 마르코(**Evangelists,
Symbols of를 보라**)의 상징이며 속성이다. - 문장학紋章學[372]에서 사
자는 통상 그것의 강함과 함께 나타나며, 종종 문장 위에 나타나거
나, 문장을 들고 있는 모습으로 등장한다. - 사자Lion(*Leo*)는, **조디
악**의 5번째 별자리이다; 그것의 원소는 **불Fire**이다.

Live-Forever[373] 꿩의비름. 다육질의 잎이(*Sedum Triphyllum*)
있는, 노란 꽃이 피는 다년생인 이것은, 민속신앙에 의하면, 번
개와 폭풍에 대항하는 보호물로 추정되었다. 장수하는 식물

Lion: Braunschweig에 있는 청동 사자상.

Lion: 사자 자리Leo의 점성술적 별자리.

369　[페르시아 신화] 미트라(빛과 진리의 신, 후에 태양의 신)

370　[인도 신화] 크리슈나 신(Vishnu의 제8화신)

371　키벨레(Phrygia의대지의 여신.cf. RHEA)

372　중세 유럽에서 기사들이 자신의 가문, 신분, 업적을 상징하는 문장(紋章, coat of
　　 arms)을 만들고 사용하는 규칙과 예술을 가리킨다.

373　꿩의비름(기린초. 만년초 포함)(opirin): 꿩의비름속屬Sedum의 다육多肉식물의 총칭.

로서 이것은 또한 영생의 상징이었다(이것의 라틴어 이름은 *Sempervivum*이다).

Liver 간. 다양한 사람들 사이에서, 이것은 활력, 욕구, 분노, 그리고 사랑의 자리라고 여겨졌다. 미래의 예언은 동물의 간으로부터 만들어졌다; 바빌론사람들과 Etruscans에투루리아[374] 사람들은, 고도로 발달 된 해석의 체계를 가지고 있었다. - 간을 먹는 것은, 마법 주문을 해제하는 능력을 사람에게 주는 것으로 추정되었다.

Liver: Prometheus의 간을 먹는 독수리. 간은 그의 생명력을 상징한다. 크레타 섬 출토 사발에서.

Lizard 도마뱀. 이것이 태양을 좋아하기 때문에, 이것은 빛Light과 태양 상징과 밀접하게 연관되어 있다. 도마뱀은 종종, 빛Light(지식, 하느님, 피안의 삶의 지식이다)을 찾는 영혼의 상징으로서 나타난다. 이것은, 고대 무덤기념물과 장례용 항아리라는 맥락에서뿐만 아니라, 그리스도교 미술에서도 묘사된다. 도마뱀 *살해자(Sauroktonos*[375])로서 Apollo의 묘사는 이런 의미로부터 비롯된다. 이것은, 영혼이 빛의 신의 손에서 죽음을 맞이하고, 빛 속에서의 죽음을 통하여, 저 너머의 생명을 얻고자 하는 갈망을 상징한다. - 중세기에 도마뱀과 그리스도를 향한 갈망 사이에 연관성이 확립되었다(예를 들어, *자연상징해설서Physiologus*에서 보고된 바에 따르면). 노년에 눈이 멀게 된 도마뱀은, 동쪽을 향한 돌담 틈을 기어가, 떠오르는 태양을 쉬지 않고 응시하면, 시력을 되찾는다; 이와 마찬가지로, 내면의 눈이 어두워지기 시작한 사람은, 정의의 태양이신, 그리스도를 바라보아야 한다. - 도마뱀의 연례적인 탈피는, 그것을 재생과 부활의 상징으로 만들었다. - 때때로 도마뱀은, 더운 기후에서 부정적인 상징성을 지닌다. 그곳에서는 도마뱀이 자주 나타나는 시기가, 더위와 가뭄의 시기와 일치하기 때문이다.

Locust 메뚜기. 이동성 메뚜기는 폭식과 파괴를 나타내는데, 그 이유는 이것이 거대한 무리를 이루어 온 지역을 초토화 시키기 때문이다. - 구약성서에서, 이집트 땅에 내려앉은 메뚜기들의 재앙은

---

374 에트루리아 시대부터 전해져 내려오는 지중해 지방의 전설적인 고대 민족.
375 [미술 작품] 아폴론 사우로크토노스.

하느님께서 보낸 고통이다. 묵시록/계시록에서의 메뚜기 환상은, 이단자들의 상징이거나, 악마적 힘의 상징으로서 해석된다. - 중국에서는, 때때로 메뚜기들의 수가 급격히 증가하는 현상은, 우주 질서의 방해/소란을 나타내는 것으로 여겨졌으며, 또한 많은 자손을 상징하고, 이런 이유로 행복과 웰빙Well-Being의 상징으로서도 여겨졌다.

Lodestone 자석/자철석. 철의 자성 산화물, 또는 자철석은, 고대에 *사랑의 돌*Lapis Amoris라고 불리었다. 왜냐하면, 사랑과 같이, 이것은 끌어당기는 힘을 행사하기 때문이다. - 중세기에 이것은, 자기 피조물들을 끌어당기는 하느님의 힘의 상징이었다. 그리고 그래서 이것은 또한 **은총의 돌**Lapis Gatiae이라 불렸다. 중세에 널리 전해진 우화에서, 바다속의 자성을 띤 산이, 지나가는 모든 배들을 끌어당겨, 배들이 그 주위를 돌아가게 만들었다; 그 산은 인간의 죄를 상징하는 것이었으며, 인생이라는 **배**Ship가 반드시 파괴될 수밖에 없는 곳이었는데, 그 이유는 그 배가 바다의 별이신, 성모 마리아를 향해 있지 않았기 때문이다.

Lodestone: 배에서 못을 끌어당기는 자철석. 1509년, 목판화.

Lorelei . Siren[376]을 보라.

Lotus 연꽃. 다양한 수련의 중의 하나인, 이것은 이집트, 인도, 그리고 극동지역에서, 하나의 상징으로서 중요한 역할을 담당한다. 이것은 일몰에 자신의 꽃을 닫고 물속으로 들어가고, 일출에만 나타나 자신의 꽃송이를 열기 때문에, 이것은 고대의 빛 상징이다. 탁한 물속에서 솟아오르는 희고, 푸르거나, 붉은 꽃송이들은 불순물을 극복하는 순수성을 상징한다. - 이집트에서, 연꽃은, 스스로 태양을 품고 있으며, 태초의 물로부터 생겼다고 믿어졌다, 이런 이유로 이것은 세계의 물에서 비롯된 기원the Watery Origin of the World을 나타낸다; 그래서 이것은 신성한, 생명을 주는 나일강Nile과 밀접하

Lotus: 생명을 주는 연꽃 향을 맡는 모습. 기원전 1400년경, 제18왕조, 이집트 테베Thebes 근처 '밤의 무덤' 벽화 세부 모사.

---

376 1. [그리스 로마 신화]머리는 여자이고 몸통은 새였다는 바다의 妖精. 그녀들이 사는 집 근처를 지나는 뱃사람은 그 아름다운 노랫소리에 홀려 난파해서 죽었다고 한다. 2. 매력 있는 아름다운 목소리의 여가수. 3. 미모로 남자를 유혹하는 여자(temptress)

게 연결된다. 이것은 다양한 신들의 속성이었으며, 장례식의 의식과 제물을 바치는 의식과 연결되어 사용되어 졌으며, 성전 건축과 성전 장식에 중요한 역할을 담당했다. 향긋하고 푸른 연꽃의 향내는, 생명을 갱신한다고 믿었다. – 연꽃은 불교와 힌두교에서 풍요로운 상징이다. 태초의 물 위에 떠 있는 연꽃의 꽃송이는, *세계의 알World Egg*같이, 세계의 창조 전에 모든 비현현非顯現된 가능성의 전체를 상징한다. (이것은 또한 인간의 심장의 상징이기도 하다.) 열린 꽃송이는 창조를 나타낸다. 8개의 꽃잎이 있는 연꽃의 꽃송이는 나침반의 모든 방향을 상징하며, 그것 때문에 우주의 조화를 상징한다; 이와 관련하여, 이것은 종종 Yantra[377]로서 나타난다. Brahma[378]는 통상 연꽃잎에 앉아 있는 것으로서 묘사된다; Buddha는 연꽃 송이 위에 앉아 있거나 혹은 연꽃 송이로부터 나오는 것으로 보인다. "연꽃 속의 보석"(Mani Padme)은 니르바나Nirvana이며, 이것은 이미 세계 속에 잠재해 있다. 1,000개의 꽃잎이 있는 연꽃의 꽃송이는, 모든 계시의 전체를 상징한다. 인도에는, 태양과 관련된Solar 붉은 연꽃 꽃송이와, 달과 관련된Lunar 푸른 연꽃 꽃송이 사이에서 만들어진 차이도 있다. – 연꽃 또는 수련이, 순수함과 연관된 개념은, 피상적 형태로 유럽의 중세기까지 계속된다. 이것의 씨와 뿌리는 관능적인 충동을 진정시킨다고 믿어졌기 때문에, 이것들은 약제로서 수도승들과 수녀들에게 추천되었다.

Lust 성욕. Luxuria(라틴어) **미색/음탕을 보라.**

Luxuria 미색/음탕. *정욕Lust*의 여성적 의인화이며, 7가지 죽음의 죄악들 가운데의 하나인 이것은, **돼지Swine**나 **숫양Ram**을 탄 모습으로 묘사된다. 이것의 상징에는 Siren**아름답지만 위험한 여자/요부**와 Mirror**거울**이 포함된다.

Lychnis 홍매동자꽃속屬. 유럽과 북아시아에 있는 흔한 목초지 꽃이며, 화려한, 장미빛 꽃들을 가진 이것은, 중세 그리스도교 미

Lychnis

---

377   얀트라(명상할 때 쓰는 기하학적 도형)

378   브라마, 범천梵天(모든 중생의 아버지, 힌두교 최고의 신), 범梵(우주의 근본원리)

술에서 성모 마리아의 속성이다.

Lynx 살쾡이/스라소니. 이것은 중세 상징성에서 통상 악마를 의미하는 동물이다. 사람들은, 이것이 벽을 통과해 볼 수 있는 능력이 있다고 보았기 때문에, 살쾡이는 오관을 표현할 때 시각Sight Sense의 의인화로 등장한다.

Lyre 리라/수금(Harp). 이것은 신적인 조화의 상징이며, **하늘Sky**과 **땅Earth**의 조화로운 결합의 상징이다. - 리라는 그리스 신 Apollo의 속성이며, 음악과 시의 보편적 상징이다. - 리라 소리는 때때로 마법적인 힘, 특별히 야생동물을 길들이는 힘을(예를 들어, Orpheus[379]의 신화에서) 가지고 있다고 믿어졌다. - 성서에서는, 하프를 연주하는 것이 하느님께 감사하고, 하느님을 찬미하는 표현이다.

Lyre: 리라를 든 Orpheus. 약 450 B.C. 이탈리아 Gela에서 출토된, 큰 그릇 그림에서 유래.

Magical Squares 마법의 정사각형. 체스판과 유사하게 정사각형 칸으로 나누어진 평평한 면을 가진, 마법의 정사각형은(Magical Squares), 보통 각 칸에 **숫자Numbers**가 특정 순서대로 새겨져 있어, 가로줄, 세로줄, 대각선의 합이 모두 같은 값을 이루도록 되어 있다. 한때 이들은 조화를 상징하는 마법적 의미를 지니기도 했다. 또한 문자를 기반으로 한 마법의 정사각형도 존재하는데, 예를 들어, Sator Arepo **공식** 같은 것이 있다.

Magpie 까치. 중세 미술에서, 악, 핍박/박해, 혹은 조기 죽음을 상징하는 새이다.

Maiestas Domini 주님의 위엄[380]. 그리스도교 미술에서, 칭송받는, 그리스도의 영원한 위엄의 상징적 표현인 이것은, 종종 오른손을 들어올리고, 그의 왼손에는 생명의 책이 있으며, 왕좌에 앉은 그리스도의 정면의 풍경으로 구성된다. 그리스도는 자주 복음사가들의 (**Evangelists, Symbols of를 보라**), 또는 묵시록의 24 장로들

---

379 [그리스 신화] 오르페우스(무생물까지도 감동시켰다는 하프의 명수)
380 [회화] 마이에스타스 도미니, 산 클레멘테 데 타울(작자미상)

의, 상징들에 의해서 둘러싸여 있으며, 종종 **전신 후광**Mandorla
으로 에워싸져 있다.

Mallow 아욱. 북 온대지역의 (Cotton목화, Okra오크라, Holly
hock접시 꽃을 포괄하는) 아욱Malvaceae科의 다양한 허브들 중
의 하나인, 이것은 약제로 사용되었다. 고대 이래로, 아욱의 잎사귀
들은, 용서를 위한 애원을 의미하는 것으로서 보였다; 그리스도교
미술에서, 아욱은 때때로 이런 의미에서 나타난다.

Mallow

Mandala[381] **만달라.** 이것은 **원**Circle에 해당하는 힌두교 용어이다.
인도종교에서, 이 단어는 원형 또는 직사각형의 추상적인, 또는 묘사
적인 요소들을 포함하는, 명상이미지들이라고 명명되었다. 만달라는
상징적으로 종교적 경험들을 나타내며, 명상적 도움으로서, 이것은
명상자와 신과의 합일을 도와주려는 것이다. - 융Jung은 만달라를
개성화Individuation의 상징이라고 여겼다. **Yantra를 보라.**

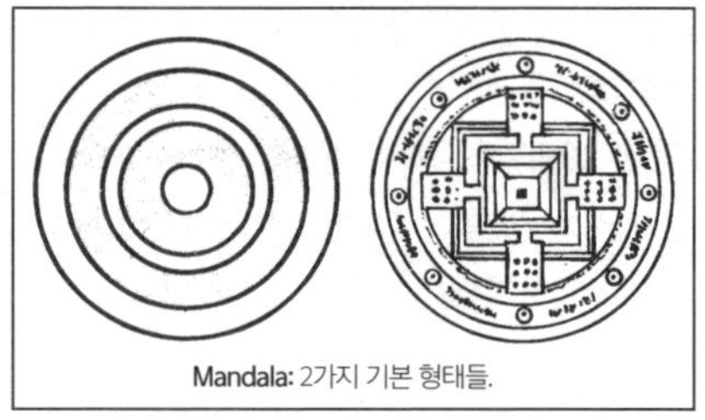
Mandala: 2가지 기본 형태들.

Mandorla: 전신후광 속의 그리스도. 13세
기 초, Chartres 주교 의례서의 세밀화 모사.

Mandorla 전신 후광[382]. 아몬드 형태의 **Aureole**後光으로, **만달라**

---

381 만다라(불교 등에서 우주 법계의 온갖 덕을 나타내는 둥근 그림)

382 만돌라(Mandorla)의 상징적 의미: 1. 우주와 완전함의 상징; 만돌라는 만다라와
     같이 중심에서 주변으로 퍼지는 조화로운 형태를 가지며, 전체 우주와 조화, 완전
     함을 상징한다. 2. 신성과 인간의 만남; 아몬드 모양의 후광은 인간과 신, 또는 물
     질 세계와 영적 세계 사이의 경계를 나타내며, 신성한 존재(특히 그리스도)가 인
     간 세계와 연결되는 지점을 강조한다. 3. 영광과 변형의 표시; 초기 기독교 미술에
     서 만돌라는 부활하거나 영광스러운 상태에 있는 그리스도를 나타낼 때 사용되
     었다; 즉, 평범한 인간 모습에서 신적·영광스러운 상태로 변화했음을 시각적으로
     보여주는 장치이다. 4. 보편적 상징; 만돌라처럼 원형·아몬드형 형태는 동서양에
     서 모두 신성, 우주 질서, 정신적 완전성을 나타내는 형태로 사용되었다. 정리하
     면; 만돌라는 단순한 후광이 아니라, 신성, 영광, 우주적 완전성을 한눈에 보여주
     는 상징적 장치라고 볼 수 있다.

Mandala와 상징적 의미를 공유하며, 초기 그리스도교 시대부터, 주로 영광스러운 그리스도를 묘사하는데 사용되었다.

Mandragora 만드라고라. Mandrake[383]**를 보라.**

Mandrake 독말풀. 이것은 가지屬의 가지科에 속하는 지중해 지역의 약초herb(*Mandragora Officinarum*)이며, 게르만 민속신앙에 의하면, 이것은 교수형 당한 사람의 정액에서 성장했다고 한다. (이런 이유로, 그 뿌리는 또한 *Galgenmaenlein*, 교수대 마네킨이라고 불렸다) 길고 점점 가늘어지는 뿌리줄기는, 자주 인간 형태를 회상시키게 하는 포크의 형태를 가진다. 맨드레이크는 고대 이래로 치유하는 물질, 그리고 마법적인 물질로서, 그리고 최음제/정력제로서, 광범위하게 사용되어왔다. 다양한 사람들(예를 들어, 이집트인들과 히브리인들)은 그 결과로 맨드레이크를 마법적으로 효과있는 사랑과 생식력/다산의 상징으로서 보았다. - 중세 민속신앙에서, 맨드레이크는, 행운, 생식력, 그리고 부를 가져오는 힘을 가지고 있는 것으로 알려져 있었다; 그때 이래로, 이것에 관한 언급들이 많이 있었다(예를 들어, 구어적 표현들과 속담들에서). **Ginseng을 보라.**

Mandrake: 1485년 독일어판, 『건강의 정원Hortus sanitatis』에서 발췌.

Manna: 메추라기와 만나의 비. 13세기 전반, Smyrna 지방의, 비잔틴 양식으로 된 옥타테우크스(구약성서의 첫 8서)Byzantine octateuch에서.

Manna[384] **만나.** 구약성서에 의하면, 이것은, 이스라엘 백성이 이집트에서 탈출하여, 황야에서 방황하는 동안에, 하늘로부터 내려온 기적의 음식이었다. 탈무드[385] 전승에 의하면, 이것은 창조의 6일

---

383 맨드레이크(약물, 특히 마취제에 쓰이는 유독성 식물. 과거에는 마법의 힘이 있다고 여겨졌음).

384 만나(이스라엘 민족이 40년 동안 광야를 방랑하고 있을 때 야훼 하느님이 내려주었다고 하는 양식) 출애굽기 XVI:14-36

385 탈무드talmud(유대교의 고대 율법 및 전통 모음집)

째 저녁에 창조되었다. 이것은 또한 유대인과 그리스도교인 작가들에 의해서 로고스Logos[386]의 상징이라고 해석되었다. 또한, 이것은 모든 종류의 초자연적 영양분에 대한 상징적 명칭이다.

Marabou 대머리황새. Stork 황새를 보라.

Marguerite

Marguerite[387] 마거리트 꽃. 국화과의 꽃으로서, 희고, 방사선상의 꽃잎을 가지고 있는 이것은, **진주**Pearl(라틴어인 *Margaita*는 **진주***Pearl*를 의미한다)에 비유되었을 뿐만 아니라, 또한 흘린 핏방울과도 비유되었다. 중세의 그리스도교 그림에서, 이것은 그리스도와 순교자들의 고통과 죽음을 암시한다.

Marigold

Marigold 마리골드/천수국/금잔화. 과꽃Aster科의 고대 약용식물이며, 금빛 노란색에서 오렌지색에 이르는 꽃들을 가지고 있는 이것은, 중세 그리스도교 그림들에서 성모 마리아의 속성으로서, 그리고 구원의 상징으로서 나타난다.

Marionette (팔, 다리, 머리에 줄을 매달아 움직이는) 꼭두각시/인형. 줄, 철사줄, 그리고 막대기로 위에서부터 조종되거나, 매달린, 관절로 된 인형인 이것은, 개인이 상위권력에 의존하는 것의 상징이다; 좁은 의미에서, 이것은 의지가 없고, 외부에 의해서 좌우되는 인격의 상징이다.

Marriage 결혼생활. 많은 종교에서, 이것은 신적인 힘들의 결합, 하느님 혹은 신들과 인간들 간의 결합, 영혼과 몸의 결합, 혹은 – 특히 연금술에서 – 반대되는 것들의 결합의 상징이다. 예를 들어, 고대에는, 신적인 짝인, Zeus(Jupiter) and Hera(Venus)의 결합뿐만 아니라, 또한 Zeus(Jupiter)와 인간 여성들과의 수많은 결합도 있었다. 구약성서에서는 이스라엘인들과 야훼 하느님과의 결혼이 언급된다; 신약성서에는, 그리스도의 신부로서 그리스도교

---

386 [철학] 理性, 로고스, [신학] 하느님의 말씀the Word. [신학] (삼위일체의 제2위인) 그리스도(Christ).

387 마거리트(데이지 비슷하게 생긴 국화과의 꽃)

회에 대한 다양한 언급이 있다. 그리스도와의 결혼의 상징적 표현으로서, 가톨릭교회의 수녀들은, 자기들이 수녀원에 받아들여질 때, **면사포Veil, 화관Wreath,** 그리고 **반지Ring**를 받는다. Sacred Prostitution 성스러운 매춘을 보라.

Marriage: 연금술에서 반대의 결합을 상징하는 결혼. 1550년, 『Rosarium hilosophorum현자들의 장미화원』에서 유래.

Mars 화성. Iron을 보라.

Masculine-Feminine 남성성-여성성. Light, Yin and Yang을 보라.

Mask 가면. 표현적인 얼굴 변장의 고대 형태인 이것은, 적들을 겁주기 위해 사용되었고, 마법 의식에도 쓰였으며, 그리고 사람과 동물의 영혼과 의인화된 힘을 묘사하는 데 사용되었다. 보통 특정한 고정관념화된 성격특질에 관하여 눈에 띄게 강조하는 방식으로 표현되었다. - 후기 고대시대로부터 유래된 석관 위에 있는, 극장 마스크는 삶을 하나의 연극으로 비유한다. - 오늘날 마스크는 일반적으로 인위적인 겉모습 뒤에 있는 자아Ego의 은폐의 상징이라고 이해된다.

Mask: 2가지 그리스 연극 가면들.

Maya 마야[388]. Veil을 보라.

Mead 벌꿀술. 꿀Honey과 물Water의 발효된(Fermentation을 보라) 음료인, 이것은 게르만 신화에서, 신들과 영웅들의 음료이다. 그 중독성 효과는, 신적 능력이 인간에게 전달된다는 표시로 다양하게 해석되었다.

---

388 1. 마야(현상세계를 움직이는 원동력); 환영, 현상세계. 2. 마야를 상징하는 여신.

Menhir: 블리스크라스텔Blieskastel 근처의 골렌슈타인 거석Gollenstein menhir, 신석기 시대, 약 2000 B.C.

Mercurius: 태양-달의 양성을 지닌 머큐리우스, 혼돈의 구체 위에 서 있는 모습. 1622년 Mylius의 『Philosophia Reformata개정된 철학』에서 유래.

Melon 멜론. 많은 씨앗을 가진 대부분의 과일과 같이, 이것은 생식력 상징이다.

Menhir[389] 맨히르. 제례적인 또는 숭배의 의미를 가진, 수직으로 선 돌기둥이며, 넓은 의미에서, 이것은 남근 상징이며, 그래서 이 또한 힘과 보호의 상징이다. 이것은 **세계의 축**World Axis의 상징성과 관련이 있을 수 있다.

Mercurius(Mercury) 수성/수은. 고대 로마의 무역의 신이다(후에 Hermes와 동일시된다). 이것은 또한 태양과 가장 가까운 행성의 이름이기도 하다. – 연금술에서, 이것은 **수은**Quicksilver(행성에 대한 지구상 대응부), **최초의 물질**Prima Material(기본적인, 원초적 물질 또는 실체the Basic, Original Stuff or Substance), 또는 Philoshphers' Stone현자의 돌의 명칭이다. **소금**Salt과 **황**Sulfur과 마찬가지로, 수은Quicksilver는 "철학적" 원소이자 세계의 원리 중의 하나로 여겨졌다; 이것은 변하기 쉬운 성질을 의미했다(즉 영혼/정신). 머큐리는, "남성적" 행성(태양, 화성, 목성, 그리고 천왕성)과 "여성적" 행성(금성, 토성, 그리고 해왕성)과는 대조적으로 **자웅동체**Hermaphrodite로서 해석되었다; 결국 이것은, 반대되는 것들을 중재하는, 연금술의 모든 실천/수행들의 상징으로서, 중요한 역할을 담당했다.

Mercury 수성. Mercurius를 보라.

Metals 금속. 상징적 의미의 관점에서, 금속은 양가적/양면적兩價的이다. 금속들의 작용(대장장이Smith를 보라)은, 종종 지옥 불과 관계있어 보였다. 다른 한편으로는, 금속들의 광석들과 금속들의 화학적 분석들로부터의 금속추출은, 순화와 靈化의 상징이었다. – 융Jung은 금속의 "지하적" 성질에서, 다듬어지거나 정화되어야 함을 요구하는, 성적 취향의 상징을 보았다. – 입회의식에서(그리고 또한 프리메이슨에서), 입회자는 때때로, 정화의 표시이거나, 모든 세속적 재화를 포기함의 표시로서, 몸에 착용한 모든 금속물건을

---

389 멘히르(서유럽에서 발견되는 선사시대인들의 수직 거석 유물), (=standing stone)

제거한다. - 특정한 금속들 안에서, 연금술사들은, 고대에 알려진 7개의 행성과의 상응관계를 보았다.

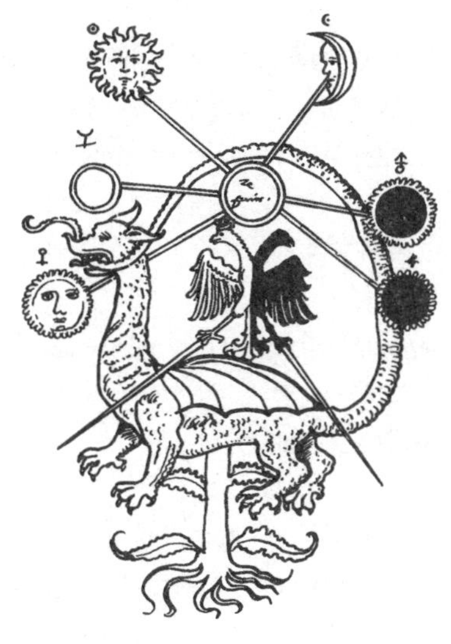

Metals: 고대의 7 행성(중앙에 일곱 번째로 수성이 위치함). 연금술사들은 이 행성들에 특정 금속을 배정했다.

태양 Sun=금

달 Moon=은

수성 Mercury= Quicksilver수은(고대에서, 강철과 주석)

금성 Venus=구리

화성 Mars=철

목성 Jupiter=주석(고대에서, 놋쇠 또는 호박琥珀색의 금은 합금Electrum(고대 그리스의 화폐제조용))

토성 Saturn=납

Meteorite 운석. Stone을 보라.

Microcosm 소우주. Human Being을 보라.

Midday 정오/한낮(Midnight자정/한밤중). 하지점夏至點과 동지점과 같이, 정오와 자정은 시간상의 전환점으로, 오랫동안 특별한 의미를 지녀왔다. 중국에서 정오와 자정은, 각각 양과 음의 영향이 최고조에 이르는 시점으로 여겨진다(**Yin and Yang**을 보라). - **祕傳**의 견해에 의하면, 자정은 영적인(물리적인 태양과 달리) **태양 Sun**이 정점에 서 있는 시간이다; 그 결과 자정은 명상, 입문의식/가입례加入禮, 그리고 영적 지식과 통찰에 연관되어 있다. - 민속신앙에서, 자정은 마녀의 시간으로, 영혼들이나 불쌍한 혼들 등과의 접촉이 가장 쉽게 이루어질 수 있는 때이다. - 동화에서, 자정 시간, 그리고 그림자가 없는 하루의 밝은 시간은 신비한 사건들이 일어나는 때이다. - 고대에는, 한여름의 한낮의 더위Midday Heat를, 목신Pan[390]의 시간이라고 여겼다.

Midgard Serpent[391] 미드가르드의 큰 뱀. **Serpent**를 보라.

Midnight . **Midday**를 보라.

Milk: 우유를 주는 성스러운 나무의 모습으로 나타난, Isis에 의해 양육된 이집트 왕. Thutmose III의 무덤에서 유래.

Milk 우유. 첫 번째이자 가장 영양가 있는 음식으로서, 이것은 많은 문화에서 생식력, 영적, 지적 영양분, 그리고 불멸성을 상징한다. 이것의 색깔과 순한 맛 때문에, 이것은 종종, 태양과는 대조적으로, 온화한 하얀빛을 내뿜는 **달Moon**과 연관되어 있다. - 아시아와 유럽의 일부 지방들에서는, **번개Lighting**나 불이 일어났을 때, 우유로 끌 수 있다고 생각했다. - 인도의 우주 창조설의 관념에 의하면, 우주는 원래, 우유의 바다였으며, 그것이 거대한 젓는 막대나 채찍질(**Whip**를 보라)에 의해서 **버터Butter**로 변했는데, 그 버터는 생명체를 위한 최초의 음식이었다. - 그리스도교 미술에서, 종종 하느님의 어머니가 젖을 먹이는 모습(*Maria Lactans*)을 묘사하는데, 진리를 베푸는 선한 어머니와, **뱀Serpent**에게 자기의 젖가슴을 빨아 먹게 하는, 사악한 어머니를 구별한다. - 우유는 고대에서 **꿀Honey**과 관련하여 나타나며, 구약에서는 가장 높은 신적인 선함과, 복된 삶의 본질로서, 나타난다(예를 들어, 약속된 땅에서는 젖과 꿀이 흐른다). 그 결과, 우유와 꿀은, 다양한 고대의 신비숭배

---

390 [그리스 신화] 판신, 목양신(하반신은 염소이고, 머리에 뿔이 있으며, 갈대 줄기로 만든 피리(Panpipe)를 분다고 하는 숲. 목양의 신; 로마 신화의 Faunus에 해당

391 1. [북유럽 신화] 이 세상, 지구(천계와 지옥의 중간에 위치하여 큰 뱀에 둘러싸여 있다고 한다.) 2. 미르가르드의 큰 뱀; Loki와 Angerboda의 아들로, 인간계(Midgard)를 둘러싸고 있다.

Mystery Cult에서 중요한 역할을 담당한다. 초기 그리스도교 교회의 예식 관행에서, 우유와 꿀은 전례적Liturgical[392] 상징으로서 나타났다; 이것들은, 그/그녀가 처음으로 성체를 받을 때, 구원의 약속의 표시로서, 세례를 위한 후보자들에게 제공되었다.

Milky Way 은하수. 많은 사람들의 종교적 관념에서 – 아마도 달이 외견상으로 점점 차오르는 존재로 보이기 때문일 것이다. 은하수는, 하얀 뱀(예를 들어, 일부 인도의 문화들에서), 강, 발자국, 엎질러진 우유, 나무, 그리고 수놓아진 의복 같은 것에 비교되었다. 때때로(예를 들어, 극동에서 그리고 게르만족 중에서) 이것은, 죽은 자들의 영혼들이 따라가야 했던 길이라고 믿어졌다; 많은 원시인은 또한 이것을 죽은 자의 거주지로서 이해했다. 일본, 인도, 그리고 이집트에서, 은하수는, 신들이 그 강둑에 거주하는 비옥한 땅의 강으로서 여겨졌다. – 어떤 사람들에게, 이것은 상징적 의미에서 **무지개Rainbow**에 가까웠다. – 가끔 이것은, 하늘의 반구형지붕(돔)에 난 눈물로서, 그것을 통하여 하늘의 불이 이 세상으로 비쳐 들어오는 것이라고 이해되었다.

Millet 수수/기장. 많은 지역에서, 일반 사람들이 먹는 식량인 이것은, 중국에서 비옥한 땅과 자연질서의 상징이라고 여겨졌다.

Mill 방앗간, **Mystic** 신비한. 신약과 구약 사이의 관계를 보여주는, 중세기 우화에서, 구약의 밀은 신비한 방앗간에서 가루로 갈아지는데, 이 가루로부터 신앙인들의 생명의 빵이 만들어진다고 한다.

Mill, Mystic: 프랑스 베즐레(Bézelay)의, 한 기둥에 있는 주두(기둥 머리 장식). 12세기 중반.

Mimosa 미모사. 이것은, 이중 깃꼴 잎을 가진(Bipinnate Leaves), 다양한 초본식물, 관목, 또는 나무로 이루어진, 광범위한 속屬의 식물 중의 하나이다. **봉선화屬의 한종류/감촉풀Touch-me-not(Impatiens Noli Tangere노랑물 봉선화)** 품종의 잎들은, 아주 살짝 건드리기만 해도 오므라진다; 그로 인해, 이것은 예민함과 수줍음의 상징이다. – (종종 진정한 **아카시아Acacia**와 동일시되는) 노란 꽃이 피는 미모사는, 빛과 구원의 확실성을 상징한다.

392　전례典禮; 가톨릭교회의 공동체적 종교적 여러 의식들, 또는 제례 행위들.

Minotaur: 미노타우로를 죽이는 Theseus. 그리스 접시 위의 그림을 모방.

Minotaur[393] 미노타우로스. 인간의 몸과 **말Steer**의 머리를 가진, 그리스 신화의 전설적인 생물인 미노타우로스는, **Labyrinth미로** 속에서 **Minos**[394]왕에 의해서 포로로 사로잡혔다. 매년 또는 7년마다, 아테네의 젊은 남자들과 처녀들이 음식으로서 그에게 제공되었다; 아리아드네**Ariadne**[395]의 **실Thread**의 도움으로, 테세우스**Theseus**는 그것을 물리쳤다. 이것은, 보이지 않게 작용하는 어둡고 파괴적인 힘들을 상징한다; 이것은 때때로 **Centaur**[396]와 동일한 상징적 의미를 갖기도 한다.

Mint 박하. **Peppermint**를 보라.

Mirror 거울. 사고의 영상적이고 반사적인 기능과 관련하여, 이것은, 진리와 명료함뿐만 아니라, 지식, 자기-이해, 그리고 의식도 상징한다. - 이것은 또한 신적인 지능을 반영하는, 창조의 상징이기도 하며, 또한, 예를 들어, 하느님(그리스도교 신비주의에서의) 또는 붓다가 자신 안으로 융합시키는, 순수한 인간 마음의 상징이기도 하다. 거울은 눈 또는 얼굴(영혼의 거울로서)과 은유적으로 연관된다. - 그것의 명료함 때문에, 거울은 태양 상징이며, 또한, 달 상징(빛의 간접적 원천으로서)이기도 하다; 그것의 수동성 때문에, 그것은 여성성을 상징한다. - 중국에서, 이것은 행동하지 않고, 관조하는 지혜로운 인간을 의미한다. - 거울이, 영혼의 완벽한 순수함과 태양 여신을 함께 상징하는 일본에서는, 수많은 신도神道Shinto[397] 사원寺院에서 신성한 거울들이 발견된다. - 이것이 물의 반사하는 표면과 닮

Mirror: 사람들의 허영심을 상징하는 거울. 1494년, 바젤에서 출판된, 세바스티안 브란트S. Brant의 『어리석은 자들의 배The Ship of Fools』에서.

393 [그리스 신화] 미노타우로스; 사람의 몸에 소의 머리를 한 괴물; Minos에 의해 Daedalus가 만든 Crete섬의 미궁(labyrinth)에 갇혀 매년 남자 7명 여자 7명의 젊은이를 잡아먹었으나 후에 Theseus에게 피살되었다.

394 [그리스 신화] 미노스(크레타Crete섬의 왕)

395 [그리스 신화] 아리아드네(Theseus에게 실패를 주어 미궁 탈출을 도운 Minos왕의 딸)

396 centaur 1. [그리스 신화] 켄타우로스(반인 반마(半人半馬)의 괴물). 2. 명기수(名騎手).

397 신도(조상과 자연을 섬기는 일본 종교); Shinto란?: 문자 그대로는 "신들의 길(神道)"이라는 뜻; 자연(산, 강, 나무), 조상, 영혼 등을 신(神, 카미)으로 섬기는 애니미즘적 종교; 창시자나 경전이 없으며, 오랜 관습·의례 중심; 신사(神社)에서 제사와 축제를 통해 신에게 감사하거나 기원을 올림; 핵심 개념: Kami(카미): 신령·성스러운 존재. Purification(정화): 불순을 씻는 행위가 매우 중요. Matsuri(마쓰리): 신을 모시는 축제.

았기 때문에, 일부의 흑인 아프리카 민족은, 그것을 마법적인 기우
제에서, 물의 상징으로 사용한다. – 중세와 르네상스의 미술에서, 거
울은 허영과 욕정의 상징일뿐만 아니라, 또한 지성과 진리의 상징이
기도 하다. 중세 미술에서 이것은, 또한 성모 마리아의 처녀성을 상
징하는데, 하느님이 자신의 형상을 아들의 모습으로 그녀 안에 "반
영하셨기" 때문이다. – 여러 민족의 민간신앙에서는, 거울에 액막이
의 힘들이 있다고 여긴다.

Mistletoe 겨우살이. 기생성 관목인 이것은, 질병, 번개, 그리고 마
법의 주문에 대항하여 예방하는 것으로 여겨졌으며, 행운을 가져
오는 것으로도 널리 여겨졌다. 이것이 상록수이기 때문에, 불멸성
상징이다; 이것은 특히 신년 초에, 켈트족 관습에서 중요한 역할을
담당한다.

Mistletoe

Moloch[398] **몰록.** 원래 가나안 사람들의 신으로서, 그에게 인간 희
생물을 바쳤다. 후에는 이것이 인간존재를 해치거나, 또는 파괴하
는 힘들의 일반적인 상징이 되었다(특히, 비인간적 정치적 체제들).

Moloch: Athanasius Kircher의 『Oedipus Aegyptiacus이집트인 오이디푸스』 속 그림을 모방. Rome, 1652년.

Money 돈. 넓은 의미에서, 이것은 경제적 재화들의 한 상징이다. –
모든 세속적 재화의 추상적 형태로서, 돈은 **금Gold**과 마찬가지로,
도덕적 관점에서, 세상에 대한 애착과 탐욕의 상징으로서 해석되어
왔다. – (인장과 같이 마찬가지로) 주조된 동전으로서, 이것은 때때로
그 안에 하느님의 형상을 담고 있는, 충직한 영혼을 나타내는 그리스
도교 상징이 된다(예를 들어, 동전에 왕의 이미지가 새겨져 있듯이).
– 정신분석적 관점으로부터, 돈은 **배설물/대변Excrement**과 밀접하
게 연관되어 있다.

Money: 독일 고슬라르Goslar의 '돈 똥 싸는 사람' 상/조각.

Monster 괴물. 아마도 외적인 세계와 그 사람 자신의 정신속 위협
적인 측면과 관련 있는, 불안을 의인화(Cerberus[399]를 보라)한 것
일 것이다. – 성서에서, 괴물, **레비아단Leviathan**[400]은 하느님께 반

---

398 [성서] 몰록(아이를 제물로 바치고 섬긴 신), [비유] 큰 희생을 요구하는 것.
399 [그리스 신화] 케르베로스(지옥을 지키는 개, 머리가 셋에 꼬리는 뱀 모양)
400 1. 레비아단(성서에 나오는 바닷속 괴물). 2. 강력하고 거대한 것

대하는 질서를 상징한다. - 싸워서 극복해야 하는 괴물은, 영웅전설과 동화에서 보물의 수호자로서, 또는 처녀를 납치하고 지키는 자로서 나타난다; 정신분석적 관점에서, 이것은 개인의 발달과정에서의 어려움과 시련을 상징하는 것으로서 해석될 수 있다.

Moon: 달을 의인화한 루나Luna가 가지와 뿔을 들고, 두 개의 바퀴와 게자리 점성술 상징과 함께 구름 위를 걷는 모습. 15세기 목판화.

Moon: 여성적 원리의 상징으로서, 루나 Luna(달). Vatican, 15세기.

Moon 달. 이것은 대부분의 민족들의 마법적이면서도 사실적인 종교적 상징성에서, 중요한 역할을 담당하고 있다, 이는 아마도 달이 외견상 "살아있는 것"처럼 보이며(그것의 끊임없이 변화하는 모양 때문에), 지구상의 다양한 생명 리듬과 관련이 있으며, 시간을 측정하는 데에 중요한 참조가 되기 때문이다. 이 점에서, 달은 고대 동양에서 **태양Sun**보다 더 중요한 역할을 담당했다. 많은 사람 사이에서, 이것은 신으로서 또는 (통상적으로) 여신으로서(예를 들어, 그리스인 중에서 셀레네Selene[401]로서; 로마인 중에서는 Luna[402]로서) 숭배되었다. - 이것의 광이 나고, 이지러지는 성질과 이것의 지구에 대한, 특히 여성에 대한, 일반적 영향력 때문에, 달은 여성의 생식력, 비, 그리고 습도뿐만 아니라, 또한 모든 종류의 생겨남과 사라짐과도 연관되어 있다. - 많은 민족 사이에서는, 달이 약해지거나 위협받는 때로 여겨졌던 합삭合朔[403](달이 보이지 않는 시기) 또는 암월(어두운 달의 시기)동안 달을 강화하거나 구하기 위한 것으로 추정되는, 특별한 의식들이 있었다. - 자신의 빛을 발하면서, 통상 남성으로 해석되며, 양Yang의 원리와(**Yin and Yang을 보라**) 관련있는, 태양과는 대조적이다. - 달은 통상 온화하며, 의존적인 여성의 상징으로서 나타나며, 그리고 음Yin원리와 연결된다. (게르만어를 사용하는 민족들 사이에서처럼) 달을 (늙은) 남자로 보는 관념은 비교적 드물게 나타난다. 많은 신화에서, 달은 종종 태양의 누이, 아내, 혹은 연인으로 나타난다. 점성술과 심층심리학에서 달은 때때로 무의식적이며, 풍요로운 수동성과 수용성의 상징이다. **Crescent Moon, Hare토끼, Milk를 보라.**

Moor 광야지대. **Swamp 늪을 보라.**

---

401 [그리스 신화] 셀레네(달의 여신, 로마 신화의 Luna에 해당)

402 [로마 신화] 달의 여신; 달(cf. Diana, Artemis.)

403 합삭: 新月기간의 현상으로서 밤에 달빛이 보이지 않는다.

Morning Star 샛별/금성. Evening Star저녁별/태백성과 마찬가지로, 이것은 밝은 행성 금성Venus을 가리키는 명칭이지만, 여기서는 금성이 아침 하늘에 있을 때의 위치를 의미한다. 매일의 새로운 날을 알리는 이것은, 끊임없는 갱신 또는 영원한 회귀를 의미한다; 이것은 어두움을 이긴 빛의 상징이며, 또한 그리스도나 성모 마리아의 그리스도교적 상징이기도 하다.

Mortal Sins 죽음의 죄들/대죄들. 이것들은, 나태(Acedia의 인격화), 탐욕(Avaritia), 폭식/과식(Gula), 질투(Invidia), 화/성냄(Ira), 성욕(Luxuria), 그리고 영적인 교만(Superbia지나친 자신감/자만)들이다.

Mortar 절구. 그 안에서, 몽둥이 모양의 공이(Pestle)로, 물질을 찧어 으깨거나 갈아 가루를 만드는 용기이며, 종종 남성적 원리에 의해 작용을 받는 여성 원리를 상징한다. 절굿공이처럼, 이것은 널리 알려진 성적 상징이다.

Moth 나방. 빛에 저항할 수 없이 끌려가, 결국 그 빛에 소멸하고 마는 나방은, 영혼이 신성한 빛을 향해 품는 신비롭고 이타적이며, 자기희생적인 사랑의 상징이다.

Mountain 산. 이것이 종종 구름에까지 이르기 때문에, 이것은 하늘(Sky를 보라)과 땅Earth의 연결을 상징할 뿐만 아니라, 또한 영적인 상승(Ladder를 보라)과 열심한 노동으로 성취된 더 높은 발달의 상징이다. – 신성한 산들은 보통 신들의 거주 장소들을 의미한다. 영적으로 중요한 사건들은 산들에서 발생한다(예를 들어, 중국의 황제는 산들 정상에서 공물을 바쳤다; 모세는 시나이산에서 10계명을 받았다). – 산은 그 거대하고, 움직이지 않는 덩어리 때문에, 산은 또한 동요하지 않는 평정의 상징이기도 하다. – 수메르인들에게 이것은 미분화된 태초의 물질을 의미한다. – 중심점 또는 **세계의 축**World Axis으로서의 산에 대한 개념은 널리 퍼져있다. – 일부의 민족들에게는, 죽은 자들의 영역 또는 특정한 고인들의 거주 장소는, 산 깊숙이에 있다고 여겨진다.

Mourning Veil 애도의 면사포. Veil을 보라.

Mouse 쥐/생쥐. 로마인들은 하얀 쥐들이 좋은 징조라고 믿었다. - 중세 민속신앙에서 쥐들은 마녀들의 화신이었으며, 또는 죽은 자들의 영혼들이었다; 다른 한편으로는, 때때로 아직 태어나지 않은/태중의 어린이들의 화신으로서 보였다. 쥐 전염병은 하느님으로부터의 벌이라고 생각되었다. - 진짜 쥐들과 대조적으로, 쥐 같은 생물인, 뾰족뒤쥐Shrew는, 신성한 동물로서 이집트인들에 의해서 숭배되었다.

Mouth: 이집트 왕, 아기Ay가 그의 죽은 선대왕 Tutankhamen(Osiris로서 묘사된)의 '입을 여는 의식'을 수행하고 있다. Tutankhamen 무덤 벽화의 세부.

Mouth 입. 말하고 숨 쉬는 장기로서, 이것은 상징적으로 영의 힘을, 특히 영혼과 생명에 영감을 줌으로써 창조력의 힘을 구현한다. 먹는 것과 탐식의 기관으로서, 이것은 또한 파괴를, 특히 괴물들의 입들을 ("지옥의 문턱the Jaws of Hell") 상징하기도 한다. - 이집트 미이라에 행해졌던, 입을 여는 의식은, 죽은 자들이 신들 앞에서 진실을 말할 수 있게 하고, 다시 먹고 마실 수 있도록 해준다고 추정되었다. - 중세기의 그림들에서, 입 밖으로 튀어나오는 작은 검은 마귀들은, 사악한 말과 거짓말을 의미한다. 세상의 심판자로서의 그리스도는, 종종 **검 Sword**을 들고 나타나거나, 검과 입에서 나오는 **백합Lily**을 함께 들고 나타난다.

Mouth: 지옥의 턱으로 표현된 입. 13세기 후반, 영국 세밀화의 세부 장면.

Mugwort 쑥. 이것은 여러 품종이 신부新婦의 식물로 여겨졌고, 그 결과 천상의 신부인 마리아와 관련지어지기도 한 식물인, **(學名) 흔한 쑥Artemisia Vulgaris**[404] 이다. Wormwood[405]를 보라.

Mulberry Tree

Mulberry Tree 뽕나무. 이것은 중국에서, 떠오르는 **태양Sun**과 연관된 나무이다. 뽕나무로(또는 **복숭아Peach**나무의 목재로부터) 만들어진 활로, 4방에 활을 쏘는 것은, 사악한 세력들을 쫓아내는 힘이 있다고 추정되었다.

404　Artemisia vulgaris는 라틴어 학명이며, 한국어로는 쑥이라고 번역한다; Artemisia=쑥속 식물, vulgaris=흔한(common). 따라서 Artemisia vulgaris = 흔한 쑥, 보통 쑥

405　wórm·wòod: 〔植〕 다북쑥속(屬)의 식물, (특히) 쓴쑥; 고뇌, 고민거리.

Mullein[406] 뮬레인. 유럽, 아프리카, 그리고 아시아에서 흔한 식물인 이것은, 고대에 불안으로부터 사람을 보호하는 약제로서, 그리고 불행에 대항하는 약제로서 사용되었다. 중세기에 이것은 성모 마리아와 연관되었다.

Mullein

Mushroom 버섯. 아마도 말렸을 때, 오랜 기간 동안 저장될 수 있기 때문에, 특히 중국에서 장수의 상징인, 식용 곰팡이이다. 추정컨대, 이것은 평화롭고, 질서 정연한 때에만 번창한다고 여겨졌으며. 그래서 또한 현명한 통치의 상징이기도 하다. - 아프리카와 시베리아의 일부 지역에서, 버섯은 (새로 태어난) 인간의 영혼을 상징했다.

Mussel 홍합. 수중생물의 한 형태로서, 이것은 종종 바다 신들의 속성이다. 하얀색 홍합은 (예를 들어, 중국에서) 달Moon과 밀접하게 연관되어 있다(그래서 음 원리와 연관되어 있다; **Yin and Yang을 보라**). - "거품에서 태어난" (Anadyomene물에서 떠오르는 자) 여신으로서, 미의 여신, 아프로디테Aphrodite[407]는 때때로 홍합 껍질 위에 서 있는 것으로 표현된다. 홍합의 아프로디테와의 연관성은 (그리고 인도에서는, 행복과 미의 여신인, Lakshmi와 연관성은), 여러 개의 요인들과 관계가 있을 수도 있다: 즉 이것이 여자 성기와 유사한 것, **바다**Sea의 비옥한 **물**Water과 이것과의 상징적 관계, 그리고 홍합 안에서 자라나는, 아름다운 **진주**Pearl를 품고 있는 것이다. - 그리스도교 장례에서, 때때로 포함되는 물건으로서, 홍합은, 최후의 심판 때에 인류가 그로부터 일어나는 무덤을 상징한다. 홍합은, 성모님이 자신의 자궁 안에, "귀중한 진주"이신, 예수님을 품으셨기 때문에, 그리고 홍합이 순결하게 유지되었고, 이슬방울들에 의해서 수정되었다는 중세의 믿음 때문에, 성모님의 상징이 되었다.

Mussel: 홍합에서 탄생하는 Venus. Botticelli 그림을 모방.

Myrrh 몰약. 이것은 *Commiphora*속(*Balsamodendron*발삼나무속) 식물, 특히 **몰약나무***C. Myhrra*의 여러 種에서 생산되는 수지樹脂/송진이다. 이것의 향기와 이것의 치유 효과 때문에, 몰약은

---

406 [식물] 현삼科의 베르바스쿰verbascum 속屬의 식물

407 [그리스 신화] 아프로디테(사랑과 미의 여신, 로마 신화의 Venus에 해당)

인도의, 동양의, 유대인의, 그리고 그리스도인의 의식에서 중요한 역할을 담당했다. 그리고 이것은 이스라엘인들의 신성한 도유 오일 의 구성요소이었다; 성서에서 이것은 아기 예수에게 바치는 동방 박사들의 선물 중의 하나로서 언급되어 진다. 이것의 쓴맛, 약용 특 성, 그리고 시신을 미라로 만드는 데에 사용되는 것 때문에, 이것은 상징적으로 그리스도의 고통과 죽음뿐만 아니라, 또한 충실한 그 리스도교인들의 속죄와 금욕도 의미했다.

Myrtle[408] **도금양/머틀.** 이것은 온대 지방의 늘 푸른, 흰색 꽃이 피 는 나무, 또는 관목이다. 유대인들은 이것 안에서 신적인 호의뿐만 아니라, 평화와 기쁨의 상징도 보았다. - 고대에서 도금양은 아프로 디테에게 바쳐졌다. 그리고 그 결과 사랑상징이었다; 상록수로서, 이것은 또한 불멸성의 상징이기도 했다. 피비린내 나는 전투 후에 승리자들을 꾸미는, **월계수Laurel**와는 대조적으로, 도금양 **화관 Wreath**은 유혈의 참사 없이 이긴 승리를 상징했다. 신부들을 위한 도금양 화관은 유대인 중에서 기쁨의 표시로서 관례적이었다; 고대 에 신부들은, 사랑과 결혼의 여신인, 아프로디테를 암시하는, 장미 꽃들과 도금양의 화관들로 자신을 치장했다. 오늘날 도금양 화관 은 종종 처녀성을 상징한다.

Nakedness 벌거벗음/전라全裸. 고대 이래로, 벌거벗음은 다의 적/多價的 상징이었다. - 신체의 명백히 드러나는 성적 매력과 관련 하여, 전라는(그리스와는 대조적으로 성서적 전통에서 부정적으로 보이는) 유혹과 정욕을 상징한다; 이것은 종종 마법적 사랑 의식의 한 요소였다. - 나체가 개방성과 솔직함을 나타낼 때, 그것은 순수 함과 진실을 상징한다(이런 이유로 "벌거벗은 진실Naked truth" 이라는 표현이 생겼다). 낙원에서의 아담과 이브의 벌거벗음은, 죄 에 떨어지기 전 그들의 무죄함의 상징이다. - **옷Clothing**(이것은 세상에 대한 애착을 나타낼 수 있다)의 포기로서, 전라는 또한 금 욕주의를 상징하기도 한다; 인간존재가 모두 벌거숭이로 태어난다 는 점을 상기시키는 것으로서, 이것은 하느님의 뜻에 대한 무조건

---

408 도금양(월계수과의 상록관목의 하나. 잎은 반짝거리고 분홍색이나 흰색의 꽃이
      피며 암청색의 열매가 달림)

적 복종을 상징한다. - 유죄선고를 받은 범죄자는, 공동체에서의 구성원 자격을 상실했다는 표시로 때때로 옷을 벗겨지기도 했다. 또한 **Veil을 보라.**

Narcissus 수선화. 구근의 식물이며, 아마릴리스Amaryllis[409]과의 흔한 식물 중 하나인, 이것은 꽃이 핀 후에 시들며, 가장 매력적인 꽃을 피는 식물 중의 하나로서, 봄에 다시 나타난다. 그리스에서 이것은, 잠과 상징적으로 연관되어 있다. 이것은 잠과 죽음 사이의 관련성을 나타내는 표시로서 묘지에 심어졌다. 이것은 또한 봄과 생식력의 상징이기도 하다. - 아시아에서, 이것은 행운을 상징한다. - 이것의 똑바로 뻗은 줄기 때문에, 아랍인들 사이에서 이것은 하느님의 계명에 따라 행동하는 올바른 사람을 상징한다. - 중세 미술에서, 이것은 때때로 성모 마리아의 상징이다(아마도 백합 같은 모습 때문일 것이다).

Narcissus

Nard Oil 나르드 기름. Valerian[410]쥐오줌풀을 보라.

Navel 배꼽. 여러 민족의 신화에서, 이것은, 모든 창조가 유래되었다고 추정되는, 세계의 중심의 상징이다. 위가 둥근 원통형 돌인, Delphi신전의 돌Omphalos[411]은, 신들의 영역, 인간의 영역, 그리고 죽은 자들의 영역이 결합 된 것을 상징하는 것으로서 유명했다. - **북극성Polestar**은, 하늘의 배꼽으로 여겨졌으며, 하늘의 둥근 돔 전체가 그 주위를 회전하는 것처럼 보인다고 생각되었다. 인간성과 우주의 근본 원리들에 관한 명상인, **배꼽 명상***Contemplation of the Navel*은, 인도 요가에서 그리고 때때로 정교회에서 수행된다.

Navel: 세계의 중심, 세계의 배꼽으로서 Delphi신전의 옴팔로스(반원형의 돌).

Nest 둥지. 이것은 안전, 보호됨, 그리고 휴식의 상징이다. 중세 미술에서 둥지에 있는 새들은 종종 낙원의 평화를 상징한다.

Net: 그물을 들고 있는 어부로서의 사도들. 스위스 Zillis, 교회 천장 판넬화.

Net 망사/그물. 이것은 광범위한 상호 연결됨을 상징하지만, 특히

---

409 아마릴리스(트럼펫같이 생긴 큰 꽃)

410 쥐오줌풀, 쥐오줌풀 뿌리에서 채취한 진정제.

411 (Delphi의 Apollo신전에 있던) 반원형의 돌(세계의 중심이라고 여겨졌던)

붙잡고 모으는 것을 상징한다. - 동양의 신들은 때때로 그물로 표현된다. 이 그물로 그들은 인간들을 자기들에게로 지배하거나 끌어들인다. - 이란에서, 인간들은, 특히 신비가들은, 그물로 하느님을 찾는 것으로 묘사된다. - 신약성서에서 그물은 하느님의 영향력의 상징으로서 나타난다; 이것은 사도들이 "사람을 낚는 어부Fishers of Men"라고 불릴 때에도 드러난다. 이런 의미에서 물고기들로 채워진 그물은 교회를 상징할 수 있다. 심층심리학의 관점에서, 물고기를 잡는 것은, 무의식과 적극적으로 마주하고 그것을 다루어 나가는 과정을 상징한다.

Night 밤. 낮Day과는 대조적으로, 이것은 신비로운 어둠, 비이성적非理性的인 것, 무의식, 그리고 죽음을 상징하지만, 동시에 보호하고 풍요롭게 하는 **자궁Womb**을 상징하기도 한다. **Midday**를 보라.

Night: 밤과 낮을 상징하는 날개 달린 천재(정신)의 모습. 13세기 초, Venice, San Marco 성당, 창세기 모자이크 세부.

Nightingale[412] **나이팅게일.** 이것의 달콤하고 동시에 애처로운 노래 때문에, 이것은 사랑의 상징(특히 페르시아에서)이다. 그러나 또한 갈망과 아픔의 상징이다. - 고대에서 이것의 노래는 좋은 징조로서 여겨졌다. - 민속신앙에서, 나이팅게일은 저주받은 영혼이지만, 또한 완만한 죽음의 조짐이기도 하다. - 그리스도교적 상징성에서, 이것은 천국을 향한 갈망의 이미지이다.

Nimbus 원광圓光. 고대와 동양예술(특히 그림)에서, 이것은 원형의 영역이거나, 신, 영웅, 성인, 등의 머리 둘레에 나타나는 둥근 영역 또는 광선으로 된 광환光輪이며, **태양Sun**이나 **왕관Crown**을 상징하는 것으로 보인다. 이것은 신성, 위엄, 계몽/영적밝음, 또는 최고 통치권위를 상징한다. **Halo광륜光輪을 보라.**

Nine 9/아홉/구. 신성한 숫자 3Three의 3배인, 이것은 완전성 또는 전체를 나타낸다. - 중국에서, 9층 탑은 천국의 상징이다. - 고

412　1. Night·in·gale [náitəngèil, -tiŋ-] n. ① Florence ~ 나이팅게일(영국의 간호사; 근대 간호학 확립의 공로자; 1820-1910). ② (a Florence ~) 병자를 간호하는 사람, 간호인. 2.나이팅게일(유럽산 지빠귓과의 작은 새; 밤에 아름다운 소리로 운다); (比) 목소리가 고운 사람; (美俗) 밀고자, 중요성.

대에는 인간의 모든 예술과 학문이 아홉 뮤즈Muse[413]로 의인화
되었다. - 그리스도교 상징성에서, 숫자 9는 (그 외 여러 의미 중
에서) 특히 천사들의 9계급/천사들의 합창단을 나타내는 수이다.
Ninety-Nine을 보라.

Ninety-Nine **구십구/아흔아홉/99/99세/99의**. 그리스도교에서,
아마도 "완벽한" 상징적 숫자 **9**Nine에 관련하여 볼 때, 99는, 아멘
Amen이라는 단어의 수에 해당한다, 이는 그리스 문자에 부여된
숫자 값을 기준으로 계산되는데, 알파Alpha(1)+뮤Mu(40)+에타
Eta(8)+뉴Nu(50)의 합으로 이루어진다. - 이슬람식 묵주에서 99
개의 **기도 구슬**Prayer Beads이 사용되는 의미 역시, 아마도 완전
한 수인 9의 상징성과 관련이 있을 것이다.

Noli Tangere 노랑물봉선 種. **Mimosa**를 보라.

Nose 코. 이것은 때때로 문학에서 남근의 위장된 상징으로서 나
타난다.

Null 아무 것도 없는/零의/無의. 이것은 무와 무가치함/하찮음의
상징이다. Null(제로) 다음에 오는 숫자들과 관련하여, 이것은 또한
시작을 상징하기도 한다.

Numbers 수/숫자. 대부분의 문화와 종교들에서, 숫자는 종종 복
잡한 의미를 가진 상징적 의미의 운반체이다. 숫자들은 종종 우주
적, 인간적 질서의 표현으로서, 또는 (피타고라스 학파에게는) 천구
天球의 조화/우주의 조화Harmony of the Spheres의 표현으로
서 여겨졌다. 짝수는 일반적으로 남성적인, 밝은, 또는 좋은 것으로
서 이해되었으며, 홀수는 여성적인, 어두운, 또는 사악한 것으로서
이해되었다. 때때로 숫자와 **문자**Letters를 서로 바꾸어 쓸 수 있다
는 점이, (예를 들어, Cabala[414]에서) 중요한 역할을 하기도 했다. 건

---

413 [그리스 신화] Zeus의 딸로 문예, 음악, 학술을 관장하는 9 여신 중 하나 2. 詩의
　　神, 시적 영감.
414 카빌라: 히브리 신비철학, 밀교密敎

축, 조각, 그림, 음악, 문학 안에서, 그리고 신성한 의례와 세속적인 관습 및 용법(예를 들어, 황금분할) 안에서, 숫자들 간의 관계에 반복적으로 관심이 기울여졌다[415]. - 특정한 숫자들에 대하여 상징적 의미를 부여하는 것은, 특정한 계산 시스템과 관련 있는 이론적인 고찰에 기초한 것이었다.

Nut 견과. 호두Walnut의 상징성은 **아몬드Almond**의 상징성에 밀접하게 일치한다. - 그리스도교 문학에서, 견과는 인간성의 상징으로서 언급된다. 푸른 겉껍질은 피부를 상징하며, 단단한 껍질은 뼈를 상징하며, 달콤한 알맹이는 영혼을 상징한다. 그리스도 상징으로서 쓴맛 나는 껍질은, 쓰라린 수난의 고통을 겪었던, 그리스도의 살을 구현한다; 껍질은 십자가 나무를 의미한다; 그리고 영양분을 공급하며, 자신의 기름은 빛을 밝히는, 알맹이는 그리스도의 신적 본성을 의미한다.

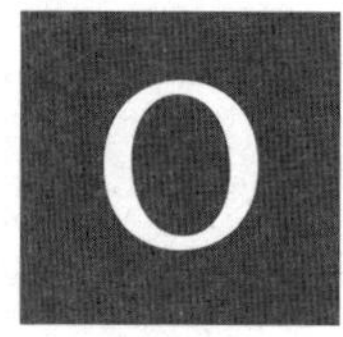

Oak 오크(나무)/참나무. 많은 인도-게르만 민족에게 이것은 신성한 나무이다. 그리스인들(특히 Dodona지역 사람들)은 제우스Zeus에게 이것을 봉헌했으며, 로마인들은 주피터Jupiter에게 봉헌했으며, 그리고 게르만 부족들은 Donar[416]에게 봉헌했다(아마도 이것의 장엄한 형상 때문에, 그리고 이것이 번개를 자신에게로 끌어당기기 때문인 것 같다). 고대 이래로 이것은, 그 단단하고, 내구성 있는 목재 때문에, 강함, 남성성, 그리고 견고함의 상징이었다; 고대와 중세기에, 이것은, 그 목재가 불멸하는 것이라고 생각되었기

Oak

Oak: 군사훈장勳章을 장식하는 참나무(떡갈나무) 월계관.

---

415 1. 기본 사상: "우주는 수적 조화로 이루어져 있다" 피타고라스학파와 플라톤 철학에서 세계는 수와 비례(비율)로 구성된 질서라고 여겨졌다. 즉: 숫자 = 우주의 근본 원리(로고스) 그래서 비례를 맞추는 것은 단순히 아름다운 형식을 만드는 것이 아니라, 우주의 조화 자체를 재현하는 것으로 이해되었다. 2. 이 사상은 예술과 건축에 직접 적용됨. 3. 종교적·의례적 관습에서도 숫자는 상징적 의미를 가짐.(숫자상징적 의미 예시 » 3: 신성, 삼위일체, 완전성 (기독교 등), 4: 세계 (동·서·남·북) / 현실 / 땅의 질서, 7 = 3 + 4: 완전한 조화(신성과 세계의 합), 9: 완성, 성숙 (그리스 수비학 / 아멘의 수값 등), 12: 질서화된 전체 (12사도, 12달)) 4. the medial section = 황금분할의 중요성. 황금분할(Golden Ratio, φ)은, 약 1 : 1.618 로 표현되는 조화 비례이다. 이 비율은: 고대 그리스 건축(파르테논), 르네상스 회화(레오나르도, 미켈란젤로 등), 신체 비례 및 얼굴 비례 분석, 자연 (식물 나선, 조개껍질 나선 등)에서 반복적으로 등장한다. 그래서 황금분할은 자연과 인간이 공유하는 조화의 수적 공식으로 여겨졌다.

416 [게르만 신화] 도나르: 뇌신(雷神), 북유럽의 Thor에 해당.

때문에, 이것은 또한 불멸성의 상징이기도 했다. - 18세기 독일에서, 참나무는 영웅적 용기의 상징이 되었다; 19세기 초 이래로, 참나무 잎사귀는 승리자의 **화환Wreath**으로 사용되어왔다.

Obelisk 방첨탑/오벨리스크. 이것은 사각 단면을 가진, 위로 올라가면서 점점 가늘어지고, 꼭대기에서 피라미드 형태로 끝나는 높은 돌기둥이다. 이집트에서 이것은 태양신의 상징이었다; 이것의 꼭대기에는 아침에 태양의 첫 광선이 비쳤다. 이것의 방향이 강조된 형태는, **땅Earth**과 하늘(**Sky를 보라**), 혹은 태양 사이의 연결을 상징했다.

Oil Lamp 석유램프. Lamp를 보라.

Oils 기름. 기름은 많은 문화들에서 특별한 힘을 지닌 존재로서 간주된다. 특히 올리브유는-**올리브나무Olive Tree**의 생산물로서, 척박한 토양에서도 열매를 맺기 때문에-정신적 힘을 상징한다. 그러나 그것이 등유등에서 타오른다는 점에서, 그것은 또한 빛의 상징이기도 하다. - 신도Shintoim[417]의의 신화적 관념에서, 태초의 물이 기름으로 이루어져 있다고 여겨지는 경우, 그것은(기름은) 만물이 아직 구별되지 않았던 원초적 상태를 상징한다. 엘레우시스 제전Eleusinian Mysteries[418]에서, 기름은, 순수함의 상징으로서 사용되었다. 지중해 연안 국가들에서, 기름을 바치는 제사는 (즉, 돌 제대 위에 기름을 붓는 행위는), 풍요를 위한 기도의 표시였다. - 기름으로 **도유하는 것Anointing**은, 다양한 종교들에서 중요한 제의적 역할을 담당한다. 예를 들어, 유대교에서, 사물들과(예를 들어, the Stone of Bethel) 사람들은(사제들, 예언자들, 그리고 왕들), 하느님이 주신 권위와 신적인 축복의 표시로서 기름으로 도유되었다. 라틴어 *Christus*는(그리고 히브리어, *Mashiah*와 영어 *Messiah* 역시), "기름 부음을 받은 자/도유된 자Anointed"라는 것을 의미한다; 이런 이유로 기름 부어진 자는, 예수의 왕적 권

Obelisk: 상형문자가 새겨진 오벨리스크. 19번째 왕조, 이집트 Luxor에 있는 성전의 탑 문 앞에 있다.

417　신도(조상과 자연을 섬기는 일본종교)
418　엘레우시스 제전(곡식의 여신 Demeter를 받드는 신비적 의식)

능, 예언자적 권능, 그리고 사제적 권능를 가리킨다. - (또한, 발삼
Balsam과 향신료와 섞여진; **Chrism을 보라**) 기름은, 때때로 축성
을 위한 그리스도교적 제례 의식(예를 들어, **세례**Baptism, 사제들
의 축성, 병자성사/종부성사[419])에서 사용된다.

Olive Tree: 올리브 나무에서 나뭇가지를
물고 온 노아의 비둘기. G.Marcks의 목판화.

Olive Tree 올리브나무. 이것은 고대 이래로 재배되었다. 그리
고 이것은 상징적 의미로 다채롭다. 그리스에서 이것은 아테나
Athena[420] 여신에게 봉헌되었으며, 또한 이것은 정신적 강함과 지식
(이것이 또한 램프를 위해 기름을 공급했기 때문에, 이것은 **빛**Light
과 연관되었다), 정화(기름의 세척하는 힘 때문에), 생식력과 활력(이
것이 매우 강인하고, 또한 몇백 년을 살 수 있기 때문이다) 그리고 승
리의 상징으로서 여겨졌을 뿐만 아니라, 평화와 화해의(이것의 기름
의 진정시키는 효과 때문에) 상징으로서도 여겨졌다. - 노아Noah가
방주에서 날려 보낸 비둘기가 물고 돌아온 올리브 가지와 관련하여,
올리브나무와 그 가지들은, 그리스도교에서 하느님과의 화해의 상
징으로서, 그리고 평화의 상징으로서 간주된다. **Oils를 보라.**

Om: 성스러운 음절을 문자 형태로 나타
낸 것.

Om(Aum) 옴[421]. 이것은, 풍성한 비전祕傳의 의미들을 가진, 힌
두교, 불교, 그리고 유대교의 신성한 중재/매개의 상징이다. 이것은
불멸하며, 고갈되지 않는 것으로서 믿어지고 있으며, 그리고 창조적
영(Spirit)을 상징적으로 표현한 것으로 해석되며, 단어로서, 혹은
(그 3가지 구성 음(소리)과 관련하여) 인간 존재의 3 상태(각성, 꿈,
깊은 잠), 하루의 3 시각(아침, 정오, 저녁), 그리고 3 기능(행위, 인
식, 의지)을 나타낸다.

Omega 오메가[422]. 그리스어 알파벳의 마지막 글자이며, 특히 그
리스도교에서, 이것은 끝/종말의 상징이며, 세상의 완성의 상징이

---

419   가톨릭 교회의 7성사 중의 하나로서, 주로 아플 때나, 죽음에 임박했을 때 받는 성
      사이다.

420   [로마 신화] 미네르바(지혜와 武勇의 여신, 그리스 신화의 Athena)

421   [힌두교] 옴(그렇게 되기를 바란다는 의미를 가진 신성한 주어(呪語)

422   오메가(그리스어 알파벳의 스물네번째이자 마지막 글자)

다. - 떼이야르 드 샤르댕[423]은 그 목표를, 인류가 그곳을 향하여 힘써 나아가는 "오메가 포인트Omega Point"라고 불렀다. **Alpha, Alpha and Omega, Taw를 보라.**

Omphalos . Navel을 보라.

Onager 야생 당나귀. 길들이기 어려운 아시아의 야생 당나귀이다. 성서에서 이것은, 이성에 귀기울이지 않으려는 사람을 상징하며, 더 넓게는, 하느님의 계명에 굴복하려 하지 않는, 고집센 이스라엘을 상징한다. - 이것은 또한 사막에서 사는 은둔자들의 상징이다. - 야생 당나귀는 종종 자신의 이마 위에 뿔을 가진 것으로 묘사되기 때문에, **유니콘Unicon**[424]의 남근적 변종으로서 취급된다. 성경에서 그것은 이성理性을 듣지 않으려는 사람을 상징하며, 더 넓게는 하나님의 계명에 굴복하려 하지 않는 완고한 이스라엘을 상징한다.

Onager: M.Merian의 동판화 모사.

One 하나/1/일. 그것은 아직 분화되지 않은 원초적 기원을 상징하는 동시에, 모든 것과 모든 존재가 되돌아가려고 노력하는 총체성/전체성을 상징한다. 그래서 통일체Unity로서, 이것은 하느님을 상징할 뿐만 아니라 개체성 또한 상징한다. 숫자의 도형적 상징으로서, 1은 때때로 인간들에게 상징적으로 적용되었다(숫자의 서 있는 형태 때문에). 초기의 사상적 고찰에서, 숫자 1은 종종, 좁은 의미에서는, 숫자로 간주하지 않았다.(**Two를 보라**).

One-Eyed 외눈의/시야가 좁은. 실명Blindness, 절뚝거림Lameness, 또는 곱사등을 가진 것과 같이, 외눈을 가진다는 것은 통상 제약/한계를 의미할 뿐만 아니라, 또한 특이하게도 원시적인 힘(예를 들어, 키클롭스Cyclopes[425], 폴리페무스Polyphemus[426]), 또는

One-eyed: 외눈 거인 폴리페모스Polyphemus(식인 거인이자 키클롭스족Cyclops의 우두머리)를 실명시키는 장면. 기원전 6세기, 고대 그리스의 항아리(도기)에서 외눈의 Polyphemus(식인종Cyclops의 우두머리)의 시력상실. B.C 6세기, 고대 그리스 화병 출처.

423　떼이야르 드 샤르댕; 고고학자이며, 가톨릭 수도회, 예수회의 사제, 뻬이징 원인을 발견하였으며, 인간의 진화론적 창조론에 기여하였다.

424　일각수一角獸(뿔이 하나 달린 전설상의 동물)

425　키클롭스 (고대 그리스 신화에 나오는 외눈박이 거인)

426　[그리스 신화] 폴리페모스(식인종 Cyclops의 우두머리)

신적인 지식(예를 들어, Odin오딘[427])과 같은 특별한 종류의 능력을 의미한다.

One-Legged 외다리의/한쪽 다리를 가진. 이것은, 많은 사람의 신화론적인 개념들 속에서, **비Rain**와 **천둥Thunder**의 원인이 되는 존재들(예를 들어, 신들, 마녀들, 마법가들, 동물들)의 속성이다. 예를 들어, 중국에서는 외다리 새의 출현은, 비를 예언하는 징조였다; 한쪽 다리로 추는 춤은, 비를 부른다고 추정되었다.

Orage 오렌지. 많은 씨앗을 가진 대부분의 과일처럼, 이것은 생식력의 상징이다.

Orchid

Orchid 난초. 이것은 따듯하고 촉촉한 지역에서 통상 발견되는 식물이다. 많은 육상성陸上性 난초들은(예를 들어, 유럽과 유럽에 인접한 지역이 원산지인 품종들) 고환 모양의 덩이줄기(그리스어 *Orchis(난초)*는 고환을 의미한다)를 가지고 있다. - 고대에서, 이들은 최음제/정력제로서, 그리고 생식력 상징으로서 간주되었다. 이것들은 Satyrs[428]가 좋아하는 음식으로 여겨졌으며, 연애 마법을 위하여 사용되었고, 질병과 악마의 눈에 대항하여 보호해 준다고 믿어졌으며, 그리고 도박에서의 행운과 부를 가져다준다고 여겨졌다. - 중국인들은 난초를, 봄축제들에서 악령들을 쫓아내기 위하여 사용하였다. - 점무늬가 있는 난초는, 원래 게르만족의 어머니 여신인 Freya[429]에게 바쳐졌으며, 나중에는 성모 마리아에게 바쳐졌다.

Oriole 찌르레기. 중국에서, 이것은 봄, 결혼, 그리고 기쁨에 관한 상징적인 새이다.

Ostrich 타조. 이집트인들은, 타조의 깃털들을 진리와 정의의 상

---

427 [북유럽 신화] 오딘(지식.문화.군사를 맡아보는 최고신)

428 사티로스(고대 그리스 신화에서 숲의 신. 남자의 얼굴과 몸에 염소의 다리와 뿔을 가진 모습)

429 [북유럽 신화] 프로이야, 프리야(Frey의 여동생; 사랑. 미. 풍요의 여신; cf. Frigga)

징으로서 여겼다(새는 세계질서의 여신인, Maat[430]의 화신이었다).
- 중세 자연철학에 의하면(Physiologus생리학을 보라), 타조는 자
기의 알들을 스스로 품지 않는다. 그러나 단지 그 새끼들이 부화할
때까지 그들을 끊임없이 지켜보기만 한다. 이런 이유로 타조 알은
명상의 상징으로서 여겨졌었다. 다른 관념들에 의하면, 타조는 **태
양Sun**이 자기의 알들을 부화시키게 한다; 이런 이유로 이것은, 하
느님에 의해서 부활한, 그리스도를 표현한다. 타조알은 또한, 성모
마리아의 처녀 모성의 상징으로서 간주된다. - 부정적인 의미에서,
자신의 알을 버리는 타조는, 신을 두려워하지 않는 인간성의 상징
이다. 모래 속에 자신의 머리를 처박고 있는 타조는, 또한 죽음의 죄
인, 나태/태만의 상징이기도 하다. 오늘날 타조는 불쾌한 사실에 자
신의 눈을 감고 있는 사람들에 해당한다.

Ostrich: 타조의 알을 부화시키는 태양. 약 1450-60년경, Ottobeuren, 성모마리아를 묘사하는 세부화.

Ostrich: 이집트 그림에서 유래. 20번째 왕조 시기.

Otter 수달. 이것은 달의 상징적 동물이다. 몇몇 아메리카 원주민
문화들과 아프리카에서, 이것의 생가죽은 입회 예식에서 어떤 역
할을 담당한다. 유럽에서, 이것은 때때로 저승사자("영의 안내자
Spirit Guide")로서 나타난다.

Ouroboros[431] 우로보로스. Uroboros를 보라.

Oven 오븐. 이것은 상징적으로 **불Fire**과 관련이 있다. **연금술
Alchemy**에서, 이것은, 금속과 **공기Air, 흙Earth,** 그리고 **물Water**
의 형태변형 과정에서 중요하며, 따라서 이와 관련된 신비적 도덕적
과정들에서도 중요한 역할을 한다. - 특히 빵을 굽기 위한, 오븐은
자궁을 상징한다; 그 결과 "오븐 안에 있는 것"은 배아 상태로의 회
귀로서 해석될 수 있으며, 그리고 오븐 안에서의 소각은, 죽음과 재
탄생의 상징으로서 해석될 수 있다.

Owl 올빼미/부엉이. 태양 빛을 견딜 수 없는 밤의 새로서, 이것은
종종 **독수리Eagle**와 대조된다; - 이집트와 인도에서, 올빼미는 죽

Owl: 고대 아테네 주화 위에 새겨진 올빼미.

---

430 [이집트 종교] 마트: 법과 정의의 여신.

431 뱀이나 용이 자신의 꼬리를 먹음으로써 동그란 형태를 이루는 고대 그림을 일컫
    는다.

은 자들/사자死者를 상징하는 새였다; 고대로부터 현재까지 올빼미와 그 울음소리는 섬뜩한 것으로 여겨지며, 불운을 예고하거나, 죽음을 알리는 징조로서 받아들여진다. – 중국에서, 이것은, **번개 Lightning**(밤을 밝히는), 드럼(밤의 고요함을 관통하는), 그리고 양Yang(**Yin and Yang을 보라**)의 원리(파괴될 정도까지 심화된)와 연관된, 공포를 불러일으키는 동물로서 중요한 역할을 했다. 어둠 속에서도 볼 수 있고, 엄숙하고 사색적인 존재로 여겨지기 때문에, 올빼미는 또한 무지의 어둠을 꿰뚫는 지혜를 상징하기도 한다; 이런 맥락에서, 이것은 배움의 그리스 여신, 아테나Athena의 속성이 되었다. – 성서는 불결한 동물들 가운데에 이것을 포함한다. – 그리스도교적 상징성에서 이것은, 영적 어두움의 이미지로서 부정적으로 나타나지만, 긍정적으로는 종교적 지식의 상징으로서, 또는 어두움을 비추는 빛으로서의, 그리스도의 상징으로서 나타난다.

Ox 황소. 거세한 **숫소Steer**와는 대조적으로, 황소는 평화로움과 온화한 힘의 상징이다. – 황소와 물소는 신성하며, 극동과 그리스에서는 사랑받는 희생제물의 동물이다. 극동지방에서 물소 Buffalo는 현자들의 탈것이다(예컨대, 노자[432]가 서쪽으로 가는 여정에서 탔던 것도 물소였다). 북아메리카 평원의 거대한 초식동물인, 들소Bison 또는 물소Buffalo를, 수족Sioux[433]은, *Wakan*[434]이

Ox: 왼쪽) 혹이 달린 황소가 새겨진 동석(凍石, soapstone) 인장. (파키스탄) Mohenjo-Daro 출토.

오른쪽) 예수의 구유에 있는 황소와 당나귀. 12세기 전반, Freckenhorst의 Stiftskirche 성당 세례반 위 부조(relief).

---

432   Lao-tzu노자(604?-531 B.C.)(중국의 철학자, cf. Taoism)

433   수 족(아메리카 원주민의 한 종족)

434   와칸다(아메리칸 인디언의 Sioux족이 생물.무생물에 여러 가지 정도로 편재한다고 생각된 최고의 존재 또는 Omaha사람들의 위대한 영.

라고 불렀다(이것은 신성한 힘, 신비, 그리고 에너지를 의미한다). 아메리카 원주민들에게, 이것의 고기는 전체성을 제공하며, 이것의 뼈는 도구로써 사용되었으며, 이것의 피부는 옷과 주거지를 제공했다. **흰색 처녀 버팔로**The White Buffalo Maiden(Sioux족)는, 백성들에게 신성한 **파이프**Sacred Pipe[435]를 제공하는 자였다; 손잡이가 있는 그릇으로서(여성적이며 남성적인 부분을 상징하는), 이것은, 하늘(**Sky**를 보라)과 **땅**Earth 사이의 다리가 되도록 연기로 그슬려졌다. - 당나귀와 같이, 황소는 그리스도의 탄생도의 묘사에서 거의 항상 나타난다. 황소는 중국의 **조디악**Zodiac의 2번째 별자리이며, *Taurus***황소자리**[436](Steer말 또는 Bull숫소)에 해당된다.

Ox-Eye Daisy 옥스아이데이지/큰들국화. **Daisy**를 보라.

Packing 짐싸기. **Wrapping**을 보라.

Palm 야자과 나무/종려나무. 특히, 대추야자는 높이가 65 feet 이상이며, 바람에 부러지지 않는, 탄력있는 몸통을 가지고 있는 나무이다; 이것은 300년까지 살 수 있다. 바빌론인들에게, 이것은 신성한 나무였다. - 이집트에서, 이것은 생명 **나무**Tree의 상징적 의미와 아마도 연관되었을 것이다. 그리고 종종 **원주기둥**Column의 형태를 잡는 모델이었다. - 고대에 종려나무 가지들은, 공식시합에서 승리 상징으로서, 사용되었다. 그리스인들에게, 이것은 빛의 나무였으며, Helios[437]와 Apollo[438]에게 바쳐졌다. 이것의 그리스어 이름, Phoenix[439]는, 같은 이름의 전설적인 새와 가까운 상징적 관계를 암시한다. - 종려나무 가지들은 승리, 기쁨, 그리고 평화의 널리

Palm: 생명의 나무로서 표현된 야자나무. 5세기, Ravenna, Galla Placidia의 석관에서 유래.

---

435 미국 인디언 종교의 성스러운 파이프.

436 황소자리, 금우궁, 황소자리 태생인 사람(생일이 4월21일-5월21일 사이인 사람)

437 [그리스 신화] 헬리오스(태양의 신)

438 [그리스 로마 신화] 아폴로(고대 그리스. 로마의 태양신, 시, 음악, 예언 등을 주관함)

439 피닉스. ① (종종 P-) (이집트 신화의) 불사조(500년 또는 600년에 한 번씩 스스로 타 죽고, 그 재 속에서 다시 태어난다는 영조(靈鳥)); 불사의 상징; 불사 (불멸) 의 것 (사람) . ② 대천재(大天才); 절세의 미인; 일품(逸品). ③ (P-) 〚天〛 봉황새자리. ④ (P-) 미국 애리조나 주의 주도. ⑤ (P-) 〚軍〛 미해군의 F-14 Tomcat 전투기용 공대공 미사일. ♣ rise like the ~ from the ashes 불사조처럼 재생하다, 타격에서 다시 일어나다.

알려진 상징이다; 종려나무의 늘 푸른, 길게 갈라진 잎은 영원한 생명과 부활의 상징이다. 그리스도교 미술에서, 종려나무 가지는 순교자들의 속성으로서 자주 나타난다. - 융Jung에 의하면, 종려나무의 수직으로 자라는 형태는 영혼Soul의 상징이다.

Pansy 팬지. 이것은 제비꽃의 한 품종이다. 이 식물의 이름인, *재배된 3색 제비꽃Viola Tricolor Hortensis*는, 팬지 꽃송이에 3가지 색상들이 자주 나타난다는 사실을 가리키며. 이런 이유 때문에, 팬지꽃은 삼위일체의 상징으로서 자주 나타난다. - 크게 나뉘는 상징적 의미들은, 팬지의 특징에 해당한다. 이것은 젊은 처녀들의 부끄러움의, 애인들의 정절의, 그리고 부러움의 상징으로서 간주된다.

Pansy

Panther 검은 표범. 검은 **표범Leopard**은 보통 Panther라고 불린다. 점 얼룩무늬가 있는 Leopard와 달리, 이것은 덜 야생적 상징적 동물이다. *자연상징해설서Physiologus*[440]에서, 이것은 매번의 수유 후에, 3일간 잠을 자며, 그런 다음 사람들을 저항할 수 없게 끌어당기는 놀라운 향기를 풍긴다고 전한다. 그러므로 팬더는 성욕과 관능의 상징으로서 간주되었다. 그러나 또한 (3일 후에 깨어나는 것 때문에), 그리스도의 죽음과 부활의 상징으로서도 간주되었다.

Parasol 양산/파라솔. 이것은 덮개Canopy 또는, 천궁天穹의/하늘의 돔Vault of Heaven의 상징이다. - 고대에서 파라솔은 노예들이 들고 다녔다. 그리고 왕이나 황제 위에 힘과 품위의 상징으로서 받쳐졌다. - 중국과 인도에서, 이것은 종종 여러 층으로 되어있는 경우가 많았으며, 이는 천상의 위계를 상징했다.

Parasol: 양산을 쓴 왕. 5세기, Sassanid relief/사산왕조 시대 부조.

Parcae[441] **. Fates를 보라.**

Peace Pipe 평화의 담뱃대. 또한, 긴 담뱃대/칼루밋Calumet라고도 불리는, 북아메리카 원주민들의 의식용 담배 파이프는, 평화

---

440 동물, 식물 등을 그리스도교적·도덕적 상징으로 설명한 고대 문헌. 피시오로구스 또는 자연상징서로 번역한다.

441 [로마 신화] 파르카(운명의 3여신)(the Fates).

나 조약을 맺을 때, 그리고 우정을 나타내기 위해 관련된 모든 사람들이 함께 피웠다. 이것은 통상, 인간 조물의 원초적 이미지로서 간주되며, 인간의 힘과 불멸성을 상징한다고 여겨진다. 특히 이것의 **연기Smoke**와 관련하여, 이것은 때때로 인간과 자연과의 연결뿐만 아니라, 또한 인간과 하늘과의 연결도 상징한다.

Peach Tree 복숭아나무. 주로 이것의 이른 개화 때문에, 이것은 봄과 생식력에 관한 중국의 상징이다. 복숭아나무 목재는, **오디나무 Mulberry Tree**의 목재처럼, 중국에서는 악한 기운에 대항하는 효력을 가진 것으로 간주되었다; 이와 비슷한 효능이 이것의 열매에도 있다고 여겨졌다. 그 나무, 꽃, 그리고 열매는 또한 불멸성의 상징으로서도 간주되었다. - 일본에서, 복숭아 꽃은 처녀성을 상징한다.

Peacock 공작새. 이것은, 인도와 다른 지역들에서 태양의 새 Solar Bird로서 간주된다. 아마도 이것의 **부채Fan**, 또는 **바퀴 Wheel** 모양의 꼬리 때문일 것이다. 이것은 다양한 신들(예를 들어 붓다의)의 말/馬이다. - 이것의 부리 안에 **뱀Serpent**이 있으면, 이것은 어둠을 격파하는 빛을 상징한다. 이것의 깃털의 아름다움은, 뱀과 이것의 전투에서 흡수했던, 독의 변형으로부터 생겼다고 간주되었다. - 아마도 이것의 아름다움 때문에, 공작은 고대에, Hera(Juno)여신의 상징동물로 여겨졌을 것이다. - 이슬람에서 공작의 활짝 펴진 꼬리는 우주를, 만월 또는 정오의 태양을 상징한다. - 초기 그리스도교에서는, 마찬가지로 공작의 표현은 태양 상징으로서, 불멸성과 내세의 기쁨의 상징으로서 나타난다. - 모든 색깔을 함유하고 있는, 공작의 꼬리, 또는 "바퀴Wheel"는 비전祕傳의 전통에서, 전체성의 상징으로서 간주되었다. - 중세기의 상징성에서, 공작은 **교만Pride([라틴어]Suprbia)**이라는 악덕을 상징한다. - 이것의 과시적이고 거만한, 구애 행위 때문에, 공작은 현대에 자기-만족적인 자만심과 허영심의 상징으로서 간주되었다.

Pearl 진주. 이것은 보통 달과 관련된Lunar, 그리고 여성적 상징이다(예를 들어, 중국에서는 이것이 **달Moon, 물Water,** 그리고 여자와 밀접하게 연관되어 있다, 그리고 이런 이유로 음의 원리이다;

Peacock: 전체성의 상징으로서 바퀴 모양의 공작새. 1702년, *Boschius's Symbolographia*에서 유래.

Yin and Yang을 보라). 이것의 구체 형태 때문에, 그리고 이것의 아무나 흉내 낼 수 없는 광택 때문에, 진주는 완벽함의 상징으로서 인식된다. - 이것의 단단함과 내구성耐久性 때문에, 중국과 인도와 같은 지역에서는, 불멸성의 상징이 된다. "불꽃처럼 빛나는 붉은 진주"는, 중국에서 태양 상징으로서, 그리고 가장 높은 가치의 이미지로서 간주되었다. - 그리스인들 중에서, 진주는 사랑의 상징이었다. 아마도 이것의 아름다움 때문일 것이다. - 전혀 손상되지 않은 진주는, 페르시아에서, 처녀의 상징으로서 여겨졌다. 게다가, 페르시아의 신화에서, 진주는 태초의 물질 형성과 연관되었다. - 진주의 가장 깊고 널리 퍼진 의미는 그것이 굴이나 **홍합Mussel** 안에(즉, 어두움 속에) 감추어진 채 바다의 바닥에서 성장한다는 사실에 있다. 그러므로 진주는 어둠 속에서 자라는 빛이자, 어머니의 자궁 속에서 자라는 아이를 상징한다. 많은 사람은 진주가 하늘이나 달에서 내려온 "빛의 씨앗Light Seeds"이나 이슬방울에서 생겨난다고 믿어 왔다. 특히 영지주의Gnoticism와 그리스도교에서는 이러한 의미들의 복합체를 강조하며, 이를 종종 육신(마리아)에게서 태어난 로고스Logos[442]인 그리스도와 연결시킨다. - 하늘의 예루살렘(**Jerusalem, Heavenly를 보라**)의 출입문은 12개의 진주들로 되어 있다. - 민간신앙에서, 진주는 눈물과 동일시된다. - 진주 목걸이는 다양성/다수Multiplicity로부터 형성된 통일성의 상징이다.

Pear Tree (서양) 배나무. 과일나무에 피는 하얀 꽃과 결합되어 있는, 이것은 그 섬세함과 덧없음 때문에, 애도의 상징이 된다. - 중세기에 서양배나무Pear Tree는(아마도 그 순수한 하얀 꽃들 때문일 것이다) 성모 마리아의 상징이었다. 여성적인 형태를 연상시키는, 이것의 형태 때문에, 배Pear는 정신분석적 꿈 해석에서 성적으로 이해되어왔다. - 민속신앙에서, 많은 배는 많은 자녀의 축복을 의미한다.

Pegasus[443] 페가수스. 그리스 신화에서 이것은 메두사(**Gorgon을**

---

442   로고스. [철학] 이성, 로고스. [신학] 하느님의 말씀. [신학] (삼위일체의 제2위인)
       그리스도(Christ)
443   [그리스 신화] 페가수스(시신詩神 뮤즈가 타는, 날개 달린 말)

보라)의 잘린 머리로부터 생겨난 날개 달린 말이다. 뮤즈들Muses[444]의 신성한 샘인, 히포크레네Hippocrene[445]는 페가수스의 발굽이 땅을 내리쳤던 자리에서 솟아올랐다고 전해진다; 그래서 페가수스는 나중에 지적, 특히 시적, 창조력의 상징이 되었다.

Pelican 펠리칸. *자연상징해설서Physiologus*[446]에 의하면, 이것은, 자신의 다루기 힘든 새끼들을 죽이는, 새이다(다른 설명에서는, 새끼가 **뱀Serpent**에 의해서 살해된다), 그러나 3일 후에 이것은, 자신에게 상처를 내어 그 상처들로부터 뽑아낸 피를 가지고 그들을 다시 살려낸다. 이것은 희생적인 모성적, 부성적 사랑의 상징이다. 중세미술과 문학에서, 어미가 새끼를 죽인다는 사실은, 펠리칸이 죽을 때까지 자신의 피로 자신의 자손을 먹여 실린다는, 전설에 의해, 무색해졌다; 이런 이유로 이것은(펠리칸은) 그리스도의 희생적 죽음의 널리 퍼진 상징이 되었다. - 연금술사들의 이미지적/상징적 언어에서, 펠리칸은 **현자의 돌Philosopher's Stone**[447]을 상징한다. 이 돌은 스스로를 용해시켜서(즉, 죽어서) 그로부터 **납Lead**과 **금Gold**이 생겨나도록 한다.

Pelican: 자신의 가슴을 쪼아 새끼에게 피를 먹이는 펠리칸. 1235년, 독일 Westphalia, Muenster 대성당, 낙원(Paradise) 부조(relief) 작품.

Pentagonal Dodecahedron 오각형의 12면체. Dodecahedron 12면체를 보라.

Pentagram[448] **오각형의 별모양/오각성.** 이것은, 하나의 연속되는 선으로 그려진, 5개의 뾰족한 꼭지점을 가진 별로 구성된, 고대의 마법적 표지이다. - 피타고라스 학파에게, 이것은 건강과 지식

Pentagram

444　뮤즈. 1. 고대 그리스 로마 신화에서 시, 음악 및 다른 예술 분야를 관장하는 9여신 중 하나. 2. 작가·화가 등에게 영감을 주는 뮤즈(inspiration)

445　[그리스 신화] 히포크레네(Helicon산의 샘으로, the Muses에게 바쳐졌음).

446　피시올로구스(Physiologus): 2~4세기경 그리스어로 쓰인 동물 상징 해설서로, 동물·식물·보석 등에 도덕적·종교적 상징 의미를 부여한 고전적 베스트리아리(동물우화집)의 원형입니다.

447　현자의 돌(비금속을 금. 은으로 바꾸는 힘이 있다고 믿어져, 중세의 연금술사가 찾아다니던 돌).

448　오각성(五角星) 또는 오각별: 다섯 개의 선이 이어져 만들어지는 별 모양의 도형, 즉 ☆ 형태; 마법, 보호, 신비주의, 헤르메스 전통 등에서 자주 등장. 용어 구분:Pentagram = 선으로 연결된 오각성(☆), Pentagon = 오각형(다섯 변), Pentacle = 원 안에 그려진 오각성(마술·주술 문맥).

의 상징이었다. - 靈知주의자들은 이것을 아브락사스 카메오(보석) Abraxas Cameos[449]위에 이것을 새겨 넣었다. - 중세기에 이것은, 악마적 힘과 여성 야귀夜鬼들을 쫓아내는 데에 사용된, 흔한 표시였다. - 자족적인 완전한 형태로서, 이것은 **알파Alpha**요, **오메가 Omega**로서의 그리스도를 나타낸다; 5개의 뾰족한 꼭짓점을 지닌 형태로서, 이것은 그리스도의 5개의 신성한 상처를 의미한다. - 마법에서, 뒤집어진 펜타그램/逆五芒星은, 악마의 염소(호색한), **마녀의 발Witch's Foot**, 그리고 참된 인간 본성의 전복을 묘사한다.

Peony 모란/작약. 중국에서, 이것은 부와 명예의 상징이다. - 이것은 고대에서 Satyrs[450]와 Fauns[451]의 술책에 대항하는 보호로서 여겨졌다. 중세기에 이것은 종종 약효가 있는, 마법적 식물로서 사용되었다; 모란의 씨앗은 **부적Amulet**으로서 사용되었다. "가시가 없는 장미"로서, 이것은 중세그림에서 성모 마리아의 흔한 상징이다.

Peppermint 페퍼민트/박하. 이것은, 강한 향의 기름을 가지고 있는, 〈꽃부리 또는 꽃받침이〉 입술 모양을 한 꽃이다. 고대에 약효가 있는 식물로서 평가된 이것은, 이것의 치유하는 성질 때문에, 그리스도교 미술에서 성모 마리아의 상징이다.

Periwinkle

Periwinkle 빈카/페리윙클(협죽도과의 식물). 남쪽과 중앙 유럽이 원산인, 덩굴성 다년생인 식물인, 이것은, 가죽 같은, 늘 푸른 잎사귀들과 푸른 꽃들을 가지고 있다. 모든 상록수처럼, 이것은 영원한 생명과 변함없는 신의를 나타낸다; 이것은 또한 마녀들과 마법사들에 대항하는 보호로서 평가받는다.

Phallus 남근/남근상. 보편적으로 다산과 특별한 힘뿐 아니라, 우주적 힘, 그리고 생명의 근원을 상징하는 표지인, 이것은 **부적**

---

449 카메오(바탕색과 다른 색깔로 보통 사람의 얼굴을 양각한 장신구/보석). 아브락사스를 새겨넣은 카메오는 영지주의자들에게 중요한 부적이었다.

450 사티로스(고대 그리스 신화에서 숲의 신, 남자의 얼굴과 몸에 염소의 다리와 뿔을 가진 모습).

451 파우누스(고대 로마 신화에서 숲의 신, 남자의 얼굴과 몸에 염소 다리와 뿔이 있는 모습).

Amulet으로서 사용되었고 제의적 像으로서(예를 들어, 고대의 헤르메스Herm[452]상의 본질적인 요소로서) 숭배되었다. **Linga를 보라.**

Pheasant 꿩. 신화적 관념, 특히 중국의 신화적 관념에서, 이것은, 그 노래와 춤 때문에, 우주적 하모니/조화의 상징이다; 이것의 울음소리와 날개를 치는 소리는, **천둥Thunder**과 연관되며, 그래서 폭풍, **비Rain**, 그리고 봄과 연관된다. 꿩은 양Yang의 원리(**Yin and Yang을 보라**)와 연관되었다. 계절이 바뀌는 과정에서, 이것은 자신을 **뱀Serpent**(음Yin의 원리와 관련된)으로 변형시키고, 다시 꿩으로 돌아오는 것으로 여겨졌었다. - 금꿩/금계金鷄는 고대에 그리고 중세기에 **불사조Phoenix**[453]와 밀접하게 연관되었다.

Phallus: Siphos의 Hermes柱像.

Philosophers' Stone 현자의 돌/철학자의 돌. 연금술에서, **현자의 돌**_Lapis philosophorum_은, 힘든 과정들을 기반으로 하여, **최초의 물질**_Prima Materia_로부터 만들어질 수 있다고 추정하는 물질/실체Substance이다. 현자의 돌은, 일반 금속들을 귀금속으로 변형시키며, 다시 젊게 하며, 치유하는 효과를 가지는 것으로 추정되었다. 이러한 과정들에서 중요한 역할을 했던 것은 반대 요소들, 특히 여성적인 것과 남성적인 것의 분리와 재통합되는 과정이었다. 이런 이유로 철학자의 돌은 종종 양성적 존재 Hermaphroditic(**Hermaphrodite**[454]**를 보라**)로 묘사된다. 철학자의 돌을 발견하려는 시도는, 아마도, 심리학적으로, 종교적으로, 동기화된 노력을 수반하는, 상징적 행위들을 나타냈을 것이다: 즉, 일종의 죽음의 과정을 통하여, 처음에 형태 없는 **최초의 물질** _Prima Materia_은, 그 기본 구성성분으로 분해되고, 현자의 돌이라는 형태로 더 높은 수준에서 부활하게 된다. - 융Jung은 이런 절차들을 개성화과정으로서 해석한다.

Phoenix: 잿더미에서 다시 태어나는 불사조. 샹포 수도원(Abbey of Champeaux)의 성가대석의 로마네스크 양식 조각.

Phoenix 불사조/피닉스. 이집트인들에게 이것은 신성한 새였다

---

452 헤르메스(Hermes)의 주상柱像.

453 불사조(수백 년 동안 살다가 스스로를 불태운 뒤 그 재 속에서 되살아난다는 전설적인 새).

454 자웅동체, 암수한몸.

(Bennu, 또는 Boine). 이것은 원래 할미새로서 여겨졌으며, 나중에 **왜가리**Heron 또는 왜가리 머리를 가진 금색의 **매**Falcon[455]로서 여겨졌다. 이것은 태양 神(세계의 창조 때 지구의 태고적 언덕 위에 앉았던 것으로 추정되었던 神)의 화신으로서, 태양의 일일 운행과정의 화신으로서, 그리고 나일강의 매년 범람하는 것의 화신으로서 간주되었다. - 끊임없이 반복되는 갱신에 대한 이런 언급은, (특히, **자연 상징 해설서**Physiologus에 관하여) 그리스인들, 로마인들, 그리고 그리스도교교회 교부들에 의해서 재해석되었다. 그 결과 특정한 주기(500년, 1000년, 혹은 1461년)마다 다시 재에서부터 되살아 나는, 새의 널리 퍼진 상징을 낳게 되었다. 이런 형태에서, 불사조는 그리스도의 상징일 뿐만 아니라, 또한 불멸성의 일반적인 상징이며 그리고 죽음 위에 승리를 거둔 부활의 일반적 상징이기도 하다.

Physiologus[456] 자연 상징 해설서. 아마도 알렉산드리아의 자료 Alexandrian Source로부터 유래한, 자연사 서적들의 집합을 지칭하는 명칭이다. 예를 들어, **자연상징 해설서**Physiologus 안에서 신화적인 동물들과, 알려진 동물들에 관한 신화적인 특징들이 발견된다. 이런 것들은 종종 성서적, 그리스도교적 관점에서 해석된다. 중세 때에는, 그리스도교적 동물 상징성 안에 있는 수많은 견해들이 (거기서부터) 비롯된, 다양한 라틴어 설명 Latin Versions("동물 우화집Bestiaries")들이 있었다.

Pi 파이[457]. Disk, Hole을 보라.

Pisces 물고기. Fish를 보라.

Pilgrim 순례자. 많은 종교의 이미지 속에서, 순례는 지상적 인간적 삶을 의미하며, 이것은 마지막이 아니라, 단지 다른 삶으로의 이행**移行**/전환일 뿐이다.

---

455 송골매(특히 암컷); (사냥용) 매; 〖史〗 (15-17세기의) 경포(輕砲); (F-) 〖美공군〗 공대공 미사일의 일종, ㉺~·er n. 매부리.

456 Physiologus(피시올로구스)는, 2~4세기경에 작성된 그리스어 동물 우화·상징집으로, 중세 베스트리아리움(bestiarum)의 원형이 된 책이다.

457 [기하] 파이(원주율. 약 3.14159. 기호는 π

Pine 소나무. 고대에 *Pinus*소나무 *屬*은, 원뿔형 물체를 맺는 나무를 위한 명칭이었다. 좁은 의미에서, 소나무는 생식력 상징이다(아마도 끊임없이 새로운 솔방울을 생산하기 때문일 것이다). – 스코틀랜드 소나무는 북쪽의 온대 지방의 침엽수이다. 상록수로서 그리고 이것의 부패하지 않는 송진 때문에, 이것은, 중국과 일본에서 불멸성의 상징이다; 게다가, 일본에서는, 바람과 날씨를 견디는 나무로서, 이것은 생명 에너지Vital Energy를 상징하며, 해를 입지 않은 삶의 어려움을 통달하는 인격을 상징한다. 2개의 소나무는 사랑과 결혼의 정절을 상징한다. – 소나무 솔방울은(그리고 때때로 그것의 송진이 포도주를 보호하는 Aleppo[458]소나무의 솔방울은), Dionysus 神과 그의 수행원의 **테르수스Thyrsus** 지팡이를 장식했다. – 그리스도교 상징성에서, 소나무는, 생명 **나무Tree**와 밀접하게 관련이 있으며, 여러 표현들에서, 그 생명 나무의 꼭대기를 이루고 있다.

Pine

Pine: 고대 청동 솔방울: 바티칸의 분수에서 나온 작품.

Pine Cone 솔방울. Pine 소나무를 보라.

Pitcher (손잡이가 달린) **물항아리/물주전자.** 인도미술에서 이것은 때때로 넘쳐나는 다산과 풍요의 상징이다; 이것은 또한 불사의 **음료Draught**를 상징하기도 한다. – 중국에서, 이것은 하늘의 상징이며, 특히 천둥(사람이 빈 물항아리를 때림으로써 생산할 수 있는 소리 때문에)의 상징이다. – 초기 그리스도교 미술에서, 물항아리로부터 뻗어나오는 나뭇가지들과 나뭇잎들, 또는 항아리의 물을 마시는 새들은, 그 안에 담겨있는 생명수와 관련이 있다.

Plantain 질경이. 중국에서 이것은 이것의 많은 꽃과 씨앗들 때문에, 생식력의 상징이다.

Plants 식물. 유기체적 세계의, 가장 낮으며, 또한 가장 근본적인 수준으로서, 식물들은 모든 살아있는 것들의 통일성을 나타낸다. 신화 이야기에는, 인간들 안으로의, 그리고 동물들 안으로의, 그리고 그 역도 마찬가지로, 식물들의, 완전하거나 부분적인 형태변형

Plant: 잎으로 이루어진 얼굴.

---

458 알레포: 시리아 서북부의 도시, 고대로부터 아시아와 유럽 간의 교역상의 요지.

의 많은 예가 있다. 수확하기 위해 씨를 뿌림으로부터, 성장, 개화, 성숙 그리고 죽음에 참여하는, 식물의 끊임없는 변화는, 순환적인 갱신의 전체 상징으로서, 식물 왕국을 만든다. - 비옥한 풍요로움 속에 있는 식물들은, 어머니인 대지의 본질이다.

Plow 쟁기. 많은 문화에서, 흙을 일구는 쟁기는, 여인을 수태시키는 남자와 동일시된다; 쟁기는 결과적으로 남근적 그리고 생식력의 상징이다. 널리 알려진 민속신앙에 의하면, 쟁기질은, 땅이 수태受胎되는 행위로서 또는 인간들에 의해서 유발된, 하늘(Sky를 보라)과 **땅**Earth의 결합으로서 간주되었다.

Plumb Line[459] **다림줄/연줄/추줄/추계.** 이것은 수직을 상징하며, 그리고 때로는 **세계의 축**World Axis의 상징하기도 한다. 특히 프리메이슨에서, 이것은 영적인 균형과 곧은 정신/정직한 마음을 상징한다. 예술에서, 이것은 건축학, 기하학, 중용, 그리고 정의의 상징이다.

Plum Tree 자두나무. 잎이 없는 나무에 이른 꽃들이 피기 때문에, 이것은 극동지방에서 봄, 젊음/청춘, 그리고 순수함의 상징이다. - 자두는 때때로 정신분석적 꿈 해석에서 여성의 성적인 상징으로서 이해된다.

Point 점. 이것은, 특히 명상에서, 모든 현실과 모든 가능성, 혹은 그 둘의 일치, 또는 **중심**Center을 상징한다. 이것은 통상 **원**Circle의 중심점으로서 표현된다.

Polestar 북극성. 하늘의 둥근 천장/蒼穹이 그 주위를 도는 것처럼 보이는 별이다; 이런 이유로 이것은, 우주의 중심으로서, 세계의 **배꼽**Navel으로서, 하늘의 출입문으로서, 우주의 중추로서, 또는 세계 **산**Mountain의 가장 높은 봉우리로서 간주되었다.

---

459 plumb line; 수직 수평을 헤아릴 때 쓰는 다림줄; 건축·측량에서 수직을 정확히 잡기 위해 사용되는 추 달린 줄; 한국어로 연줄, 추줄, 수직추, 연추(鉛錘) 등으로 불린다

Pomegranate 석류. 다른 씨앗이 있는 과일들(Gourd박, Lemon, Orange, Tomato를 보라)같이, 이것은 생식력의 상징이다. 이런 이유 때문에, 이것은 그리스에서 Demeter[460], Aphrodite[461], 그리고 Hera[462]에게 바쳐졌다. 이런 상징적 의미를 참조하여, 고대 로마에서, 새로 결혼한 여성들은, 석류 가지들로 만든 화관을 썼다. 인도에서 석류 주스는 불임을 위한 치료제라고 여겨졌다. 석류를 개봉하는 것은 때때로 상징적으로 처녀성을 빼앗는 것으로 보인다. - 이것의 과육의 밝은 빨강 때문에, 석류는 사랑과 피의 상징이며, 그래서 생명과 죽음의 상징이 된다. - 페니키아인들에게, 석류는, **태양**Sun과 밀접하게 연관되었으며, 생명, 힘, 그리고 재생/갱신을 의미했다. - 석류는, Torah[463]의 율법에 대한 충실함을 나타내는 유대교적 상징이다. - 중세기에, 석류의 향기와 많은 씨앗은, 아름다움의 상징으로서, 그리고 성모 마리아의 많은 덕목의 상징으로서 해석되었다. 구모양의 형태, 씨앗들의 많음, 그리고 향기는, 또한 완전함과 하느님의 선하심이 지닌 무수한 속성들을 의미하기도 했다. 한 껍질 안에 들어있는, 씨앗들의 많음은, 또한 교회의 상징으로서 이해될 수도 있다; 붉은 주스는 순교자들의 피와 연관되었다. 단단하고 먹을 수 없는 껍질을 가지고 있지만, 달콤한 주스를 함유하고 있는, 석류는, 또한 완전한 그리스도교인, 특히 사제의 상징이기도 하다.

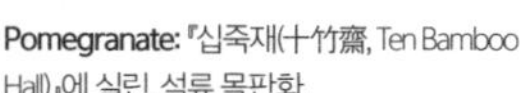

Pomegranate: 『십죽재(十竹齋, Ten Bamboo Hall)』에 실린, 석류 목판화.

Pond 연못. Lake를 보라.

Poplar 포플러/미루나무. 이것의 나뭇잎이, 가장 약한 바람에도 떨리기 때문에, 이것은 통증과 애통/한탄의 상징이다. 그리스인들은 이것을 지하 세계에서 자라는 나무로서 간주했으며, 그리고 그와 관련하여, 이것은 죽은 자에 대한 애도哀悼/哀歌를 상징한다.

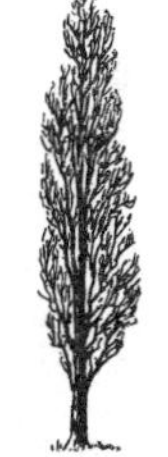

Poplar

Poppy 양귀비. 엘레우시스 제전Eleusinian Mysteries[464]에서

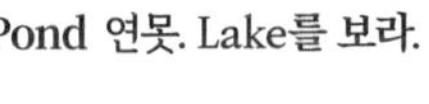

Poppy

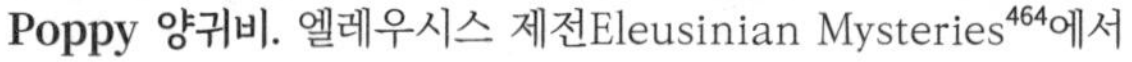

460   [그리스 신화] 데메테르(농업·결혼·사회·질서의 여신, 로마 신화의 Ceres).

461   [그리스 신화] 아프로디테(사랑·미의 여신, 로마 신화의 Venus에 해당).

462   [그리스 신화] 헤라(Zeus의 아내, 로마 신화의 Juno).

463   [유대교] 율법; (the ~) 구약 성서 권두의 5편; (t-) [유대교] 가르침, 규율.

464   엘레우시스 제전(곡식의 여신Demeter를 받드는 신비적 의식).

Demeter에게 바쳐진 꽃인 이것은, 땅의 상징일 뿐만 아니라, 또한 잠과 망각의 상징이기도하다.

Portal 정문/입구. Door를 보라.

Pot 냄비/솥/항아리. 이것은 **자궁**Womb의 상징이며, 그래서 여성의 흔한 상징이다. Container그릇/용기를 보라.

Prayer Beads 묵주/염주/로사리오Rosary. 많은 종교에게 흔한 묵주들은Rosaries, 매듭이나 구슬이 있는 끈이나 사슬로 구성되어있으며, 이것의 각 요소들은, 다양한 영적 사실들, 속성들, 기도 형식들, 또는 성인들의 이름, 신들에 관해 계몽된 존재들의 이름, 등을 상징한다. – 불교에서 전통적으로 사용되는 염주는, 108개의 구슬을 가지고 있으며, 세계의 다양한 발달 단계에 대응한다. – 이슬람의 묵주는 99개의 구슬을 가지며, 이것은 알라Allah의 99개 이름을 상징한다. – 가톨릭 교회의 묵주는, 일련의 기도문들의 물리적 표현들이다. "(하늘에 계신) 우리 아버지"로 시작하면서, 사람들은, 예수님의 일생으로부터의 구체적인 사건들을 묵상하면서, "아버지 하느님께 영광이 있으소서"에 이어서, 10번의 "성모송"을 염한다; (총합 50번의 성모송으로 이루어진 기도의) 이 순서는 4번 더 반복되어 이루어진다.

Pride 교만. Superbia 교만을 보라.

Prima Materia 최초의 물질[465]. Mercurius, Philosopher's Stone,

---

465 Prima Materia는 라틴어로 "최초의 물질" 또는 "원초 물질"을 의미한다. 연금술 (Alchemy)과 철학에서 자주 등장하는 개념이며. 설명하면 다음과 같다. 1. 연금술에서의 의미:Prima Materia는 연금술적 작업에서 모든 물질의 근원적, 원초적 상태를 나타낸다. 금속을 금으로 바꾸거나, "현자의 돌"을 만드는 과정에서 출발점으로 여겨졌다. 단순한 화학적 재료가 아니라, 변화와 완성을 가능하게 하는 잠재력을 가진 '원초적 혼합물'로 상징된다. 2. 철학적·상징적 의미: 아리스토텔레스와 헤르메스주의(Hermeticism) 철학에서도 언급된다. 세계 만물의 기초, 근원적 원리를 나타내며, 물질과 정신, 혹은 혼돈과 질서를 연결하는 상징으로도 쓰인다. 연금술에서는 물리적 변환뿐 아니라 영적·심리적 변형(Inner Transformation) 의 비유로도 활용됩니다. 3. 특징:구체적인 형태가 없음. 흔히 혼돈, 점토, 진흙, 수은, 황혼의 물질 등으로 은유. 모든 것을 포함하고 있어 완전한 변화 가능성을 가진 물질로 여겨짐. 정리하면, Prima Materia=모든 것의 근원, 변화를 위한 출발점, 원초적 물질이라고 이해할 수 있다.

Water를 보라.

Primrose[466] 프림로즈. 이것은 **앵초속***Primula*屬에 속하는 다년생 초본으로, 라틴어, 제일의/으뜸가는, 을 뜻하는 *Primus*에서 유래했으며, 본래 *Primula Veris* 라는 이름은, 봄의 첫배/맏이라는 뜻이다. 프림로즈는 북반구의 온대 지방에서 주로 봄에 피는 꽃이다; 이것은 (통상) 굵고 단단한 줄기 위에 노란색 繖形꽃차례Umbel[467]를 꽃피운다. 게르만 부족 중에는, 이것이 Freya 신[468]에게 바쳐졌다. - 중세기에 이것은 약효가 있는, 마법적 식물로서 여겨졌으며, 숨겨진 보물을 "드러내는데"에 특히 효과적이라고 생각되었다. - 이것은 봄의 상징이다. 왜냐하면, 이것은 "첫 번째" 꽃으로서 봄을 알리기 때문이다; 프림로즈를 보는 것은, 겨울의 우울한 생각들을 쫓아낸다.

Primrose

Prince 왕자. 왕자는 수많은 동화에서 찬란한 영웅으로 등장하며, 젊고 능동적이며 도덕적 행동과 변화를 구현하는 존재이자, 동시에 굳건하게 버티는 인내의 상징으로 나타난다. - 정신분석학적으로, 그는 승리한 자아의 힘Ego Powers의 대표로서 이해된다. **Princess를 보라.**

Princess 공주. 많은 민족의 동화에서 그녀는 영웅이 수많은 장애와 위험을 극복한 끝에 도달할 수 있는 목표이자 최고선/최상의 가치의 형상Image으로 나타난다. - 공주는 정신분석학적으로 인격의 무의식적인 것의 화신으로서 해석되는데, 이것은 집단 무의식을 나타내는, "늙은 왕Old King"과는 대조적인 것이다. **Prince를 보라.**

Prostitution 매춘. Sacred Prostitution을 보라.

Prudence 신중함/사려분별. Prudentia [라틴어] 지혜/선견/신중을 보라.

Prudentia [라틴어] 지혜/선견/신중. *신중함/현명함Prudence*

---

466   프림로즈(앵초과의 야생화. 연한 노란색의 꽃이 핌).

467   산형꽃차례, 즉 여러 꽃이 한 점에서 우산 모양으로 핀 형태를 말한다.

468   [북유럽 신화] 프로이야, 프리아(Frey의 여동생; 사랑·미·풍요의 여신; cf. Frigga).

의 여성적 의인화이며, 4대 주요 덕목 중 하나인, 그녀는 종종 **뱀** Serpent, **거울**Mirror, Sieve체/거르개, 그리고 **횃불**Torch의 속성을 지닌 모습으로 나타난다.

Purification 정화. Baptism, Bath, Hand, Foot Washing을 보라.

Purple 자주색/보라색. 이 색은, **빨강**Red, 또는 **보라색**Violet과 상징적으로 연관되어 있다. 자주색 염료를 생산하는 조개류/갑각류인, **포르푸라***Porphura*로부터 얻어지는, 진짜 자주색은, 그 매우 높은 가격 때문에, 왕들과 사제들의 의복에만 사용되었다; 이런 이유로 이것은 권력과 명예의 상징이었다. 후에 이것은 일반적으로, 특히 로마인들 가운데서, 사치와 번영의 표시로서 간주되었다.

Quail 메추라기. 이것이 봄에 돌아오는, 철새이기 때문에, 중국에서 봄의 상징인 이것은, 불과 빛과 연관된 것이며, 그리고 그래서 양Yang의 원리와 연관되었다(**Yin and Yang**을 **보라**). 그 연례적인 이동 때문에, 메추라기는 상반되는 두 극의 힘이 교차하며 영향을 미치는 것을 상징한다. **Frog**를 보라.

Quicksilver 수은. Mercurius를 보라.

Quince[469] **마르멜로**. 고대에서 이것은 행운, 사랑, 그리고 생식력의 상징이었다. 그리고 Aphrodite(Venus)에게 바쳐졌다. - 그리스에서는 결혼할 때 아내가 행복한 결혼을 기원하는 상징으로 마르멜로를 남편의 집으로 가져갔다.

Quintessence[470] (무엇의 완벽한) 전형/진수/Essence. **Five**를 보라.

---

469 마르멜로(모과 비슷한 열매로 잼 등을 만드는 데 씀).

470 quintessence는 원래 "다섯 번째 본질"이라는 뜻에서 나온 단어이다. 고대 철학에서 우주를 이루는 4가지 원소(불, 물, 공기, 흙) 외에 가장 순수하고 근원적인 제5의 원소를 quintessence라고 불렀다. 1. (물질의) 가장 순수한 형체, 에센스. 2. 정수, 진수(眞髓), 전형(of). 3. (고대·중세 철학의) 제5원(元)(땅·물·불·바람 이외의 우주 구성 원질로 생각되는 것). quin·tes·sen·tial [kwìntəsénʃəl] a. 전형적인. -tial·ly ad. 참으로, 철저히.

Rabbit 토끼. Hare를 보라.

Radish 무. 중세기에 이것은, 말다툼과 갈등/대립과 상징적으로 연관되었다. 순무처럼 이것은, 악령들과 관계있다고 일컬어졌다. 그래서 무와 순무는 때때로 축복되었다(즉, 해害가 없게 만들어졌다)

Rags (특히 걸레, 행주 등으로 쓰는) 해진 천/누더기. 이것들은 물질적 빈곤의 상징이다. 특히 동화에서, 헤진 천들은 종종 내적인 풍요를 감추고 있으며, 따라서 단순한 외형보다 본질이 우위에 있음을 나타낸다.

Rain 비. 하늘(**Sky**를 **보라**)의 영향이 지상/세상Earth에 미치는 것을 나타내는 보편적 상징인, 비는 생식력과 연관되어있으며, 또한 비는 하늘이 땅을 비옥하게 하는 것과 연결된다(빗방울은 하늘 신의 정액을 상징한다). 이런 의미에서, 이것은 또한 신이 지상에 미치는 영적·정서적 영향력을 시각적으로 나타내는 상징이기도 하다. **One-Legged외다리의/한쪽 다리를 가진,** 을 보라.

Rainbow 무지개. 이것은 하늘(**Sky**를 **보라**)과 **땅**Earth 사이의 연결의 상징이다. 탈무드의 전통에 의하면, 무지개는 창조의 6일째 저녁에 창조되었다. - 그리스 신화에서, 무지개는 여신, Iris[471]의 화신이다. - 성서에 의하면, 하느님은, 인간들과 자신의 계약의 표시로서 홍수 후에, 하늘에 무지개를 놓았다; 이런 이유 때문에, 그리스도는 최후의 심판의 중세적 묘사에서, 무지개 위에 왕좌에 좌정하신 것으로 나타난다. 또한 무지개는, 화해의 중재자이신, 성모 마리아의 상징이 되었다. - 무지개의 색들에 대한 상징적 해석은, 몇 가지 색을 구분하느냐에 따라 달라진다; 예를 들어, 중국에는 **다섯 가지**Five 색이 알려져 있으며, 이 색들의 결합은 **음과 양**Yin and Yang의 합일을 상징한다. 아리스토텔레스의 3분법 전통에 따라, 오직 3가지 기본색만이 그리스도교(3위일체의 상징)에서 구분된다: 즉 푸른 색Blue(홍수의 물, 또는 그리스도의 천상적 기원); 빨

Rainbow: 무지개 위에 앉은 그리스도. 1543년, 최후의 심판 그림에서 모방한 세부화.

---

471 [그리스 신화] 이리스(무지개의 여신).

강Red(세계의 종말적 불의 심판, 또는 그리스도의 수난); 그리고 녹색Green(새로운 세계, 또는 그리스도가 지상에서 행한 행위들). **Bridge를 보라.**

Ram 숫양. 고대에서 힘과 강함의 상징인 이것은, 가장 흔한 희생제물의 동물들 중의 하나였다. - 이집트의 창조주 신, 크눔 Khnum[472]은 숫양의 머리로 표현되었다. - 그리스인들과 로마인들은, 원래 이집트의 바람 신, Amun을, 숫양 머리를 한, 최고신인, Jupiter(Zeus)의 현현/나타남으로 공경하였다. - 숫양은 Indra[473]의 그리고 Hermes[474]의 속성이다. - 그리스도교에서 숫양의 형상은 때때로, 그리스도의 희생적 죽음의 선구자로서, 이삭[475]의 "희생"을 가리킨다. - the Ram, 양자리Aries[476]는 **조디악**의 첫 번째 별자리이다; 이것의 성분은 **불Fire**이다.

Rat 쥐. 아시아에서는 이것이 길조吉兆를 나타내는 상징적 동물이다; 일본에서, 이것은 재물의 신과 함께한다; 중국에서 그리고 시베리아에서, 집과 곳간에 쥐가 없는 것은, 불길한 표시로서 간주된다. - 인도 신화에서, 쥐는 코끼리-머리를 한 신, **Ganesha[477](Elephant를 보라)**의 탈것이다. - 그러나 유럽에서는, 쥐가 민속신앙에서, 질병, 마녀, 악마, 그리고 고블린/도깨비 Goblin[478]의 의인화로서 간주된다. 쥐가 집과 배를 버리고 떠날 때, 불길한 표시(보통 식량비축의 부족이나 다른 비정상적인 상황을 나타내는)로서 간주된다. - 쥐는, 중국의 **조디악Zodiac**의 첫 번째 별자리이며, *Aries*에 해당한다(**Ram을 보라**).

Ram: 양자리Aries에 해당하는 점성술적 별자리.

Ram: Jupiter Ammon에게 바쳐지는 숫양 제물. 1652년, A.Kircher의 『Oedipus Aegyptiacus이집트인 오이디푸스』에 실린 그림 모방.

---

472 [이집트 종교] 크눔: 숫양의 머리를 가진 창조신, 찰흙을 녹로에 걸어서 인간을 창조했다….

473 [힌두교] 인드라, 인타라咽陀羅(우레와 비를 주관하는 Veda의 主神.

474 407) 헤르메스.① [그리스神] 신들의 사자(使者)로 과학·상업·변론의 신; 로마 신화의 Mercury에 해당. ② [天] 지구에 가장 가까운 소행성.

475 Isaac(Abraham의 아들, Jacob과 Esau의 아버지), 아브라함이 하느님의 명령으로, 아들, 이삭을 산제물로 바치려고 했었다.

476 ① [天] 양(羊)자리(the Ram). ② [점성] 백양궁, 양자리; 백양궁 태생의 사람(생일이 3월21일-4월20일 사이인 사람)

477 가네샤: 힌두교의 지혜와 학문의 신.

478 고블린(이야기 속에 나오는 작고 추하게 생긴 마귀/도깨비)

Raven 큰 까마귀. 이것의 (보통) 검은색 때문에, 이것의 깍깍거리는 울음 때문에, 그리고 이것이 거슬릴 정도로 자주 눈에 띄는 모습 때문에, 동양과 서양의 많은 사람들은, 이것을 질병, 전쟁, 그리고 죽음을 예언하는 사악한 징조로서 간주해 왔다. 성서는 불결한 동물들 가운데 이것을 꼽는다. - 중세기의 상징성에서, 이것은 때때로 죽음의 죄인 **폭식/과음Glutteny**을 나타낸다. - 많은 문화권에서, 이것은 신성하고 태양과 관련된 존재로 간주되었다(아마도 그 지능 때문일 것이다). - 일본에서 이것은 신들의 사자로 간주되었으며, 특히 붉은 까마귀의 모습으로는, 태양의 상징으로 여겨졌다. - 중국의 전통적 관념에서는 태양 속에 세 발 달린 까마귀(삼족오)가 존재한다고 여겨졌다. - 페르시아에서 까마귀는, 빛의 신에게, 그리고 태양의 신에게 바쳐졌다. 그 결과 Mithras[479] 숭배에서 역할을 하게 되었다. (까마귀는 수많은 미트라 신전 돌 위에 조각되었다) - 그리스인들과 로마인들은, 백색 까마귀를, 아폴로Apollo[480]와 태양신 헬리오스Helios와 관련된 존재로 보았다. - 북유럽 신화에서 2마리 까마귀, 후긴Hugin(생각)과 무닌Munin(기억)은, 고대 스칸디나비아의 신들 가운데 최고 신, Odin[481]신에게 속한 존재였다. - 지능이 높은 까마귀는 또한 여러 홍수 신화속에서도 중요한 역할을 한다. 노아Noah는, 땅을 찾기 위하여 까마귀를 풀어보냈다; 바빌로니아의 영웅전설은 비슷한 이야기를 말한다. - 때때로 까마귀들은, 자신들의 새끼들을 돌보지 않는 잔인한 부모로서 간주되었다. (이런 이유로 오늘날 독일에서는 잔인한 부모들을 가리켜, "까마귀 아버지"와 "까마귀 엄마"라는 용어를 흔히 사용한다.) - 까마귀가 혼자 사는 것을 좋아하기 때문에, 까마귀는 또한 스스로 선택한 고독을 의미하기도 한다; 그래서 그리스도교에서, 까마귀는 이단자들과 불신자들을 상징할 수 있다. - 까마귀울음을 로마인들은 희망의 상징으로서 간주하였다(라틴어 *Cras*에서, *Cras*는 내일을 의미한다).

---

479 [페르시아 신화] 미트라(빛과 진리의 신, 후에는 태양의 신)

480 [그리스 로마 신화] 아폴로(고대 그리스·로마의 태양신, 시·음악·예언 등을 주관)

481 [북유럽 신화] 오딘(지식. 문화. 군사를 맡아보는 최고신)

Rebis: 용 살해자로서의 rebis(원초적 혼돈(용)을 극복하고 완성된 통합체(Rebis)로 탄생하는 과정).

Rebis[482] 레비스/2배의 것. 연금술에서 Rebis(라틴어 *Res bina* 두 개, 로부터 왔으며, Twofold이중적인/두배의 를 의미한다)는, Hermaphrodite자웅동체를 가리키는 명칭이다.

Red 붉은색. 붉은색은 **불**Fire과 **피**Blood의 색깔이며, 이런 것들처럼, 상징적으로 兩價적인 의미를 가진다. 긍정적인 의미에서, 이것은 생명, 사랑, 따스함, 고무된 열정, 그리고 생식력의 색이다; 부정적인 의미에서 이것은 전쟁의 색이며, 불의 파괴적인 힘의 색이며, 실혈의 색이며, 미움의 색이다. - 고대에는, 붉은색이 위험으로부터 사람을 보호한다는 널리 알려진 믿음이 있었다. 예를 들어, 때때로 동물들, 나무들, 그리고 사물들은, 악의 영향력으로부터 자신들을 보호하기 위해서, 또는 자신들을 생식력 있는 것으로 만들려고, 붉은색이 칠해졌다. - 이집트에서, 불타는 사막의 색인, 붉은색은, 악과 파괴의 상징으로서 간주되었다; 예를 들어, 필경사들은 나쁜 단어를 적을 때 특별한 붉은 잉크를 사용했다. 그러나, 붉은색은 하(下) 이집트의 왕관의 색으로서 긍정적인 의미를 지니기도 했다. - 로마인들 사이에서는 신부들이 사랑과 다산을 상징적으로 나타내기 위해 불꽃 같은 붉은색의 베일인 **플람메움**Flammeum을 착용했다. 로마인들에게 붉은색은, 또한, 권력을 상징했으며, 황제와 귀족 그리고 장군들의 색이었다. - 높은 계급의 사법관들은 종종 붉은색을 사용해 왔다(예를 들어, 중세 시대에는 생사 여탈권을 가진 사형 집행인이, 붉은 옷을 입었고, 오늘날 많은 나라에서, 특히 고위급 판사들은 붉은색을 법복의 색으로 사용한다). - 교회의 추기경들은 순교자들의 피와 관련하여 붉은 옷을 입는다. - 지옥의 주인인, 사탄, 그리고 바빌론의 창녀는 붉은 옷을 입는다; 이런 맥락에서, 붉은색은 지옥불의 집어 삼켜버리는 힘의 표현, 또는 길들여지지 않은 욕망과 열정의 표현이다. - 연금술에서 Red는 **현자의 돌**Philosopher's Stone의 색으로서 간주된다. 이 돌은 태양 빛의

---

482 Rebis를 문맥에 따라 이렇게 이해할 수 있다; 연금술적 의미: "레비스" 또는 "완전하게 통합된 존재". 어원: 라틴어 res bina → "두 가지가 합쳐진 것(twofold thing)". 상징적 의미: 남성과 여성, 혹은 두 상반된 원리(예: 태양·달, 황금·수은)의 결합, 궁극적 완전함, 통합, 조화의 상징. 직역하면 "두 배(이중)의 것", 문맥상 의역하면 "통합체" 또는 "완전체". 즉, Rebis = 자웅동체적 연금술적 존재, 두 성질의 통합체라고 이해하면 된다.

징표를 지니고 있는 돌로 여겨진다. 새로운 생명과 따스함을 약속하는 강렬한 신호색으로서, 붉은색은, 혁명의 깃발색이며, 특히 사회주의와 공산주의의 깃발 색이다.

Reed 갈대. 이것이 바람에 쉽게 흔들리기 때문에, 갈대는 변덕스러움과 약함의 상징일뿐만 아니라, 이것은 또한 때때로 유연성/융통성을 상징하기도 한다. 신도Shintoism[483]의 신화적 개념에 의하면, 세계의 창조는, 원초적 물로부터 갈대가 사방에서 돋아날 때 시작되었다. - 로마의 병사들이, 예수에게 갈대로 된, 홀/지팡이Scepter를 주어 조롱했기 때문에, 때때로 "Ecce Homo보라 이 사람을" 장면의 도상학적 표현들에서는 갈대가 예수의 상징적 속성으로 종종 등장한다.

Reindeer 순록. 이것은 선사시대의 **바위 그림**Rock Painting에 나타나는 동물이며, 아마도 종교적 숭배와 제의적 목적에 사용되었을 것이다. - 유라시아의 북쪽 지역에서, 순록은 달과 관련된Lunar 중요한 상징적 동물이다. 이것은, 저승사자로서(영혼의 안내자), 밤과 죽은 자들의 영역과 밀접하게 연관된다.

Resin 송진. 이것의 부패하지 않음과 이것이 상록수로부터 추출되기 때문에, 불멸성의 상징이다. **Incense향, Myrrh몰약을 보라.**

Rhombus 마름모꼴. 이것의 형태가 여성의 성기와 비슷하기 때문에, 이것은 여성의 성적 상징이다; 그러므로 때때로 이것은 땅의 힘과 지하 세계의 세력을 의미한다.

Ribbon 리본/띠. 자주 통치권이나 사법권의 상징인 이것은, 묶고 푸는 권한을 일컫는다. 다른 맥락에서 이것은 자발적으로 받아들이거나 맺은 결속의 형상일 수도 있다.

Rice 쌀. 아시아 국가들에서 가장 중요한 영양분의 원천으로서 이

---

483 신도(조상과 자연을 섬기는 일본 종교)

것은, 유럽의 **밀Wheat**에 해당하며, 그래서 본질적으로 같은 상징적 의미를 공유한다. - 일본에서 쌀은, 특히 쌀로 채워진 창고는, 풍요로움과 영적 부의 상징이다. - 중국에서 붉은 쌀은, 특히 불멸성의 상징이다. - 쌀을 재배하는 힘든 노동은, 종종 하늘(**Sky**를 **보라**)과 **땅Earth**의 단절로 인한 결과로 여겨졌다.

Rider: 기수로서의 샤를마뉴(카를 대제)를 묘사한 작은 조각상. 인물 부분은 9세기 작품이며, 말 부분은 16세기 작품이다.

Rider 타는 사람. 야성적 힘의 지배/통제의 상징이다. (유럽의 기마 군주들의 조상雕像들은 이러한 상징성을 공유한다) - 요한계시록에서 처음 네 개의 봉인이 열리자, 흰 말, 불타는 듯한 붉은 말, 검은 말, 그리고 회색 말(혹은 누런 말)에 탄 네 명의 기수가 나타난다. 하얀 말 위에 탄 기수는, 어쩌면 승리자로서의 그리스도를 상징한다; 나머지 기수들은 전쟁, 기근, 그리고 죽음의 천사들을 암시한다.

Right and Left 오른편과 왼편. 민속신앙과 많은 종교에서, 오른편은 더 좋은 그리고 더 많은 길조吉兆로서 간주한다. - 고대에서, (무기를 든) 오른쪽 팔과 일반적으로 오른쪽은 강함과 승리를 상징했다. - 하느님, 왕의 대리인, 또는 주인의 오른쪽 장소는 선호하는 영예의 장소로서 간주했다. - 최후의 심판 때에, 선택된 이들은 하느님의 오른쪽에 서 있었으며, 저주받은 이들은 왼쪽에 서 있었다. - 흑마법[484](사악한 목적의 마법)은 오른쪽과 왼쪽의 가치 체계를 의식적으로 뒤집는 것을 전제로 한다(즉 儀式적 행위들은 왼손으로, 혹은 왼쪽에서 수행된다).- 중국에서 왼쪽은(그리스도교적 서양적 전통에서 이것은 수동적인 것으로서 보인다) 하늘과 연관되어 있으며, 그래서 능동적이며 남성적인, 양의 원리와 연관된다; 오른쪽은 땅, 생식력, 수확과 연관되며, 그래서 여성적인 음의 원리(**Yin and Yang을 보라**)와 연관된다. 예를 들어, 중국에서, 사람은 왼쪽 손으로 주고, 오른쪽 손으로 받는다. - 히브리 신비 철학의 전통 Cabalic Tradition에 의하면, 하느님의 오른쪽 손은, 자비를 상징하며, 왼쪽 손은 정의를 상징한다; 그 결과 오른쪽 손은, 축복과 사제직의 손이며, 왼손은 군주권/왕권의 손이다.

---

484   흑마법: 악하거나 이기적인 목적을 위해 초자연적인 힘을 사용하는 마법

Ring 반지. 시작도 끝도 없는 형태로서 이것은 영원성을 상징한다. 그것은 또한 결속, 충성/신의, 혹은 공동체의 구성원임을 상징하기도 하며, 따라서 신분, 직위, 품위를 나타내는 상징이기도 하다(예를 들어, 로마 원로원의 공식 반지, 관리·기사·박사들의 반지 등). **원 Circle**의 마법적 힘이 있다고 여겨졌으며, 그 힘은 반지에도 관련된 것으로 간주되었다. 또한 반지에는 종종 부적(符籍)적인 효능이 있다고 여겨졌다(예를 들어, '악한 눈/사악한 시선'을 막는). 또한, 반지를 **부적Amulet**처럼 지니고 다니기도 했다; 민속신앙에서, 반지를 잃거나 깨뜨리는 것은 말썽/곤경/사고Trouble나 재앙/재난 Calamity을 의미한다.

River 강. 이것의 생식력과의 관계 때문에, 이것은 종종 신으로서 숭배되었다(예를 들어, 그리스인들과 로마인들 사이에서, 강은 자주 특정한 현지 지역의 남성 신과 연관되었다). - 일반적으로 상징적 의미에서 **물Water**과 가깝기 때문에, 이것의 흐름은 시간과 일시적임/덧없음의 상징일뿐만 아니라, 또한 끊임없는 갱생의 상징이기도 하다. - 모든 강이 바다에서 합류되는 것은, 개별적인 것과 절대적인 것의 결합을 상징한다(예를 들어, 불교와 힌두교에서, 이런 합류는 **니르바나/열반Nirvana**속에서 용해/소멸을 의미한다). - 유대교에서, 산으로부터 아래로 흘러가는 강은, 천상적 은총을 상징한다. 천국의 4개의 강에 관한 생각은, 유대교, 그리스도교, 그리고 인도에서 나타난다; 그리스도교 미술에서, 4 복음을 상징하는, 4개의 강은, 종종 그리스도나 하느님의 어린 양이 서 있는 언덕으로으로부터 발생한다.

River: 천국의 4개의 강들. 12세기, 알사스 지방의 세밀화 모방.

Rock 바위. 이것은 견고함과 변함없음의 상징이다. 성서에서, 바위는, 강함과 보호하시는 하느님의 충실함을 나타낸다. 사막에서 물을 내주는 바위는, 상징적으로 생명수의 원천이신 그리스도를 예시한다. 교회의 모퉁이 돌로서, 베드로(Simon의 성이며, 그리스어 *Petros*, 즉 Rock에서 유래하는)는 바위에 비유된다. - 중국인의 풍경화에서, 바위 또는 절벽은, 단단하거나 견고하게 나타나며, 이는 양원리에 부합된다. 그리고 빈번하게 변화될 수 있으며, 끊임없이 움직이는, 음Yin원리를 상징하는(**Yin and Yang을 보라**) **폭포Waterfall**의 반대로서 묘사된다. - 그리스 신화에 의하면, (물이

Rock: 거대한 바위를 굴리는 시시포스. 그리스 도자기 그림 모사.

나 비바람에 씻겨 반들반들해진) 큰 바위는, *시지푸스Sisyphus*가 끊임없이 산 위로 굴려 올려야 하며, 그리고 그것이 최후의 순간에는 항상 다시 굴러내리는 이 큰 바위는, 성과없는 노력을 상징한다; 이것은 또한, 결코 결정적으로 만족 되지 않는, 인간 소망의 일반적인 상징이기도 하다:

Rock Painting: 사냥 장면이 있는 동굴 그림. 스페인, Catellon, los Caballos의 동굴에서 유래.

Rock Paintings 암벽화. 이것은 바위와 특별히 동굴 벽에 있는, 사람들, 동물들, 사물들과 숭배기호들의 표현들이다. 유럽의 바위벽화들 모두는, 선사시대로부터 구석기 시대까지의 연대로 추정된다; 암벽화들은, 오늘날에도 존재하는 원시인들에 의해서 아직도 만들어지고 있다. 오랜기간 동안, 이것은 마법적 수행의, 특히 사냥과 관련된 마법의 표현이라고 여겨졌다; 오늘날 이것은, 종교적 경험을 상징적으로 나타낸 것들로서, 또는 단순화된, 기호와 같은 그림들의 조합으로서 보이며, 이는 아마도 상형문자/그림문자를 예시한다고 여겨진다.

Room(Chamber) 방房/실室. 많은 입문 의식에서, 입문자를 비밀스러운 방이나 밀실, 혹은 지하 공간 (동굴**Cave를 보라**)에 가두는 관습이 일반적이었다. 이는 모태(母胎)나 무덤을 상징하기 위한 것이었다; 가입자는 종종 이런 장소에서 밤을 보냈으며, 영적인 경험과 지식이 그 또는 그녀에게 부여되었다. - 금지된 지식을 감고 있으며, 들어가면 벌을 받는, 비밀의 방은, 동화에서 자주 등장하는 모티프Motif/상징적 주제였다; 예를 들어, 이것은, 13번째 방(**Thirteen을 보라**)으로 나타나며, 12개의 다른 방들과는 대조되는 것으로서, 금기이다.

Root of Jesse: 구리 대문의 그림 모방. 약 1000년 경, Verona, 성 Zeno 성당.

Root of Jesse[485] **이새의 뿌리.** 예수의 가계도의 명칭이며, 다윗David[486]의 아버지인, 이사이Isai (그리스어 *Jesse*)의 가족으로부터 생겨난다. 미술에서, 이것은 통상 누워있는 이새로부터 자라나는 **나무Tree**로서 표현되고 있으며, 이 나무는 가지들 안에 예수의 조상들의 모습Images을 담고 있다.

---

485 이새. (다윗왕의(King David) 아버지로서, 그리스도의 선조라고도 한다.1sam16)
486 [성서] 다윗. (이스라엘 제2대 왕, 시편의 저자)

Rose 장미. 이것의 향기, 아름다움, 그리고 매력(이것의 **가시 Thorn**에도 불구하고) 때문에 장미는 가장 흔한 상징적 식물들 중의 하나이다. 서양에서 이것은 아시아의 **연꽃Lotus**과 유사하다. - 고대에서, 장미는 Aphrodite(Venus)에게 바쳐졌다. 붉은 장미는 Adonis[487]의 피로부터 생겼다고 추정된다; 이것은 사랑과 애정, 생식력, 그리고 죽은 자들을 위한 존경의 상징이다. 장미는 Dionysus[488]를 위한 왕관으로서 사용되었을 뿐만 아니라, 또한 사람들이 머리를 식혀주는 효과가 장미에게(그리고 **제비꽃Violet**에게) 있다고 생각했기 때문에, 술자리에 있는 축제참가자를 위해서 사용되기도 했다. 장미는 또한 축제참가자들이 술에 취해서 비밀을 함부로 말하지 말라는 것을 상기시키는 것이라고 추정되었다. - 초기 그리스도교에서 장미는, 종종 십자가와 관련하여, 비밀과 신중함의 상징이었다. 수많은 의미들이 그리스도교인의 상징성 안에 자리를 잡았다. 붉은 장미는, 그리스도의 흘린 피와 상처에 적용되고, 성혈을 받은 그릇에 적용된다; 그리스도의 피와 이것의 관계 때문에, 이것은 또한 신비한 부활의 상징이기도 했다. 중세기에 장미는 숫처녀의 속성이었기 때문에, 이것은 또한 성모 마리아의 상징이다; 더 나아가, 장미는 일반적으로 신적인 사랑의 상징이다. - 중세기의 교회에서 **장미 창문Rose Windows**들은, 상징적으로 **원 Circle, 바퀴Wheel**, 그리고 그리스도 상징으로서의 **태양Sun**과 밀접히 연관된다. - 연금술에서, (통상적으로) 7개의 잎을 가진 장미는, 복잡한 상호관계들의 상징이다(예를 들어, 해당하는 금속들을 가진 7개의 행성들, 연금술의 작용에서의 다양한 단계들의 상징)이다. - 오늘날 붉은 장미는 거의 전적으로 사랑 상징이다.

Rose: 장미가 장미 십자가로 상징된 모습. Robert Fludd의 『Summum Bonum아름다운 절정』에서 유래.

Rosemary 로즈메리(허브의 하나). 지중해 지역들의 양념 맛이 강한 작은 관목인, 이것을 로마인들은, 희생제물을 바치는 기간 동안, 이것의 향기 때문에, 종종 불에 태웠다.- 민속 풍습에서, 로즈메리는 질병과 악령들에 대항하는 보호제로서 간주되었으며, 이런 의미에서, 이것은 특히 태어났을 때, 결혼, 그리고 죽을 때에, 사용되었다. -

---

487 [그리스 신화] 여신Aphrodite(Venus)에게 사랑받은 미청년, 멧돼지에게 물려 죽었으며, 그 피에서 복수초가 자라났다.

488 [그리스 신화] 디오니소스(술의 신, 로마 신화에서는 Bacchus)

강인한, 늘 푸른 식물로서, 로즈메리는 사랑, 신의, 생식력, 그리고 불멸성(죽은 자들과 연관될 때)의 오랜 상징이다; 신부의 화관들은, 도금양 관목Myrtle이 사용되기 전에는, 종종 로즈메리로 만들어졌다.

Rose Windows . Rose, Wheel을 보라.

Ruby 루비/홍옥. 이것의 진홍색 때문에, 이것은 종종 상징적으로 **빨강Red**색에 해당한다. 중세기에 이것은 치유하는 힘을 지닌 것으로 알려져 있었다.

Rush 골풀/등심초. 풀 같은, 다년생 식물이며, 하느님의 끊임없는 사랑이라는 그리스도교적 상징이다.

Sacred Prostitution 신성한 매춘. 통상 성전 구역에서 수행된 이것은, 고대 동양, 그리스, 그리고 인도(다른 장소 중에)에서는 관습/풍습이었다. 이것은 신들과의 결합의 상징으로서, 그리고 다산을 기원하는 의식으로서 간주되었다.

Sacred Scarabaeus[489] **신성한 왕소똥구리.** Scarab를 보라.

Sacrifice 희생(물). 하나의 儀式적 행동으로서, 이것은, 하느님, 신들, 또는 조상들과의 결합을 위하여, (다른 것들 중에서도) 세속적 소유물들을 포기하는 것을 상징한다; 이것은 종종 특정한 목표를 가진 마법적 행위이기도 하다. - 널리 퍼진 관습은, 제사 식사로 이루어졌는데, 그 식사에서 그 제물의 일부는 불태워졌으며(보통 *Sacrificial Animals제물로 바쳐진 동물*들), 그리고 성사적 공동체의 한 표시로서, 그리고 하느님, 신들, 등등과의 결합의 표시로서, 나머지는 제사자들이 먹었다. - 융은, 특정한 동물 희생제물(예를

489　1. 스카라베(지중해 연안 지방에서 볼 수 있는 검은색의 왕쇠똥구리); 초식성 동물의 똥을 둥글게 뭉치는 습성이 있으며, 옛 이집트 사람은, 이것을 소성과 불사의 상징으로 신성시했다. 2. 스카라베 모양으로 만든 보석 또는 도자기(편평한 밑면에 신비로운 무늬나 기호가 새겨져 있는 것으로, 원래는 부적 또는 장식품으로 쓰였다.)

들어, 고대 페르시아의 미스라 신Mithra[490]의 황소 희생물)을, 그
또는 그녀의 동물 본성을 넘어서는, 개인의 영성의 승리를, 상징하
는 것으로서, 해석했다.

Sacrificial Animals 제물로 바쳐진 동물. Sacrifice를 보라.

Saffron[491] 사프란. Crocus를 보라.

Sage 세이지/샐비어(약용/향료용 허브). 이것은 향이 좋은 잎들을
가진 반관목의 박하이다. 다용도의 치유하는 식물인 이것은, 중세
그리스도교 미술에서 성모 마리아의 속성이다.

Sage

Sagittarius[492] 궁수자리(the Archer). Zodiac의 9번째 별자리이
며, 이것의 성분은 불Fire 이다. Bow를 보라.

Sagittarius: 궁수의 점성술적 별자리.

Saints, Attributes of 성인들의 속성. 이것들은, 특정한 성인의
특징이 되는 상징들이나 물건들이며, 또는 성인들의 특정한 범주에
속하는 것이다. (예를 들어, 성인들의 일반적인 속성들은, 사도들이
나 교부들을 위한 책이거나 두루마리, 순교자들을 위한 종려나무
가지(聖枝)일 것이다) 성인들 개인의 속성은, 일생, 순교자적 고통,
성인의 전설들로부터 유래한다.

선택된 성인들의 속성들		
Anchor 닻. Nicholas니콜라스.	**Cloak(being divided)** **망토(나뉘어진 존재)**. Martin of Tours(투르의 마르탱).	**Mitre** 미트라[493]. bishop and abbots(주교와 수 도원장).
Angel 천사. Matthew the Evangeli st(복음사가 마태오)	**Dove** 비둘기. Gregory the Great(그레 고리오 대교황).	**Ship** 배. Adelheid; Nicholas; Ursula.

490　[페르시아 신화] 미트라 (빛·진리의 신, 후에는 태양신)

491　사프란(크로커스Crocus 꽃으로 만드는 샛노란 가루. 음식에 색을 낼 때 씀)

492　궁수자리(the Archer). 인마궁(人馬宮) (황도의 9번째 궁). cf. zodiac.

493　미트라(가톨릭 교회의 주교관主教冠; 주교가 의식때 쓰는 모자)

Arrow 화살. Sebastian세바스챤; Ursula우술라	**Dragon 용.** George; Margaret; Michael.	**Snake 뱀.** John the Evangelist(복음사가 요한).
Axe 도끼. Boniface보니파시오; Josophat요사팟	**Eagle 독수리.** John the Evangelist(복음 사가 요한).	**Stag(with cross in antlers) 숫사슴(가지진 뿔에 십자가를 가진).** Eustachius; Hubert.
Baby Jesus 아기 예수. Antony of Padua파도바의 성 안토니오; Christofer크리스토퍼.	**Gridiron 석쇠.** Laurence.	**Steer 숫소.** Luke.
Beehive 벌통. Ambrose암브로시오; Bernard of Clairvaux끌레르보의 성 벨라도.	**Heart 심장.** Augustine; Bridget; Francis de Sales; Teresa of Avila(아빌라의 데레사).	**Sword 검.** martyrs(순교자들).
Book 책. apostles, evangelists, church patriarchs; Teresa of Avila.	**Lamb 어린 양.** Agnes; John the Baptist.	**Tongs 집게/부젓가락/인두.** Agatha.
Bread 빵. Elizabeth of Thuringen; Nicholas.	**Lance 긴창.** George; Thomas the Apostle(사도 토마스).	**Tower 탑.** Barbara.
Cardinal's Hat 추기경의 빨간 모자. church patriarchs(교부들).	**Lion 사자.** Jerome; Mark.	**Wheel 수레바퀴.** Catherine of Alexandria.
Chalice 성배. Barbara; John the Evangelist; Norbert; Thomas Aquinas.	**Organ 풍금.** Cecilia.	
Cross 십자가. Andreas; Bridget; Helena; John the Baptist(세례자 요한).	**Palm 종려나무.** Martyrs(순교자들).	

Salamander: 불 속의 도롱뇽. 1555년, Lyon, Charles pesnot의 그림 모방.

Salamander 도롱뇽. 중세기의 민속신앙에 의하면, 이것은, 불 속에서도 해를 입지 않고 살 수 있는, 원소 정령Elemental Spirit[494]이었다; 이런 이유로 이것은, 고난에도 불구하고 영혼의 평정을 지킬 수 있는 공정한 사람을 상징한다.

---

494 원소 정령: 자연의 기본 요소(fire, water, air, earth)를 의인화한 영적 존재; 불 → 사라만다르(salamander), 물 → 운디네(undine), 공기 → 실프(sylph), 흙 → 노움(gnome); 즉, "elemental spirit"은 자연의 한 원소를 대표하는 신비적·영적 존재를 의미합니다.

Saliva 침/타액. 아프리카 흑인들 가운데에서, 이것은 종종 말과 정액과 밀접히 연관되어 있다. 그래서 창조적인 에너지와 연관되어 있다.

Salt 소금. 생명을 유지하는 데 중요한 역할과, 과거의 희소성 때문에, 매우 귀하게 여겨졌던 이것은, 생명 에너지Vital Energy를 상징하는 것으로서, 그리고 불행을 물리치는 것으로서 간주되었다. 이것은 일반적으로 증발건조를 통하여 **물**Water로부터 추출되었기 때문에, 이것은 또한 물과 **불**Fire의 결합을 상징하기도 했다. - 대양에서 용해되는 소금의 알갱이는, 절대적인 것 안에서 개성이 합병되는 것을 상징한다. 이것의 생명 유지에 필요한 필요성, 이것의 양념과 정화시키는 힘, 이것의 부패하지 않음과 보존하는 성질뿐만 아니라, 또한 이것의 가볍고 투명한 겉모습 때문에, 소금은 도덕적, 영적 힘을 나타내는 광범위한 상징이기도 하다. 산에서의 강론에서, 그리스도는 제자들을 땅 위의 소금과 비유한다. 또한, 성경에서도 언급되는 "고통의 소금Salt of Suffering"은, 사도들과 그리스도교인들이 영원한 생명을 얻기 위해, 거쳐야 하는 것이다. - 일본에서 소금은 종종 내적 정화와 보호물의 상징으로서 제의적으로 사용되었다; 이런 의미에서, 예를 들어, 이것은 문지방 위에, 우물 주위에, 그리고 장례식 후에, 땅 위에 뿌려졌다. 오늘날 많은 일본인은, 불쾌한 사람이 집을 떠난 후에, 소금을 집안에 뿌린다. 이것의 양념 성질 때문에, 소금은 재치 있고 활기찬 대화의 상징으로서 간주한다. 셈족 사람들과 그리스인들 가운데에서, 종종 **빵**Bread과 함께, 소금은 우정과 접대를 상징한다. 빵과 소금은, 종종 단순하고 기본적인 음식의 본질이라고 여겨진다. - 부정적인 의미에서, 소금은 파괴적인 힘의 상징이며, 불임과 저주/파멸의 상징이며, 특히 소금 사막의 상징이다(예를 들어, 성서에서 또는 신화들 가운데에서). 연금술에서(여기서 이것은 통상 라틴어 *Sal*이라고 일컬어진다), 소금은 **유황**Sulfur과 수은(**Mercurius를 보라**)과 함께, 철학적 원소이자, 세계의 원리중 하나이다; 이것은 물리적이며 육체적인 측면(육체, Corpus)을 나타낸다.

Sand 모래. 이것은, 모래 알갱이의 셀 수 없는 숫자 때문에, 무한성의 상징이다.

Sapphire 사파이어/청옥. 이것은 고대와 중세에서 치유하는 특성 (이것은 Lapis Lazuli청금석과 동일시되었다)을 가진 것으로서 간주 된 보석이다. 이것의 (통상) 푸른 색깔 때문에, 이것은 천국과 천상적 보호를, 혹은 – 연금술사들에게는 – 공기를 상징한다. 묵시록에서, 사파이어는, 천상적 예루살렘(Jerusalem, Heavenly를 보라)의 4개의 주춧돌 중의 하나이다. 모든 푸른 돌들과 같이, 사파이어는 동양에서 악의 눈에 대항하는 보호물로서 간주된다.

S	A	T	O	R
A	R	E	P	O
T	E	N	E	T
O	P	E	R	A
R	O	T	A	S

Sator Arepo Formula

Sator Arepo Formula . 25개의 문자로 구성된 **마법적 정사각형 Magical Squares**의 형태에 있는 마법적 공식인 이것은, 초기 그리스도교 시대로 거슬러 올라갈 수 있지만, 이것은 아마도 더 오래된 것일 것이다. 이것은 마법적 파피루스 종이에 나타난다. 그리고 오랫동안, 종종 **부적Amulet**(특히, 광견병과 불에 대항하는)으로서, 널리 사용되어왔다. 다양한 해석적인 번역과 해법들이 존재한다 (예를 들어, 문자적으로: "씨뿌리는 자, Arepo는 애써 바퀴들을 붙잡고 있으며", 또는 (중앙의) 하나의 n을 둘러 배열된 글자들로부터, 두 겹으로 겹쳐진 **Pater Noster주의 기도**[495]가 드러난다; 또한 "알파/A와 오메가/Ω", 또는, 그와 유사한 기호가 나오기도 한다). 그러나 총수Totality, 또는 전체성Wholeness의 상징으로서, 변화하는 의미로 사용되었다는 것이 확실히 나타난다.

Saturn 토성. Lead를 보라.

Saxifrage[496] 범위귀속屬의 여러 식물/돌단풍. 통상 바위 위에서 자라며, 그리고 틈새로 뚫고 들어가는, 키가 낮은 다년생 식물인, (라틴어 *Saxifraga*, 즉, 암석 파쇄Rock-Breaking으로부터 유래된 이름인), Saxifrage는, 전에 자신이 "바위와 절벽들을 부셔버렸다"라고 말한, 부활한 그리스도의 상징으로서 나타난다.

---

495 Pater Noster는 라틴어로서, "하늘에 계신 우리 아버지"로 시작되는, 주기도문을 말한다.

496 Saxifrage는 유럽과 아시아에서 자라는 작은 꽃으로, 종종 바위틈에서 자라 '돌을 깨뜨린다'라는 뜻에서 이름이 유래했다; Saxifrage는 키가 낮은 다년생으로, Saxifrage 屬에 속하는 여러 식물 중 하나이다;"Saxifrage"는 속 이름(genus)이고, "돌단풍"은 그 대표적인 한국어 이름.

Scales 천칭/큰 저울. 절제된 균형과 정의의 상징이며, 이런 이유로 판단과 사법의 공적 집행의 상징인, 저울은 또한 죽은 자의 심판을 나타내기도 한다. 이집트인들의 『*사자의 서Book of the Dead*』에서, 호루스Horus[497] and 아누비스Anubis[498]는, Osiris[499]앞에서, 죽은 자들의 심장의 무게를, 깃털(**타조깃Ostrich를 보라**)과 저울질한다. 이 장면은 이집트 미술에서 자주 등장한다. - 예를 들어, 고대에 저울은 Zeus(Homer의 저서에서)의 황금 저울 형태로 나타나며, 권력과 정의의 상징으로 사용된다. - 저울을 든, 대천사 미카엘의 묘사는, 그리스도교 미술에서, 특히 최후의 심판 그림에서, 흔하다. - 천칭(**천칭자리Libra**)은 **조디악Zodiac**의 7번째 별자리이며; 그들의 성분은 공기Air이다.

Scales: 천칭자리Libra에 해당하는 점성술적 별자리.

Scales: 창조 장면 중 저울이 신성한 정의를 상징하는 장면. 11세기, 『코튼 시편집 Cotton Psalter(코튼 문서 컬렉션에 있는 11세기 시편집 필사본)』 그림 모사.

Scales: 사후 심판에서의 심장 무게 재기. 이집트, 프톨레마이오스Ptolemaic 시대.

Scarab 풍뎅이(Dung Beetle쇠똥구리, Sacred Scarabaeus성스러운 풍뎅이). 이것은, 똥 "알갱이Pills"들을 만들어내는 풍뎅이이다. 이 똥을 풍뎅이는 땅에 묻는다. 그리고 그 똥 안에 암컷은 알

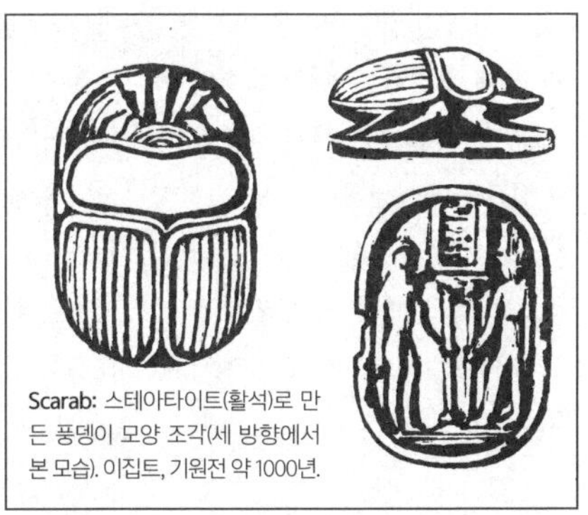

Scarab: 스테아타이트(활석)로 만든 풍뎅이 모양 조각(세 방향에서 본 모습). 이집트, 기원전 약 1000년.

을 낳는다. 풍뎅이가 이런 "똥 알갱이" 또는 둥근 똥덩이로부터 기원한다고 추정되기 때문에, 풍뎅이는, 이집트에서 신성하고, 태양적인 동물(그 이름은 떠오르는 태양을 뜻하는 말과 같다)로 여겨

---

497 [이집트 신화] 호루스(매의 모습[머리]를 한 이집트의 태양신)

498 [이집트 신화] 아누비스(죽은 자의 신으로 죽은 자의 심장을 달아서 생전의 행위를 판정,

499 오시리스(고대 이집트 주신主神의 하나, 명계의 신, Isis의 남편)

졌으며, 부활의 상징으로도 간주되었다. 이것들은 돌로 만든 도장/인장이나 **부적**Amulet으로 널리 사용되었다. 더 큰 풍뎅이 모양의 돌들은, 미이라의 심장 위에 놓여있었다; 그 돌들 위에는 『*사자의 서*the Book of the Dead』[500]의 글귀가 새겨져 있으며, 그 책에서, 심장은 죽은 자들을 거스르는 말을 하지 말라고 경고 받고 있다.

Scepter 홀/제왕의 지팡이[501]. 가장 높은 힘과 왕권의 상징인 이것은, 종종 신적인 힘의 운반체로서 간주되었다. 이것은 신들의 속성이었으며, **지팡이**Staff로부터 발달되었다.

Scorpio 전갈자리/전갈궁. Scorpion을 보라.

Scorpion 전갈. 이집트에서 이것은 위험하고 무서운, 신성한 동물이었으며, 그에게는 신적인 명예가 부여되었다. 이집트의 생식력의 여신과, 죽은 자들의 여성형 보호물은, 자신들의 이마 위에 전갈이 묘사되어 있다; Isis[502]의 머리를 가진 전갈의 묘사가 발견되어왔다. - 아프리카에서 전갈은, 위험한 힘의 화신으로서 두려움의 대상이었기 때문에, 사람들은 감히 그것의 이름을 발음하지 않았다. - 성서에서 전갈은 하느님의 벌로서, 반항하는 이스라엘 사람들의 상징으로서, 또는 악마의 상징으로서, 나타난다. - 중세 미술에서, 전갈은 사탄, 이교도, 죽음 또는 질투를 상징한다, - 전갈(**전갈좌** Scorpio)은 **조디악**Zodiac의 8번째 별자리이다; 이것의 성분은 **물** Water이다.

Scythe 큰 낫. **낫**Sickle과 같은 이것은, 시간과 죽음의 상징이며, 모든 것을 파괴시킨다. 르네상스 이래로, 이것은 **해골**Skeleton의 속성이었다(이것은 죽음의 의인화였다).

Scythe: 큰 낫과 모래시계를 쥔 해골 시체.
Anders Trost의 동판화의 세부.

Sea 바다. 이것은 고갈될 줄 모르는, 생명 유지에 필수적인 에너지

---

500 死者의 書(고대 이집트 인이 사자의 내세의 명복을 빌어 副葬한 책)
501 홀(왕이 왕권의 상징으로 드는 지팡이)
502 [이집트 신화] 이시스(농사와 수태를 관장하는 여신).

의 상징이다. - 정신분석적 관점에서 볼 때, 이것이, 주고, 배앗고, 보상하고 벌주는 태모Great Mother의 상반된 감정을 담은 얼굴과 관련되는 한, 이것은 모든 것을 삼켜버리는, 심연深淵의 상징이다. 물속에 가라앉은 무수한 보물들과 어둠 속에 숨겨진 형태들의 저수지로서, 이것은 무의식을 상징한다. - 측정할 수 없을 만큼 거대한 표면으로서, 이것은 무한대의 상징이다(예를 들어, 신비주의자들에게 이것은, 하느님 안에 용해되는 것을 상징했다). **Water를 보라.**

Sea: 괴상한 바다 생물. 12세기 전반, 스위스 Graubunden지방, Zillis지역에서 제작된 전통직물(coverlet).

Seal 도장/봉인. 이것은 대단히 흔한 증표이며, 특히 고대 동양에서, 개인의 재산권이나 권력을 나타내는 표시/징표이다. - 성서와 그리스도교 문학에서, 동전Coin(**Money를 보라**)과 같이, 도장은 때때로 하느님에게 속한 것의 상징으로서 언급된다. 신적인 비밀들은, 또한 봉인되기도 한다(예를 들어, 묵시록에서 어린 양은 7개의 봉인이 있는, 책을 연다).

Seal: 7봉인 된 책 여는 장면. 13세기 후반, 세밀화 모사.

Seal of Solomon 솔로몬의 인장. Hexagram육선 성형을 보라.

Seasons 계절. 4계절은 자주 예술에서, 의인화된 모습으로 표현되며, 특히 여성 형상이나 특징을 가진 정령(예를 들어, 봄을 상징하는, 꽃, 새끼양, 그리고 새끼염소 같은 것들; 여름을 상징하는, 곡물 다발, 낫, 또는 불을 뿜는 용 같은 것들; 가을을 상징하는, 포도송이, 토끼, 풍요의 뿔, 또는 과일들 같은 것들; 겨울을 상징하는, 게임, 도룡뇽, 야생 거위, 또는 난로 안의 불같은 것들)을 통해 나타난다. - 고대에, 봄은 신들의 전령인, Hermes[503]에게 봉헌되었다; 여름은 태양신, Apollo에게; 가을은 Dionysus에게; 그리고 겨울은 불의 신, Hepahaestus[504]에게 봉헌되었다. - 그리스도교 미술에서 계절은 때때로 삶의 여러 단계/과정을 상징한다(예를 들어, 어린 시절, 청년, 성인, 그리고 죽음), 그러나 계절들이 매년 되돌아오기 때문에, 계절은 또한 부활의 희망을 의미한다.

Seasons: 가을의 우화allegory of autumn. Francesco Cossa의 작품.

---

503 [그리스 신화] 헤르메스(신들의 사자使者, 과학.웅변.상업 등의 신.
504 [그리스 신화] 헤파이스토스(불, 대장장이 일, 수공예를 담당하는 고대 그리스 신)

Sea Urchin

Sea Urchin 성게. 이것은, 주로 대양의 해안 지역에서 사는 극피동물[505]이다. 켈트족에게 석화된 성게는 세계의 상징이었다. **Egg를 보라.**

Seed 씨. 이것은 생명의 상징이며, 아직 발달 되지 않은 풍부한 가능성들의 상징이다. 땅에서, 어떤 식물을 싹트게 하려고, 죽는 그 씨앗은, 죽음과 새로운 시작이라는 자연/본성 속에 있는, 끊임없는 교체의 상징이다; 이것은 희생을 의미할 뿐만 아니라, 인류의 영적 재탄생도 의미한다.

Seraph: 13세기 전반, 프랑스 Reims에 있는 대성당에서 유래.

Sempervivum[506] . Live – Forever꿩의비름을 보라.

Seraph[507] 세라핌. 영적 위계의 높은 수준의 존재로서, 4-6개의 날개를 가진 이것은 성서에서(그 이름은 "불타는 존재"라는 의미이다) 언급되고 있는데, 이것은 또한 불타는 뱀으로서 나타나기도 한다. 이것은 영적인 힘의 화신이며, **새Birds, 불Fire,** 그리고 **빛Light** 이라는 상징적 의미에 가깝다.

Serpent: 태양 원반과 함께 있는, 고대 이집트 파라오 왕관 휘장의 뱀(uraeus). 동상.

Serpent 뱀. 대부분의 사람 중에는, 이것이, 상징적 동물로서 유난히 중요하고, 극도로 다양한 역할을 담당한다. 이것의 상징적 특성은, 동물 세계에서 뱀만의 독특한 위치에서부터 비롯된다(다리가 없이도 이동하는 것, 땅속의 구멍에 거주하는 것, 새처럼 알에서 부화하는 것); 이것의 차갑고 매끄럽고 빛나는 외피; 그 독이 있는 물림과, 치유 목적에 사용될 수 있는 그 독; 이것의 주기적인 탈피. - 이것은 지하 세계의 생물로서 나타난다; 인류의 적수로서(또한, 액막이 동물로서뿐만 아니라) 나타나기도 한다; 신성한 구역의, 또는 지하 세계의 보호자로서; 영혼을 상징하는 동물로서; 성과 관계되는 상징으로서(이것의 남근적 형태 때문에 남성적이며, 이것

---

505 극피―동물 (棘皮動物); 동물계의 한 문(門). 바다에 사는데, 몸은 방사상(放射狀)이고 체강(體腔)이 있음. 체벽(體壁)에 석회질의 뼛조각이나 골판으로 둘러싸인 수관계(水管系)가 있어 그 안을 체액이 순환하며, 관족(管足)으로 운동함(갯고사리·성게·불가사리·해삼·광삼(光蔘)·삼천발이 따위).

506 꿩의 비름科 Sempervivum 속屬/맨드라미 속의 몇몇 종의 초본의 총칭; 觀賞用의 다육식물…. = 라이브-포에버/꿩의 비름과 같은 것이다.

507 천사(angel); 치품 천사(熾品天使)(세 쌍의 날개를 가진).<cf.>archangel, cherub.; 9품 천사 가운데 가장 높은 천사.

의 게걸스럽게 먹는 능력 때문에 여성적이다); 그리고 (이것의 탈피 때문에) 갱생을 위한 영속적인 능력의 상징으로서 나타난다. - 아프리카에서 뱀은 때때로 정령(영적 존재) 또는 신적 존재로서 숭배되었다. - 고대 중앙아메리카 문화들에서, 특히 깃털 달린 뱀은, 큰 역할을 담당했다. 원래 이것은 비와 초목의 상징이었다. 후에 이것은, "터키석 또는 낮 - 하늘 뱀"과 아주 다른 것으로서, "녹색의 케트살Quetzal[508] 깃털들로 덮인 밤 - 하늘뱀"이 되었다; 이들이 통합될 때, 이들은 우주를 상징했다. - 중국에서, 뱀은 **물**Water과 **땅**Earth과 연결되었다. 그리고 그래서 **음**Yin원리(**Yin and Yang을 보라**)와 연관되었다. - 인도의 신화는 *Nagas*[509] 뱀에 대해서 말한다. 이 뱀은, 하늘과 인간들 사이에 도움을 주거나, 또는 해로운 중재자로서 기능한다. 그리고 때때로 이것은 **무지개**Rainbow와 연관된다(다른 문화들에 있는 다른 뱀들과 같이). 척추의 아래쪽 끝에 감겨 있는 것으로서 묘사된, 쿤달리니Kundalini[510] 뱀은, 우주적 에너지의 자리로서, 그리고 생명과 (정신분석적으로 보이는) 리비도Libido의 상징으로서 간주된다. - B.C. 3,000년 말로 거슬러 올라가는, Asclepius[511] 지팡이Staff의(**Asclepius, Staff of를 보라**) 가장 오래된 예는, 메소포타미아Mesopotamia에서 나왔다. - 이집트의 상징성에서 뱀은, 본질적이고 다양한 역할을 담당한다. 예를 들어, Cobra 여신과 같은, 몇몇의 뱀 여신들이 있었는데, 이들은 식물들의 성장을 보살폈다. 또한, 좋은 또는 악한 운명은, 때때로 뱀의 형태로 숭배되었다(예를 들어, "그 집의 영혼"으로서). 더 나아가, 수많은 신화적인 뱀들이 있다(날개 달린, 발이 달린, 많은 머리가 있는, 등등). ***뱀모양의 표상**Uraeus*[512]의 뱀은, 많은 이름이 있는 여신의 표현으로서 간주되었다; 그녀는 태양신의 눈의 화신이었다. 그리고 신화적 개념에 따르면, 그녀는 태양을 밟고 떠오르거

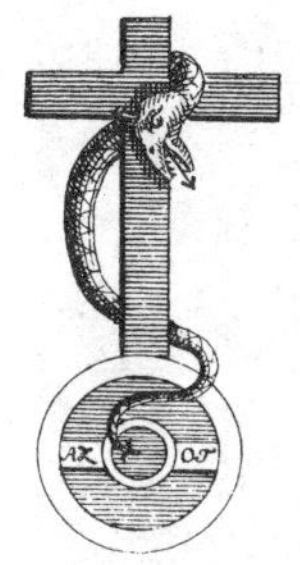

Serpent: 십자가 위에 있는 모세의 구리 뱀. 연금술적으로 『serpens mercurialis연금술적 중재자의 뱀』으로서 해석된 것. 1760년, Eleazar의 『고대 연금술 작품Uraltes Chymisches Werk』에서 유래.

Serpent: (힌두교에서 여성 에너지인) kundalini 뱀과, (기가 흐르는 통로인) nadi system의 주요 경로. 휘감긴-뱀 지팡이로 묘사됨.

---

508 [조류] 케트살(중미산의 꼬리가 긴 고운 새, 과테말라의 국조)

509 나가 족(인도 북동부. 미얀마 서부에 거주)

510 쿤달리니(힌두교에서 척추의 기저부, 물라다라에 위치한 것으로 믿어지는 신성한 여성적 에너지 또는 샤크티의 한 형태이다.)

511 [그리스 신화] 아스클레피오스(의술의 신, 로마 신화의 Aesculapius)

512 Uraeus는 뱀 모양의 표상으로서, 똬리를 틀고 머리를 든 코브라의 모습을 양식화한 형상이다; 고대 이집트에서는 왕권과 통치권을 상징하며, 파라오의 왕관에 달았던 코브라 휘장.

Serpent: 지식 나무 안에 있는 낙원의 뱀. 1505년, (Grien으로 알려진) H.Baldung의 목판화 모방 부분화.

Serpent: 낙원의 나무 안에서 여성 유혹자의 모습으로 묘사된 뱀. 1492년 뤼베크에서 출간된 『건강의 정원(중세 자연·의학 백과사전),Hortus Sanitatis』에 실린 Steffen Arndes의 목판화.

나, 태양신의 이마를 밟고 떠오른다. 그리고 그녀의 적들을 그녀의 불같은 숨으로 파괴한다. 보호적이며 왕권의 상징으로서 *Uraeus* 뱀은, 이집트의 왕들의 이마 위에 착용되었다. 태양신과 세계의 질서의 최대 적인, Apophis[513]는 뱀의 형태를 가진다. 더 나아가, 자기 자신의 꼬리를 삼켜 먹는 뱀인, Uroboros[514]의 상징이, 이집트에서 처음으로 나타난다는 것이다. - 유태인들에게 뱀은, 주로 위협하는 생물이었다. 구약성서는 부정한 동물 가운데 이것을 평가하며, 이것은 죄와 사탄의 원형原型으로서 나타난다. 그리고 이것은 낙원에서 원래의 인간 부부를 유혹한다. 그러나 이것은 또한 영리함의 상징으로서 나타난다. 하느님이 이스라엘 사람들의 불순종을, 독이 있고 날개가 달린 뱀들의 전염병으로, 벌하셨을 때, 그는, 도움을 달라고 기도했었던, 모세에게 구리뱀을 만들라고 명령하셨다; 독이 있는 뱀에 물린 사람은 누구나, 그리고 그래서 구리 뱀을 본 사람은 누구나, 살아남게 될 것이라고. 이런 이유로 이런 종류의 구리 뱀은, 오랫동안 유태인들을 위한 제의적 물건이 되었다. 그리스도교인들을 위해서, 이것은 이것의 치유하는 특성 때문에, 상징적으로 그리스도를 기대한다. 주교 지팡이에 있는 뱀의 형태들은, 다른 물건들 가운데에서, 구리 뱀과 관련이 있으며, 또한 영리함의 상징으로서 뱀과 관련이 있다. - 고대에서 수많은 신화적이며 상징적 뱀들은, 흔했으며, 괴물의 형태로는 종종 있는 것이었다(예를 들어, **Chimera**[515], Echidna[516], **Hydra**[517]). 치유의 신, Asclepius의 숭배에서, 뱀은(그것의 탈피 때문에) 영속적인 자기 갱신의 상징으로서 중요한 역할을 담당했다(**Asclepius, Staff Of를 보라**). 로마의 집들 안에서, 뱀은 종종 그 집의 영혼들과 그 가족들의 영혼들

---

513 [이집트 신화] 아포피스(암흑을 지배하는 뱀의 邪神, 이것을 태양신 Ra가 새벽마다 죽인다.)

514 Uroboros(뱀이나 용이 자신의 꼬리를 먹음으로써 동그란 형태를 이루는 고대 그림을 일컫는다.

515 (그리스 신화의) 키메라(사자의 머리, 염소의 몸, 뱀의 꼬리를 한 불을 뿜는 괴물); (널리) 괴물, 도깨비(bogy). 망상(wild fancy); 터무니없는 계획. [발생] 이조직(異組織)의 공생체.

516 [動] 바늘두더지(spiny anteater).

517 hydra. [그리스 神] 히드라(Hercules가 퇴치한 머리가 아홉인 뱀; 머리 하나를 자르면 머리 둘이 돋아남). 근절키 어려운 재해, 큰 재해. [動] 히드라속(屬); (h-) [動] 히드라. [天] 바다뱀자리(the Water Monster 〔Snake〕).

을 상징했다. 고대 북유럽 신화의 미드가르드의 큰 뱀[518]Midgrard Serpent은, 거대한, 파괴적인 뱀이며, 땅(인간 세계Midgard)을 둘러싸고 있으며, 이 땅은 원반이라고 믿어졌다. 이 뱀은, 우주 질서에 대한 영속적인 위협을 상징했다; 초기 그리스도교에서, 이것은 Leviathan[519]과 동일시되었다. - 중세기의 그리스도교 미술은, 여인과 이것의 밀접한 연관을 통하여, 낙원 안에 있는 뱀의 유혹적인 측면이 강조한다(예를 들면, 여자의 머리와 두 유방을 가진 뱀의 묘사에서). 그리고 유혹을 당했던, Eve와의 내적 관계를 암시한다. - 아리조나에 사는 호피족Hopi 원주민들은, 여름의 끝 무렵에, 비를 부르는 뱀 춤에서, 살아있는 뱀들을, 아직도 사용한다. - 뱀은, 중국의 조디악Zodiac의 6번째 별자리이다. 그리고 이것은 **처녀자리 Virgo[520]에 해당된다(Virgin을 보라). 또한 Aspis살모사도 보라.**

Serpent: 지식 나무 주위를 감고 있는 뱀. 『Codex Vigilanus seu Albeldensis비질라누스 (또는 알벨다) 필사본』 속의 그림에서 발췌한 세부화.

Sesame 참깨. 이것은 오래전부터, 널리 경작되는 식물로서. 골무 모양의 꽃과, 기름을-함유하는 씨앗들이 들어있는, 캡슐 열매들을 가지고 있다. 중국과 고대 극동지방에서, 그 씨앗들은, 생명을 연장시키며, 정신을 강화시키는 음식으로서 간주되었다. - 『*천일야화(千一夜話)Thousand and One Nights*』에서 나오는 **"열려라 참깨!Open sesame!"**라는 공식은, 보물 동굴이 열리게 하여, 그것의 재물을 내주게 하며, 참깨 식물과 연관될 수 있다(즉, 그 참깨 껍질을 깨뜨려 연 후에만, 사람이 그 소중한 씨앗에 도달할 수 있다).

Sesame

Seven 7/일곱/칠. 고대로부터, 신성하게 여겨진 숫자인데, 아마도 달의 4가지 서로 다른 위상이 각각 7일씩 지속되기 때문일 것이다. 7은 완전함과 충만함을 상징하는 숫자이다. 이것은 **하늘Sky을 상징하는 3Three**과 땅(**Earth를 보라**)을 상징하는 **4Four**를 결합한다. - 불교는 7개의 다른 하늘들에 대해서 말한다. - 중국인들은, 북두칠성의 7개 별을, 인간의 7개 신체 구멍과 인간 심장의 7

Seven: 7의 꽃잎을 가진 꽃. 1702년, Boschius의 『Symbolographia 상징해설서』에서 발췌.

---

518 [북유럽 신화] 미드가르드의 큰뱀: Loki와 Angerboda의 아들로, 인간계Midgard를 둘러싸고 있으며, 꼬리를 입에 물고 있다; [신들의 황혼](Regnarok) 무렵에 Thor를 죽이고 자기 자신도 피살될 운명에 있다.

519 레비아단(성서에 나오는 바다 속 괴물)

520 Virgo [天] 처녀자리(the Virgin), (12궁의) 처녀궁; 처녀자리 태생의 사람 (=Vírgoan).

개 구멍과 연결하여 본다. - 고대에는 7개의 알려진 행성들이(**태양 Sun**과 **달Moon**을 포함하는; **Metals를 보라**) 있는데, 이들은 신적인 것과 보이는 우주 질서의 표현으로서 이해되었다. 바빌론 사람들에게도 "7 악마Evil Seven"가 있었는데, 이들은 통상 함께 나타나는, 7의 악마들의 무리들이다. - 그리스에서, 숫자 7은 중요한 역할을 담당했다. 7은 Apollo신과 다른 신들에게 바쳐졌다; 7(또는 3)의 Hesperides[521], Thebes[522]의 7개의 출입문, Hellios[523]의 7명의 아들, 그리고 Niobe의 7 아들들과 7 딸들, 7명의 현자, 그리고 Thebes를 공격한 7 용사들이 있었다. "세계 7대 불가사의"가 있는데, 이는 고대의 가장 웅장한 건축물과 예술 작품들을 모아 놓은 것이다. - 유대교에서 7은 특히 빼어난 숫자이다(예를 들어, 7개의 팔을 가진 **촛대Candlestick**). 성서에서 숫자 7은, 긍정적이며 동시에 부정적인 의미에서 그러나 항상은 전체성의 표현으로서, 여러 번 나타난다(예를 들어, 7 부족들, 7개의 봉인을 가진 책, 7명의 주인이 거주하는 7개의 하늘, 솔로몬이 성전을 지었던 7 년들, 등등; 그리고 또한, 종말론적 짐승의 7개의 머리, 하느님 분노의 7개의 잔, 등등). 악마는 상징적으로 묵시록에서, 사탄의 깨진 힘의 표시인, 7의 절반으로서 나타난다(즉, 3과 절반). - 7은 동화와 민속 풍습에서 중요한 전체성 숫자이다: 즉, 7형제들, 7마리 까마귀들, 새끼 염소 7마리, 특별한 날에 먹는 7가지 다른 음식들.

Shadow 그림자. 이것은 **빛Light**의 반대이며 음 원리의(**Yin and Yang을 보라**) 한 측면이다. 이것은 또한 각 물리적 현상의 일종의 모사이기도 하며, 종종 지상적 피조물들의 특정한 존재 형태로서 해석되는 경우가 많다. 예를 들어, 아프리카에서, 그림자는 모든 사물과 존재들의 2번째 성질로서 간주되며, 죽음과 관련이 있다. - 몇몇 인도 언어들에서 *그림자Shadow*라는 단어는 *그림/형상 Picture*과 *영혼Soul* 둘 다를 지칭한다. - 사후의 다양한 개념들에서, 죽은 자들은 그림자로서 생각된다. - 영혼과 생명력의 본질은, 종종 그림자라고 여겨졌다; 이와 상응하여, 인간 형태로 나타나는

---

521 [그리스 신화] 헤스페리데스(황금 사과밭을 지킨 4자매의 요정)
522 고대 그리스의 도시.
523 [그리스 신화] 헬리오스(태양의 신)

영적존재들, 또는 자신들의 영혼들을 악마에게 팔았던 사람들은 그림자가 없다. - "피가 없고Bloodless" 겉보기에만 살아있는 형태로서, 그림자는, 철학적인 관점에서, (불교에서 처럼) 물리적 세계의 환영주의幻影主義의 상징이거나, 또는 단순한 의견의 수준에 멈춰 있고, 영원한 형상의 영역(플라톤의 **동굴Cave** 우화에서처럼)으로 향하지는 않는, 이해의 깊이를 상징한다. - 융Jung 학파의 용어에서, 그림자는 인격의 무의식 층의 전체를 표현한다. 이 무의식 층위들은, 개성화 과정에서, 단계별로, 변형되며, 의식적으로 통합된다.

Sheaf 다발/단/묶음. 이것은 추수와 풍부함의 상징이다. 추수 의식 동안에, 첫 번째 또는 마지막으로 묶은 곡식단은, 특별한 힘을 가지고 있다고 종종 여겨졌으며, 특정 규칙을 지키지 않으면(예를 들어, 곡식단을 거저 주거나, 이것을 이웃의 땅 위에 던지는 경우), 그 힘이, 부정적으로 나타난다고 일컬어졌다. - 많은 개별적인 부분들로 만들어진 것으로서, 다발은 상징적으로 **부케Bouquet꽃다발**에 해당한다.

Shears 큰 가위/전지가위. 자르는 도구로서 이것은, 능동적, 남성적 원리의 상징이다. - 그리스 신화에서, 이것은 아트로포스 Atropos[524]여신의 속성이다(**Fates**중의 하나). 이 여신은 인생의 **실 Thread**을 자른다. 가위는 자신의 운명을 안내하는 힘에 대한 의존을 상징한다; 이 가위는 또한 갑작스런 죽음의 조짐을 상징하기도 한다.

Sheep . Lamb를 보라.

Shepherd 양치기/목자. 많은 문화에서, 양치기Shepherd 또는 목동Herdsman은, 조심스럽게 돌보는 아버지 모습으로서 상징적 중요성을 가진다. 하느님과 왕은 때때로 목동이라고 생각되었다. - 이집트의 통치자들의 휘장은 목동의 세계로부터 생겨났다. - 하느님은 이스라엘 백성의 목자 또는, 목동이다; 예수 그리스도는 좋은/선

Shepherd: 착한 목자이신 그리스도. 3세기, 초기 그리스도교의 묘사.

---

524   [그리스 신화] 아트로포스(운명의 세 여신(Fates) 중의 하나)

한 목자이다. 초기 그리스도교의 가장 전형적인 그리스도 묘사는, 메소포타미아와 그리스에 널리 퍼진 사상, 즉, 자기 어깨 위에 어린 양이나 송아지를 짊어진, 목동에 관한, 사상으로부터 유래한다.

Ship (큰) 배. 이것은 여정과 건너감의 상징이며, 그리고 그래서 인생의 상징이다("the Journey of Life 삶의 여정") - Noah의 **방주 Ark**와 관련하여, 그리스도교에서의 배는 종종, 세속적인 위험의 파도를 통과하며 안전한 경로로 몰아가는, 교회의 상징이다. 교회의 건축적 형태는 종종 자세하게 배와 비유되었다(Nave[525]라는 용어는, 배Ship에 해당하는, 라틴어 **Navis**로부터 나온다); 때때로 제대Altars는 배의 형태로 되어 있다.

Shoe 신/신발. 고대에서 신발을 신는다는 것은, 일종의 특권/특혜였으며, 자유로운 인간의 상징이었다; 노예들은 맨발이었다. 신발은(말하자면, "여성적" 형태를 가지고 있는), **발Foot**의 남근 상징성과 관련이 있으며, 다양한 수확과 결혼 풍습 안에 있는 생식력 상징이었다.

Sickle: 낫을 들고 있는, 주 하느님. 『Bamberg Apocalypse밤베르크 묵시록』 속의 세밀화 모방.

Shout 외침/외치다. 흔히 **전투의 함성War Cry**과 같이 대부분의 문화에서 표현되는 이것은 공격의 열정을 나타낸다. 외침은 또한 정력과 생명의 기쁨을 구현한다(예를 들어, 고대에 어떤 축제에서, 통상 생식력 의식과 연관된 것들이다).

Sickle 낫. 종종 이것의 형태 때문에, **초승달Crescent Moon**과 연관된, 이것은 매년 갱신되는 추수의 상징이며, 또한 시간과 죽음의 상징이다(수확용 기계 또는 수확하는 사람으로 묘사될 때). 덧붙여, 이것은 갱신과 부활에 대한 희망을 의미한다. Scythe[526]**를 보라.**

Sieve 체/체로 거르다. 가려내고 비판적으로 구분하며 분별하는 것을 상징한다. 특히 선과 악, 또는 좋은 것과 나쁜 것의 구분을 의미한

---

525   nave [建] (교회당의) 본당 회중석(會衆席)(중심부).

526   scythe; (자루가 긴) 큰 낫. [로史] 전차낫(옛날, 전차의 굴대에 달아 적을 쓰러뜨린).

228

다. 이런 의미에서, 이것은 신적인 정의 또는 심판의 날과의 상징적 관계속에서, 특히 곡식 알갱이를 체로 치는 것에 관한 은유 속에서, 종종 언급된다. **사추덕**[527]Cardinal Virtues과 함께, 체는 지능을 상징한다.

Silver 은. 반짝이는 하얀 금속으로서 이것은 순수함의 상징이다. 수메르인들 가운데에서, 고대 동안, 그리고 중세 후기를 통하여(특히 연금술의 수행에서), 이것은 **달**Moon과 연관되었다. 그리고 그래서 (남성적이며, 태양적인 **금**Gold과 대립하는) 여성적 원리와도 연관되었다. - 이집트 신화에서 신들의 뼈는 은으로 되어있고, 그들의 살은 금으로 되어 있다. - 그리스도교의 상징적 용법에서, 광석을 정련하여 얻은 은은, 영혼의 정화를 상징한다. 성서의 시편에서, 하느님의 말씀은, 은과 비교된다; 순수한 처녀로서 성모 마리아는 또한, 이 은과 연관되기도 한다.

Silver Age 은시대. **Age**를 보라.

Sirens 싸이렌/아름답지만 위험한 여자/요부. 그리스 신화에서 이들은, 새의 몸과 여자의 머리를 가진 악마들이다(그리고 종종 짐승으로 나타난다). 이들은 바닷가 절벽 위에서 거주하며, 초자연적 지식을 받았으며, 남자들을 미치게 하는 노래의 힘을 가지고 있으며, 뱃사람들을 자신들에게로 끌어당기며, 그런 다음 그들을 죽이고 삼켜 먹어버린다. 사이렌들은, 바다 여행의 위험들을, 또는 일반적으로 유혹적인, 치명적인 위험들을 상징한다. 정신분석적으로 이들은 또한 강박적으로 자기-파괴적인 성향의 상징으로서 이해될 수 있다. - 고대 후기에, 사이렌들은, 天球들의 조화와 연결되어있던, Elysium[528]의 음유시인들로서 긍정적으로 보여졌다. 피안의 세계와의 이런 관계 때문에, 이들은 또한 종종 석관 위에 새겨졌다. - 사이렌들은 빈번하게 중세 미술에서 물고기 꼬리들로

Siren: 오디세우스Odysseus와 사이렌들. 사이렌 그림을 그린 화가들의 작품인, 스타므노스stamnous(그리스 항아리). 기원전 약 475년경.

---

527 사추덕(四樞德) [가톨릭] 윤리덕(倫理德) 가운데 가장 중요한 네 가지 덕(지덕(智德)·의덕(義德)·용덕(勇德)·절덕(節德)).

528 [그리스 신화] 엘리시움(영웅·선인(善人)이 사후에 가는 낙원); 이상향; U최상의 행복.

묘사되는데, 이 미술에서, 이들은 세속적, 악마적 유혹을 나타낸다. - Rhine강에 사는 *Lorelei*[529]는 사이렌들의 독일어판으로 이해될 수 있다.

Sisyphus . Rock, Tantalus[530]를 보라.

Six 6/여섯/육. 2Two와 10Ten 사이의 중심점으로서(1은 숫자로서 여겨지지 않았다), 6은 피타고라스학파에 의해서, 완벽한 숫자라고 여겨졌다. - 중국에서, 숫자 6은 하늘의 세력들과 연관되어 있다. - 그리스도교적 상징성에서, 6은 양가적兩價的이다. 이것은 창조의 6 일들의 숫자로서 신성하다. 그리고 자선활동의 숫자로서 중요한 의미를 가진다; 그러나 묵시록에서, 6은 악마의 숫자로서 나타난다; 666은 종말론적 동물의 숫자이다. Hexagram[531]을 보라.

Skeleton: 『La Danse Macabre des Femmes 여성들의 죽음의 무도회』 속의 목판화에서 유래한 세부화, Paris, 1486년.

Skeleton: H. 홀바인 2세(H. Holbein the Younger)의 《죽음의 무도(Dance of Death)》 중 〈죽음과 상인(Death and the Merchant)〉 에 묘사된 해골.

Skeleton (뼈대로만 남은 인체의 형태) 해골. 죽음의 의인화인 이것은, 종종 사색적인 자세로, 혹은 **긴 낫**Scythe[532]과 **모래 시계** Hourglass를 들고 있는 모습으로 묘사된다. 이것은 고대 후기[533]에서 어떤 상징으로서 나타나기 시작했다(그리스인들은 아직도 죽음을, 잠의 젊은 형제로서, 또는 아래로 내려진 횃불을 들고 있는 천재로서 나타낸다). - 중세 말기의 **죽음의 무도**Death of Dance 라는 주제는, 성별, 나이, 계층을 불문한 모든 사람들이 해골들과 함

---

529 (독일 신화) 로렐라이(라인강의 바위에 출몰하여 아름다운 노래로 뱃사람을 유혹하여 파선시켰다는 마녀).

530 〔그리스 신화〕 탄탈루스(Zeus의 아들; 아들 Pelops을 잡아 요리하여 신들에게 바친 벌로 호수에 턱까지 잠기어 물을 마시려 하면 물이 빼고, 머리 위의 나무열매를 따려 하면 가지가 뒤로 물러났다 함); (t-) 술병 진열대의 일종(열쇠 없이는 술병을 꺼낼 수 없음).

531 Hexagram: 육선형(六線形); 육각별(六角星), 육망성(六芒星), 육망 성형(六芒星形), 육각 〔육선〕 성형(✡); 정확히는: 두 개의 정삼각형이 서로 겹쳐 이루는 여섯 꼭짓점의 별 모양; 유대교의 다윗의 별(Star of David)과 같은 형태; 상징학에서는 하늘과 땅, 남성과 여성, 정신과 물질, 상하의 결합 같은 "대극의 통합"을 나타내는 경우가 많다.

532 자루가 긴 큰 낫. [로마 史] 전차 낫(옛날, 전차의 굴대에 달아 적을 쓰러뜨린).

533 late antiquity: 고대 후기/ 고대 말기: 고대와 중세 사이의 과도기적 시기(약3-8세기 경)

께 원무輪舞Roundelay[534]를 추다가 해골들에게 끌려가는 모습을 보여준다; 후기 표현들에서, 해골은 또한 인생의 한가운데에서 예상치 못한 위협으로서 사람들에게 접근해 온다.

Skiff (보통 한 사람이 타는) 소형 보트. Boat를 보라.

Skull 두개골 (Death's Head시체의 머리). 두개골은 상징적으로 하늘의 돔/천궁에 비유되었는데, 이는 인간과 우주라는 두 미시세계 사이의 상징적 유사성을 표현한 것이다. – 특히 서양미술에서 이것은 덧없음의 상징이다. – 정신이나 지성을 담는 물질적 "용기Container"로써, 연금술사들은 두개골을 변형/변화 과정을 위한 그릇으로 사용했다. 여러 문화에서, 기록으로 확인되는 두개골 숭배는, 아마도 두개골이 정신이 깃드는 장소, 또는 정신의 자리라는 생각에 기반했을 것이다. – **Adam**의 두개골은 종종 그리스도의 십자가 아래에 그려진다.

Skull: 두개골을 가지고 묵상하는, 성인 Hieroymus예로니모. Durer가 그린, 펜 스케치 모방.

Sky 하늘. 지구 위를 반구(半球) 형태로 아치처럼 덮고 있는 것으로 자주 여겨지는, 이것은, 거의 모든 민족의 신화적, 종교적 관념에서 큰 역할을 담당한다. 그곳은 신들과 신적 존재들이 힘을 발휘한다고 여겨지는 곳이며, 영혼이 죽은 뒤 올라가는 장소이기도 하다. 하늘에 대한 이러한 개념은, 본래 상징적이라기보다 문자 그대로의 의미였으며, 아마도 '천국은 "위에Above" 있다'는 사실에 기반한 것이었을 것이다(**Height**를 보라). 그곳은 별들의 질서 정연한 움직임이 이루어지는 곳이며, 생명을 돋우는, 생존에 필수적인 비가 내려오는 곳이고, 두려움과 경외심을 불러일으키는 자연 현상들이(예를 들어, 폭풍우, **번개Lightning**, 혜성들, 운석들, **무지개Rainbow**) 생겨나는 곳이다. – 원래 하늘과 땅은 결합되어 있다고 생각되었다; 이런 관점에 따라서, 하늘은 전체 세계의 절반만 나타냈다. 하늘을 남성적·능동적으로, 땅을 여성적·수동적인 것으로 보는, 대응적(짝을 이루는) 관념이 널리 퍼져 있었다; 하늘에 의한 땅의 수정을 통하여, 모든 땅의 피조물들이 생겨났다. (그러나, 이집

Sky: 땅을 비옥하게 하고, 사람을 낳는 하늘; 16세기, Traité de la Cabale히브리 신비철학의 여정, Thenaud 모방.

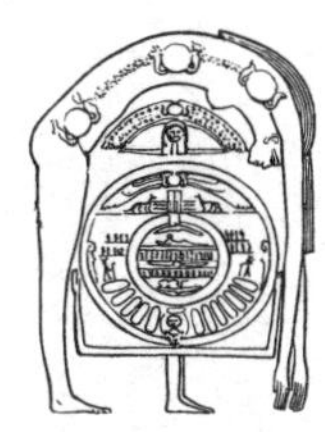

Sky: 이집트의 하늘 여신, Nut. 그녀의 몸 안에서 태양이 뜨고 지며, 그녀가 땅 위로 몸을 구부리고 있으며, 땅은 원반으로서 묘사되었다. 30번째 왕조, 석관 위의 부조.

---

534   짧은 후렴이 있는 노래[가락], 원무圓舞의 일종. 반복적이고 간단하며, 종종 즐거운 분위기의 짧은 노래, 돌림노래를 의미한다.

트에서는, 이와 반대되는 관념도 있었는데, 바로 하늘 어머니 여신, 누트Nut[535]가 대지의 신, 게브Geb의[536] 배우자라는 관념이 만연했다. - 여러 겹의 하늘, 즉 서로 위에 차곡차곡 쌓인 여러 하늘 구체가 존재하며, 그것이 영적인 존재들의 다양한 위계질서, 또는 영혼 정화의 다양한 단계들에 상응한다는, 관념도 널리 퍼져 있었다.

Sling 투석구投石具/팔매질. 몇몇 인도 문화들에서 이것은, 아마도 발사체가 그것에서 던져질 때, 생기는 소리 때문에, 폭풍우 신의 속성이다.

Smith: Hortus Sanitatis건강의 화원, 1492년. 에서 유래한 그림.

Smith 대장장이. 금속들Metal(특히 **철**Iron의)의 정복자로서, 그리고 형태변형의 강한, 창조적인 행위자로서, 대장장이는 우주 창조와 관련된 상징적 모습이다. 많은 사람들의 종교적 관념들에서, 그는 주요한 신(예를 들어, Hepaestus와 Zeus)의 조력자로 배정된다; 그는 자주 **번개**Lightning와 **천둥**Thunder와 함께 일한다. - 인간으로서 대장장이는 종종 불의 지휘관, 질병의 치유자, 그리고 비를 만드는 자로서 나타난다; 지하의 불, 흑마술[537], 그리고 지옥의 힘들을 다루는 대장장이에 대한 이미지도 흔히 존재한다. - 아프리카인들 가운데, 대장장이(그는, 그 밖에도, 제의적 의식과 숭배를 위한 형상들, 그리고 조상의 형상들을 창조한다)는, 중요한, 때로는 또한 두려워하는, 역할을 담당한다. 그리고 이런 이유로 그는 종종 높은 사회적 계급을 쥐고 있다; 그러나 몇몇 부족들 가운데에서, 그는 경멸을 받는다.

Smoke 연기. 이것은 하늘(Sky를 **보라**)과 **땅**Earth, 정신과 물질 사이의 관계의 상징이다. 연기 기둥은 때때로 상징적으로 **세계의 축**World Axis과 관계된다. Incense향, Peace Pipe**평화의 담뱃대**[538]를 **보라**.

---

535 [이집트 신화] 누트 (하늘의 女신이며, 대지의 男신 Geb의 여동생이며 아내).

536 [이집트 종교] 게브; 대지의 신이며, Osiris와 Isis의 아버지.

537 흑마술(사악한 목적의 마술)

538 평화의 담뱃대(북미 인디언들이 화친의 상징으로 돌려가며 피웠음)

Snail 달팽이. 많은 문화에서, 이것은 달의 상징이다. 왜냐하면 이것은 번갈아 가며 자신의 더듬이들과 그 자체를 보여주거나 철수시키기 때문이다; 그래서 이것은 영속적으로 점점 커지고, 줄어드는 달의 이미지이며, 영속적인 갱신의 일반적인 상징이다. - 모든 모서리 안으로 침투하는 그들의 능력의 표현처럼(꼭 달팽이가 자신의 껍질 안으로 철수하는 것같이), 인도의 바람 신들은Wind Gods 종종 달팽이들의 형태로 나타났다. **홍합Mussel**처럼, 달팽이는 때때로 여성의 성기에 비유되었다; 이런 이유 때문에, 그리고 또한 이것의 보호적인 껍질 때문에, 이것은 몇몇 문화들에서, 수태, 임신, 그리고 출산에 관한, 흔한 상징이었다. - 그리스도교에서 달팽이는 부활의 상징으로 여겨지는데, 그 이유는 이것이 봄이 되면 껍데기의 경계를 뚫고 나온다고 생각되었기 때문이다. - 달팽이는 껍데기의 형태 때문에 **나선형Spiral** 형태와 상징적 연관성을 갖는다. - 카우리 조개Cowrie[539] 껍질의 도자기 같은 껍데기는, 여러 원시 민족에 장식품과 화폐로서뿐만 아니라, **부적Amulet**과 다산(풍요)의 상징으로도 귀하게 여겨졌다.

Snail: 달팽이 껍질로부터 발생하는, 마야의 바람 신.

Sneeze 재채기. 일부 원시 민족들은 재채기를, 몸으로부터 영혼을 몰아내려고 하는 악마들의 영향력 때문이라고 본다. 라플란드인Lapps[540]은, 격렬한 재채기는 죽음을 야기한다고 믿었다. 아마도 이런 생각들과 관련하여, 고대 이래로, 재채기하는 사람들에게 좋은 건강과 행운을 바란다는, 기록된 관습이 있다.

539　개오지 조개껍질(과거 아프리카와 아시아 일부 지역에서 돈으로 쓰였다.)

540　"Lapp"이라는 단어는 역사적으로 라플란드 사람들, 즉 사미족(Sámi)을 지칭하는 말로 사용되었다; 사미족은 스웨덴, 노르웨이, 핀란드, 러시아 북부에 걸쳐 전통적으로 거주하는 토착민으로, 독자적인 언어와 문화를 가지고 있다; 사미족(Sámi)에 대해 간략히 정리: 1. 위치; 북유럽과 러시아 북부, 즉 노르웨이, 스웨덴, 핀란드, 러시아 콜라반도에 걸쳐 살고 있다. 전통적인 지역을 라플란드(Lapland)라고 부르지만, 사미족 자신은 "Sápmi"라고 부른다. 2. 언어: 사미어(Sámi languages): 여러 방언으로 나뉘며, 크게 북사미어, 남사미어 등으로 구분된다.인접 국가의 언어(스웨덴어, 노르웨이어, 핀란드어, 러시아어)와도 혼합되어 사용되기도 한다. 3. 문화와 전통: 순록 목축: 사미족 문화의 핵심. 계절에 따라 이동하며 순록을 기르고, 고기·가죽·뿔을 생활에 활용한다. 의상: 화려한 전통 의상(구크사, 컬러풀한 장식)이 유명하며, 지역별로 디자인이 다르다. 음악: 요이크(Joik)라는 독특한 전통 노래가 있으며, 자연과 영혼을 표현한다. 생활 방식: 전통적으로 반유목적 생활을 했으며, 최근에는 정착 생활과 현대적 직업도 겸하고 있습니다. 4. 현대적 상황: 사미족은 토착민으로서 자치권과 문화 보호를 위해 노력 중이다. 관광, 예술, 교육 등 다양한 분야에서 사미 문화가 세계적으로 주목받고 있다.

Snow 눈. 이것의 색깔(하얀), 순수함, 그리고 차가움 때문에, 이것은 순결과 처녀의 티 없음을 나타낸다; 그리스도교적 상징성에서 이것은 성모 마리아를 의미한다.

Snowdrops

Snowdrop 스노드롭[541]. 첫 봄꽃들 중의 하나로서 이것은, 희망의 상징이다. 중세 그리스도교 그림에서, 이것은 성모 마리아의 속성이다. 그 이유는 희망의 탄생이 성모 마리아 덕분이기 때문이었다.

Sodom and Gomorrah 소돔과 고모라. 구약성서에서, 이들은, 그들의 신을 믿지 않음과 도덕적 부패 때문에, 야훼 하느님에 의해서 파괴된 성서상의 도시들이었다. 고시대로부터 현재에 이르기까지, 그들은 사악함과 타락함으로 널리 알려져 있다. **Fire를 보라.**

Sol Invictus 무적의 태양신. Sun을 보라.

Solstice[542] 지점至點(하지점, 동지점). 그리스도교적 상징성에서, 북반구의 하지점(1년 중 가장 낮이 긴 날로, 그날 이후에 6개월 동안 낮의 길이가 계속해서 줄어든다)은, 세례자 요한의 상징이다("그는 커질 것이지만, 나는 줄어들 것입니다"); 동지점(1년 중 가장 낮이 짧은 날이며, 그 이후로 6개월 동안 낮의 길이가 점점 길어진다)은, 그리스도 또는 그리스도의 탄생을 상징한다.

Soma[543] 신성한 음료/제사주. 이는, 이와 같은 이름을 가진 식물에서 채취한 환각성 수액으로서, 인도에서 의식용 제물 음료를 만

---

541 스노드롭(이른 봄에 피는 작은 흰꽃)

542 지일(至日), 지점(至點); Solstice는 천문학 및 자연 현상과 관련된 용어로, 하지(夏至)Summer Solstice 또는 동지(冬至)Winter Solstice라고 번역된다; 1. 정의: 태양이 지구에서 가장 북쪽 또는 남쪽으로 치우쳐 위치할 때를 말한다.; 1년에 두 번 발생; 하지(Summer Solstice): 북반구에서는 태양이 가장 높이 떠서 낮이 가장 긴 날, 남반구에서는 가장 짧은 낮. 동지(Winter Solstice): 북반구에서는 태양이 가장 낮게 떠서 낮이 가장 짧은 날, 남반구에서는 가장 긴 낮. 2. 상징적 의미: 계절의 전환점: 고대 문명에서는 농사, 축제, 종교 의식과 밀접하게 연관됨. 빛과 어둠: 하지 → 빛의 정점, 동지 → 어둠의 정점; 일부 문화에서는 재생, 갱신, 축제와 연관됨. 예: 스톤헨지, 마야 문명, 북유럽 등에서 하지·동지 축제가 유명하다.

543 소마: 베다Veda신화 속 달의 신 또는 신적 음료로서, 제사 때 소마를 채취, 짜내어 신에게 바치고, 제사자가 마시는 의식.

드는 데 사용되었다. 이것은 종종 상징적으로 **달**Moon과 동일시
된다.

Sparrowhawk 새매/참매. 이집트에서 이것은 Horus의 새였으
며, 그런 이유로 **태양**Sun상징이었다; 이것은 또한 그리스인들과 로
마인들에 의해서 태양과 연관되었다. - 암컷이 수컷보다 더 크고 더
강하다는 사실 때문에 때때로 참매는, 결혼에서 여성의 우위를 상
징하게 되었다. **Spear. Lance를 보라.**

Speech 연설/담화/말투. 소리와 특징(Alpha, Alpha and
Omega, Letters, Omega, Taw를 보라)과 연관된, 수많은 개별적
상징적 의미 외에도, 언어 전체는, 일반적으로 창조자로서의 하느님
의 상징이다; 많은 종교의 개념에서, 하느님의 말씀Word과 말하는
행위Speech가 세계의 시작에 있었다. 연설은, 오늘날, 모든 사물
의 기조를 이루며, 내재적으로, 질서 있는 이성理性의 표현으로서
간주된다.

Speedwell (Veronica **눈꼬리풀屬**) **꼬리풀.** 대부분의 품종에서,
이것은 무화과 科의 푸른 꽃이 피는 약초이다. 그 라틴어 이름은,
아마도 그리스 단어, *Berenike*(승리를 가져오는 자) 로부터 유래되
었을 것이다; 후에 (다의어. 동음이의를 이용한) 언어유희인, **참된
유일한 의학***Vera unica medicina*라는 말장난이 만들어졌고, 그
래서 그 식물은, "유일하고, 참된 약"으로서 그리스도와 상징적으
로 연결되었다. - 꼬리풀은 추정컨대, 번개를 끌어당겼기 때문에,
사람들은 이것을 집안으로 가져오기를 피했다.

Sphere 구球/구체. 상징적인 의미에서 **원**Circle과 가까운 이것은,
우주, 지구본, 창공, 그리고 모든 상호 배타적인 반대 요소들의 통합
(예를 들어, 이것은 때로 **자웅동체**Hermaphrodite를 상징한다)을
나타낸다. - 건축에서(특히 이슬람과 그리스도교의), 원 또는 아치
Arch 같은, 구체 또는 반-구체는, 통상 하늘Sky을 상징한다. 반면
에 **정사각형**Square 또는 **정육면체**Cube는, **지구**Earth를 의미한다.

Sphinx[544] 스핑크스. 사자의 몸과, 왕 또는 (드물게는) 여왕의 머리를 가진 동물 또는 인간인 피조물인 이것은, 통치권의 고대적 상징이다. 이집트 사람들 가운데서, 이것은, 변함없는, 힘 있는, 보호자로서, 통상 파라오의, 또는 때때로 태양신의 표현이었다. 페니키아인들Phoenicians[545], 히타이트인들Hittites[546], 그리고 아시리아인들Assyrians[547] 가운데에서, 이것은 날개 달린 사자나 인간의 머리를 가진 황소로서 묘사되었다. - 그리스인들 가운데에서, 통상 여성이며 날개를 가진, 스핑크스는, 원래는 수수께끼 같은 생물이었으며, 종종 잔인한 생물이었다(이것은 현재 구어체에서 통용되는 뜻을 지칭하는 것이다). - 최근에(예를 들어, 늦은 19세기와 20세기 초의 상징적 미술에서), 스핑크스는, 여자의 신비성의 상징으로서, 또는 악녀/요부의 상징으로서, 빈번하게 사용되었다.

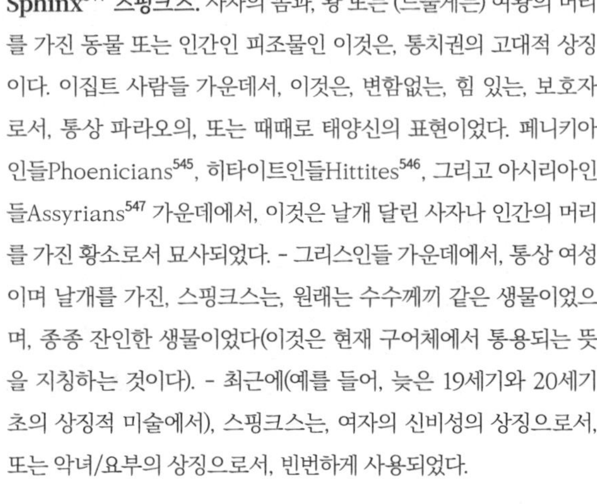

Sphinx: 그리스의 항아리 위에 묘사된 스핑크스.

Spider 거미. 상반되는 의미를 가진 상징적 동물이다. 이것의 기교적이며, 방사상으로 배열된 거미줄과 그리고 이것이 거미줄의 중앙에 위치하는 것 때문에, 거미는 인도에서, 우주 질서의 상징으로서, 그리고 감각 세계의 "방직공Weaver"으로서 간주된다. **태양**Sun이 광선을 생산하는 것처럼, 이것도 자기 안에서부터 자기의 거미줄을 위한 실들을 생산하기 때문에, 거미는 또한 태양 상징이다; 이런 관점에서부터, 그물망은, 신적 정신이나 지능의 발산을 상징할 수도 있다. 자기가 짠 실들 위를 기어오르기 때문에, 거미는, 우파니샤드Upanishads[548]에서, 영적인 자기-해방의 상징이다. - 이슬람에서, 흰 거미는 선한 것으로서, 검은 거미는 악으로서 간주된다. - 성서에서, 거미는 잘 상하는 사물의 상징으로서, 그리고 헛된 희망들의 상징으로서 발견된다. - 민속의 견해들은, 때때로 죽음을 가져오는 거미와 **벌**Bee을 나란히 놓는다; 미신에서, 거미는, 자기가 나타나

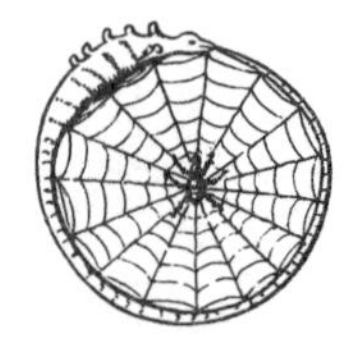

Spider: uroboros에 의해 에워싸여진 거미로서, 감각 세계의 환영의 영원한 방적공인, Maya마야 여신. Brahman의 속담들 전집의 속표지에서 유래한 삽화.

544　sphinx[sfiŋks]; [그리스神] 스핑크스(여자의 머리와 사자의 몸뚱이에 날개를 단 괴물). 스핑크스상(像)(특히 이집트의 Giza 부근의 거상(巨像). 불가해한 [수수께끼의] 사람.

545　페니키아인: 고대 지중해 동부, 현재의 레바논, 시리아, 이스라엘 북부 지역에 사는 사람들, 뛰어난 항해술, 무역, 페니키아 문자 발명으로 유명.

546　힛타이트(소아시아의 고대 민족)

547　아시리아(서남아시아의 고대 제국, 수도는 Nineveh)

548　[힌두교] 우파니샤드(고대 인도의 철학서)

는 낮의 시간에 따라서, 행운 또는 불행을 약속하는 것으로서 간주
된다. – 많은 아메리카 원주민 신화들에서, Spider Woman[549]은,
창조적인 인물이며, 그녀의 아버지는 태양이다.

Spinal Colomn 척추/척주. World Axis를 보라.

Spindle (기계의) 회전축(Distaff물레의 씨줄대/실패). 이것의 규
칙적으로 도는 동작 때문에, 이것은 늘 변치 않는 적법성의, 변경할
수 없는 운명의, 또는 영원한 귀환의 상징이다; 이것은 또한 때때로
성적인 상징이기도 하다.

Spiral 나선형/나선형의. 이것은 선사 이래로 즐겨 쓰이던 장식 모
티프/주제이며, 학자들 사이에서 논쟁이 되는, 상징적 내용이다. 이
것은 아마도 순환적 발달을 포함하는 복합적 의미들과 관련이 있
을 것이다; 달의 변화 단계들과 그것이 물, 생식력, 등에 끼치는 영
향; 그리고 (특히 2중의 나선형의) 전체로서의 우주 안에서의 내향
적 발달과 외향적 진화의 운동, 회귀와 갱신, 그리고 어쩌면 **미로**
Labyrinth도 여기에 포함될 수 있을 것이다.

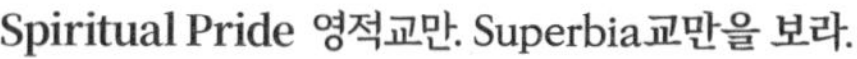

Spiral: 나선형, 아마도 생명과 다산의 상징
으로 보임. 신석기 시대, 스웨덴, Bacha.

Spiritual Pride 영적교만. Superbia교만을 보라.

Spleen 지라/비장/분노/화. 유럽에서, 그리고 아랍인들 가운데에
서, 이것은 유머와 웃음의 자리라고 믿어졌다; 다양한 구어체 표현
이 이런 의미와 관련이 있다.

Spring 봄. 생명을 주는 힘의 기원으로서, 그리고 순수함과 결실
을 낳는 풍부함의 상징으로서, 숭배되는 봄은, 많은 사람(예를 들
어, 그리스인들)에 의해서 여신으로서 의인화되었다. – 성서에서 이
것은 때때로 영원한 생명과 부활의 상징이다. – 융Jung은, 봄이 고

---

549 스파이더 우먼; 아메리카 원주민(특히 호피. 나바호족)의 창조 여신. 우주와 인간
을 만드는 데 중요한 역할을 한 창조 여신. 거미줄처럼 모든 생명을 연결하는 존재
로 여겨짐; 드림캐처는 아시바이카시Asibakaashi 라고도 불리는 스파이더 우먼
에 대한 아메리카 원주민의 전설에서 유래된 것으로 여겨진다; 그 상징적 의미: 1.
세계의 출의 상징, 2. 생명의 기둥. 3. 정신적 상승(쿤달리니 등)

갈될 줄 모르는, 영적이고 정서적인 에너지의 상징이라고 생각했다.

Square 정사각형. 가장 흔한 이미지들의 하나인 이것은, 종종 **원** Circle과 관련되거나 대비될 때 자주 보이는 고정되고, 움직임이 없는 상징이다. 정사각형은, 하늘(**Sky**를 보라)과 대조되는, **땅** Earth의 상징이거나, 무한한 것과 대비되는 유한한 것의 상징이다. 이것은 또한 나침반의 4개의 방향을 나타낸다. - 이것은 종종 신전, 제단, 도시의 평면도나 건축 요소로 자주 사용된다(예를 들어, 로마의 건축에서). - 중국에서 우주와 지구는, 정사각형이라고 믿어졌다. - 피타고라스학파 사람들에게 정사각형은, 4가지 **원소Elements**들이 결합된 작용을 상징했으며, 따라서 아프로디테 Aphrodite[550], 데메테르Demeter[551], 헤스티아Hestia[552], 그리고 헤라Hera[553]의 힘을 나타내었는데, 이 힘들은 모두 신들의 어머니인 레아Rhea[554]안에 포괄되었다. 플라톤에 의하면, 정사각형은, 원과 함께, 절대적인 아름다움을 구현한다. - 이슬람에서 정사각형은, 다양한 역할을 담당한다. 예를 들어, 보통 사람들의 마음은 정사각형이라고 간주되었는데, 그 이유는 마음이 4가지 가능한 영감의 원천에(하느님, 천사들, 인간들, 그리고 악마로부터 오는)대하여 열려있었기 때문이다; 그러나 예언자들의 마음들은 삼각형이라고 생각되었다. 왜냐하면, 그들이 더 이상 악마의 공격들에 노출되지 않았기 때문이다. - 그리스도교 미술에서 정사각형은 때때로 하늘과 대비되는 땅을 상징한다. 살아있을 때 묘사된 사람의 정사각형 **후광Halo**은, 그들의 형태가 여전히 지상에 속해 있음을 나타냈다. - Jung은 정사각형에서 물질, 생명, 그리고 지상의 현실Reality의 상징을 보았다. **Cube, Four, Magical, Squares**를 보라.

Squaring the Circle 원을 정사각형으로 만들기/불가능한 일을 **시도함.** 해결할 수 없는 과업으로서, 이것은 **원Circle**과 **정사각형**

Square: 인간 형상과 정사각형의 조합. 9세기, 서쪽 노르웨이 출토의 사발 모방.

Squaring the Circle: "모든 사물은 3으로만 존재하며, 4에서는 기뻐한다." 1625년 Jamsthales의 『Viatorium Spagyricum연금술 여행 안내서』에 실린 그림을 따른 것.

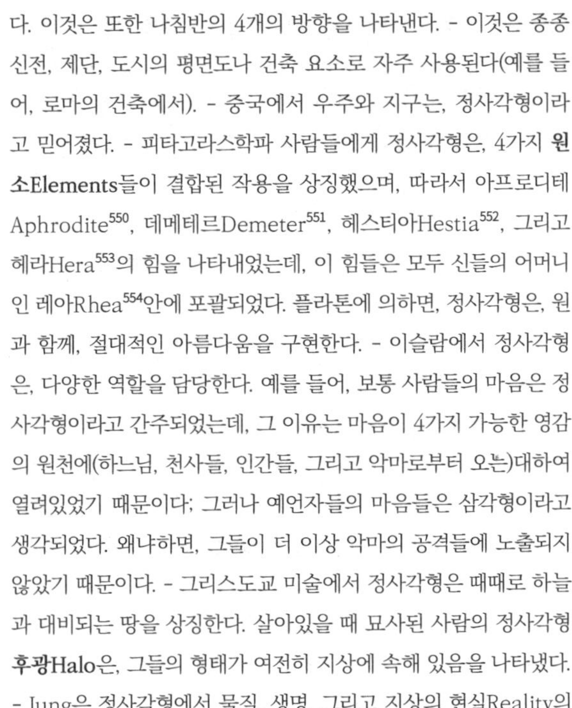

---

550 [그리스 신화] 아프로디테(사랑.미의 여신, 로마 신화의Venus)

551 [그리스 신화] 데메테르(농업.결혼.사회 질서의 여신, 로마 신화의 Ceres)

552 [그리스 신화] 헤스티아(난로.아궁이의 신, 로마 신화의 Vesta에 해당)

553 [그리스 신화] 헤라(Zeus의 아내, 로마 신화의 Juno)

554 [그리스 신화] 레아(Uranus와 Gaea의 딸)

Square의 상징적 내용을 조화시키려고 노력하는 것을 상징한다.

Squirrel 다람쥐. 독일의 신화에서, 이것은 불의 신과 천둥의 신에게 바쳐지며, 세계수/물푸레나무, **이그드라실**Yggdrasil[555](Tree를 **보라**)에서 살았다. - 고대에서 다람쥐는, 여러 다른 높이로 이동할 수 있는 그의 능력 때문에, Hermes[556]의 상징이었다. - 중세 상징성에서, 붉은 다람쥐는 그것의 민첩함과 그것의 불타는 붉은색 때문에, 악마를 나타낸다.

Staff 지팡이. 힘의 상징이며, 또한 (마법적) 지식(예를 들어, 마법의 지팡이Magic Staff 또는 (마술사의)짧은 마법 지팡이인 Wand)의 상징은, 종종 접촉을 통하여 효력을 발휘한다(그래서 예를 들어, 모세의 지팡이는 바위로부터 기적적으로 물을 끌어낸다). - 그리스에서 헤르메스의 지팡이는 마법적으로 효과적이며 도움을 준다고 생각되었다. - 인도의 신들, 특히 죽음의 신은, 심판하고 벌을 내리는, 자신들의 권능의 상징으로 지팡이를 지닌다. - 지팡이에는 악을 물리치는 힘(악령을 쫓는 효험)이 있다고 여겨졌다. 예를 들어, 고대 중국에서, 사악한 힘들은 지팡이(통상 복숭아의 지팡이 또는 뽕나무 목재의 지팡이)로 몰아내어 졌다. - 성서와 외경에서는, 살아있는 것(**녹색 가지 Green Branch, 뱀Serpent을 보라**)으로 변하는 지팡이를 언급하며, 이를 통해 신의 뜻(예를 들어, 아론의 지팡이, 마리아와의 약혼 전의 요셉의 지팡이)을 나타낸다. - 사자로서의 기능을 나타내는 표시로, 천사들은(특히 비잔틴 미술에서), 긴 전령 지팡이를 들고 있는 모습으로 종종 묘사된다. - 주교와 수도원장의 주교장主敎杖은(구부러진 지팡이) 목자의 지팡이로부터 발달되었으며, 그리스도교 미술에서 이것은 그리스도, 예언자들, 그리고 성인들과 연관되어 있다. - 통치권을 나타내는 지팡이는(군대 사령관Marshal의 지팡이 또는, 왕의 **홀**Scepter 같은) 법적인 그리고 종종 사법적 힘의 상징이다. - 때때로 **세계의 축** World Axis은, 지팡이에 비유되어왔다. - 지팡이를 부러뜨리는 것

Staff: 푸르게 싹튼 지팡이 앞에 선 Aaron. 약 1100년경, Verona, 성 Zeno 성당, 청동문.

555　[북유럽신화] 宇宙樹Yggdrasil(우주를 떠받치고 있다는 거대한 물푸레나무)

556　[그리스 신화] 헤르메스(신들의 사자使者, 과학.웅변.상업 등의 신

은, 고대 西게르만적Franconian 관습으로, 법 공동체의 단절을 알리는 의미였다; 이것은 또한 처형 때에도 관습적으로 행해졌다. Asclepius[557], Staff of, Caduceus[558]를 보라.

Stag 숫사슴. 구석기시대의 동굴 안에는, 숫사슴의 묘사들, 그리고 숫사슴으로 분장한 사람들의 묘사들이 있는데, 아마도 이것은 숭배목적에 사용되었을 것이다. - 숫사슴은 전 세계적으로 숭배되는 동물이었다. 이것의 매년 새로 나는 크게 가지진 뿔 때문에, 이것은 많은 문화들과 시대들에서 생명의 **나무Tree**에 비유되었다. 이것은 또한 생식력의 상징이었으며, 찼다, 이울었다 하는 것의 상징이기도 했다. 더 나아가, 그들의 형태와 봄에 허물을 벗는 각피의 피 같은 붉은색 때문에, 가지진 뿔들은 많은 사람들에게 광선의 상징과 불의 상징이었다; 그러므로 숫사슴은 태양과 관련있는 동물로서, 또는 하늘(Sky를 보라)과 **땅Earth** 사이의 중재자로서 여겨졌다. - 불교에서 황금 숫사슴은(가젤Gazelle과 함께) 지혜와 금욕주의를 상징한다. - 숫사슴이 지닌 태양과 관련된 측면은 때때로 중국에서, 부정적인 의미로, 즉, 가뭄과 불임의 상징으로서 해석되었다. - 고대에, 숫사슴과 그 암컷은 Artemis[559]에게 바쳐지는 동물이었다; 숫사슴과 다른 동물들 사이의 전투는, 빛과 어두움 사이의 전투를 상징했다. 고대와 켈트족들 가운데에서, 숫사슴은 저승사자(영혼의 안내자)로서 나타난다. - 고대에서, 숫사슴은 또한 적과 **뱀들Serpents**의 살해자로서 보여졌다. **자연 상징 해설서Phisiologus**에 의해서 중재된, 이런 생각은, 중세 그리스도교적 미술에서도 나타났다. 그리스도(뱀의, 즉, 사탄의 머리를 발로 밟은)와 숫사슴의 동일시는, 이런 그리고 다른 연관들에 기초하고 있다. 예를 들어, **성 유스타키우스St. Eustachius**와 **성 후베르트St.Hubert**의 전설은, 자신의 가지진 뿔 사이에, 십자가에 매달려 죽은 그리스도를 지닌, 숫사슴의 모습을 전한다. 그리스도교 미술에서 숫사슴은, 또한 생명수(시편 42장을 참조한)와 관련하여 묘사된다. - 가끔 숫사슴은, 이것이 고독을 사랑하기 때문에, 우울/우수Melancholy의 상징이다. - 발정기

Stag: 깃발을 들고 있는 성聖 Eustachius. 그 깃발 위에는 십자가에 매달린 그리스도와 함께, 사슴이 묘사되어 있다. Durer의 Paumgartner Altar제대그림에서 발췌한 세부 장면.

때, 이것의 두드러진 행동 때문에, 이것은 또한 남성적 성적 욕정의
상징으로서 기능을 한다.

Stairs 계단. 정서적, 영적 발달의 상징이며, 지혜와 지식이 점진적으
로 쌓이는 것의 상징인, 이것은 본질적으로 **사다리**Ladder와 같은 상
징적 의미를 가진다. 그러나 일반적으로 밑바닥으로부터 위로(그래
서 **하늘**Sky쪽을 향해, 또는 천국을 향해) 이어지는 것으로 이해되었
던 사다리와는 대조적으로, 계단은 때때로 땅속으로, 어두운 세계로
내려가기도 한다. 따라서 계단은 죽은 자들의 영역으로 내려가는 것
을 상징하거나, 비밀 지식/신비학적 지식Occult Knowledge 또는
무의식에 접근하는 것을 의미한다. - 흰색 계단은 상징적으로 명료함

Stairs: 천상 도시에 이르는 계단. 1512년,
Valencia, Raymondus Lullus's 『Liber de
Ascensu영적 상승에 관한 책』에서 발췌한
목판화.

과 지혜를 나타낸다; 검은색 계단은 흑마술Black Magic[560]을 나타
낸다. - 이집트 태양 숭배 종교에서, 계단식 피라미드는, 영혼이 (그
계단을 밟고) 천국으로 올라가는 계단을 상징했다; 또한 배 한가운데
에 계단이 세워져 있어서 영혼이 그 계단을 통해 빛을 향해 올라가는

---

560 흑마술: 사악한 목적의 마술.

모습을 그린 그림도 있다. 바빌로니아의 *Ziggurat*[561]는 아마도 이와 비슷한 의미에서 이해될 수 있을 것이다. - 나선형의 계단은 **나선형 Spiral**의 상징성을 공유한다.

Starsfish 불가사리. 그리스도교적 시각적 묘사에서, 이것은, 세상의 파도와 폭풍 속에서 길을 안내하며 신자들에게 위로를 주는, 성모 마리아를 상징한다. 그리고 신앙인들에게 위로를 허락하시는 성모 마리아를 상징한다.

Star of David 다윗의 별. Hexagram육선 성형[562]을 보라.

Stars 별. 어두운 밤하늘의 빛으로서, 이것은 어두움을 뚫고 들어오는 영적인 빛을 상징한다. 이것은 또한, 더 높거나 지나치게 원대한 이상을(별들에 이르는 것) 나타낸다. - 규칙적인 궤도 안에서 별이 움직이는 것은, 신적인 힘들이 조화롭게 협력하여 작용하는 것을 상징한다. - 사람들의 신화적인 개념에서, 일반적으로 별들은, 또는 특정한 별들은, 하늘로 이동되었던 죽은 이들로서, 그리고 하늘에 자리 잡은 죽은 이들로서 해석된다; 일부 인도 문화에서는, 지구상의 모든 생명체가 각자에 해당하는 별과 연관되어 있다고 가정한다. - 후대의 유대인의 생각에 의하면, 모든 별은 천사에 의하여 보호되었다; 어떤 별(베틀레헴의 별) 또는 어떤 천사는 또한 동방에서부터 베틀레헴까지 3명의 현자와 동행하였다. - 구약성서에서 별이 빛나는 하늘은, 아브라함의 약속된, 수많은 자손을 상징하는데, 이들은, 중세 신학자들의 해석에 의하면, 교회 안에서 영적으로 하나로 결속된, 다양한 민족과 인종을 상징한다. 하자 없으신 동정녀로서 마리아는, 때때로 자신의 머리 위에 별들의 왕관을 쓴 것으로 표현된다. Comet혜성, Evening Star 금성, Morning Star 샛별/금성, Polestar북극성을 보라.

Steer 거세한 숫소. 강함, 남성적(싸우는) 용기, 그리고 야만성의 상

Star: 별로 장식된 후광을 가진 복되신 동정녀. 『Speculum Humanae Salvationis인류 구원의 거울』에서 발췌, 14세기. 별들의 광륜을 지닌 복되신 동정녀. 14세기, Speculum Humanae Salvationis인간 구세주의 거울.

Star: 태양, 달, 그리고 별들의 창조. 12세기 후반, 시실리아의 Palermo, Palatine 예배당 안의 모자이크, 『창세기』에 나오는 창조 장면을 따른 것.

---

561   고대 메소포타미아의 신전.
562   육선 성형: 특히 정삼각형 두 개를 거꾸로 겹쳐놓은 형태.

242

징인 이것은, 그 활동성 때문에 **태양**Sun과 연관되어 있으며, 그 번 식력 때문에 **달**Moon과도 연관되어 있다; 숫소와 **암소**Cow의 뿔들 은 또한 달의 상징이다. 왜냐하면, 이것들은 **초승달**Crescent Moon 과 같이 보이기 때문이다. - 많은 사람 가운데, 숫소는 특히 가치 있 는, 희생 동물이었다. - 북아프리카에 있는 신석기시대의 바위 그림 에서, 숫소는 그들의 뿔들 사이에 태양을 배치한 모습으로 묘사된 다. - 이집트에서 생식력 신, Apis[563]는 숫소의 형태로 숭배되었으며, 종종 그의 뿔들 사이에 태양 원반을 배치한 모습으로 묘사된다; 그 가 또한 Osiris와 동일시되었기 때문에, 그는 마찬가지로 죽음을 관 장하는 신이었다. 신성한 Apis 숫소의 죽음과 매장은 항상 장엄하 게 지내졌으며 "부활"(즉, 새로운 숫소 송아지의 선택)로 이어졌다. - 숫소는 미노스 문명에서, 힘과 생식력의 상징으로서 특히 중요한 역 할을 담당했다. - 이란의 신화에서 우주적 다산의 구현은, 미트라스 Mithras[564]에게 죽임을 당한 태초의 숫소의 형태로 나타나며, 그 결 과 그 몸에서 모든 식물과 동물이 자라났다. 미트라 숭배에서, 숫소 의 희생 의식과 숫소의 피를 사용한 세례(여성은 제외됨)는, 숫소가 지닌 풍요, 죽음, 그리고 부활의 힘을 이해하고 받아들이기 위한 끊 임없이 반복되는 투쟁을 상징했다. - 인도에서 Shiva신은, 억제되거 나 절제된 생식력의 힘의 상징인, 흰색 숫소와 연관되어 있다. - 다 양한 사람들 중에서, 숫소는 뇌우, **비**Rain, 그리고 이것의 생식력 때문에 **물**Water과 연관되어 있다. - 정신분석적 관점으로부터, 숫 소는, 동물적 힘과 인간의 성생활에 상응한다(예를 들어, 투우는, 이런 힘들에 대한 내적인 승리를 눈에 보이는 형태로, 미리 구현해 보려는, 끊임없이 반복되는 시도를 상징한다. - 숫소Steer(**Taurus 황소자리**)는 조디악Zodiac의 2번째 별자리이다; 이것의 요소는 **흙** Earth이다. **Minotaur**[565], **Ox황소를 보라.**

Steering Wheel 핸들. 이것은 책임, 권위, 그리고 더 높은 지혜의 상징이다.

Steer: 점성술의 황소자리.

Steer: 숫소와 투우사. F. de Goya 그림 모방.

Steer: Isis신 앞에서, 이집트인들에게 신성한 황소聖牛인 아피스(Apis)에게 연꽃이 바쳐지고 있다. 작은 청동 조각상.

---

563 [이집트 신화] 아피스(Memphis에서 숭배된 성우聖牛)

564 [페르시아 신화] 미트라(빛과 진리의 신, 후에 태양의 신)

565 미노타우로스(사람의 몸에 소의 머리를 한 괴물)

Stepladder 발판사다리. Ladder를 보라.

Stilts 죽마/깡통다리. 중국에서는 죽마(쇠다리)竹馬의 사용이(예를 들어, 제의적 춤에서), 착용자를 불사(不死)의 상징인 학과 동일시하는 역할을 했다

Stone 돌. 이것은 대부분의 문화에서, 중요한 상징적 역할을 담당한다. **운석***Meteorite*은, "하늘에서 떨어진 돌"로서, 하늘(Sky를 보라)과 **땅**Earth을 연결하는 상징적 매개물로서 전 세계적으로 경배해 왔다. - 그 단단함과 변하기 쉬운 성질 때문에, 돌은 영원한, 변하지 않는, 신적인 힘과 자주 연관되어 왔으며, 종종 응집된 힘의 표현으로서 이해되어왔다. 그러나 그 단단함에도 불구하고, 돌은 일반적으로 딱딱하고, 생명이 없는 것으로 여겨지기 보다는, 생명을 주는 것으로 여겨졌다; 예를 들어, 그리스 신화에서 인간들은, 홍수 후에, 듀칼리온*Deucalion*[566]이 뿌렸던 돌들로부터 생긴다. 많은 돌들, 특히 운석들은, 풍요함을 가져오는 것으로서, 그리고 비를 야기하는 것으로서 여겨졌다. 그것들은 자녀들을 원하는 불임녀들에 의해서 만져졌다; 봄에 또는 가뭄 기간 동안, 사람들은, 비가 오도록, 그리고 풍족한 수확을 걷을 수 있도록, 그것들에게 제물을 바쳤다. - 고대 초기에, 신이 인간의 형태로 표현되기 이전에, 다듬지 않은 돌/자연석이 Hermes 또는 Apollo의 상징으로 간주되었다. - **묘비**Grave Stone로서 수직으로 세워진 돌은, 적대적인 힘으로부터 죽은 자들을 보호하는 것을 의미했다; 때때로 그 돌들은 또한, 사망한 이들의 힘이나 영혼이 계속 살아있는, 장소라고 여겨졌다. 성스러운 검은 돌은 어머니 여신 Cybelle[567]의 숭배와 관련이 있었다. - 이슬람의 제례에서 중심적인 요소는, Mecca[568]의 Kaaba신전 안에 있는, 검은 운석, **하자르 알라사드***Hadjar Alasward*이다. - 성서에서 바위Rock와 돌은, 하느님의 보호하는

---

566 [그리스 신화] 듀칼리온(Prometheus의 아들, 처Pirrha와 홍수에서 살아남은 인류의 조상.

567 키벨레(Phrygia의 대지의 여신, cf. Rhea)

568 메카(사우디 아리비아에 있는 도시로 이슬람 최고의 성지, 예언자 마호메트의 탄생지

힘의 상징이다. Flint부싯돌, Gems보석, Menhir멘히르[569], Nave
신도석[570], Philosopher's Stone현자의 돌을 보라.

Stork[571] 황새. 이것은 성서에서 불결한 동물들 중 하나로 여겨지지
만, 다른 면에서는 일반적으로 행운의 상징으로서 숭배된다. 극동
지방에서, 이것은 장수의 상징이다. 그 이유는 이것이 늙은 나이까
지 산다고 추정되었기 때문이다. 자주(예를 들어, 이집트에서, 고대
에서, 그리고 교부들 가운데에서) 이것은, 날을 수 있는 어린 황새가,
자신들의 부모들에게 먹이를 준다고 일컬어지기 때문에, 순수하고
천진난만한 감사의 상징으로서 간주되었다. – 사냥꾼으로서 그리고
뱀을 죽이는 존재로서, 이것은 그리스도교 믿음에서, 악마의 적으
로서 간주되었으며, 이런 이유로 그리스도의 상징으로서 간주되었
다. 이것이 땅(사망한 사람들의 영혼들을 지니고 있는 것으로 추정
되는)에서 사는 동물들을 먹고 살기 때문에, 이것은 때때로 또한 영
혼들의 운반자로서 여겨졌다. – 매년 귀환하는 철새로서, 이것은 부
활의 상징이다; 이것은, 또한 아기를 가져다주는 존재로서 간주 되
기도 하는데, 아마도 자연이 겨울에서 다시 깨어나는 시기에 귀환하
기 때문일 것이다. 한쪽 다리로 서 있는 모습은, 평온함과 사색의 이
미지를 나타내었다; 마르부 황새Marabu Stork[572]는 특히 철학적인
명상을 상징하게 되었다.

Storm 폭풍. 많은 민족의 종교적 상징 묘사에서, 이것은 신적 힘의
행위를 상징하거나 실제로 표현한 것이다. 시간적 변환점(예를 들어,
새로운 계절들, 세기들, 시대들)은 종종 폭풍이나 자연재해로서 시
각화된다. **Lightning, Thunder**를 보라.

Strawberry 딸기. 딸기는 중세기에 오직 이것의 작은 과일의 형

---

569 멘히르(서유럽에서 발견되는 선사시대인들의 수직 거석 유물), (= standing
   stone)

570 (교회 중앙부의) 신도석.

571 황새(이 새가 사람들에게 아기를 데려다준다는 전설이 있음)

572 마라부 황새: 아프리카 사하라 사막 이남 지역에 서식하며, 주로 죽음, 정화. 청소
   와 관계있으며, 일부 문화에서는 죽은 자의 영혼을 인도하는 존재, 또는 불길. 죽
   음과 재생의 상징으로 여겨짐.

태로만 알려졌다. 이것의 3겹 잎 때문에, 딸기는 3위 일체의 상징이
었다; 이것의 낮은 성장 습관 때문에, 그리고 이것의 덕목 때문에,
이것은 고귀한 겸손과 단정함을 상징했다. 피같이 붉은색으로, 매
달린 과일은 때때로 그리스도 또는 순교자들의 흐르는 피의 상징
으로 여겨졌다. 그리고 5개의 꽃잎이 있는 꽃은, 그리스도의 5개의
상처를 상징했다. - 익은 과일은 또한, 젊은 여성이 결혼하고 어머
니가 될 준비가 되었음을 나타낼 수도 있다; 이것은 때때로 세속적
즐거움에 대한 욕구를 의미했다.

String (가느다란) 끈/줄/선/실. 마치 **사슬**Chain처럼, 이것은, 연
결을 상징하며, 특히 하늘(**Sky를 보라**)과 **땅**Earth의 결합을 상징
한다(또한, 하늘이 땅을 비옥하게 한다는 의미로도 이해된다; 이런
이유로 이것은 때때로 **비**Rain를 상징한다). - 불교, 힌두교, 신플
라톤주의[573] 및 기타 세계관에 따르면, 인간 정신은 금빛 천상의 끈
Golden astral string 또는 굵은 줄Cord에 의해서 영혼 또는 육
체와 연결되어 있다. - 프리메이슨 회원에게, 매듭지어진 줄은 프리
메이슨 전체 공동체를 상징한다.

Sulfur: 『*Musaeum Hermeticum*』에 실린 그
림의 한 세부. 1677년, Frankfurt.

Sulfur 유황/황. 연금술에서, **소금**Salt 그리고 수은(**Mercurius를 보
라**)과 같이, 이것은 철학적 원소들과 보편적 원리들 중의 하나이다. 이
것은 "불의Fiery" 원소 또는 자연의 에너지와 영혼(아니마Anima)을
상징한다; 이것은 때때로 **태양**Sun에 비유되기도 했다. - 중세의 민속
신앙은, 황을 지옥의 것과 연관시켰으며, 그리고 악마의 속성으로서
황을 보았고, 황의 불꽃들을 보았으며, 그리고 황의 악취를 보았다.

Sun 태양. 대부분의 전통 안에서, 이것은 가장 중요한 상징 중의
하나이다. 많은 원시 민족과 초기 발달된 문명사회들은 이것을 신
으로 숭배했다; 종종 이것은 **빛**Light의, 최고의 우주적 지성의, 온

---

573 Neoplatonic(신플라톤주의의, 신플라톤적)은 플라톤 철학을 계승·발전시킨 후
기 철학 사조를 가리킵니다; 의미와 배경 - 기원: 3세기경 플로티누스(Plotinus)
등. 핵심: 세계와 인간, 신의 관계를 영혼·이데아 중심으로 설명. 모든 것이 '일자
(One)' 또는 '선한 것(Good)'에서 흘러나온다고 봄. 물질세계보다는 정신적·영적
세계를 중시; 문맥 예시: "The symbol has a Neoplatonic meaning." "그 상징은
신플라톤주의적 의미를 가진다."; 이렇게, 예술, 종교, 신비주의에서 영혼·정신 세
계와 연결된 상징을 설명할 때 자주 등장

기의, **불Fire**의, 그리고 빛을 내는 원리의, 가시적 구현으로서, 표현
된다. 매일 새롭게 반복되는 솟아오름과 하강은, 이것을 부활의 상
징적 전조로 만들었을 뿐만 아니라, 또한 일반적으로 모든 새로운
시작의 상징적 전조로도 만들었다. 태양이 자신의 빛을 모든 사물
들 위로 균등하게 보내고, 그래서 그렇게 함으로써 그것들을 보이
게 만들기 때문에, 태양은 또한 정의의 상징이다. - 태양은 특히 이
집트에서 숭배되었으며, 거기에서 태양신, Ra[574]의 화신으로서 간
주되었다(또한, 가끔은, 다른 신들과 동일시되거나, 연관되었다);
Ra는 두 개의 태양 배들을 가지고 있었는데, 그 배를 타고, 그는 하
늘을 횡단했다. 빈번하게 **풍뎅이Scarab**는 태양으로 표현되거나,
우레이우스 뱀Uraeus[575] Serpent이 있는 (종종 날개가 있는) 태
양 **원반Disk**으로 표현된다. - 그 밖의 태양신들은, 개코원숭이 모
습의 샤마시Baboon Shamash[576], 그리스의 태양 신Helios(**말들
Horses**과 태양의 마차를 가진), 그리고 로마의 *태양Sol* 또는 후기
로마의 *Sol Invictus* ("정복되지 않는 태양Invincible Sun")이 포
함된다. 잉카인들 중에서, 이집트에서, 그리고 일본에서, 태양은, 왕
또는 황제의 숭배와 밀접하게 연관되어 있다. 다른 신들, 엄격하지
않은 신들도 또한 태양과 연관되어 있다(예를 들어, Osiris[577] 그리
고 Apollo[578]) - 인도의 Veda는 절대자인 Brahma[579]를, 영적인 태
양에 비유한다. - 중국에서 태양은, **달Moon**과 대조적으로, Yang
양원리(**Yin and Yang를 보라**)의 표현으로서 간주되었다. - 플라

Sun: 태양의 상징 또는 하느님의 상징. Tubin
gen, Jakobuskirche야곱성당에서 유래.

Sun: 태양신 Helios로서 묘사된 태양. 3세
기, 그리스 Rhodes섬의 동전 위에.

Sun: 떠오르는 태양과 함께 있는, 매 머리를
한, Ra-Herachte. 20번째 왕조, Sennudjem의
무덤에서 출토.

---

574 [고대 이집트 신화] 라; 태양신이자 가장 중심적이고 강력한 신. 하늘을 태양배를
     타고 항해하며, 낮에는 세상을 비추고 밤에는 저승을 지나 다시 부활하는 존재로
     여김. 파라오 왕권의 상징. 파라오들이 '라의 아들'로 불리며, 정당한 통치 권위의
     근거가 됨.

575 우레이우스 뱀; 고대 이집트에서 왕권, 신성, 보호를 상징하는 '솟아오르는 코브
     라'를 말한다. 머리를 치켜든 코브라 상으로서, 고대 이집트 파라오의 왕관에 달
     았던 휘장. 왕을 보호하는 와제트Wadjet를 상징. 우레이우스는 라의 눈과 연결되
     어 태양신의 힘이 왕을 보호한다는 믿음이 있음.

576 Shamash; 아카드Akkad의 태양의 신

577 오시리스(고대 이집트 主神의 하나, 명계의 신, Isis의 남편)

578 아폴로; 그리스 신화에서 중요한 신중 하나로, 빛·태양·예술·음악·예언·치유 등을
     관장하는 다면적 신. 그리스 신화의 태양신(후대)이며, 원래 태양신은 헬리오스였
     으나, 후기에 아폴론이 태양의 역할을 겸함.

579 브라흐마; 힌두교의 창조신으로 우주를 만들고 질서를 부여한 창조의 원리를 상
     징. 힌두교의 3신, 트리무르티Trimurti, 브라흐마(창조), 비슈누(유지), 시바(파괴/
     변형) 중 하나이다.

Sun: 왕이 태양에게 제사를 올린다. 18번째 왕조, 이집트 그림.

Sun: 강함과 생식력의 상징으로서 태양. Val Comonica.

톤은 태양이 선善의 보이는 표현이라고 생각했다. - 그리스도교회에서, 그리스도는 태양(예를 들어, "정의의 태양"으로서; 초기 그리스도교 시기에, 그리스도는, 또한 후기 로마의, 천하무적의 태양 신 *Sol Invictus*, Invincible Sun과 연관되었다)에 비유된다. - 태양-달의 대립은, 대부분의 사람들에게, 남성-여성이라는 반대 쌍에 해당하지만, 의미가 뒤바뀐 수많은 예들이 (예를 들어, 중앙아시아에서, 그리고 게르만어를 말하는 사람들 사이에서) 있는데, 이 경우, 태양은 따뜻하게 하는 것, 영양을 공급하는 것, 모성적 원리로서 알려져 있다. - 연금술에서, 태양은 **금**Gold과 상응하는데, 금은 또한 "지구의 태양the Sun of the Earth"이라고 불린다. - 특히 더운 지역에서, 태양은, 건조함과 가뭄의 원리로서 부정적으로 나타난다. 그리고 이런 이유로 태양은 비옥하게 하는 **비**Rain와 반대자로서 나타난다. - 몇몇 인도 문화에는, **검은 태양**Black Sun이라는 개념이 존재한다(즉, 태양은, 밤에는 이 세상을 떠나 다른 세상에서 빛난다). 태양은 죽음과 재해의 상징이다; 태양은, 그림에서 나타나며(예를 들어, 죽음의 신의 등에), 때로는 **재규어**Jaguar의 모습으로, 나타난다. 연금술에서 검은 태양은 **최초의 물질**Prima Materia의 상징이다. 현대 미술과 문학에서 검은 태양은 통상 형이상학적 불안/걱정 또는 우울Melancholy을 표현한다.

Sunflower 해바라기. 이것의 방사상의 배열된 꽃잎들과 이것의 노란색 때문에, 그리고 이것의 해굽성의 습성 때문에, 해바라기는 다양한 문화들에서 태양의 상징이며, 장엄함/왕권의 상징이다. - 그리스도교에서 이것은 하느님의 사랑과 영혼의 상징이며, 끊임없이 자신의 생각과 감정을 하느님께 향하게 한다.; 그러므로 이것은 또한 기도의 상징이기도 하다.

Superbia [라틴어]교만. (영적) **교만**Pride의 여성적 인격화이며, 7가지의 치명적인 죄들[580]중의 하나인, 이것은 사자나 말을 타

---

580 7 mortal sins는 그리스도교에서 말하는 7대 치명죄(중죄)를 가리킨다: 의미: mortal sins: 영혼을 영원히 위험에 빠뜨릴 수 있는 중대한 죄; 7 mortal sins: 7가지 대표적인 중죄: Pride교만, Greed탐욕, Lust색욕, Envy질투, Gluttony폭식, Wrath분노, Sloth나태. 번역:7대 죄 (일반적), 7대 치명죄 (정확한 신학적 표현), 즉, 7 mortal sins = 7대 치명적인 죄, 기독교 윤리·상징에서 자주 등장한다.

고 다닌다. 교만의 속성은 Centaur[581], **독수리**Eagle, 그리고 **공작**
Peacock을 포함한다.

Swallow 제비. 정기적으로 귀환하는 철새로서, 이것은 종종 봄,
빛, 그리고 생식력을 상징한다. 이것이 집안에 둥지를 트는 것은, 길
조吉兆로서 간주되었다. – 중세기에 이것은 부활 상징이었는데, 그
이유는, 이것이 겨울이 지난 후에 되돌아오기 때문이며, 또한 이것
이 **애기똥풀**Celandine의 수액을 사용하여(마치 하느님이 죽은 자
들을 심판의 날에 다시 보게 할 수 있는 것처럼), 자기 새끼에게 시
력을 전해줄 수 있다고 추정되기 때문이다. – 아프리카의 흑인들 가
운데에서, 제비는 땅 위에 앉지 않고 따라서 흙과 접촉하지 않기 때
문에, 순수함의 상징이다.

Swamp 늪. 아시아에서 이것은 때때로 휴식과 만족감의 상징이
다. – 수메르인들에게, 이것은 구분되지 않은 물질적 실체의 상징,
수동성의 상징, 그리고 여성의 상징이었다. – 고대 그리스에서, 늪의
상징적 의미는 **미로**Labyrinth의 상징적 의미와 비슷했다. – 정신
분석적 꿈 해석에서, 늪은 때때로 무의식의 상징이다.

Swan 백조. 소아시아와 유럽에서 흰 백조는 빛, 순수함, 그리고
우아함을 상징한다. 반면에, 검은 백조는, 검은 **태양**Sun이 그러한
것처럼, 때때로 주술적 맥락에서 나타난다. 이런 상징성은, 이어서,
여성적 하위집단과 남성적인 하위집단으로, 부분적으로 나뉘어진
다. 특히 슬라브인들과 스칸디나비아인들 가운데에서, 그리고 소아
시아에서, 여성적 측면이 우위를 차지한다:즉 백조는 아름다움의
상징이며, 천상적 처녀(**물**Water에 의해서 또는 **땅**Earth에 의해서
수태된)의 상징이다. 인도, 중국, 일본, 스칸디나비아에서, 그리고
아랍인과 페르시아인 중에서, 백조 처녀의 형상이, 피안으로부터
온, 동화 속의 인물로서, 나타난다. 그러나 고대에서는, 남성적 측
면이 우세했다: 즉, 흰색 백조는 아폴로 신의 마차를 끌었으며, 제

Swan: 영혼의 상징으로서 백조. 1622년,
Mylius의 『Philosophia Refomata개정된 철
학』에서 발췌한 부분.

---

581 켄타우로스(그리스 신화에 나오는 반인반마의 괴물)

우스신은 백조의 모습을 하고 Leda[582]에게 접근하며, 아프로디테 Aphrodite와 아르테미스Artemis 는, 때때로 백조와 함께 등장하기도 한다. - 그리스인들의 신앙에 의하면, 백조는 예언하고, 죽음을 알리는 능력을 가졌다. - 극동지방에서 백조는, 우아함의 상징이며, 또한 탁월함과 용기의 상징이다. - 켈트족[583]들 사이에서 백조는 초자연적 존재들의 화신으로서 간주되었다; 힌두교에서처럼, 그들은 백조와 **거위**Goose사이의 상징적 의미를 항상 명확히 구분하지는 않았다. 그러나 많은 다른 문화들에서, 거위는 백조와 부정적인 대응물로서 이해된다. - 연금술에서, 백조는 Mercurius에 소속된다; 이것은 정신을 상징하며, 물과 **불**Fire사이의 중재자로서 사용된다. - 백조의 알은 때때로 세계의 **알**Egg로서 나타난다. - 자기가 죽기 전에(특히 얼음 속에서 얼어붙을 때), 애처러운 노래 소리를 내는 것으로 추정되는, 울음 고니Trumpeter Swan는, 사람의 마지막 작품이나 말의 상징이 되었다; 이런 의미에서, 이것은 또한 그리스도와 십자가상의 그의 마지막 말씀을 상징한다.

Swastika: 행운을 약속하는, 상징들을 보여주는, 돌 부조의 세부. 기원후 1-2세기, 북인도.

Swastika 만자/(옛 독일 나치당의) 어금꺾쇠 십자 표시. 동일한 길이의 4개의 팔을 가진 **십자가**Cross이며, 이것의 끝은, 직각으로, 또는 곡선으로, 뻗어 있어, 원형 운동을 하는 듯한 인상을 주는 십자가이다. 이것은 또한 *감마 문자 십자가Crux Gammata*[584] 라고 불린다. 왜냐하면, 이것이 4개의 (보통 뒤집힌) *감마Gamma*(Γ)를 나타내는 그리스어 문자들로 이루어진 것처럼 보이기 때문이다. 이것은 아시아와 유럽에서, 적게는 종종 아프리카와 중앙아메리카에서, 하나의 상징으로서 광범위하게 나타난다. 이것은 통상 태양의 바퀴로서, 번개 섬광이 교차하는 것으로서, 또는 (북쪽 지방에서는) **토르의 망치**Thor's[585] Hammer[586]로서 해석된다. 이것은 또한

---

582 [그리스 신화] 레다(Zeus가 백조의 모습을 하여 사랑을 나누었던)

583 The Celts는 켈트족 또는 켈트인들을 뜻한다; 의미:고대 유럽의 민족 집단; 기원전 1천 년경부터 유럽 전역, 특히 아일랜드, 스코틀랜드, 웨일스, 프랑스(갈리아) 지역에 거주; 언어, 문화, 종교, 신화적 전통이 공통적. 특징: 언어: 켈트어 계열. 종교:다신교적 신앙, 자연 숭배, 드루이드(Druid) 문화. 문화: 상징적 예술, 매듭무늬, 토템적 상징 사용,

584 대문자 감마(Γ)를 짜맞추어 만드는 장식적 도형(특히 만자)

585 토르, 뇌신(북유럽 신화에서 천둥.전쟁.농업을 주관)

586 (북유럽신화의) 뇌신 토르의 철퇴 [해머](던지면 적에게 맞고 되돌아옴)

행운과 치유의 상징이라고 여겨진다; 불교 신자들 가운데에서 이것은 "낙원의 열쇠Key of Paradise"를 상징한다. 중세의 로마네스크 미술에서, 이것은 아마도 액막이의 의미를 가졌을 것이다.

Sweat 땀. 민속신앙에서, 이것은 때때로 땀을 흘리는 사람의 힘의 매개체/수단으로서 간주되었다. 그래서 마법적 치유와 해를 끼치는 것의 목적을 위하여 사용되었다. - 몇몇 인도 문화에서 몸의 땀은, 태양신에 대한 제물로 해석되었다. 그리고 그래서 속죄/고행과 정화로서 해석되었다.

Swine 돼지. 이것은 다양한 상징적 의미를 가진 동물이다. 이것의 많은 자식 때문에, 암돼지는 모든 생식력 상징을 넘으며(예를 들어, 이집트인들, 그리스인들, 그리고 켈트인들 중에), 행운과 생식력을 가져오는 **부적Amulet**으로서 그림들 안에 사용되었다. "돼지를 가지다.", to have a swine(행운을 가질 자격이 없었다는 의미)라는 독일어 표현은, 아마도 원래는 경멸의 의미였을 것이다; 이것은 중세의 우연의 게임Games of Chance으로부터 유래된다. 이 게임에서 "상을 받지 못한Unearned prize" 사람은 종종 돼지가 되었다. - 고대

Swine: 풍요의 여신, Demeter에게 돼지를 바치는 제의 장면. 아테네식 사발 위에 그림 모방.

그리스와 로마에서 돼지는, 희생제물로 발탁된 동물들 중에 있었다. - 돼지는 또한 많은 사람에 의해서 경멸을 받았다. 유태인들, 이슬람 신자들, 그리고 다른 이들에게, 이것은, 그 폭식/식탐 때문에 부정한 동물로서 간주되었다. 진흙과 오물 쓰레기에서 사는 이것의 습성은, 흔히 천박함과 조악함을 의미한다; 중세의 미술에서, 이것은 무절제한 행위를 표현하며, 특히 **폭식Gluttony**, 억제되지 않은 욕정뿐만 아니라 무지도 의미한다. - 수돼지는 (예를 들어, 그리스인들과 일본인들 가운데에서) 힘의 상징으로서, 그리고 투쟁 정신/투지의 상징으로서 숭배되었다. 켈트족 가운데에서, **수돼지Boar**는 전투원과 사제적 계층들의 상징적 동물이었으며, 신성한 축제들에서 잡아먹혔다. 중세 미술에서, 이것은, 악마적인 것을 상징한다. 중세의, 독일어를 말하는 사람들의 그리스도교 미술에서, 야생 멧돼지Wild Boar는 때때로 그리스도 상징으로서 나타난다(아마도 멧돼지Wild Boar를 뜻하는 독일어 이름 *Eber*가, '히브리인들의 조상'의 뜻인, 히브리어 Ibri에서 잘못 유래되었다고 여겨졌기 때문일 것이다). - 돼지는

중국의 **조디악**Zodiac의 12번째이며, 마지막 별자리이다, 또한 **물고 기자리**Pisces에 해당된다. (Fish를 보라)

Swing 흔들다/흔들기/그네/변동. 동남아시아에서(그리고 어느 정도까지는 그리스와 스페인에서도), 그네는 다산 의식과 연관되어 있다. 그네의 운동은 썰물과 관련 있으며, 자연적 성장의 흐름과 관련이 있으며, 아마도 땅을 비옥하게 하는 바람(이것은 그네 타기에서 생길 수 있는 바람이다)과 관련이 있을 것이다. 특히 인도에서 이것은 **태양**Sun이 저물고 떠오르는 것을, 계절의 리듬을, 그리고 죽음과 탄생의 영원한 순환을 상징한다; 이것은 때때로 하늘(Sky를 보라)과 **땅**Earth의 조화로운 결합을 상징하기도 한다. 그리고 그 때문에 때로는 **무지개**Rainbow와 **비**Rain의 결합을 상징한다.

Sword: 불타는 검으로 낙원에서 축출당함. 14세기, 『Speculum Humanae Salvationis 인간 구세주의 거울』에서 발췌.

Sword: 자신의 입에 있는 검으로, 세상을 판단하시는 그리스도. 약 1260년, 세밀화 모방.

Sword 검. 이것은 종종 군대의 덕목을, 특히 주로 강함과 용감함의 상징이다; 그래서 이것은 또한 힘과 **태양**Sun(능동적인, 남성적인 원리와 또한 태양의 섬광, 검 같은 광선들과 관련있는)의 상징으로서 나타난다. 부정적인 의미에서 이것은, 전쟁의 공포를 상징한다; 많은 전쟁과 폭풍우 신들은 그들의 속성으로서 검을 가진다. 이것은 때때로 남근 상징이기도 하다. - 날카롭고, 자르는 도구로서, 이것은 결정, 선과 악의 구분, 그리고 정의의 상징이다; 심판의 날에 관한 많은 표현에서, 종종 양날을 가진, 검은, 그리스도의 **입**Mouth에서 나온다. - 중세의 이-검二劒 이론에 따르면, 이 이론은 교회론과(국가를 넘어서는 교회의 최고 지위), 힘의 황제적 개념(교회와 국가 둘의 동등성)을 형성했는데, 하나의 검은 세속을, 그리고 다른 검은 영적인 힘을 상징했다. - **아담**Adam과 **이브**Eve를 낙원에서 쫓아낸, **불타는 검**Flaming Sword은 힘과 정의 둘을 상징한다. - 검은 또한, 일본과 인도에서처럼, **번개**Lightning의 상징으로서 간주 될 수 있다. 인도에서는 베다Veda의 제물로 바쳐진 사제의 검은, "인드라[587]의 번개Lightning of Indra"라고 불린다. - 칼집 안에 있는 검은, 절제 또는 신중함(Prudentia를 보라)이라는 중요한 덕을 상징한다.

---

587 [힌두교] 인드라, 인타라咽陀羅(우레와 비를 주관하는 Veda의 主神)

Sycamore (유럽산 단풍나무의 일종) 시카모어. 이 명칭은, 매년 잎이 떨어지는 다양한 나무들을 포함한다. 이집트에서 이것은 시카모어 무화과(*Ficus Sycomorus*[588])와 관련이 있으며, 이 무화과는 하늘 여신의 나타남으로 간주한다. 이것의 나뭇잎과 그늘은 내세에서의 휴식과 평화를 의미한다; 때때로 죽은 자들의 영혼들은 이것의 나뭇가지 안에서 살고 있는 **새들Birds**이라고 생각되었다.

Sycamore: 시카모어 나무 안에 있는, 이집트의 하늘 여신, Nut. B.C. 2000년 중반.

Table 탁자. 사람들을 그 둘레에 모을 수 있는 중심으로서, 이것은 공동식사의 상징일 뿐만 아니라, 또한 선택된 집단(예를 들어, 아더왕의 둥근 식탁King Arthur's Round Table)의 상징이기도 하다. - 이슬람의 신앙에는, (그 안에) 하느님이 각 사람의 운명을 새겨 넣은 위대한 탁자가 있다.

Table: 부활 후 마지막으로 사도들에게 나타난 그리스도. 12세기 말, Herald Von Landsberg의 『Hortus Deliciarum즐거움의 화원』 안의 세밀화.

Tail 꼬리. 꼬리는 때때로 드러나지 않은 성적인 상징으로서 나타난다. 로마미술에서 사자의 꼬리는 종종 장식적 양식과 연관되어 있다.

Talisman[589] 부적. 때때로 **부적Amulet**과 동일하게 여겨진 이것은, 주로 액막이 효과가 있는 Amulet과는 차별된다. 왜냐하면, 이것은 행운을 가져오는 능동적인 대리물로 추정되기 때문이다. 점성학적으로 Talisman은, 천체의 에너지들과의 연결로서 해석되었으며, 이 에너지는 누적되는 것으로 추정되었다.

Tamarisk 타마리스크 관목/해송과 관목, 나무. 이것은 잎이 가늘고, (흔히) 뾰족하게 모여 있는 꽃이 달린 관목이나 나무이다. 중국

Tamarisk

588　무화과나무의 일종(시리아 및 이집트산)
589　탈리스만은 '힘을 주는 부적', 아물렛은 '보호하는 부적'

에서 이것은 불멸의 상징으로서 간주되었으며, 이런 이유로 이것의 수지樹脂는 생명을 연장시키는 약으로서 보여졌다.

Tansy

Tansy 쑥국화. 과꽃科의 식물들의 屬인 이것은, 양념 맛이 강한, 향기로운, 휘발성의 오일을 가지고 있으며, 고대의 약효가 있는, 마법적인 식물이었다. 이것은 중세 미술에서 성모 마리아의 속성으로서 나타난다. (예수) 승천 축일에 축성된 Tansy는, 마법사들, 마녀들 그리고 악마에 대항하여 보호해주는 것으로 추정된다.

Tantalus[590] 탄탈로스 왕. 그리스 신화에서 그는, 신들의 全知를 시험하기 위하여, 자신이 죽인 아들인, Pelops의 살을 신들에게, 음식으로서 제공한, 왕이었다. 벌로서 그는 지하 세계에 던져졌으며, 거기서 그는 영원한 굶주림과 목마름으로 고통을 겪었다. 그가 과일에 손을 뻗었을 때, 과일나무의 가지들이 뒤로 물러나, 그의 위에 달려있었다; 그가 물을 마시고 싶을 때, 그는 사라지는 물웅덩이에 서 있었다. Sisyphus[591](Rock를 보라)와 함께, 탄탈루스와 그외 인물들은, 인간의 소원을 충족시키는 것이 불가능하다는 사실을 의인화한 존재로서 간주된다.

Tarot 타로 카드. 중세 프랑스에서 시작된 이것은, 흔한 카드 게임이며, 78개의 카드로 구성되어 있는데, 이는 반복적으로 추측적, 상징적인 해석을 불러일으키게 한다. 특히, 카드의 으뜸 패 Trump Card(메이저 아르카나/주요 신비神祕/Major Arcana)의 순서는, 깨달음이나 수행으로 나아가는 여정을 상징한다고 생각되었다.

Taurus 황소자리. Steer숫소를 보라.

---

590 [그리스 신화] 탄탈로스는 제우스와 요정 플로토와의 사이에서 태어난 아들이었다. 그는 올림푸스에서 제우스와의 식사에 초대 받았지만 신의 음식(먹으면 늙지 않고, 죽지 않는다는 암브로시아)을 훔쳐 자신의 백성에게 나누어주었고 신들의 비밀을 발설했다. 그는 펠롭스라는 자신의 아들을 신들에게 음식으로써, 희생제물로써 바쳤다.

591 [그리스 신화] 시지프스(코린트의 사악한 왕으로, 사후에 지옥에 떨어져 큰 바위를 산 위로 밀어 올리는 형벌을 받았다.

Taw 타우(ת). 히브리어 알파벳의 마지막 글자이다. 그리스어 **오메가**Omega 같이, 이것은 끝의 상징으로서, 또는 완료의 상징으로서 여겨졌다.

Teeth 이/치아. 이것은 강함, 활력, 그리고 공격성의 상징이다. - 정신분석적 꿈 해석에서, 치아의 손실은 우선 남성의 성적인 기관과 연결되며, 그리고 이것은 좌절, 약함, 또는 거세 불안의 상징이다. *이빨을 가진 질Vagina Dentata*에 대한 생각은, 구강기와 성기기의 미분화에 기초하거나, 구강기와 성기기의 분화의 부족에 근거한다. 그리고 이런 생각은 통상 남성의 거세 불안의 투사라고 이해된다.

Temperance 금주/절제. Temperantia를 **보라.**

Temperantia [라틴어]절제/중용. 사추덕 중의 하나인, *절제Temperance* 또는 중용Moderation의, 여성적 인격화인 이것은, 종종 **Camel낙타, Dove비둘기, Elephant코끼리, Hourglass모래시계, Lion사자, Skull두개골, Sickle낫,** 또는 **Sheathed Sword칼집에 넣은 검**으로 표현된다.

Temple 신전/사원. House를 **보라.**

Ten 10/열/십. 첫 네 수의 합이자, 두 손의 손가락 개수이기도 한 10은, 신성한 숫자이며 전체성을 상징한다. 십진법에 기초한 사유 체계에서, 10은 더 높은 차원에서의 일자―者로의 회귀, 그리고 스스로 닫히는 **원Circle**의 상징이다. 숫자 10은 피타고라스 학파에게 중요한 역할을 했다(**Tetractys를 보라**). - 중국에서 숫자 10은, 전체성과 중심점을 상징하는 숫자 5, 그리고 이원성의 원리Duality Principle를 나타내는 숫자 **2Two**와 연관되어 있었다 - 성서에서 숫자 10은, 종종 완전한 전체/완전하게 닫힌 전체의 숫자로서 나타난다: 즉 십계명, 10개의 이집트의 전염병들, 10명의 처녀, 10명의 나병 환자들이 있다.

Tetractys: 정삼각형으로 나타낸 기하학적 표현.

Tetractys[592] 테트락티스. 피타고라스 학파에게, 이것은 신성한 숫자였으며, 1, 2, 3과 4라는 숫자들의 **총합**總合이며, 완벽함의 본질을 의미한다. 그 합습은 모든 만물들의 원천으로서 간주되었다. 그리고 조화의 신으로서 의인화되었다.

Tetramorph[593] 테트라모르프. 이것은 네 부분으로 이루어진 형태 또는 모양이다. 중세 후기까지, 이것은 4명의 **케루빔천사들**Cherubim(Chrub을 보라)을 위한 집합적 명칭이었으며, 그리고 4명의 복음사가(하나의 형상 안에 4개의 얼굴들을, 그리고 4개 혹은 6개의 날개를 가진다; **Evangelists, Symbols of**를 보라)들의 상징을 위한, 집합적 명칭이었다. 그 형상은, 요한계시록과, 에제키엘이 본 4 날개 달린 생물들의 환상Ezekiel's Vision에서 유래한 것이다. 그들 가운데 하나는 **인간존재**Human Being를 닮은 얼굴을, 하나는 **사자**Lion의 얼굴을, 하나는 **숫소**Steer의 얼굴을, 또 하나는 **독수리**Eagle의 얼굴을 하고 있었다. 아마도 이것은 원래 하느님이, 어디에나 영적으로 존재하신다는 것/무소부재無所不在Omnipresence을 상징하는 것과 관련이 있었을 것이다.

Tetramorph: 2바퀴 위에 있는 테트라모르프. 구약과 신약성서를 상징한다. 1213년, 그리스 Athos에 있는 수도원 회랑에서.

Third Eye (초능력자의) 제3의 눈. Eye를 보라.

Thirteen 13/열셋/십삼. 고대 이래로 이것은, 불길함을 예고하는 숫자로 여겨져 왔는데, 그 이유는, 특히 12진법에서 이것이 행운을 가져온다고 여겨지는 숫자 **12**Twelve 다음에 오는 숫자이기 때문이다; 이런 이유로 바빌론 사람들[594]에게, 이것은 지하 세계의 숫자였

---

592 피타고라스는 조약돌을 이용해 자연수 1, 2, 3, 4···를 순서대로 놓아 삼각형 모양을 만들었다. 삼각형은 가장 안정된 기하학적 형태이다. 특히 10개의 조약돌이 삼각형을 이룰 때 밑변이 4인 수로 이루어져 있다. 이를 테트라틱스tetractys라고 부른다.

593 [그리스도교] 4복음서의 기자를 상징하는 날개가 달린 결합형상

594 바빌로니아인은 기본적으로 60진법(sexagesimal system)을 사용했다. 60은 여러 약수를 가지는 숫자(2, 3, 4, 5, 6, 10, 12, 15, 20, 30)라 계산과 천문학에 매우 유리했다. 그래서 바빌로니아 수 체계는 60진법이 핵심이다. 그러나 60진법 안에는 12가 중요한 약수이기 때문에, 바빌로니아인들은 12를 단위로 많이 사용했다. 1시간 = 60분, 1분 = 60초, 1년 12달. 이런 구조에 바빌로니아적 전통이 남아 있다. 요약하면: 바빌로니아인은 엄밀히 말하면 12진법을 사용한 것은 아니고, 60진법을 사용했지만, 그 안에 12가 중요한 핵심 단위로 포함되어 있었다.

으며, 완벽함을 파괴하는 숫자였다. - 카발라는Cabala[595] 13의 사악한 영들을 언급한다. - 구약성서에서 13은 구원을 가리키는 숫자로서 나타난다. 그러나 **묵시록Apocalypse**의 13번째 장은 적그리스도와 짐승들을 관련시킨다. - 특정한 맥락에서(예를 들어, 고대에서), 13은 강함과 숭고함의 상징이었다(예를 들어, Zeus는 때때로 12 주신主神으로 이루어진 원형 집단에서 제13의 존재로서 속에서 묘사되었다). - 일부 인도 문화들에서 13은 신성한 숫자이다.

Thirty-Six 36/삼십육. 피제수(나누어지는 수)로서, 이것은 상징적 숫자인 **4Four**(종종 땅과 연관되어진)와 **9Nine**(이것은 다시 성스러운 숫자 **3Three**의 세 배를 포함한다)를 함유한다. 그래서 36과 이것의 배수는, 때때로 하늘(**Sky를 보라**), 땅, 그리고 인간들 사이의 우주적 관계들의 상징들이다(예를 들어, 36은 하늘의 숫자이며, 72는 땅의 숫자이며, 108은 인간들의 숫자이다). 36은 또한 총체성 상징이기도 하다, 그 이유는 이것이 첫 4개의 짝수들(2+4+6+8=20)과 첫 4개의 홀수들(1+3+5+7=16)(이 홀수 안에서 1은 첫 홀수라고 간주된다)의 합을 나타내기 때문이다; 이런 점에서, 36은 피타고라스 학파에게 있어서 중요한 의미를 지녔다.

Thistle: 1. 보통 엉겅퀴(또는 스코틀랜드 엉겅퀴) 2. 물결 엉겅퀴.

Thistle 엉겅퀴(스코틀랜드의 국화). 많은 가시 있는 식물들처럼, 이것은 어려움과 고통의 상징이다. 그리스도교 미술에서, 이것은 그리스도와 순교자들의 고통을 의미한다. 그래서 이것은 또한 구원의 상징이다(**금작화Broom**가 그런 것처럼). - 적을 물리치는, 가시들은 보호의 상징이다. - 중국에서, 엉겅퀴는 장수를 상징한다. 아마도 이것이 잘리고 말랐을 때조차도, 자신의 형태를 유지하기 때문인 것 같다.

Thorn: 가시관을 쓰고 고통받는 남자. 1511년, Durer가 만든 『The Great Passion위대한 수난』의 표제 페이지에서 발췌한 세부 그림.

Thorn 가시. 이것은 어려움, 장애들, 그리고 고통의 상징이다. 용설란의 가시는, 일부 인도 문화에서, 고행의 도구였다. 사제들은, 자신의 피를 신에게 제물로 바치기 위하여, 용설란의 가시들로 자신의 살을 찢었다. - .그리스도교적 시각미술과 조형미술에서, 두개

---

595 히브리 신비철학, 밀교.

골을 둘러 감고 있는 가시 나뭇가지는 영원한 저주를 상징한다. — 그리스도의 *가시관Crown of Thorn*은 고통의 상징이며 또한 조롱의 상징이다; 수도승의 원형 삭발은, 여러 의미 중 하나로, 가시관을 가리킨다[596]. — 이삭Isaac의 제물 이야기에서, 가시덤불은 때때로 십자가와 그리스도의 가시관을 상징적으로 예시하는 것으로 여겨졌다. **불타는 가시덤불Thorn Bush, Burning을 보라.**

Thornbush: 불타는 가시덤불 곁에 선 모세. 14세기 전반, Wimpfen im Tal에 있는 Stiftskirche성당의 유리그림 모방.

Thornbush, Burning 불타는 가시덤불. 하느님께서, 불타고는 있으나 타서 없어지지는 않는, 가시덤불 속에서 모세에게 나타나셨다. 그 불타는 가시덤불은 영적인 **불Fire**의 파괴되지 않는 힘을 상징한다. 그리스도교 미술과 문학에서, 이것은 또한 성모 마리아를 상징한다. 그녀는 어머니가 되셨으나 처녀성을 유지하셨다(즉, "불 탔으나Burned" "손상되지 않은 채로Undamaged" 남아있었다).

Thousand 천. Hundred를 보라.

Thread 실. 이것은 일반적으로 결합과 연결함을 상징한다. 예를 들어, 우파니샤드Upanishad[597]는, 이 세상을 다음 세상과 연결시키며, 또한 모든 존재를 서로서로 연결시키는 실에 대해서 말한다. 또한, 시간과 생명은 종종 실에 비유된다(**Erinyes[598]를 보라**). — 그리스 신화에서 아리아드네Ariadne[599]의 실은, Minos의 왕의 딸인, 아리아드네Ariadne가 Theseus[600]에게 주었던 실뭉치이다. 이 실뭉치를 수단으로 하여, 그는 **미로Labyrinth**로부터 나가는 길을 발견했다. 이것은 학습과 지식을 이끄는 원리를 나타내는, 널리 알려진 상징이다.

Thread of Life 목숨. Fates를 보라.

---

596 수도사의 삭발은 단순한 머리 모양이 아니라, 그리스도교적 상징, 특히 예수의 가시관과 연결되는 의미도 담고 있다는 뜻이다.

597 [힌두교] 우파니샤드(고대 인도의 철학서)

598 [그리스 신화] 복수의 여신(=Furies)

599 [그리스 신화] 아이아드네(Theseus에게 실패를 주어 미궁탈출을 도운 Minos왕의 딸)

600 [그리스 신화] 테세우스(괴물 Minotaur를 퇴치한 영웅)

Three 3/삼/셋. 많은 민족에게 특히 중요한 숫자인 이것은, 일One과 이Two의 종합이며, 모든 것을 포괄하는 원리의 상징이며, 중재의 이미지이며, 그리고 **땅**Earth(즉, **넷**Four)의 숫자와 대조되는, 천상Heaven(**Sky를 보라**)의 숫자이다. 숫자 3의 보편적인 상징적 의미는 아마도 남자·여자·아이로 이루어진 삼위(三位)의 관계에서 비롯되는 생산적 충만함이라는 기초적 경험과 관련이 있을 것이다. 숫자 3은 또한 수많은 체계와 질서 개념들의 기초를 이룬다. 예를 들어, 그리스도교에는 신앙, 사랑 그리고 희망이라는 3개의 덕목이 있다; 연금술에는, **유황**Sulfer, **소금**Salt, 그리고 **수은**Mercurius(Quicksilver)으로 표현되는, 3개의 기초적 철학적 원소들과 우주적인 원리들이 있다. 신적인 삼위체계는 많은 종교에서 알려져 있다(예를 들어, 이집트의 Isis[601], Osiris[602], 그리고 Horus[603]; 힌두교에서의 Brahma[604], Vishnu, 그리고 Shiva와 같은); 이런 종류들의 신적인 삼위체계들은, 종종 하늘, 땅 그리고 그 둘을 이어주는, **공기**Air에 관련되어 있다. 그러나 그리스도교에서, 삼위일체 하느님the Triune God은, 종종 세 위격의 일체(삼위일체the Trinity)로 시각적으로 표현된다. - 닫힌 전

Three: 삼위일체 하느님 표현 모방. Hrabanus Maurus의 『De Origine Rerum사물의 기원론』에서 발췌.

Three: 삼위격의 통합으로서의 삼위일체 표현. 1524년, Paris, 목판화.

Three: 일체로서의 삼위일체, 이원성 위에 놓인 사원체(상징 체계에서 4와 2의 원리). 1678년, Valentinus의 『Duodecim Claves 열두 개의 열쇠』에서 유래.

Three: 세 마리의 서로 연결된 토끼가 있는 창문. Paderborn에 있는 대성당.

체성 안에서 충만함이나 완성을 나타내는 숫자로서, 3 은 동화에서 넘어야 할 시험의 수나, 혹은 풀어야 할 수수께끼의 숫자로 자주 등장한다. - 철학에서 삼중구조는, 사유와 존재 사이를 매개하는 원리

---

601   [이집트 신화] 이시스(농사와 수태를 관장하는 여신).

602   [이집트 신화] 오시리스(명부(冥府)의 왕).

603   [이집트 신화] 호루스(매의 모습을[머리를] 한 태양신).

604   ①[힌두교] 범(梵)(세계의 최고 원리), 창조신(神).<cf.> Vishnu, Siva ②브라마(몸집이 크고 발에 깃털이 난 닭의 한 품종; 인도 원산).

로서, 또는, 헤겔 철학에서처럼, 변증법적 전개의 원리(Thesis정립, Antithesis반정립, Synthesis종합)로서, 중요한 역할을 담당한다. **Triangle삼각형, Trident삼지창을 보라.**

Tree Leafed . Leaf를 보라.

Threshold 문지방/문턱/경계/전환점. 문Door과 마찬가지로, 이 것은 한 장소나 상태에서 다른 곳으로 이동하는 전환의 상징이자, 서로 다른 장소나 상태 사이를 구분하는 경계를 나타내는 상징이 다. - 누군가가 문지방을 넘지 못하게 하는 것은 그 사람과 아무런 관계를 맺고 싶지 않다는 뜻이며, 반면에 "누군가의 문턱 앞에 진을 치다(또는 문지방에 머물다)"라는 말은 그 사람과 끊임없이 접촉하 려 한다는 뜻이다. - 성전의 문지방은, 많은 문화에서 신성한 것으 로서 간주된다. 그리고 그래서 그것을 건너기 전에 특정한 종류의 씻음 혹은 정화가 요구된다(예를 들어, 모스크의 문지방에서 신발 을 벗는 것). 여러 문화권에서는 문지방 자체를 밟아서는 안 된다.

Throne: 군주의 왕좌. 840년, (중세 필사 본)Viviano 성경에서 유래.

Throne 왕좌. 속세와 신성한 영역에서 통치권과 명성의 상징인 이 것은, 종종 받침대 위에 높여져 있으며, **천개Baldachin**[605](Canopy 장식용 덮개)로 장식되어 있다. 왕좌의 형태와 재료는, 통상 상징 적으로 중요하다. 예를 들어, 불교의 신앙에는, 붓다의 **다이아몬드 Diamond** 왕좌가 있는데, 이것은 보리수나무(**Fig Tree를 보라**)의 발치에 서 있다고 추정된다. - 아마도 이집트 여신인 Isis는, 통치자 의 왕좌의 화신이라고 이해되었다. 사람들은 신적인 존재로서 이것 을 생각했다; Isis는 종종 자기의 머리 위에 "왕좌"라는 상형문자를 지니고 있다. - 하느님의 왕좌 또는 개개의 신들의 왕좌는, 다양한 종교에서 천사들에 의해서 태어나는 것으로서, 또는 신성한 상징적 동물들에 의해서 태어나는 것으로서 간주된다. - 코란은 종종 "왕

---

605   baldachin(발다킨); 사제좌석, 제단, 왕좌 등의 위에 설치되는 장식용 천 덮개
       (Canopy). baldachin과 canopy는 매우 비슷한 의미를 갖는다. Canopy: 일반적
       으로 "덮개, 차양, 천장 장식" 등을 의미하며, 왕좌, 침대, 제단 위에 드리우는 장식
       용 천 덮개를 포함한다. Baldachin: 좀 더 공식적이고 역사적인 용어로, 특히 왕
       좌나 제단 위에 드리운 장식용 천 덮개를 가리킨다. 기독교 성당이나 궁전에서 많
       이 등장한다.

좌의 주님Lord of the Thorne" 또는 "왕좌의 주인Master of the Thorne"이라는 이름으로 Allah를 언급한다. 이런 맥락에서의 왕좌는 신적인 지혜의 총합을 상징한다; 이것은 빛나는 녹색의 금속으로 만들어진 것으로 서술되는데, 이 금속은 불가해하게 밝으며, 70,000개의 혀로 이루어져 있으며, 이 혀들은 모든 언어로 하느님을 찬미한다. 이것은(왕좌는) 매일 70,000가지의 색깔로 변화되는 것으로 추정되며, 모든 존재하는 것들의 태고적 이미지들을 그 안에 포함하는 것으로 추정된다; 지지하고 있는 기둥들 사이의 거리는, 빠르게 날아가는 새가 80,000년 동안 덮을 수 있는 거리와 동일하다. - 유대교에서, 왕의 왕좌, 또는 예루살렘 도시 전체는, 상징적으로 야훼 하느님의 왕좌를, 그리고 그의 백성들에 대한 통치자의 지위를 상징한다. 구약성서에서, 왕좌는, 무엇보다도, 판관으로서의 하느님의 힘의 상징으로서 나타난다. - 초기 그리스도교회는, 아치 모양의 등받이를 가진 의자, 주교좌Cathedra를 도입했는데, 그 의자 위에 높은 지위의 사람들이 앉았으며, 반면에 다른 사람들은 서 있었다. 교회는 이 의자를 영적 스승의 직분을 상징하는 표지로 삼았으며, 교회의 창립자나 주교의 좌석으로서 전례적 의미를 이 의자에 부여하였다. - 초기 그리스도교 미술은, 최후의 심판의 날에 그리스도의 재림을 위한 왕좌에 관한, 상징적 준비의 주제Motif를 발달시켰다(**Etimasie를 보라**).

Thumb 엄지손가락. 손이 온전히 쥐는 능력을 발휘하도록 해 주는 손가락(다른 손가락들과 마주하기 때문)으로서, 그것은 흔히 남성적이고 창조적인 것으로 해석되며, 따라서 남근의 상징이기도 하다. **Finger를 보라**.

Thunder 천둥. 번개Ligntning와 같이, 이것은 많은 문화에서 신적인 힘들의 상징이며 표현이다. 그리고 이런 이유로 이것은 또한 가장 높은 신성들의 속성이기도 하다. - 고대 게르만족에게, 천둥은 Donar[606]가 자기의 해머를 던질 때 발생했다. - 성서에서, 이것은 하느님의 목소리, 특히 하느님의 성난 목소리이다. - 켈트족은 천둥을,

---

606 [게르만 신화] 도나르; 뇌신雷神, 북유럽의 Thor에 해당.

원소들의 분노를 불러 일으키는, 우주적 소란의 표현으로서 이해했다; 추가적으로, 그들은 천둥 안에서 신들의 벌을 보았다. - 시베리아와 북아메리카에는, 자신의 날개를 젓는 것으로 천둥을 만들어낸다고 여겨지는 신화적 새에 관한 관념이 있다; 이것은 야생의 **거위Goose** 또는 **오리Duck**로서, **철로 된 새Iron Bird**로서, 또는 **독수리Eagle**로서 나타날 수 있다. - 중국인들에게, 천둥은 천상적인 **용Dragon**이 움직일 때 생겼다. - 때때로 (예를 들어, 몇몇의 인도 문화들에서) 하나의 다리가 달린 천둥 신이 나타난다. 천둥 신들은, 자주 자신들을 위해 **번개Lightning, 망치Hammers,** 그리고 몽둥이를 만들어내는, 도우미Helper로서 대장장이들을 가진다.

Thyrsus[607] 酒神 **바커스의 지팡이.** 특히 고대에서 흔한 이것은, 소나무 가지들로 만들어지고, 솔방울로 왕관이 씌워지고, 그리고 **담쟁이 덩굴Ivy**과 포도나무잎들(Grapevine, Wine을 **보라**)로 휘감긴, 지팡이이다. 이것은 생식력과 불멸성의 상징이며, 어머니 여신들의 기념식에서, Hermes(Mercury)의 기념식에서, 그리고 Eleusis[608]의 디오니소스 신의 축제에서 사용되었다. 이것은 또한 디오니소스Dionysus 신의 속성이며, 광란의 여자의 속성이다. - 그리스도교 미술에서, 바커스의 지팡이는 식물적 생명력의 상징이며, 또는 이교도적 성격의 상징이다.

Tiger: 중국 그림, 명나라 시기.

Tiger 호랑이. 이것은 강함과 야생의 긍정적이며 부정적인 상징이다. - 중국에서 호랑이는 원래 사냥의 보호적 정령Spirit이었으며, 이후에는 농사의 보호적 정령이 되었다. 때때로 호랑이는 어두운 덤불 속에서 살며, 특히 음陰 원리(Yin and Yang을 **보라**)에 의해서 규정되며, **용Dragon**의 선하거나 악한 대립자로 등장한다. 하얀 호랑이는 왕족의 덕목의 상징이다. - 불교에서, 밀림 속에서 스스로

---

607   1. [그리스 신화] 술의 신 바커스의 지팡이 2. 식물 Thyrse: [고대 그리스 신화]에서 디오니소스(Dionysos)와 그의 추종자들(마이나데스, 사티로스 등)이 들고 다니던 상징적 지팡이다. 주요 특징: 솔방울(pinecone)이 꼭대기에 달린 나뭇가지 지팡이. 포도나무나 아이비(담쟁이덩굴)로 감겨 있음, 그리고 풍요, 생명력, 광희(狂喜), 도취를 상징하며, 때로는 근육질의 곤봉이나 무기처럼 상징적으로 사용되기도 함. 즉, 디오니소스 숭배의 중요한 상징물로, 술·축제·생명의 힘을 나타내는 신성한 지팡이이다.

608   엘레우시스(고대 그리스Attica국의 도시)

길을 찾아가는, 호랑이는 정신적 노력(수행의 노력)을 상징한다. 호
랑이는 어둠 속에서도, 그리고 초승달 시기에도 방향을 찾을 수 있
기 때문에, 내적 빛, 빛의 증가, 또는 어둡고 어려운 시기 이후의 삶
을 상징하기도 한다. - 포식성의 동물로서, 호랑이는 억제되지 않는
충동의 위험한 힘을 상징한다. - 호랑이는 중국의 조디악Zodiac의
3번째 별자리이며, **쌍둥이자리Gemini**[609] 에 해당된다(**Twins**를
보라).

Tin 주석. 이것은 중세 연금술에서 목성Jupiter과 동일시되었는
데, 목성은 도움을 주는 행성으로 묘사되었다. 이것은 열기와 차가
운 것 사이의 중재자, 그리고 화성(Iron을 보라)과 토성(Lead를 보
라)사이의 중재자로서 여겨졌으며, 또한 영리함과 생기를 불러일으
켰다. **Metal을 보라.**

Toad 두꺼비. 어둡고 습기 찬 장소를 좋아하는 동물로서, 이것은
중국에서 음원리(**Yin and Yang을 보라**)와, **달Moon**, 생식력, 그
리고 부유함과 관련있었다. - **개구리Frog**와 같이, 이것은 많은 문
화들에서 **비Rain**와 비 마법Rain Magic과 연관되었다. - 서양에
서 두꺼비가 과거에는 태양과 관련이 있는 상징성과 연관되었을 수
있으며, 후에는 양가적兩價的으로 해석되었다. 이것은, 보물의 보
호자로서, 가정의 좋은 정령으로서 보여졌으며, 그리고 무엇보다도
출산 시의 보조자로서 보여졌다(왜냐하면, 고대에 자궁은 두꺼비
의 형태로 상상되었기 때문이다). 그러나 이것은 또한 독이 있는 마
녀의 친구로서 보여졌다. - 이집트에서, 두꺼비는 죽은 자들의 동
물이라고 여겨졌으며(아마도 이것이 땅속에 사는 것을 선호하는 것
때문일 것이다), 그리고 개구리와 같이, 부활을 상징했다(아마 올
챙이에서 성체로 변하는 두드러진 형태변화 때문일 것이다). - 중세
미술에서 두꺼비는 죽음을 묘사한 그림들에 등장하며, 색욕과 탐
욕이라는 악덕과도 관련되어 나타난다.

Toad: 사탄에게 경의를 표하며 춤추는 2마리
두꺼비. 1845년, Collin de Plancy의 『Dictionaire
Infernal지옥의 사전』 속 그림 모방.

Tomato 토마토. 이것의 붉은 즙과 이것의 많은 씨앗들 때문에 이

---

609 쌍둥이자리(황도 십이궁의 셋째 자리)

것은, 아프리카의 흑인들 사이에서, 피와 생식력과 연관되어 있다.
- 유럽에서 이것은, 붉은 **사과Apple** 같이, 사랑의 상징이었다.

Tongue 혀. 이것의 형태와 빠른 움직임 때문에, 이것은 상징적으
로 **불길Flame**과 동일시된다. - 몇몇 아프리카 흑인들 사이에서, 혀
는 생식력과 연관되어있는데, 그 이유는 이것이 말을 "발생시키는"
기관이기 때문이다. 그리고 이런 이유로 혀는 비, 피, 그리고 정자精
子와 연관되어 있다.

Torch: 횃불을 들고 있는 이집트 태양신,
Horus의 눈. 이집트 무덤 안의 벽화 모방.

Torch 횃불. 불Fire의 집중된 형태로서, 횃불은 불과 같은 의미를
가진다. 이것은, 입문 의식에서 정화와 계몽의, 흔한 상징이다. 고대
에서, 젊은이 또는 천재(정령)가 손에 들고 있는 아래로 향한 횃불
은, 생명의 소멸로서의 죽음을 시각적으로 나타내는 상징이었다. -
죽음의 죄들에 관한 중세적 표현에서, 횃불은 때때로 분노를 상징
한다. - 민속적 용법에서, 횃불은, 특히 겨울과 봄에, 생식력과 연관
되었다.

Tortoise: 세계 창조 장면을 그린 그림의 일
부. 그 세계에서는 태초의 우유바다가 세
계의 축이 주기적으로 회전함에 따라, 버터
로 변한다. 그 축은 거북이 위에 놓여 있다.
Hindu 회화를 본뜸.

Tortoise 거북. 이것은 인도, 중국, 그리고 일본의 신화에서 중요
한 동물이다. 이것의 등딱지의 무늬는 우주의 구조를 나타내는 패
턴으로 해석되었다. 때때로 거북이 자체 또는 이것의 발은, 우주의
지주支柱로서, 천상의 왕좌로서, 태고적 물로서, 또는 불멸자들의
섬으로서 묘사된다. 몽고의 신화에서, 금으로 된 거북이는 우주의
중앙의 **산Mountain**을 짊어지고 있다. 거북이의 아치 모양으로 굽
은 등껍질은, 때때로 하늘을 모방한 것으로 여겨졌으며, 예전에는
평평한 원반 형태라고 믿었던, 지구 위로 솟아 있는 일종의 복부 갑
옷(배 갑옷)으로 간주되었다. 거북이 자체는, 하늘(Sky를 보라)과
땅Earth 사이의 중재자라고, 또는 전체 우주의 상징이라고 여겨졌
다. - 이것이 매우 오랫동안 살기 때문에, 이것은 또한 불멸(예를 들
어, 중국의 무덤에 사용되는)의 상징이다; 이것의 껍데기와 뇌로부
터, 생명을 연장한다고 여겨지는 영약이 만들어졌다고 한다. 일본
에서는, 거북이가 12,000년까지 산다는 명성이 있었는데, 거북이
는 종종 **소나무Pine**와 **학Crain**이라는, 즉 다른 두 가지 불멸의 상
징들과 함께 묘사되었다. - 그 긴 수명과, 글자로 해석되기도 했던

등에 있는 신비한 무늬 때문에, 그것은 또한 지혜의 상징이 되기도 했다. 거북이가 체스판 같은 등껍질을 가진 것으로 묘사되는 아프리카에서는, 거북이가 지혜, 재주/솜씨 좋음, 그리고 힘을 상징한다; 이것의 등딱지는 둥근 하늘, 즉 천궁을 상징한다. - 이것이, 다른 세계로 들어가듯이 자기의 등껍질 속으로 쏙 들어갈 수 있기 때문에, 이것은 특히 인도에서는, 집중과 명상의 상징이다. - 중국에서 거북이는 겨울, 북쪽, 그리고 물의 화신이다. - 이것의 수많은 자손 때문에, 이것은 고대에서는 생식력 상징으로서 간주되었으며, Aphrodite[610] (Venus)에게 바쳐졌다; 이것의 머리의 남근 형태 때문에, 이것은 또한 Pan[611]에게 바쳐졌다. 자기 껍질 속으로 쏙 들어가는 이것의 능력때문에 그것은 가정적 덕목의 상징이 되기도 했다. - 특히 동양에서와, 동양의 영향을 받은 서양의 그 지역에서는, 거북이가, 어두운 세력과 결탁된 악마적 동물로서 간주되었다. 예를 들어, (빛Light으로서) 수탉과 싸우는 (어둠으로서) 거북이의 묘사는, 이런 생각에서 유래한다. - 교부들에게, 진흙에서 사는 (늪) 거북이는, 천함과 한낱 관능적 즐거움의 상징이다. 고대에서 이것의 껍질이 리라/수금의 울림판을 만드는 데 사용되었기 때문에, 거북이는 또한 그리스도교 문학에서, 죄 많은 육체가 영의 힘에 의해 도덕적으로 변화하는 것을 상징하는 것으로도 언급된다. - "거북이 섬"은 북아메리카를 가리키는, 아메리카 원주민의 용어이다. 오지브웨이Ojibway[612] 족의 창조 이야기는, 어떻게 거북이가 땅을 창조했는지에 관한 세부사항을 담고 있다.

Touch-Me-Not 봉선화 屬. Mimosa를 보라.

Tower 탑. 이것은 힘의 상징이거나, 또는 일상적인 수준을 초월하는 것의 상징이다. 이것의 형태 때문에, 이것은 남근적 상징이다; 그러나, 창문이 없고 닫혔을 때, 이것은 처녀성(그래서 성모 마리아는 상아의 탑으로 비유된다)의 상징이 될 수 있다. 세계로부터 격리된 요새화된 공간으로서, 타워는 또한 철학적인 사유와 명상의 상징

Tower: 아가서雅歌書에서 따온 성서적 이미지들이, 성모 마리아의 상징으로서, 복되신 성모 주위를 둘러싸고 있음(그중에는 다윗의 탑도 포함). 1577년, 독일의 Ingolstadt에서 출판된, P.Canisius 의 『De Maria Virgine동정 마리아론』 속의 그림.

---

610 [그리스 신화] 아프로디테(사랑과 미의 여신, 로마 신화의 Venus에 해당)
611 [그리스 신화] 판, 牧神(염소의 뿔과 다리를 가진, 음악을 좋아하는 숲. 牧羊의 신)
612 Ojibwa(y)오지브웨이 족(의 사람)(북미 인디언의 대종족), (Algonquian 계열)

일 수 있다(비록 **상아탑**Ivory Tower이 부정적인 뉘앙스를 가진다고 하더라도). - 중세 그리스도교 미술에서, 타워는 경계/감시를 상징한다. 초기 그리스도교 시대 때, 타워는 종종 전체의 "신성한 도시"를 상징했다: **등대**Lighthouse - 실제로는 불이 켜진 탑 - 는, 존재라는 파도 위를 항해하는 '인생의 **배**Ship'가 향하는 영원한 목표를 상징했다. - 바빌로니아의 계단식 타워인, **지구라트**Ziggurat[613]는, 아마도 세계 **산**Mountain의 상징이었을 것이다; 각각의 계단들은, 인간이 하늘(천상)을 향해 점진적으로 올라가는 것을 상징했다. 바벨 탑(Babel, Tower of를 **보라**)은 지구라트Ziggurat[614]였다.

Transmutation[615] 변형/변성. V.I.T.R.I.O.L.[616]을 **보라**.

Treasure 보물. 이것은, 많은 사람의 신화론적 상징묘사에서, 특히 종종 **괴물**Monster이 지키고 있는 숨겨진 보물로서 나타난다. 이것은 때때로 비전祕傳의 지식의 상징으로서 이해되며, 그리고 정신분석적 관점에서는, 개인의 발달에서, 많은 사람들이 원하는 목표의 상징으로서 이해된다.

Tree 나무. 이것은, 가장 넓은 의미 범위 중의 하나를 지니고 있으며, 지리적으로도 가장 광범위한 지리학적 분포를 갖는 상징이다. 식물계의 강력한 표현으로서, 나무는, 신적인 본질의 형상으로서, 또는 신적 존재가 느껴지는 힘들의 거주지로서, 제례적으로

613　(고대 메소포타미아의) 신전

614　Ziggurat: 고대 메소포타미아의 계단식 신전탑(지구라트).

615　"변형, 변환, 변성(轉成)", 특히 연금술에서 금속을 다른 금속으로 변환시키는 것을 의미한다. 연금술 문맥에서 transmutation은, 비천한 금속 → 귀한 금속(특히 금)으로 변화. 인간의 영혼이 더 높은 단계로 정화·승화되는 과정을 상징한다. 즉, 물질적 의미 + 영적 의미를 모두 갖는 중요한 개념이다.

616　이것은 연금술 상징문구의 약자이다. 풀어서 쓰면: V.I.T.R.I.O.L. = Visita Interiora Terrae, Rectificando Invenies Occultum Lapidem 라틴어 문장 → 연금술의 핵심 격언. 뜻은: → "땅(혹은 자기 내면)의 깊은 곳을 방문하라. 정화(바르게 함)하면 숨겨진 돌을 발견할 것이다."Visit the interior of the earth: 땅의 내부를 찾아라 → 상징적으로 "자기 내면을 탐구하라" Rectifying: 정화하고 바로잡아라. You will find the hidden stone: 숨겨진 돌(철학자의 돌)을 찾게 될 것이다. 여기서 철학자의 돌(Philosopher's Stone)은, 물질적: 금속을 금으로 바꾸는 힘. 영적: 인간을 완성, 각성시키는 원리를 상징한다. 즉, VITRIOL은 내면 탐구 → 정화 → 영적 완성(철학자의 돌 발견) 의 과정을 담은 연금술의 핵심 상징이다.

숭배되어 왔다. 해마다 잎이 새로 돋는 **낙엽성의 나무Deciduous Tree**는, 무엇보다도 죽음을 넘어서 승리를 거둔, 생명의 재탄생의 상징이다; 늘푸른 **침엽수Conifer**는, 불멸성의 상징이다. 뿌리는 땅속에 붙잡혀 있고, 힘 있게 위로 솟아오르는 줄기와, 하늘을 향해 뻗어 나가는 듯한 수관(樹冠)/나무꼭대기를 지닌 나무의 형태는, 지하의 저승세계(Chthonic크토닉), 지상의 삶, 그리고 하늘의 우주적 영역이 하나로 결합하는 것을 상징해 왔다. 이러한 측면들은 세계수World Tree[617]를 떠올리게 하는데, 세계수는 세계를 떠받치는 존재로 보이거나, 더 흔하게는, **세계의 축World Axis**을 구현한 존재로 여겨져 왔다(예를들어, 북유럽 신화의, 언제나 푸른 세계의 물푸레나무World Ash인, **이그드라실Yggdrasil**). 그러한 세계수들의 잎들과 가지들은, 신화적 동물들이, 죽은 자들 또는 태어나지 않은 자들의 영혼(종종 **새들Birds**의 형태로)들이, 또는 떠오르고 지는 태양과 달이, 자주 깃드는 곳이다. **조디악 Zodiac/별자리(황도대)**에 대한 상징적 의미를 담고 있는 것으로 보이는, 12마리의 태양 새Sun Birds가 세계수의 가지에 산다고 하는 관념은, 많은 신화적 세계관에서 나타난다(예를 들어, 인도와 중국에서). 세계나무의 수관/꼭대기에서 사는 새들은, 영적인 존재와 영적인 발달의 더 높은 수준들을 상징한다. - 나무에 관한 의인관[618]적 해석은(즉, 나무가 인간처럼 똑바로 서 있고 인간처럼 자라며 죽어간다는 해석), 널리 퍼져있다; 이런 이유로, 나무는, 다양한 사람들 사이에서(예를 들어, 중앙아시아, 일본, 한국, 호주에서), 인간의 신화적 조상으로서 나타난다. 그 나무는, 결혼 전에 신부를 나무와 결혼시키는 풍습을 통하여, 상징적으로 더욱 인간존재와 동일시된다; 이런 풍습은 인도의 많은 지역에서 흔한데, 이런 곳에서 이런 풍습의 목적은 생식력을 강화시키는 것이다. 이런 풍습과 비슷하게, 두 개의 나무 사이 상징적 결혼이 있는데, 이 나무들의 활력 에너지Vital Energy는 특정한 인간 커플에게 옮겨지는 것으로 추정된다. - 과일을 맺고, 그늘과 보호를 제공하는 나

Tree: 지식 나무 아래에 있는, 아담, 이브 그리고 뱀. 『비질라누스 또는 알벨덴시스 라는 중세 필사본Codex Vigilanus seu Albeldensis』 속 그림 모방.

Tree: 나무 우상을 중심으로 둥글게 도는 춤. 약 1000 B.C, 키프로스산Cypress 점토 인형.

617　World Tree 세계수는. 신화, 종교, 철학에서 등장하는 상징적 나무로, 천상, 지상, 저승을 연결하는 우주적 중심 축을 의미한다; 노르드 신화에서는 위그드라실 (Yggdrasil)이 대표적이고, 다른 문화권에서도 비슷한 개념이 있다.

618　신. 동물. 사물을 의인화해서 보는 관점.

무는, 많은 민족에 의해서 여성적 또는 모성적 상징으로서 이해되어왔다. 그러나 똑바로 서 있는 줄기는 통상 남근 상징으로 여겨진다. - 나무와 **불Fire**의 연관은 또한 널리 퍼져있는데, 아마도 나무에 생명력이 있다고 여기는 것과 관계가 있을 것이다. 특정한 나무의 목질 속에는, 불이 숨어있다고 여겨졌으며, 문지름을 통하여 그 불을 끌어낼 수 있다고 여겨졌다. - 인도의 전통에서, 거꾸로 자라는 나무—뿌리는 하늘에 고정되어 있고 가지는 땅 아래로 퍼져 있는—의 이미지는, 아마도 물질 세계에서는 태양의 생명 부여 능력을, 영적 세계에서는 영적인 **빛Light**을 나타내는 것일 수 있다 (**Depth, Height를 보라**). *Bhagavad-Gita*[619]는, 도치된 나무를, 태초의 땅으로부터 모든 존재가 펼쳐져 나오는 것을 상징하는 것으로 해석한다. 뿌리는, 만물의 현현/나타남의 원리를 나타낸다; 가지들은, 이 원리가 구체적이고 세부적으로 실현된 것(현실화된 모습)을 나타낸다. 도치된 나무는 또한 다른 맥락에서 나타난다 (예를 들어, 밀교Cabala[620]에서 생명 나무로서, 또는 이슬람에서 행복 또는 행운의 나무로서). - 성서에서, 나무는 생명의 나무로서 그리고 선과 악이라는 지식의 나무로서 이중 형태로 나타난다. 생명의 나무는, 낙원의 태고적 충만함을 상징하며, 시간의 종말에 이루어 지기를 고대하는 성취/완성의 상징이다; 유혹적인 열매가 달린, 지식의 나무는 신적인 계명에 반대되는 행동에 대한 매력을 상징한다. 그리스도교 미술과 문학은, 낙원의 나무와 그리스도의 십자가 나무 사이의 관계, 즉 "낙원을 우리에게 회복시켜 주었으며"(**Tree Cross를 보라**), 그리고 "진정한 생명의 나무"인, 그리스도의 십자가의 나무와 낙원의 나무 사이의 밀접한 상징적 관계를 만들어낸다. - 정신분석에서는 나무를 어머니, 정신적·지적 발달, 또는 죽음과 재생을 상징하는 요소로 해석한다. 일부 심리 검사들은, 나무 그림을 한 개인의 전체인격을 상징적으로 표현한 것으로 보고, 그것을 평가하려고 한다. **Apple, Arbor Philosophica 철학적 나무, Ash물푸레나무, Cedar삼나무/향나무, Christmas Tree, Cypress싸이프러스/측백나무, Fig Tree무화과, Lime**

619　[힌두교] 인도 2대 서사시의 하나인 Mahabharata의 일부.

620　히브리 신비철학, 밀교.

Tree, Oak참나무, Olive Tree, Peach Tree, Pear Tree, Plum Tree, Root of Jesse이새의 뿌리, Tree Cross나무십자가, Tree of Life생명 나무를 보라.

Tree Cross 나무 십자가. 특히 독일과 이탈리아에서, 이것은 잎사귀들, 꽃들, 그리고 열매들이 달린 그리스도의 십자가의 형태이며, 죽음을 이긴 승리를 상징한다(**Tree를 보라**). - 가끔, 열매가 열리고, 잎이 무성한 나무에, 십자가에 달린 형상이 함께 묘사되는 것은, 낙원에 있는 선악과나무Tree of Knowledge를 가리키며, 그로부터 그리스도를 통하여 원죄를 극복한 승리를 상징한다.

Tree Cross: 파릇파릇한 나무 십자가로의 인화된 교회. 약 1180년, 책 삽화.

Triangle 삼각형. 상징적으로 숫자 **3**Three과 연관된 이것은, 고대에 **빛**Light상징으로서 다양하게 이해되었다. 위쪽을 가리키는 정점을 가진 삼각형은, 불과 남성적 정력의 흔한 상징이다; 아래쪽을 가리키는 정점을 가진 삼각형은 물과 여성성의 상징이다. - 등변 삼각형은 종종 하느님 또는 조화/화음의 표시로서 사용된다. 그리스도교에서, 이것은 삼위일체 상징이다(종종 특히 17세기 이래로, 손, 머리, 눈과 함께, 또는 **야훼**Yahweh 하느님이라는 히브리 이름과 함께). - 민속 용법에서, 3은 마술사들과 대마법사들 사이에서 액막이 표식이었다. - 프리메이슨들에게 (다른 것 중에서도), 3은 강함, 아름다움, 그리고 하느님의 지혜를 상징한다; 프리메이슨들의 성전의 주춧돌; 광물들, 식물들, 그리고 동물들의 영역; 영적 발달의 수준들(**분리**Sepatatio, **발효**Fermentatio, **부패**Putrefactio); 옳은 연설, 옳은 생각, 옳은 행동; 탄생, 성숙, 그리고 죽음; 등.

Triangle: 하느님의 상징으로서 삼각형 안의 눈. 제대 위에 놓인 모형.

Trident 삼지창. (작살로) 물고기를 잡는 데에 사용되는, 3개 갈래가 있는 지팡이인 이것은 바다신들, 특히 Poseidon[621]의 속성이며, 또한 바다 괴물들의 치아, 태양의 광선들, 번개를 상징한다. - 인도

Trident: 해왕성의 속성으로서 삼지창.

---

621 [그리스 신화] 포세이돈(바다의 신, 로마 신화의 Neptune에 해당)

에서 삼지창은 Shiva신[622]의 속성이며, 그리고 3겹의 시간(과거, 현재, 그리고 미래)을, 또는 경험적인 세계의 세 가지 근본적인 단계, 또는 성질(Becoming생성, Being존재, Passing Away소멸)[623]을 상징한다.

T-Square T자 제도자/T자자. 올바른 각도를(Square를 **보라**) 그리는 데에 사용되는 도구인 이것은, **땅**Earth(숫자 4Four에 해당되는)의 흔한 상징이다. 옳은 각도는, T자 제도자를 사용할 때, 그려질 수 있기 때문에, T자 제도자는 또한 정직함, 성실성, 그리고 준법성의 상징이기도 하다. 이것은, 프리메이슨들의 상징적 사상에서 특별한 역할을 담당한다. 이것은 또한 **콤파스**Compass와 상징적으로 연관되어 있다.

Tumulus 봉분. Grave무덤을 **보라**.

Turban: Sultan Selim III세의 그림을 모방.

Turban 터번[624]/터번형 모자. 힌두교 신자와 이슬람 신자가 머리에 쓰는 수건은, 머리 주위를 감은 긴 천 줄로 만들어졌다. 이것은 다양한(때때로 아주 훌륭한) 복장의 한 요소이며, 그리고 종종 품위와 힘의 상징이다. 무슬림들은 터번을 착용함으로써, 비신자들로부터 자신들을 구별시킨다.

Turkey 칠면조. 북아메리카와 중앙아메리카의 원주민들에게, 이것은 여성적 생식력과 남성의 정력의 상징이다; 이것은, 풍요제에서 제물로 바쳐지는 동물로서 빈번하게 사용된다.

Turquois 터키석. 이것은, 많은 문화에서, **태양**Sun과 **불**Fire과 상징적으로 연관된, 청록색 돌에까지 이르는 장식적인 푸른색이다.

---

622 시바: 힌두교의 3대 神중 한 분으로, 그 특징은:파괴와 재생의 신, 명상과 요가의 신, pavati와 부부로서 우주적 균형을 상징한다. 그 상징은: 삼지창(창조, 유지, 파괴), 물고기와 뱀, 달과 강, 三眼, 파괴와 재생을 동시에 의미하는 화신. 종합하면: 단순히 파괴하는 신이 아니라, 변화와 순환, 생성과 소멸, 내적 깨달음을 아우르는 신이다.

623 이것은 철학적. 연금술적. 신비주의적 문맥에서 자주 등장하는 표현으로 존재와 변화의 3단계를 나타낸다.

624 터번(이슬람교도나 시크교도 남자들이 머리에 둘러 감는 수건)

이것은 동양에서 **부적Amulet**으로서 사용된다.

Twelve 12/열둘/십이. 12진법(바빌론인들에 의해서 사용된)과 60진법의 근본적인 숫자인 이것은, 그래서 신성한, 행운을 가져다주는 숫자였으며, 공간과 시간상의 충만함 또는 전체성의 상징이었다. 이것은 천문학에서 그리고 시간 측정(예를 들어, 12는 1년年의 달수이며, 낮과 밤의 시간 수이며, 조디악/황도대의 별자리 수이다)에서 여전히 중요하다. 중국과 중앙아시아에는, 12년씩 지속되는 기간을 측정하는 시간 단위가 있었다. – 연금술에서, 12는 상징적으로 의미있는 숫자인데, 그 이유는, 다른 여러 이유 중 하나로, 12는, 4가지 **원소들Elements**과, 3가지 연금술적 기본 원리들(Salt, Sulfur, and Mercury[Mercurius를 보라])의 수를, 그 요소로서, 포함하고 있기 때문이다. – 성서에서 그리고 그리스도교 상징성에서, 12는 완전함과 완벽함의 상징으로서 중요한 역할을 담당한다. 이것은 야곱Jacob의 아들들의 숫자이며, 이런 이유로 이스라엘 부족의 숫자이다; 유대인의 고위급 사제들의 흉갑 위에 있는 보석들의 숫자; 사도들의 숫자; 천상 예루살렘 출입구의 숫자(Jerusalem, Heavenly를 보라); 묵시록의 여자는, 12개의 별이 있는 왕관을 쓰고 있다; 그리고 선택된 자들의 숫자는 12×12,000이며, 모든 성인들의 전체를 상징하는 수치이다.

Twenty-Four 24/이십사. 이것은 낮과 밤의 시간의 총합이며, 완전한 숫자 12Twelve의 2배이다. 그러므로 이것은, 조화로운 균형의 숫자를 상징한다. 묵시록에서 이것은 장로들의 수이다.

Twenty-One 21/이십일. 3Three 곱하기 7Seven의 산물로서, 이것은 성서에서 신성한 숫자이며 신적인 지혜의 상징이다.

Twins 쌍둥이. 이것은 다양한 형태로 나타난다: 즉 색깔과 형태에서 동일한; 한쪽은 밝고 다른 한쪽은 어두운; 한쪽은 붉은색이며 다른 한쪽은 푸르른; 한쪽은 하늘을 향한 머리를 가지고, 다른 한쪽은 땅을 향한 머리를 가진 것; 등등. 이것들의 이중적 정체성 때문에, 쌍둥이는, 인간존재 안에 있는 내적인 상반요소를 상

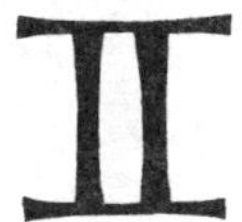

Twins: 쌍둥이 자리Gemini의 점성술적 별자리.

Twins: 점성술적 별자리들의 의인화. 15세기, Tempio Malatestiano 신전, 이탈리아 휴양지 Rimini에, Agostino di Duccio가 만든 부조 모방.

징하거나, 또는 **낮Day**과 **밤Night**의 이중성, **빛Light**과 **그림자 Shadow**의 이중성, 평형과 불균형의 이중성, 조화와 부조화의 이중성을 상징한다. 다양한 민족들(예를 들어, 아메리카 원주민들)의 우주 창조설의 믿음에는, 쌍둥이가 등장하는데, 그중 한쪽은 선하고, 다른 쪽은 악하다; 한쪽은 문명에 도움이 되고, 다른 쪽은 파괴적이다. - 쌍둥이자리*Gemini*, 쌍둥이the Twins는 **조디악 Zodiac**의 3번째 별자리이며; 상응하는 성분은, **공기Air**이다.

Two 2/둘/이. 피타고라스학파들 사이에서, 이것은 첫 번째 참된 수로서 간주되었다. 왜냐하면, 이것이 첫 번째 **複數性을Plurality** 나타냈기 때문이었다. 2는 다수성Multiplicity을 "낳는다". 2는 배가倍加/배증倍增Doubling, 분리Seperation, 불화Discord, 대립 Opposition, 그리고 갈등Conflict의 상징이지만, 동시에 평형/균형을 의미하기도 한다. 이것은 모든 발달을 시작하게 하는 운동을 상징한다. - 세계에 대한 이원적 관점을 뒷받침하는 수많은 현상이 있는데, 예를 들어, 창조자와 피조물, **빛Light**과 **그림자Shadow**, 남성과 여성, 정신과 물질, 선과 악, 생명과 죽음, **낮Day**과 **밤 Night**, 하늘(**Sky**를 보라)과 **땅Earth**, 육지와 물, 능동과 수동, **오른쪽Right**과 **왼쪽Left**의 대립 같은 것이 있다. 뚜렷한 이원적 세계관은, 중국 철학의 **음과 양Yin and Yang**의 개념, 그리고 페르시아 조로아스터교의 선(Ahura Mazda[625])과 악(Ahriman[626])의 원리에서 나타난다.

Tyche[627] **튀케**. 로마의 Fortuna로서도 알려진, 그녀는 그리스 운명의 여신이다.

Udjat Eye[628] Horus의 왼쪽눈. **Eye**를 보라.

---

625 [조로아스터교] 아후라 마즈다(선과 악의 최고신)

626 아리만(암흑과 악의 신)

627 [그리스 신화] 튀케(운명의 여신, 로마 신화의 Fortuna에 해당)

628 고대 이집트의 신, Horus의 눈이며, 왼쪽눈으로 알려져있다. 고대 이집트 종교에서의 상징은, 웰빙, 치유, 그리고 보호이다.

Umbilical Cord 탯줄. 탯줄은 어머니와의 지속적인 유대와, 초기 어린 시절과의 연결을 상징하는 것이다.

Umbrela 우산. Parasol양산을 보라.

Unicorn 유니콘/일각수. 이것은 신화 속에 나오는 동물이며, 통상 흰색이며, **염소**Goat, 당나귀, 코뿔소Rhinoceros, **숫소** Steer, 또는(특히 후에) **뿔**Corn하나를 가진 **말**Horse의 형태이다. 많은 민족에게 알려진 이것은, **고대 자연 동물 신화 해설서** Physiologus[629]에 의해서, 동방 그리스도교에서, 민속 신앙 속으로 대중화되었다. 하나의 뿔은 남근적 상징(**Onager야생 당나귀를 보라**)으로 여겨질 수 있지만, 이것이, 지적능력의 **"자리Seat"** 인, 이마 위에 위치하기 때문에, 이것은 또한, 생식력의 승화의 상징이기도 하며, 그래서 이것은 처녀적 순결함을 상징하는 것으로서 간주될 수 있다. - 게다가, 똑바르고 뾰족한(그리고 때때로 나선형의 모양인) 뿔은, 또한 태양광선(**Sun을 보라**)의 상징이기도 하다. - 조로아스터교에서, 유니콘은, Ahriman[630]을 격파시킨 순수한 힘을 상징했다. - 중국에서, 이것은 통치의 덕목을 상징했다. - 유니콘은 강함과 순수함이라는 그리스도교적 상징이다. 영웅전설에 의하면, 유니콘은, 자신이 추격당할 때, 처녀의 무릎으로 도망가기 때문에, 순수한 처녀에 의해서만 잡히고 길들여질 수 있다. 이런 이유로 그리스도교 미술에는, **하자 없으신 잉태의 성모님(Maria Immaculata)**과 관련하여, 성모 마리아가 자신의 무릎에 유니콘을 앉히고 있는 그림들이 있다. - (빻아진 뿔로부터 나오는), 유니콘 가루는 상처를 치유하는 것으로 추정되었으며, 유니콘의 심장에는 약효가 있다고 여겨졌다. 이런 이유로, 유니콘은 때때로 약제상들의 상징으로 선택되었다.

Unicorn: 유니콘과 함께 있는 동정 마리아. 『Defensorum Virginitatis 동정성의 보호자들』에서 발췌.

Unleavened Bread 누룩 없는 빵. Leaven누룩/효모를 보라.

---

629 필시오로구스: 고대 자연.동물 신화에 관한 저술; 동물과 식물에 상징적.교훈적 의미를 부여한 고대 그리스도교 문헌.

630 [조로아스터교] 아리만(암흑과 악의 신)

Unveiling 제막식. Veil베일을 보라.

Uraeus[631] 뱀 모양의 표상. Serpent뱀을 보라.

Urn (보통 유골을 담는) 항아리. Grave무덤을 보라.

Uroboros[632] 우로보로스. 이것은, 자신의 꼬리를 물거나 삼키는 것으로서 묘사된 **뱀Serpent**이다(때때로 하나 또는 두 마리의 용으로서, 혹은 종종 더 적게는, 하나 또는 2개의 긴 목을 가진 새들로서 묘사된다). 이것은, 무한성, 영원한 귀환, 또는 물질계 안으로 들어오는 영혼의 하강과 그 영혼의 귀환의 상징이다. 연금술에서, 이것은 변할 수 있는 물질을 상징한다.

Uroboros:1597년에 발간된, Horapollo의 『Selecta Hierogly phica선택된 상형문자집』에서 발췌.

Valerian 쥐오줌풀. 이것은 다년생 초본 식물로 이루어진 한 속(屬)의 식물을 말하며, 그중 많은 종이 고대에는 약용 식물로 사용되었다. 쥐오줌풀 과(科)에 속하는 인도산 나르드Indian Nard에서, 베다니에서 예수께 바를 때 사용된, 그 유명한 '나르드 향유Nard Oil'가 만들어졌다; 이와 관련하여 이 식물은 때때로 중세기의 역사적 장면화들Tableaux[633]에 나타난다. 중세의 민속신앙에서, 쥐오줌풀은 연기를 피워 악마를 몰아내고, 마녀들을 쫓아내는 데 쓰였다.

---

631 뱀 모양의 표상(고대 이집트 파라오의 왕관에 달았던 휘장)

632 뱀이나 용이 자신의 꼬리를 먹음으로써 동그란 형태를 이루는 고대 그림을 일컫는다.

633 tableaux: 역사적 장면 등을 여러 명의 배우가 정지된 행동으로 재현해 보여주는 것.

Valley 계곡/골짜기. 산Mountain과 대조적으로, 계곡은 하강과 깊이의 상징이다. 부정적인 의미에서, 이것은 영적이며 정서적인 손실을 상징한다; 긍정적인 의미에서, 이것은 경험과 지식을 깊어지게 하는 것을 상징한다. 위로 떠오르는, "남성적인" 산과 대조적으로, 계곡은 자궁의 상징이다. - 이슬람에서 이것은 영적 발달의 통로를 의미한다. - 상징적인 계곡은 종종 도교 문학에서 마주치게 된다. 넓고 열린 계곡은 천상적 영향력에 관한 열림을 상징한다. 산들로부터 줄줄 흐르는 모든 물이 모이는 장소로서, 이것은, 영적인 집중을 상징한다. - 다양한 사람들 사이에서, 녹색의, 비옥한 계곡은, 불모의 산들과는 대조적으로, 풍요로움과 번영의 상징이다.

Vegetation Rites 초목 의식. 이것은 제례적, 상징적 행동이며, 이 행동을 통하여 식물들의 성장이 영향을 받는 것으로 추정된다. 예를 들어, 곡식이 자라기를 바라는 높이를, 그와 똑같은 높이로 뜀으로써, 상징하였다; 땅의 비옥함 또는 토지의 수정은, 처녀가 의례적으로 물을 주는 것, 등등으로 나타내어졌다.

Veil 베일/장막/가림/면사포. 이것은 변장과 비밀 유지의 상징이다. 그러나 베일을 벗는 것은 폭로, 인식. 그리고 입문을 상징한다. 때때로 영적 비밀에 접근하는 것은, 인간 몸을 드러내는 것으로 표현된다. 예를 들어, 이집트 여신, Isis[634]의 제례적 베일 제거는 신성한 빛의 출현을 상징하는 것이었다. 이런 관점에서, 십자가에서 그리스도의 벌거벗음은, 때때로 비의적祕義的 비밀이 현현懸現Manifestation되는(드러나는) 징표로서 해석된다. - 인도의 철학에서, 모든 일시적인 현상이 나타날 수 있는 조건인, **현상세계** *Maya*[635]는 장막Veil에 비유된다; 장막처럼, Maya는 동시에 드러내기도 하고 숨기기도 한다. 이것은 모든 존재의 참된 토대를 숨기기 때문에, 이것은 겉보기에 객관적인 성격을 현상세계에 부여할 수 있다. - 이슬람에서, 하느님의 얼굴은 빛과 그림자의 70,000겹 장막 속에 감추어져 있다고 믿어진다; 그들은(베일들은), 신적인 광채를

Veil: 옛날부터 계신 분의 얼굴로부터 떨어지는 면사포. 프랑스 Tours 성경 안의 세밀화 모방.

---

634 이시스(고대 이집트의 풍요의 여신)
635 마야(현상세계를 움직이는 원동력), 환영, 현상세계.

완화시켜, 인간이 견딜 수 있도록 만든다. 그러나 많은 해석가에 의하면, 그 베일들은 실제로는 하느님을 둘러싸고Surround 있는 것이 아니라, 오히려 신의 창조물을 감싸고Envelop 있다; 오직 성인들만이 이런 베일들을 어느 정도까지는 들어 올릴 수 있다. - 코란은 저주받은 자들을 선택된 자들로부터 분리시키는 장막에 대해서 말한다. 고대 종교의식과 민속적 사용에서, 장막은 종종 적대적인 악마들로부터의 보호물로 쓰인다. 성스러운 것에 대한 공경 또는 두려움의 표시로서, 희생제물을 바치는 사람은 종종 자신의 얼굴을 베일로 가린다. - 상중에 쓰는 베일은, 애도자가 자신을 세상과 거리 두고자 함을 상징한다; 신부의 베일 또는 회교도 여자들의 베일은, 정숙함을 상징하며, 그리고 그것은 결혼의 표시이다. 자신을 그리스도의 신부라고 여기는, 수녀들의 베일도, 비슷한 의미를 지닌다.

Venus . Copper를 보라.

Veronica 눈꼬리풀屬. Speedwell꼬리풀을 보라.

Vetch 살갈퀴(콩과의 풀). 이것은 고대 이집트에서 어린 소녀들의 섬세함의 상징이었다. - 중세 그리스도교 미술에서, 이것은 성모 마리아의 상징이다.

Vetch

Vineyard 포도밭/포도원. Grapevine을 보라.

Violet (1) 제비꽃. 이것은 향기롭고, 낮게 자라는, 통상 푸른 꽃이 피는 봄꽃이다. 고대에 축제에서, (술의 신) **바커스의 지팡이** Thyrsus와 축제 참석자들은, 제비꽃으로 화관을 썼는데, 이는 주로 이 꽃들이 취기와 두통으로부터 보호한다고 믿어졌기 때문이다. - 중세에 제비꽃은 수수하게 덕이 높음과 겸손을 의미했다. 그리고 그래서 이것은 성모 마리아의 상징이다. 이것의 색깔 때문에, 이것은 또한 그리스도의 수난 상징이다.

Violet

Violet (2) 보라색. **붉은색**Red과 **푸른색**Blue을 결합시키는 색조인 이것은, 종종 중재를 상징한다; 즉, 하늘(**Sky를 보라**)과 **땅**

Earth, 영과 육체, 사랑과 지혜 사이의 균형을 상징한다; 그리고 중용을 상징한다. - 그리스도교 미술에서, 보라색은 종종 (그리스도의 삶과 죽음을 통하여, 인간들과의, 하느님의 완전한 결합의, 상징적 참조로서) 그리스도의 수난의 색이다; 가톨릭 전례Liturgy[636]에서, 보라색은 참회에 대한 진지함과 마음가짐을 상징하며, 따라서 대림[637]과 부활의 색으로 쓰인다. - 민속 시각적 표현과 관습에서, 보라색은 때때로 충성/정절을 상징한다.

Virgin 숫처녀[숫총각]/동정녀[동정남]. 처녀는 무죄함/순수함과, 아직 발달되지 않은, 가능성들의 풍부함의 상징이다. 그리스도교 신비주의자들은, 또한 처녀를, 하느님을 받아들일 준비가 된 영혼에 비유하기도 한다. - *Virgo*처녀좌[638], Virgin은 **조디악Zodiac**의 6번째 별자리이다; 이것의 성분은 **땅Earth**이다.

Virgin: Virgo처녀자리의 점성술적 별자리.

Virgo 처녀자리. **Virgin**을 보라.

V.I.T.R.I.O.L[639] 내적 변성/(연금술 또는 비밀결사의) 철학적 표어. 연금술사들의 상징적 공식으로서, 이것은 많은 의미들을 가졌다. 이것은 종종, 하등 금속이 귀금속Precious Metals으로, 특히 **금Gold**으로 변화하는, **변질Transmutation**과정을 위하여 사용되었다. 그 글자들은 통상, ***땅의 내부를 방문하라. 정화하면 숨겨진 돌을 발견하리라****Vista Inferiora Terrae Rectificando Invenies Occultum Lapidem*[라틴어]("땅의 하층 영역에서, 완벽한 그들을 찾아내라, 그러면 너는 그 숨겨진 돌을, 즉 현자의 돌Philosophers' Stone을 찾을 것이다.")라는, 공식의 첫 글자들이라고 이해되었다. 비전祕傳의 입문의식의 공식으로서, V.I.T.R.I.O.L.은, 아마도 자신의 영혼에 대한 깊은 성찰과 자기의 가장 내적인 본질을 탐구하는 것과 관련지어 이해해야 할 것이다.

---

636 가톨릭 교회의 공식적인 제의적 경배 행위.

637 그리스도교에서의, 절기 중 하나이며, 그리스도의 탄생을 준비하고 기다리는 기간이다.

638 처녀자리, 실녀궁(황도 십이궁의 6째 자리), 이것의 태생인 사람(생일이 8월 23일-9월 23일경 사이인 사람).

639 V.I.T.R.I.O.L.: 연금술 또는 (장미 십자회, 프리메이슨 같은) 비밀결사의 철학적 표어

Vulture 벌처/대머리 독수리/콘도르. 이것은, 여러 아메리카 원주민 문화에서, **불**Fire과 **태양**Sun의 정화시키는 힘과 생명을 불어넣는 힘과 연관된 상징적 동물이다; 마야인들에게 이것은 또한 죽음 상징이었다. - 이것이 썩은 고기를 먹고, 그것을 활력 에너지로 변화시키기 때문에, 때때로 아프리카인들은, 대머리 독수리를, 가치 없는 물질을 **금**Gold으로 변형시키는 비밀을 아는 존재라고 여긴다. - 이집트에서 독수리는 파라오의 보호자였다; 이집트의 여왕들은 자주 보호적인 대머리 독수리-형태의 머리 장식을 착용했는데, 대머리 독수리 장식의 날개들은 머리의 양쪽을 덮었으며, 반면 독수리의 머리는 이마보다 위쪽으로 길게 뻗어 있었다. - 고대에서, 대머리 독수리는, 그의 비행이 운명을 예시하는/점치는 새로 여겨졌다; 이것은 Apollo[640]신에게 바쳐졌다. - 고대 자연과학에 의하면, 암컷 대머리 독수리의 알들이 동풍에 의해서 수정되기 때문에, 이것은 성모 마리아의 처녀성의 그리스도교적 상징이다.

Vulture: 이집트 왕들의 보호자로서 독수리.

Wagon 4륜 우마차. **Chariot**(고대 전투나 경주용) **전차를 보라.**

Walnut 호두. **Nut견과를 보라.**

Warcry 함성/(투쟁을 알리는) 전쟁외침/전투함성. **Shout외침을 보라.**

---

640 [그리스 신화] 아폴로(고대 그리스 로마의 태양신, 시. 음악. 예언 등을 주관함.)

Water 물. 이것은 매우 복잡한 범위의 의미를 가지는 상징이다. 형태가 없고, 구분되지 않은 덩어리로서 이것은, 가능성들의 풍부함, 또는 모든 존재의 태고적 기원인 *Prima Materia*최초 물질을 상징한다. 이런 의미에서, 이것은 수많은 창조 신화에서 나타난다. 예를 들어, 인도 신화에서, 세계 **알Egg**은 물 위를 떠다녔다; 창세기는 태초에 심해의 표면 위를 맴돌았던, 하느님의 영에 대해서 말한다. 대부분의 다양한 민족들의 신화들에는, 땅 한 조각을 물들로부터 되찾아오기 위하여 심해로 뛰어드는, 동물의 상징적 행동이 있다. - 이슬람, 힌두교, 불교, 그리고 그리스도교에서, 물은 육체적, 정서적, 그리고 영적 정화와 갱생/부활의 힘이다(**세례Baptism, 목욕Bath, 손과 발을 씻음Hand and Foot Washing을 보라**); 영원한 젊음의 **샘Fountain**은[641] 이런 상징성을 공유한다. - 중국에서, 물은 **음 원리Yin Principle(Yin and Yang을 보라)**에 속한다; 비슷하게, 다른 문화들에서 물은 통상 여성, 어두운 심연, 그리고 **달Moon**에 연관되어 있다. - 물은 생식력과 생명의 보편적 상징이다(Rain, Sea를 보라); 이런 이유로, 물은 때때로 **사막Desert**과 (비교. 대조를 위해) 병치된다. 마찬가지로 영적 비옥함과 영적 생명은 종종 물(**Fountain을 보라**)에 의해서 상징된다; 예를 들어, 성서는 영적인 의미에서 생명의 물에 대해서 말한다. - 어떤 경계에도 담아둘 수 없는 물은, 다양한 맥락 안에서, 영원성 상징으로서 나타난다(예를 들어, 영원한 생명의 물). - 물은 또한 파괴적인 힘으로서, 부정적인 상징적 의미를 가질 수도 있다(예를 들어, 홍수). - 정신분석은 물을, 주로 여성적인 것의 상징으로서, 그리고 무의식의 힘으로서 간주한다. - 연금술에서, 물은 역삼각형으로 지칭된다. - **Zodiac조디악**에서 물은, **Cancer게자리, Scorpio전갈자리,** and **Pisces물고기자리**라는 별자리와 연관되어 있다.

Water: 물을 붓는 사람, 물병자리Aquarius. 이집트 덴데라 점성술도the zodiac of Dendera에서 유래.

Water: 반대를 결합시키는 요소로서 물. 17세기, 『Tresor des Tresors보물들 중의 보물』의 그림을 모방.

Waterfall 폭포. 이것은 중국의 풍경화에서 중요한 주제이다. 이것이 아래쪽으로 곤두박질쳐 떨어지는 그 움직임은, 위쪽으로 치솟으려는 절벽(Rock을 보라)과는 반대되는 것으로 여겨진다; 이것의 역동성은, 절벽의 정지성(움직이지 않음)과는 반대되는 것을 상징

---

641 영원한 젊음의 샘: 전설 속에서 마시는 사람을 늙지 않게 하고, 생명을 연장시켜 준다는 샘.

하는 것으로 여겨진다. 폭포와 절벽은, **음과 양**Yin and Yang이라는 반대의 쌍과 연관되어 있다. 흐르는 물의 지속적인 변화를 견디어내고 있으면서도, 외견상의 변함없는 형태로 보이는 이것은, 불교에서 세속적 모든 것이 일시적임과 실체가 없음을 상징하는 것으로 간주된다.

Waves 파도. 이것이 일반적으로 **물**Water이라는 상징성과 연관되어 있는 반면, 큰 물결의 형태인 파도는 비인격적이고 위협하는 성질을 띤다. 파도와 큰 물결은 결과적으로 움직임과 생기의 상징일 뿐만 아니라, 통제되지 않은 힘의 상징이기도 하다.

Waves: 바다의 폭풍. 약 1040년경, 한 전례 본문(pericope)의 세밀화를 본뜬 것.

Weapon 무기. 힘의 상징이며, 영웅들과 전쟁 신들의 속성인 무기는, 많은 상징적 의미를 가지고 있다. 왜냐하면, 이것이 공격을 위해서, 그리고 또한 방어와 보호를 위해서도 사용되기 때문이다. 성서의 상징적 언어에서, 야훼 하느님과 사탄은, 둘 다 갑옷들과 무기들을 가지고 있다. - 그밖에 다른 상징들은 영적인 무기들로 쓰일 수 있다(예를 들어, 자신 앞에 십자가를 내밀고 있는 것).

Weasel 족제비. Ermine 어민/북방족제비를 보라.

Weathercock 풍향계. Cock수탉을 보라.

Weaving 짜기/직조. 이것은 자주 운명의 힘이 작용하는 것을 상징한다. 예를 들어, 이슬람에서, 전체 우주의 구조와 움직임은, 짜여진 천 또는 직물에 비유된다. 자신의 거미줄을 짜는 **거미**Spider는, 때때로 이런 맥락에서 보인다.

Weeping Willow 수양버들. Willow버드나무를 보라.

Whale 고래. 이것은 끝 모를 심연과, 다층적인/다의적인 어둠의 상징이다. 예를 들어, 이것은 예언자 요나Jonh의 성서 이야기에서 나타난다. 그는 니느웨Nineveh에서 설교하라는 신성한 책무를 회피했으며, 배 밖으로 던져졌으며, (통상 고래로서 표현된) 거대한 물

Whale: 고래의 입에서 나오는 예언자 Jonah. 14세기, 『Speculum Humanae Savationis인간 구원의 거울』의 그림 모방.

고기에 의해서 삼켜졌으며, 그리고 (그리스도의 죽음, 매장, 그리고 부활로서 상징적으로 해석된) 3일 후에 땅 위에 토해졌다. **악어** Crocodile, 코끼리, **거북이**Tortoise와 같은 다른 동물들처럼 고래는 많은 민족들의 신화에서, 우주를 지탱하는 상징으로 여겨진다.

Wheat 밀. 곡물, 특히 밀의, 파종, 성장, 그리고 수확은 탄생과 죽음뿐만 아니라, 죽음과 재생을 상징해 왔다. 고대 그리스에서, 곡물의 이삭은, 땅이라는 어머니의 자궁에서 나온 열매로서, 인간 육신에서 나오는 열매를 상징했다; 이것은 Demeter[642]의 상징이었으며, Eleusinian Mysteries엘레우시스 신비의식[643]에서 중심적 역할을 했다. - 이집트에서는, 자라고 있는 밀이, 죽은 자들로부터 다시 살아나는, Osiris의 상징으로서 간주되었다. - 중세기에서 밀의 낟알은, 지하 세계로 내려가고, 지하 세계로부터 부활한 그리스도를 의미했다. 오늘날까지, 성체성사/성찬례는, 제단 장식에서, 밀 이삭과 포도의 그림을 통해 상징적으로 암시된다. 게다가 밀의 줄기는 성모 마리아의 상징이다. 왜냐하면, 그녀는 성체聖體를 위한 밀가루가 나온, 곡물들을 보관하고 있었기 때문이다. 밀의 이삭이 그려진 옷을 입은 모습으로 표현된, 성모 마리아는, 또한 그리스도께서, 밀 Wheat처럼, 자라날 수 있는 밭에 비유되기도 한다.

Wheel 바퀴. 이것은, **원**Circle이 지닌 상징적 내용을, 움직임, 생성, 그리고 소멸이라는 관념과 결합시킨 것이다. 방사상의 바퀴살은 또한 중요한 상징적 역할을 담당한다. 대부분의 문화에서, 바퀴는 태양 상징으로서 나타난다; 이것은 여전히 많은 지역에서 동지冬至 시기에 흔한 상징이다. 4개의 바퀴살이 달린 바퀴는, 유럽의 많은 선사시대 문화에서 상징적 의미를 지녔으며(이것은, 신석기시대에, 중앙 독일에서 처음으로 나타났다), 그리고 아마도 태양과 관련된 상징으로 여겨졌을 것이다. 중동에 건축적 장식에서 발견되는, 많은 원형꽃무늬 장식들Rosettes도 또한 바퀴의 태양과 관련된 상징성과 연관된 것일 수 있다. - 바퀴는, 불교의 주요 상징으로서, 구

Wheat: 밀다발이 새겨진 고대의 동전. 여기서 아마도 풍요와 번영을 상징하는 듯.

Wheat: 밀문양이 새겨진 옷을 입은 성모 마리아. 15세기, 목판화.

Wheel: 인도 Konarak의 태양사원에서 가져온 표현.

Wheels: 예언자 Ezekiel의 (신비로운 하늘의) 바퀴들. 13세기, 독일 Aschaffenburg의 도서관의 성서안의 세밀화에서 발췌한 세부.

---

642 [그리스 신화] 데메테르(농업, 결혼, 사회질서의 여신, 로마 신화의 Ceres).
643 곡식의 여신 Demeter를 받드는 신비적 의식.

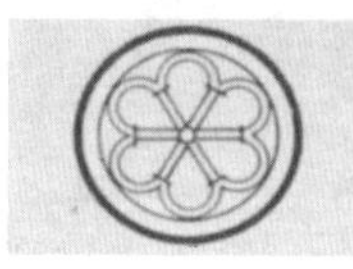

Wheel: 바퀴 모양의 장미 무늬 창문.

원을 필요로 하는 존재의 다양한 형태들을("생명의 수레바퀴/윤회 Wheel of Life") 나타내는 동시에, 붓다의 가르침("법륜Wheel of Doctrine")도 상징한다. - 바퀴는 또한 전체 우주를(우주에서 끊임없는 갱신의 순환과 관련하여, 예를 들어, 장미 십자단 회원[644]의 "세상의 바퀴the Rota Mundi" of the Rosicrucians를 생각할 수 있다) 상징할 수 있다. - 초기 그리스도교도의 묘비 위에 있는, 바퀴상징은 하느님과 영원성을 상징한다. 다니엘서는, 하느님 머리 주위에서 불붙는 바퀴들에 관한 환상을 기록하고 있다. 그리고 에제키엘은, 눈이 달린 바퀴가 동시에 회전하면서도 정지하는 모습을 기록하고 있는데, 이는 하느님의 전능하심을 표현하는 것이다. - **조디악**("12 동물의 순환")은 종종 바퀴와 비유된다. - 융Jung에 의하면, 중세 대성당의 중심부 장미창은 바퀴상징과 동일하며, 다수 Multiplicity 속에서의 통일을 나타내는, **만달라**Mandala와 같다. **Wheel of Fortune을 보라.**

Wheel of Fortune: Petrarch의 『Concerning the Medicine of Both Kinds of Fortune2종류의 운명의 치유책에 관하여』에서 유래한 그림, 1532년.

Wheel of Fortune 운명의 수레바퀴. 이것은, 일시성과 영속적인 변화를 강조하는, 바퀴상징의 특별한 형태이다. 고대에 어떤 나체의 청년이 2개의 날개 달린 바퀴 위에 서 있는 것으로 표현된 것이 있는데, 이 바퀴는 지나가는 운명뿐만 아니라, (일을 하기에) 유리한 순간인, *the Kairos*[645]도 상징했다. 행운과 운명[646]의 여신, **튀케** Tyche[647], (Fortuna[648]), 는 바퀴 위에 서 있다. - 중세기의 미술에서, 운명의 바퀴는 종종 운명의 여신Fortuna에 의해서 돌려지고, 또한 그 바퀴에 사람들 또는 의인화된 상징 인물들이 매달려 있는 모습으로 묘사되었다; 행운의 바퀴는, 행운의 변화를, 모든 존재들의 영속적인 형태변화를, 그리고 때로는 최후의 심판을 상징한다.

---

644 The Rosicrucians는 장미십자회: Rosicrucian = rose (장미) + crucian/cross (십자가); 17세기 유럽에서 형성된 신비주의적·철학적 비밀결사로, 영적·철학적 탐구와 연금술, 신비학을 중심으로 활동했다.

645 [그리스어] 카이로스(결정적인 순간이라는 개념); 양적인 시간(chronos)과 달리, 질적으로 충만한 순간, 신성한 때를 의미하는 그리스 개념.

646 fortune=변덕스러운 '운', fate = 피할 수 없는 '운명'.

647 [그리스 신화] 튀케(운명의 여신, 로마 신화의 Fortuna에 해당).

648 고대 로마의 행운. 운명. 우연의 여신이다. 그리스 신화의 티케tyche와 대응한다.

Whip 채찍. 이것은 권력과 사법적 권위의 상징이다. - 때때로 **번개**Light는 채찍으로 때림에 비유된다. - 베다Vedas[649]에서, 채찍질이 태초의 젖빛 바다Milky Ocean(**Milk를 보라**)를 **버터**Butter로 변화시키는데, 그것은 살아 있는 존재들의 최초의 음식이다.

White 흰/흰색/백인. 빛Light, 순수함, 그리고 완벽함의 색이다. 그 반대색인, **검정색**Black과 마찬가지로, 흰색은 스펙트럼Spectrum의 색들(그 색들이 결합하면 흰색이 된다) 가운데 특별한 위치를 차지한다. 이것은, 그것은 절대적인 것(시작과 끝, 그리고 그 둘의 합일)과 밀접하게 연관되며, 따라서 결혼식·입문 의식·장례 의식에서 사용된다. 이것은, 예를 들어, 슬라브족의 땅과 아시아에서, 그리고 때로는 프랑스 궁정에서 애도의 색이다. - 흰색은, 특별히 선별된, 제물 동물들의 선호되는 색이었다. - 사제들은, 영과 빛을 상징하기 위하여 종종 흰 의복을 입는다. 그리고 천사들과 그리스도교에서 축복받은 사람들은, 같은 이유로 종종 흰옷을 입는다. 새롭게 세례받은 그리스도교인들은 흰옷을 입는다; 그리스도의 성변용 때에, 그 의복들은 "눈같이 하얗게" 되었다; 신부新婦들, 수도회 입회 청원자들, 그리고 첫영성체를 받는 사람들의 하얀색 예식용 복장은, 순수함과 처녀성을 의미한다. - 활력의 색상인 **붉은색**Red과 대조적으로, 하얀색은 또한 유령들과 망령들의 색이기도 하다. 때때로 **붉은색**Red은, 남자와 연관되어있으며, 흰색은 여자와 연관되어 있다.

Wickerwork 고리버들로 만든 제품(바구니, 가구 등). 초기 중세 장식 미술에서, 이것은 아마도 성장의 움직임의 상징이었을 것이다.

Wickerwork: 로마네스크 양식 성당 출처.

Willow 버드나무. 이것은 고대에는 불임으로 여겨졌던 나무Tree나 관목Bush으로, 그 때문에 (중세까지도) 정결과 연결되어 있었다. - 그 나무는 새순을 끝없이 잘라낼 수 있기 때문에, 성서에서는 그것을 무한한 지혜의 근원에 비유했다. - 민속신앙에서, 버드나무는 마술적 힘으로 다른 이의 병을 대신 흡수할 수 있다고 믿어

Willow: 흔히 '수양버들'이라고 불리는 것.

---

649 베다(고대 브라만교 경전).

졌다. 이것은, 정령들과 마녀들이 즐겨 머무는 장소라고 추정된다. 성지(가지)주일[650]에 축성된 버드나무 가지들은, 번개, 폭풍우, 그리고 악한 세력들에 대항하여 보호해 준다고 믿어졌다. - 그 형태가 땅으로 흘러내리는 눈물 줄기들에 비유되기 때문에, **수양버들 Weeping Willow**은 흔히 망자를 위한 장례 전 밤새워 지키는 의식/경야更夜을 상징한다

Wind 바람. 이것은 형태가 없으며, 종종 빨리 방향을 바꾸기 때문에, 일시적임, 변덕스러움, 그리고 무無의 상징이다. **폭풍우Storm**으로 나타날 때는 신성한 힘 또는 인간의 열정을 상징하기도 한다; **숨Breath**로서 나타날 때는 신성한 영의 작용이나 그 표현을 상징한다. 따라서 바람은, 천사들처럼, 하느님의 전령傳令으로 여겨질 수도 있다. - 페르시아에서 바람은 세계를 떠받치고 있으며, 그리고 우주의 질서와 도덕적 균형의 보증인이라고 믿어졌다. - 이슬람에서, 바람은 태초의 물을 실어 나르며, 그 태초의 물은, 그 나름의 역할로, 신의 **옥좌Throne**를 떠받친다

Window 창문. 이것은 때때로 외부의 영향에 대한 수용성과 개방성을 나타내기도 한다. - 고딕식 교회들의 스테인드글라스 창들은, 종종 천상적 예루살렘(Jerusalem, Heavenly를 **보라**)의 다채로운 풍부함을 상징한다. - 중세 예술에서, 빛을 스스로 발하지는 않지만 태양의 빛이 그 창을 통해 비춰 들어오게 하는 창은, 순결과 겸손 속에서 하나님의 아들을 품었던 하나님의 어머니 마리아를 종종 상징한다.

Wine 포도주. 이것의 색깔과, 이것이 포도나무의 "생명이 넘치는 수액Vital Sap"으로 만들어진다는 사실 때문에, 이것은 종종 피의 상징이다(그리스인들에게, 이것은 Dionysus의 혈액이었다). - 이것은 자주 생명의 묘약Elixir of Life으로서, 그리고 불멸의 물약 Potion of Immortality으로서 간주된다(예를 들어, 셈족 사람들, 그리스인들, 도교 신자들 사이에서). 그리스에서, 지하 세계 신들에

게 바쳐지는 포도주 제물은, 금지되었다. 왜냐하면, 포도주는 살아 있는 사람들의 음료였기 때문이다. - 이것의 취하게하는 효과 때문에, 이것은 때때로 비전祕傳의 지식을 획득하는 수단으로서 간주되었다. - 이슬람에서 포도주는, 무엇보다도, 신적인 사랑의 음료이며, 영적 지식과, 영원 속에 사는 존재의 충만함의 상징이다; 이런 이유로 수피 신비주의Sufism[651]에서 영혼은, 세계창조 전에, 불멸의 포도주에 의해서 둘러싸여 있다고 상상되었다. - 성서적 전통에 의하면, 포도주는 기쁨과 하느님의 선물의 풍부함의 상징이다. 그리스도교에서 성만찬의 형태변화에서, 포도주는 그리스도의 피로서, 자신의 가장 성스럽고 가장 심오한 의미를 가진다.

Wing 날개. **Birds**를 보라.

Witch's Foot 마녀의 발(식물 이름). **Pentagram**별모양을 보라.

Wolf 늑대. 이것은, 늑대는 야성적이고 악마적인 것을 상징하는 동물이지만, 동시에 긍정적이고 영적인 측면도 지닌 존재이다. 이것이 어둠 속에서 잘 보기 때문에, 이것은, 특히 북유럽과 그리스에서, 빛과 연관된 하나의 상징으로서, 간주되었다; 그래서 이것은 Apollo[652](늑대적 성격을 지닌 아폴론Apollo Lykios (Ἀπόλλων Λύκιος[653]))의 동반자로서 나타난다. - 몽고인들은 칭기스칸의 조상으로서, 천상적 늑대를 생각했다; 중국인들은 이것을 천상적 궁전의 수호자로서 보았다. - 버려진 쌍둥이, Romulus[654]와 Remus에게 젖을 먹이고, 나중에 로마의 표상이 되었던, 전설적인 암컷 늑대도 있다. 그녀는 도움이 되는 동물, 또는 지하신들의 힘들의 상징

Wolf: 로마의 7언덕 중 하나인, Capitoline 언덕의 늑대상.

---

651 Sufism은 일반적으로 수피즘 또는 수피교(수피 신비주의)로 번역된다; 수피즘(Sufism)은 이슬람 신비주의 전통을 가리킨다; 주요 특징: 내적 영성, 신과의 직접적 체험, 사랑과 정화를 통한 신앙 실천; 아랍어 ṣūfiyyah(صوفية)에서 유래, '솜(wool)으로 만든 옷을 입는 사람'이라는 뜻에서 이름이 나왔다.

652 [그리스 로마 신화] 아폴로(고대 그리스. 로마의 태양신으로서, 빛, 태양, 음악, 예언, 치유 등을 관장하는 신)

653 늑대(wolf)"와 관련된 아폴론. lykos = 그리스어로 '늑대'. 아폴로가 늑대와 연관된 신적 면모를 표현할 때 사용됨. 늑대는 아폴론의 보호 동물이자 상징 중 하나

654 로물루스와 레무스는 레아 실비아Rhea Silvia라는 공주와 전쟁의 신 마르스Mars에게서 쌍둥이로서 태어났으며, 로물루스는 최초의 로마왕이 되었다.

이다. - **개Dog**와 같이, 늑대는 또한 가끔 저승사자(영혼 안내자)로서 나타난다. - 배가 고프고, 모든 것을 먹어 치우는 늑대는, 게르만 신화에서, 자신의 울부짖음으로 세상의 끝을 알리는 위험한 악마로서 나타난다. - 힌두교에서, 늑대는 무시무시한 신들의 동반자이다. - 많은 사람 사이에서, 이것은 전쟁 또는 공격성의 상징이다. - 고대에서 늑대는 지하 세계와 연관되었다(예를 들어, Hades[655]는 늑대 생가죽의 망토를 입는다). 그리스도교적 상징성은, 주로 늑대와 **어린 양Lamb** 사이의 관계에 관해서 말한다. 여기서 어린 양은 신앙인을 상징하며, 늑대는 신앙인을 위협하는 힘을 상징한다. 어린 양의 목을 물은 늑대는, 또한 그리스도의 죽음의 상징이기도 하다. 7가지 죽음의 죄들중에, 늑대는 폭식Gluttony(**Gula를 보라**)과 또한 탐욕Avarice(**Avaritia를 보라**)을 상징한다. - 중세 민속신앙은, 늑대를 위협적이고 악마적인 동물로서 간주했다; 마법사들과 마녀들 또는 악마는 늑대의 형태로 나타났다. 많은 영웅전설과 동화에서, 늑대는 또한 비슷하게 부정적인 의미로 나타난다. - 양의 옷을 입은, 속담속의 늑대는, 가짜로 무해한 척하는 것의 상징이다.

Womb 자궁. 이것은 다산(풍요)의 상징이자, 포용과 보호뿐만 아니라, 신비롭고 숨겨진 힘들도 상징한다. 그 안에 물리적으로, 신비적으로, 도덕적으로 의미 있는 형태변형이 일어났던, 연금술의 화덕/솥Oven은, 종종 자궁에 비유되었다. **Initiation, Yoni[656]를 보라.**

Wood 나무/목재/목질. 가장 오래되고 가장 중요한, 가공되지 않은 물질들 중의 하나로서, 나무는 원래 일반적으로 물질과 동일시되었거나, 혹은 **최초의 물질Prima Materia**과 동일시되었다. 그래서 나무는, "활력 에너지Vital Energy", "어머니", 그리고 "실어 나르는Carrying, 포용하는Containing, 보호하는Protecting"[657]을 포괄하는 복합적인 의미에, 상징적으로 밀접하게 연관되어 있다. -

---

655 [그리스 신화] 지하에 있는 죽은 자의 나라, 저승; 그 지배자(로마 신화의 Pluto에 해당.)

656 [힌두교] 여음상女陰像(여자의 생식력의 표상으로 예배).

657 여기서 "carrying, containing, protecting"은, 나무가 열매, 새, 사람 등을 품고 지켜주는 상징적 의미를 나타낸다.

중국에서 나무는, 5가지 원소들 중의 하나이며, 상징적으로 봄에 부합된다.

Woodpecker 딱따구리. 녹색의 **딱따구리***Woodpecker*는, 많은 사람들에 의해서, 보호와 행운을 가져오는 것으로서 간주된다. 그리고 때때로 예언적이며, 그리고 일기를 잘 알아맞히는 존재로서 여겨진다. - 게르만 부족들 중에, 이것은 또한 **번개Lightning**(아마도 이것의 길고, 뾰족한 부리로 나무의 껍질을 뚫을 수 있기 때문일 것이다)의 상징으로, 또한 천둥(이것의 쪼는 것 때문에)의 상징으로 여겨졌다. - 그리스도교에서 딱따구리는, 그의 거듭되는 망치질 때문에, 끊임없는 기도의 상징이다. 이것이 **벌레Worms**들을 없애기 때문에, 이것은 또한 악마의 적으로서 간주되었으며, 이런 이유로 이것은 그리스도의 상징이다.

Word 말/단어. Speech를 보라.

World Axis[658] **세계의 축.** 많은 사람들은, 중심축이 하늘(Sky를 보라)과 **땅Earth**을 결합시키거나, 또는 지하 세계와 땅과, 그리고 하늘을 결합시킨다는 것을 믿었다. 이러한 축은, 인간에게 알려진 우주의 모든 차원이나, 영역 간의 상호연관성을 상징하며, 그들이 조직되는 중심을 나타낸다. 세계의 축은 많은 형태로 상상되어 왔으며, 그 중 가장 흔한 것은, Column원형 기둥, 주추/기둥Pillar, 치솟는 연기기둥Column, **나무Tree**, 높은 **산Mountain**, **지팡이**

---

658 "the axis of the world"는 상징학·종교학에서 매우 자주 등장하는 개념으로, 보통 axis mundi(액시스 문디) 라고 부른다. 의미는 다음과 같다:axis of the world/ axis mundi란?: 세계의 중심을 잇는 '우주의 축', '세계의 중심축'을 의미하며, 하늘-지상-지하를 연결하는 수직적 통로를 상징한다. 주요 상징적 의미: 신성한 중심(Center of the World); 세계 질서가 그 축을 중심으로 펼쳐진다고 여겨짐; 하늘과 땅을 연결하는 통로; 신들과 인간이 소통하는 길. 종교적 의례나 성스러운 장소의 구조에 자주 나타남; 세계 구조를 조직하는 기둥 또는 나무; 종종 산, 나무, 기둥, 탑 등의 형태로 나타남. 문화별 예: 북유럽 신화: 세계수 이그드라실(Yggdrasil); 인도: 우주의 중심 산 메루(Meru); 중국: 상서로운 산 곤륜산(Kunlun); 그리스 신화: 올림포스 산; 샤머니즘: 샤먼이 영계를 여행할 때 오르는 '세계 나무'; 고대 도시: 예루살렘, 바빌론 등은 세계의 중심이라고 상징적으로 여겨짐. 문장 속 의미: 만약 본문에서 "the axis of the world"가 나오면, 세계를 관통하는 신성한 축, 우주의 중심 기능을 하는 상징적 구조물/장소를 뜻한다.

Staff, 긴창Lance, 그리고 인도의 **남근상Linga**[659]이다. - 세계의 축은 **빛Light**의 상징성과 연결되어왔다; 그래서 플라톤에 의하면, 이것은 빛나는 다이아몬드들로 구성되어 있다. - 그리스도교 문학은 또한 그리스도의 십자가를 세계의 축과 비유한다. - 탄트라교 Tantrism[660]는 **척추*Spinal Column***에서 세계의 축의 상징을 본다.

World Egg. Egg를 보라.

Worm 벌레. 주로 땅 밑에서 사는 동물로서, 이것은, 몇몇 사람들에게는, 어둠과 죽음으로부터 깨어나는 생명의 상징이다. - 중세기에, 이것은 가끔은, **뱀Serpent**과 악마와 동일시되었다.

Wormwood 약쑥. 1미터의 높이로 자라는 쑥의 품종이며, 유라시아의 더 따뜻한 지역들에서 발견되는, 이것은, 일반적으로 양념과 약으로 사용된다. 이것은, 이것의 쓴맛 때문에, 통증과 쓰라림/쓸쓸함을 상징한다.

Wrapping 싸는 것/포장. 중국에서, 고대 이래로, 물건을 싸는 방식이 포장될 물건 자체와는 무관한 정해진 규칙을 따라왔는데, 이는 중국인이 신성하게 여기는 숫자 '5'의 상징성과 관련된 것이었다. 그 물건은, 포장지나 천 등등의 네 모서리와 네 변에 의해 둘러싸여 있기 때문에, 숫자 5를 나타내며, 따라서 세계의 중심에 비유된다.

Wreath 화환/화관. 주로 어떤 재료로 만들어졌는지(보통 잎사귀와 꽃)로 **왕관Crown**과 구별되는 이것은, 고대에는 장신구, 꾸밈으로 사용되어 졌으며, 또한 경기, 축제, 희생 제의에서, 신들에 의해 선택되었음을 나타내는 상징으로 사용되었다(희생되는 동물들에게도 화환이 씌워졌다). (처음에는 담쟁이덩굴의, 나중에는 종종 허브의) 화관을 쓰는 것은, 술에 취한 상태로부터 사람을 보호

---

659 링가(통속 힌두교에서 Siva신의 상징으로서의 남근상), (Phallus).

660 탄트라교(탄트라에 따라 종교적 실천을 하는 인도의 秘教적 종교).

할 수 있다고 믿어졌다. - 성서는 영예, 기쁨, 그리고 (크게는 왕관의 개념과 비슷한 뜻을 의미하는) 승리의 화관에 대해서 말한다. 그리스도교에서 고대의 승리 화환은 구원을 성취했음의 표시였다; 이런 맥락에서, 이것은 묘비 위에 나타났으며, 그리고 때때로 **그리스도 모노그램Christ Monogram**[661]이나, 비둘기Dove와 함께 나타난다. - 고대와, 중세에서, 그리고 현대에서, 섭정들과 승리자들은, 월계수 **화관Wreaths**을 쓴 모습으로 묘사되어왔다. 인본주의 시대 이래로, 월계수 화관은, 또한 뛰어난 예술가, 시인, 그리고 학자들에게 즐겨 주어지던, 특별한 명예의 표식이기도 했다. - 늘 푸른 나무가지들 가운데 4개의 양초로 구성되는, 대림절 화관은, 1차 세계대전 이후 준비와 희망의 상징으로서 나타났다; 이것은, 독일어를 말하는 사람들 가운데서, 흔한 상징이다. **Myrtle[662]도금양을 보라.**

Yantra[663] 얀트라. 힌두교에서, 이것은 신이나 신적 힘을 표상하는 관습적인 도상적(그래픽) 시각화이며, 특히 [664]샤크티Shakti로서의 여신, [665]쉬리Shri를 나타내는 데 사용된다. 얀트라는 또한, 본래 분화되지 않은 [666]브라흐마Brahma와의 일체성을 상징적으로 시각화한 것으로, 그 일체성이 경험적 세계의 다양성/다채로움으로서 펼쳐진 것(전개된 것)을 나타낸다; 그것은 보통 명상할 때 집중 대상으로 사용되며, **부적Amulet**으로도 사용된다.

Yantra

Yellow 노란/노란색. 이것은 금**Gold**, 빛**Light**, 그리고 **태양Sun**의 상징성과 연관되어 있다; 금같이, 이것은 영원성과 변형의 상징이다. - 가을의 색으로서, 노란색은 성숙의 색이라고 여겨진다. - 중국에서, 이것은 **검정Black**과 대조되는 것으로 여겨졌지만, 동시

---

661 모노그램, 합일문자(주로 이름의 첫 글자들을 합쳐 한 글자 모양으로 도안한 것).

662 도금양(관목의 하나, 잎은 반짝거리고 분홍색이나 흰색의 꽃이 피며, 암청색의 열매가 달림.)

663 얀트라(명상할 때 쓰는 기하학적 도형).

664 샤크티; 1. 性力(여성의 생식력[기]; 시바Siva의 神 아내. 2. 우주에 스며있는 신적인 힘

665 스리(힌두교의 신. 至尊者. 聖典에 붙이는 존칭.

666 브라마; 1. 범천梵天(모든 중생의 아버지, 힌두교 최고의 신. 2. 범梵(우주의 근본 원리)

에 검정을 보완하는 것이기도 했다; 노랑과 검정 사이의 밀접한 연결성은, 양Yang(Yellow)과 음Yin(Black)(**음과 양Yin and Yang을 보라**)의 다채로운 관계들에 상응한다. 이런 이유로, 예를 들면, 땅이 최초의 물로부터 생긴 것처럼, 노랑은 검은색으로부터 생긴다. 노랑이 우주의 중심을 일컫기 때문에, 노랑은 또한 황제의 색이다. – 때때로 노란색의 여러 미묘한 색조들에 부여되는 의미가 구분되기도 한다. 예를 들어, 금색 노랑은 선과 빛을 상징한다; 노란 유황은 악, 또는 사악함을 상징한다. – 이슬람에서는, 예를 들어, 금색 노랑Sulfur Yellow은 지혜와 좋은 충고를 일컫는다; 옅은 노랑Pale Yellow은 배신과 속임수를 일컫는다. – 고대 이집트에서와 중세 동안에, 부정적 해석이 지배적이었다. 노랑은 질투 또는 망신의 색이었다(예를 들어, 유대인들, 이단자들, 매춘부들의 옷에서). 긍정적인 의미에서, 이것은 금의 대용품으로서 주로 중세의 벽화에서 나타난다.

Yew Tree 주목나무. 상록수로서, 그리고 이것의 장수 때문에, 이것은 불멸성 상징이다. 이것의 잎과 씨앗들이 독성이 있기 때문에, 이것은 또한 생명을 앗아가는 것으로 보였으며, 그리고 이런 이유로 죽음과 부활, 둘 다를 상징하는 것으로서 보였다. – 중세기에, 이것은 마법(주술)에 대한 치료. 방어 수단이라고 여겨졌다.

Yin and Yang: 장수 식품을 위한 상표로서 채택된 것.

Yin and Yang 음과 양. 이것들은 중국 철학에서 모든 사물·존재·사건·시간의 여러 시기들(기간들)에 적용되는, 상호보완적이고 근본적인 두 우주론적 원리이다. 음陰의 원리는, 부정적인 것(음성陰性), 대지, 여성성, 어둠, 수동성, 습함, 그리고 끊어진 선(파선破線)에 해당한다; 양(陽)의 원리는, 긍정적인 것(양성陽性), 하늘, 남성성, 밝음, 능동성, 건조함, 그리고 끊어지지 않은 선(실선實線)에 해당된다. 이 2개의 원리는, 태고의 통일성이 나뉘는 양극화를 상징한다. 이들은 S-모양의 곡선에 의해서, 대칭적으로 나누어진 원Circle으로서 시각적으로 표현된다. 그 원Circle의 한쪽 절반은 어둡고, 다른 절반은 밝지만, 그러나 각각의 중심에는, 반대 색의 점이 있어, 2개의 원리의 상호 의존성을 나타낸다. 음과 양의 영향력은 결코 근본적으로 서로에게 적대적인 것이 아니다; 오히려, 두 원리는 끊임없이 서로에게 영향을 미치며, 그 영향력의 강도는 특정한 시간 주기마다 주기적으로 증가하거나 감소한다.

Yoke 멍에. 이것은 억압, 무겁게 부과된 짐, 그리고 두 개인 또는 물질들의 불행한 결합(예를 들어, **"결혼의 멍에**Yoke of Marriage")된 상태를 상징한다. – 그러나 인도의 종교들에서, 멍에는(*Yoga*라는 단어가 그런 것처럼, 이 단어 역시 인도-유럽어의 어근 *Yug*로부터 파생된 영어 단어이다), 긍정적인 의미로 영적인 원리들에 대한 복종과, 육체와 정신을 아우르는, 자기수양을 상징한다.

Yoni 여음상女陰像**.** 남근상Linga[667]의 여성적인 대응물로서, 이것은 모성적 자궁과 출산능력을 상징한다. Yoni는 통상 Linga의 받침Base으로 묘사된다. Yoni를 나타내는 도형적 기호는, 꼭짓점을 아래로 향한 **삼각형**Triangle이다.

Yoni

Zedrat Lemon 부처의 손/세드라트 레몬. 극동지방에서 **"부처의 손**Hand of Buddha"으로 알려진, 이것은 장수의 상징이다. 이것의 수많은 씨앗 때문에, Zedrat Lemon은 또한 생식력 상징이다.

Ziggurat (고대 메소포타미아 문명의) 신전. Stairs, Tower을 보라.

Zodiac 조디악/12궁도/황도대. 태양이 분명히 1년에 한 번 지나가는 것으로 보이는 구역으로, 이것은 황도의 양쪽에 걸쳐 놓여있다. 이것은 거의 18도 넓이이며, 그리고 태양, 행성들, 그리고 달의 궤도를 포괄한다. 이것은 12개의 별자리/성좌Constellations of Stars, 또는 그에 상응하는 별자리 기호들/宮Signs로 나누어진다. 지구상의 모든 위치에서 보기에 그것은 동일하게 나타난다; 그러나 여러 민족은 그 별자리들에서 서로 다른(비록 보통은 12개이지만) 형상을 보았거나, 혹은 동일한 별자리들을 놓고도 서로 다르게 이름을 붙였다(비록 그것들이 모든 민족에게 같은 별자리라 하더라도). 예를 들어, 우리가 **게자리**Cancer, the Crab로서 아는 것을

667　남근상(男根像)(힌두교의 Siva 신의 표상).

중국인들은 고양이 자리라고 부른다. 분점[668]의 세차Precession of the Equinoxes[669] 때문에, 황도의 '0점' 혹은 시작점은 계속해서 이동하고 있다; 따라서 천문학적 실제 별자리(Constellation)와 점성술적 별자리(Astrological Sign)는 구별되어야 한다. (예를 들

Zodiac:인간과 점성술적 별자리들 간의 관계를 나타낸 것. 1490년 Augsburg 달력의 목판화에서 발췌.

어, 1978년 2월 2일에는 태양이 실제의 별자리Constellatio인 물병자리Aquarius로 들어갔지만, 1978년 2월 19일에는 태양이 점성술상의 별자리Astrologica Sign인 물고기자리Pisces로 들어갔다.) 점성학에서, 조디악의 개별적인 별자리Sign들은, 인생의 다양한 형태들에 부합된다. 어떤 별자리Sign가 왜 특정한 성격 유형(예: 처녀자리 유형Virgo Type, 물병자리 유형Aquarian Type)에 배정되었는지에 대해서는 무수한 추측들이 존재한다. 예를 들어, 1년 중 어떤 특정한 시점에 태어난 개인의 성격은, 특정한 점성학적 별자리Astrological Sign에 의해 영향을 받으며, 그리고 인간의 경험은, 이름 붙은 그 별자리(Constellation)를 바탕으로 한, 점성술적 별자리(Sign)의 성격과 상징적으로 연결되어 있다는 것이 가정된

668　equinoxe 분점(춘분점과 추분점의 총칭).

669　precession of the equinoxes(세차운동): 지구 자전축이 기울어진 채로 천천히 원을 그리며 흔들리는 현상(세차운동). 이로 인해 춘분점의 위치가 시간이 지나면서 별자리 사이를 조금씩 이동함.

다. - 점성술의 별자리들은, 점성학과 연금술의 많은 상징적 세부요소들 사이를 연결해 주는 고리 역할을 한다. 중세의 의학에서, 그리고 18세기에 이르는 시기까지도, 우주의 점성술적 별자리들이, 인간 신체 안에 이에 상응하는 표현을 가진다고 여겨졌다. - 우주적 **바퀴**Cosmic **Wheel**라는 관념은, 황도대(Zodiac)를 바퀴의 상징과 연결시킨다. - 중세의 그리스도교 미술에서, 조디악은(종종 월별노동과 연관된) 흐르는 시간을 상징하지만, 동시에 모든 변화 너머에 있는 신적(神的) 불변성 또한 상징한다. 점성술적 별자리들 Astrological Signs은 또한 천상적 구체/天球Heavenly Spheres의 상징들로서 묘사되기도 한다. 개별적으로, 조디악의 여러 별자리들Signs은, 12사도나 여러 그리스도교적 주제들을Subjects 가리켰으며, 그 의미는 종종 서로 다르게 해석되었다. 예를 들어, **양자리Ram, *Aries*[670]**는, 어린 양이신, 그리스도의 상징으로서 해석되었다; **쌍둥이 자리Twins, *Gemini*[671]** 는 구약성서와 신약성서의 상징으로서 해석되었다; **사자 자리Leo, *Leo*[672]** 는 부활의 상징이면서, 또한 뱀을 상징하는, **전갈 자리Scorpion, *Scorpio*[673]** 위에서의 승리의 상징으로서 해석되었다; **물고기 자리Fish, *Pisces***는, 세례의 물에 의해서 구원된 유대인들과 이교도로서, 해석되었다. 그런데, 이 세례의 물은, 다시 **물병을 든 사람Water Bearer[674]**인, **물병자리*Aquarius*[675]** 가 부어 준다고 여겨졌다.

Zodiac: 점성술적 별자리들과 그와 연관된 행성들(별표(*)는 "행성들의 주간궁"을 나타내며, 나머지는 "야간궁"을 의미한다).

Spring signs: Aries 양자리(화성), Taurus 황소자리(금성), Gemini 쌍둥이자리(수성).

Summer signs: Cancer 게자리(달), Leo 사자자리(태양), Virgo 처녀자리(수성).

Autumn signs: Libra 천칭자리(금성), Scorpio 전갈자리(화성), Sagittarius 궁수자리(목성).

Winter signs: Carpricorn 염소자리(토성), Aquarius 물병자리(토성 또는 천왕성), Pisces 물고기자리(목성 또는 해왕성).

---

670 양자리, 백양궁(황도 12궁의 첫째 자리). 양자리 태생인 사람(생일이 3월 21일-4월 20일 사이인 사람)

671 쌍둥이자리, 쌍자궁(황도 12궁의 셋째 자리). 쌍둥이자리 태생인 사람(생일이 5월 22일-6월 21일 사이인 사람)

672 사자자리, 사자궁(황도 12궁의 다섯째 자리). 사자자리 태생인 사람(생일이 7월 23일-8월 22일경 사이인 사람)

673 전갈자리, 천갈궁(황도 12궁의 여덟째 자리). 전갈가리 태생인 사람(생일이 10월 23일-11월 21일경 사이인 사람)

674 황도 12궁 중 물병자리(Aquarius)를 상징하는 인물로서, 물병을 든 사람 또는, 물을 나르는 사람으로 번역된다.

675 물병자리, 보병궁(황도 12궁의 12번째 별자리로 독수리자리 동쪽에 있는 큰 별자리). 물병자리 태생인 사람(생일이 1월 21일~2월 19일 사이인 사람)

나

다

라

마

아

차

심층심리학을 위한 **상징 사전**

The Herder Dictionary of Symbols

펴낸날 2026년 4월 6일

지은이 Boris Matthews. Ph.D
옮긴이 김인규
펴낸이 주계수 | **편집책임** 이슬기
교정편집 이한비 | **꾸민이** 최송아

펴낸곳 밥북 | **출판등록** 제 2014-000085 호
주소 서울특별시 마포구 양화로 156 LG팰리스빌딩 917호
전화 02-6925-0370 | **팩스** 02-6925-0380
홈페이지 www.bobbook.co.kr | **이메일** bobbook@hanmail.net